找寻真实的蒋介石

蒋介石／日记／解读 ①

插图增订版

杨天石 著

重庆出版集团
重庆出版社

U0533662

文昌高阁枕清流
老树依然傍小楼
大浪淘沙人已远
史家功过论难休

题溪口蒋氏遗址

再版说明

本书于2008年由山西人民出版社及香港三联书店分别出版中文简体字版与繁体字版。简体字版获中国图书评论家协会及全国31家媒体共同评选的2008年十大图书奖，繁体字版获香港书奖。此次再版，篇目上做了局部调整。

以下8篇，因已收入本社即将再版的《蒋氏秘档与蒋介石真相》一书，故从本书删去：

蒋介石为何刺杀陶成章

做"圣贤"还是做"禽兽"——蒋介石早年修身中的"天理"、"人欲"之战

蒋介石与上海证券物品交易所

中山舰事件之谜

蒋介石与前期北伐战争的战略、策略

"约法"之争与蒋介石软禁胡汉民事件

"九一八"事变后的蒋介石

从作者的《找寻真实的蒋介石：蒋介石日记解读》（第2辑）中补入4篇：

"不抵抗主义"到底是谁提出来的

蒋介石正告丘吉尔："藏事为中国内政"

史迪威假传罗斯福指示，策划暗杀蒋介石

"飞机抢运洋狗事件"与打倒孔祥熙运动

从作者2013年的新作中补入2篇：

蒋介石与蒋经国的上海"打虎"（原载《纵横》2013年7月号）
陈洁如回忆录何以尘封近30年（原载《社会科学战线》2013年第5期）

现全书共收专题研究20篇。《初版自序》及《蒋介石日记的现状及其真实性问题》保持原状未动。编辑过程中，对书稿中出现的台湾当局"政权"系统和其他机构的名称及官职，如"国史馆""国防""中研院""总统""总领事馆""行政院""财政部"等，由编者视情形加了引号。此外，我们为大部分文章加了插图，共160余帧，故此书称为《找寻真实的蒋介石——蒋介石日记解读1》（插图增订本）。

编者
2015年6月

目录

初版自序 /1

蒋介石日记的现状及其真实性问题 /5

第一辑 国内政治

论国民党的社会改良主义 /2

——对"百年老店"的新审视

一 孙中山思想中的改良成分 /2

二 国民党和蒋介石对孙中山思想中改良成分的继承 /5

三 一次改良主义的重要实践 /9

四 一轮又一轮的改良呼吁 /19

五 与共产党竞争,再次提出改良主张 /23

第三国际的解散与蒋介石"闪击"延安计划的撤销 /33

——论"第三次反共高潮"并未成"潮"

一 共产国际解散,蒋介石计划"重新研讨"国内政策 /33

二 "闪击边区"计划曝光,中共发动"政治攻势" /36

三 面对中共的"宣传反击",蒋介石决定"犯而不校" /39

四 蒋介石决定进攻延安,风暴将起 /40

五 蒋介石悬崖勒马,紧急刹车 /45

如何对待毛泽东：扣留、"审治"，还是"授勋"、礼送？/51
　　——重庆谈判期间蒋介石的心态考察
- 一　抗战胜利，蒋介石电邀毛泽东"共商大计"/51
- 二　斯大林两电催劝，毛泽东决定赴渝/53
- 三　初谈不顺/56
- 四　蒋介石心态180度大转变化，欲扣留并"审治"毛泽东/62
- 五　蒋介石再次180度大转变，决定授予毛泽东"胜利勋章"/67

第二辑　对日策略

"不抵抗主义"到底是谁提出来的？/76
- 一　蒋介石迟至9月19日晚才从上海方面得知"事变"消息/76
- 二　"不抵抗"命令确实发自张学良/79
- 三　多年来，张学良一直坦承个人责任/85
- 四　张学良为何决定"不抵抗"/86
- 五　"不抵抗主义"的历史源头/88
- 六　蒋介石的《铣电》，有耶？无耶？/90
- 七　南京国民政府默认并且赞同张学良的处理方针/93

蒋介石与1937年的淞沪、南京之战/97
- 一　蒋介石决定拒和、应战/97
- 二　中国军队力图"先发制人"，但攻坚战未能取胜/100
- 三　日本陆、海、空军协同，中国反登陆战失利/104
- 四　为维护中苏交通线，蒋介石决定吸引日军改变主战场/106
- 五　蒋介石的大失误，忽视杭州湾防务/111
- 六　南京：守乎？弃乎？/112
- 七　在极端困难的状况下坚持抗战国策/118

蒋介石亲自掌控的对日秘密谈判 /125
——日方诱和与蒋介石的应对及刹车

一　蒋介石精心指导萧振瀛与和知鹰二之间的谈判 /125
二　面对特殊的日方代表 /143
三　"和平"底牌与张季鸾香港谈判的夭折 /150
四　企图以"和谈"阻挠日本承认汪伪政权 /157
五　日方求和，蒋介石主动刹车 /161

蒋介石对孔祥熙谋和活动的阻遏 /169

一　拒绝被孔祥熙视为"天赐良机"的陶德曼调停 /169
二　制裁唐绍仪谋和 /173
三　制止贾存德、马伯援与萱野长知等人的谈判 /177
四　不理睬孔祥熙与日方首脑会面的要求 /181
五　阻止孔祥熙答复近卫第二次对华声明 /185
六　用"杀无赦"警告萧振瀛与日人重开谈判 /186
七　查究受日方之命到重庆接洽的蔡森、贾存德 /188
八　孔祥熙对蒋介石的汇报有重大隐瞒 /194
九　蒋介石阻遏孔祥熙谋和活动的思想原因 /196

论"恢复卢沟桥事变前原状"与"抗战到底"之"底" /204
——兼述蒋介石如何对待被日本侵占的东三省

一　为《九国公约》布鲁塞尔会议准备的预案 /204
二　陶德曼的"调停"与苏联的"支持" /209
三　蒋介石谈判的先决条件："恢复七七以前之原状" /210
四　从谈判先决条件变化为"抗战到底"之"底" /213
五　蒋介石对"抗战到底"之"底"所作的新解释 /218
六　"最大之成功"与"最小限度之成功" /220
七　反对苏、美两国的妥协、错误主张，力保东北主权 /224
八　在开罗会议上要求明确声明：将东北、台湾等地归还中国 /227
九　国民政府为完全收回东北主权所作的斗争、让步与代价 /230

第三辑 国际外交

孙逸仙博士代表团团长的苏联之行 /240
——1923年蒋介石访问苏联纪实

一 关心俄国革命,早蓄游俄之愿 /240

二 机会终于来了,出任孙逸仙博士代表团团长 /243

三 起行赴俄,心系纬国 /247

四 抵达莫斯科,称苏联共产党是"姐妹党" /248

五 会见红军高级领导人,畅谈进军北京计划 /250

六 《中国革命的新前景》与《致苏俄负责人员意见书》/252

七 被热情的红军士兵抬了起来,批评外交人员"下流无赖" /255

八 参观彼得格勒等地,为市况萧条及海军士气担忧 /259

九 再回莫斯科,向托洛茨基等呈递《备忘录》/260

十 好坏印象夹杂的苏俄观感 /261

十一 俄国人拒绝在库仑建立军事基地,蒋介石大失所望 /264

十二 批评苏俄政府"无信",察觉斯大林等人"排斥异己" /268

十三 认真攻读马克思著作,但崇拜孙中山,婉拒加入中共 /270

十四 与共产国际领袖争论,主张中国革命"两步走" /273

十五 蒋介石认为受到托洛茨基的欺骗,和沈定一差点打起来 /278

十六 在抑郁无聊中归国 /280

十七 去广州向孙中山报告,孙认为蒋"过虑" /282

蒋介石与史迪威事件 /287
——战时中美之间的严重冲突

一 蒋批评史"无作战经验",史辱骂蒋为"固执的家伙" /287

二　远征军初战失利，蒋介石愤恨交加/290
三　蒋介石提出对史迪威军事审判，宋子文请蒋"万分忍耐"/293
四　蒋认为史"不法无礼已极"，要求罗斯福表明态度/298
五　杜聿明等指责史迪威"擅权改制"，"毁辱国体"/302
六　蒋、史矛盾再度激化，彼此恶感发展至极点/304
七　宋子文与蒋介石发生激烈冲突，蒋怒而命宋"滚蛋"/311
八　史迪威和宋氏姊妹"结盟"，企图以宋美龄出任军政部长/314
九　宋子文向蒋介石递交"悔过书"，蒋介石答应与宋相见/315
十　史迪威计划暗杀蒋介石，掌握中国军权/317
十一　蒋介石同意局部攻缅，史迪威欣喜若狂/318
十二　罗斯福要求蒋将指挥全部中国军队的权力交给史迪威/321
十三　蒋介石拒不放权，不惜与美绝交、独立抗日/325
十四　罗斯福向蒋让步，同意撤回史迪威/330
十五　史迪威真心帮助中国抗日，但不应图谋全面操控中国军权/333

史迪威假传罗斯福指示，策划暗杀蒋介石/341
——开罗会议前后侧记

一　史迪威称暗杀蒋介石的命令来自"最高"，暗指罗斯福/341
二　在开罗会议上，蒋介石与罗斯福关系密切，互动良好/344
三　罗斯福认为，蒋介石虽有"短处"，但只能依靠他/348
四　"厌烦"蒋介石并伪造"最高"口头命令的是史迪威/352
五　早在开罗会议之前，史迪威即已起意谋杀蒋介石/356
六　史迪威利用中国战场失败，逼迫蒋介石交出军权/357

蒋介石正告丘吉尔："藏事为中国内政"/362
——抗战期间的中英关系

一　宋子文舌战丘吉尔/362
二　事件原委/364
三　蒋介石大为动怒，指责丘吉尔"帝国主义真面目暴露"/367
四　罗斯福质问丘吉尔；蒋介石批评罗斯福/369
五　蒋介石决定"隐忍"，等待西藏当局觉悟/371

第四辑 蒋孔恩怨

"飞机抢运洋狗"事件与打倒孔祥熙运动 /376
——一份不实报道引起的学潮

一　从抢救"要员"的飞机上走下来几条"洋狗" /376

二　昆明学生上街游行，大喊"打倒孔祥熙！""枪毙孔祥熙！" /378

三　原来是一篇不实报道 /381

四　昆明学潮平息，蒋介石和国民党加强政治控制 /385

蒋介石亲自查处孔祥熙等人的美金公债舞弊案 /393
——且看蒋介石如何反腐败

一　孔祥熙等贪污巨款 /393

二　国库局同人检举，蒋介石开始密查 /394

三　陈赓雅、傅斯年联合，向国民参政会提案揭发 /398

四　蒋介石的质问与孔祥熙的答辩 /403

五　蒋介石止步停损 /408

蒋介石与蒋经国的上海"打虎" /414

一　蒋经国奉命到上海"打虎"，豪气干云，决心大干 /414

二　啃到了硬骨头——孔令侃的扬子公司 /416

三　宋美龄突飞上海，上海报纸的报道发生微妙变化 /420

四　蒋经国的困难与矛盾 /422

五　蒋介石自北平赶到上海，痛骂警备司令宣铁吾 /424

六　蒋介石阻止监察院调查 /429

七　行政院取消"限价"，蒋经国辞职离沪 /434

八　监察院公布对扬子公司的《纠举书》/436

九　国民党和政府陷入人心尽失的危机 /437

十　尾　　声 /440

第五辑 婚姻家庭

蒋介石、宋美龄的恋爱与婚姻 /446
一 蒋宋的相识与相爱 /446
二 蒋介石与毛福梅等妻妾"离异" /449
三 蒋介石与宋美龄的订婚与结婚 /456
四 新人笑，旧人哭 /461
五 蒋介石皈依基督教 /465
六 宋美龄逐渐介入蒋介石的政治活动 /466

蒋纬国的身世之谜与蒋介石、宋美龄的感情危机 /474
一 宋美龄留港不归，蒋、宋之间发生冲突 /474
二 蒋介石坚守家中"秘密"，以"权变"之计化解矛盾 /479
三 蒋纬国的身世之谜是蒋、宋矛盾的原因 /482

关于宋美龄与美国总统特使威尔基的"绯闻" /486
——驳考尔斯，兼辨李敖之误
一 考尔斯细致、生动的回忆 /486
二 威尔基在重庆的日程足证考尔斯"回忆"之谬 /489
三 考尔斯"回忆"的其他明显破绽 /493
四 宋美龄访美并非肇因于威尔基 /495
五 宋美龄访美前，蒋介石、宋美龄之间并无感情危机 /497
六 考尔斯"回忆"的由来与宋美龄在美国所打"诽谤官司" /498
七 考尔斯反复无常 /500

宋美龄的巴西之行与蒋介石的"婚外情"传说 /501
——兼析其事与美国人要蒋交出军权之间的关系
一　可疑的送别茶会 /501
二　蒋介石、宋美龄同场表态 /503
三　蒋介石"辟谣"之言可信吗？/508
四　无风不起浪 /516
五　美国人企图借蒋介石"婚外情"事件要蒋交出军权 /521

陈洁如回忆录何以尘封近30年 /527
——蒋介石日记解读
一　纽约出版界透露，陈洁如将出版与蒋介石同居的故事 /527
二　台湾"外交部长"沈昌焕得报，命江易生调查 /529
三　蒋介石、蒋经国早就得悉，一直在筹谋对策 /533
四　陈立夫、俞国华等提出"双管齐下"的办法 /537
五　陈立夫出面调解，陈洁如具结保证，不再出书 /540
六　陈洁如回忆录大量作伪，价值不大 /542

初版自序

杨天石

人的本相常常迷失，历史的本相也常常迷失。

人的本相迷失的情况很复杂。一种是因"捧"。将某一个人捧为天纵之圣，绝对正确，永远英明，仿佛斯人不出，世界就永远处于黑暗中一样。一种是因"骂"。将某一个人骂成十恶不赦，坏事做绝，祸国殃民，是千夫所指，人人皆曰可杀的天字第一号大坏蛋，仿佛一切罪恶，一切黑暗，均源于斯人。

蒋介石生于1887年（清光绪十三年九月十五日），去世于1975年4月5日，活了88岁。他一生经历了近、现代中国的许多大事。早年追随孙中山，参加辛亥革命，讨袁、护法；孙中山逝世后，领导北伐、清党、"剿共"、抗日、内战，很长时期内担任中国党、政、军三方的最高领导人，位居"元首"。既和中国共产党有过两次合作，又两次分裂。1949年后退到台湾，既坚持反共复国，又坚持一个中国，在活过88年以后去世。在部分人的口中、笔下，他被神化、美化为千古完人，光同日月，"高勋盛德"，"光华流泽"，但是，在另一部分人的口中、笔下，他则被鬼化、丑化为人民公敌、元凶首恶、民族败类、千古罪人。

两种情况，简单的捧和骂，都背离蒋介石的实际，造成其本相的迷失，因此需要寻找。

廓清迷雾，寻找真实的蒋介石，正确评价其功过是非，揭示其本相，对于正确认识历史上的国共关系，正确认识和书写中国近代与现代的历史，有其必要；对于建立两岸的和平关系，实现中华民族的和解与和谐也有其必要。时至今日，距离蒋氏去世已经30多年，距离当年国共大战、生死搏斗的年代也已快到60年，尘埃早已落定，各种恩怨都已化为历史陈迹。人们全面掌握资料，综合蒋氏一生的前前后后、方方面面，对其做出比较科学、比较客观、公正的评价已有可能。

我从20世纪70年代起，投身于中华民国史的研究。开始研究孙中山，其发展的必然结果是研究蒋介石。第一步，在海内外广泛收集资料，第二步，选择若干重大问题进行研究。20世纪30年代，蒋介石曾将他的部分日记和手稿交给他的老师和秘书毛思诚保存，我曾以这批资料为主撰写了一批论文。2002年，结集为《蒋氏秘档与蒋介石真相》一书，由北京社会科学文献出版社出版。其后，我又多次到台湾，研读蒋介石带到台湾的大量档案，特别是根据其日记所编写的《困勉记》、《省克记》、《学记》、《事略稿本》等资料，写成又一批论文。2006年3月，寄存于美国斯坦福大学胡佛研究院的《蒋介石日记》的手稿本开放，我有幸受邀成为最早的读者之一。2007年，胡佛研究院继续开放日记的1932至1945年部分，我再次受邀访问该院。

日记，记个人经历和内心世界，在各种历史文献中有其特殊价值。蒋的日记，长达五十余年，大有助于人们了解其内心世界和许多不为人知的历史秘密。当然，只看日记是远远不够的，还需要大量阅读相关的档案资料和文献，反复比较、勘核，同时，将蒋的所思、所行置于特定的历史环境中思考、研究，才有可能揭示真相，找出真实的蒋介石来。

我在研究蒋介石的过程中，得到过许多鼓励。1988年，我的《中山舰之谜》一文发表后，胡乔木多次在谈话中称赞此文有"世界水平"，"不可多得"，又当面对我说："你的路子是对的，要坚持这样走下去"。2001年，我的《蒋氏秘档与蒋介石真相》一书完稿，经中共中央统战部审读，得到"华夏英才基金"资助，于2002年出版。但是，我的研究也碰到过若干困难。2003年，有少数几个人化名给中央领导和有关机构写信。他们根本没有见过我的书，就张冠李戴，毫无根据地指责我吹捧蒋为"民族英雄"，要求对我加以惩处。幸赖中国已经处于改革开放的年代，中国社会科学院的领导和中央有关领导同志对我的书和我的研究采取肯定和支持态度，我的研究才得以坚持和继续。

本书是我多年来所写关于蒋介石研究专题文章的一个精选本。部分文章利用收藏在大陆和台北的蒋介石日记仿抄本或类抄本写成，部分利用胡佛研究院开放的日记手稿复印本写成（本书注释简称为"手稿本"）。由于类抄本经过不同程度的删削、改动，已非原汁原味，故此次再到胡佛研究院访问，又利用日记手稿的复印本对各文所引日记进行核对，并作了少量增补或修订。

2006年我在胡佛研究院阅读蒋介石日记时，新华社有一位记者要求我简明扼要地对蒋介石"定性"。我曾说过三句话。一、在近代中国历史上，蒋介石是个很重要的人物；二、在近代中国历史上，蒋介石是个很复杂的人物。三、有功有过。既有大功，又有大过。同年在香港凤凰卫视演讲时，我曾对此作过比较详细的阐述：大陆时期，蒋介石反清、反袁（世凯）、反陈（炯明）、创立黄埔军校，是功；领导北伐，领导国民党和国民政府坚持抗战，是大功；1927年至1936年的"清党剿共"和1946年至1949年的三年内战，是大过。台湾时期，实行土改，反对台独，是功；白色恐怖，是过。我至今仍坚持这样的看法。也许有读者不同意，或者不完全同意。这是正常的。见仁见智，说三说四，都可以，但是，要用学术的方法、讨论的方法，摆事实、讲道理的方法。斯所祷也。

看来，找寻真实的蒋介石，恢复其本来面目，正确评述其功过是非，给以准确的历史定位，其事有相当难度，其时将不会很短，只有群策群力，通过长期"百家争鸣、百花齐放"的道路解决。通过"争鸣"，人们对蒋介石，对中国国民党史，对中国近代史的认识将会进步，将会深入，距历史本相将越来越近，科学性也会越来越强。应该说明的是，本书根据蒋介石的日记论述蒋介石生平的若干问题，故副题为《蒋介石日记解读》，但是，本书远不足以概括蒋丰富、复杂的一生，也不足以表现蒋介石日记的丰富内容，故以后会有续集、三集的出版。

感谢蒋方智怡女士开放蒋介石日记的无私而勇敢的决定。感谢胡佛研究院、中国第二历史档案馆、中国国民党党史馆等机构多年来给予的阅读便利。感谢马若孟（Myers Romon）教授、郭岱君教授、宋曹琍璇女士、潘邦正博士、林孝庭博士等许多朋友的支持和帮助。

斯为序，并期待海内外广大专家、读者的批评。

著者，2007年7月15日写于美国斯坦福大学之Blackwelder Court，时为第四次访问胡佛研究院也。

蒋介石日记的现状及其真实性问题

一　日记现状

根据现有资料，蒋介石的日记约始于1915年，28岁，止于1972年8月，85岁，距离去世只有3年。这一年，蒋介石手肌萎缩，不能执笔，因此停止了长达57年的日记。蒋的这57年日记，遗失4年。其中1915、1916、1917三年，遗失于1918年底的福建永泰战役。当时，蒋介石遭北军袭击，孤身逃出，日记、书籍大部分失落。现在能见到的1915年日记仅存13天，为蒋当年在山东任讨袁军参谋长时所记。胡佛研究院对外所称1917年日记实际是蒋自撰的回忆，题为《中华民国六年前事略》，回忆1917年以前的个人历史，并非日记。1924年的日记则可能遗失于黄埔军校时期，毛思诚在20世纪30年代编辑《蒋介石日记类抄》时就未能见到。因此，蒋介石日记现存53年，共63册。在中国以至世界政治家中，有这么长时段的日记存世，内容如此丰富，大概绝无仅有。

蒋介石日记原由蒋本人保管。蒋去世后，由蒋经国保管；蒋经国于1988年去世后，嘱其幼子蒋孝勇保管。蒋孝勇于1996年去世后由其夫人蒋方智怡女士保管。2004年经斯坦福大学胡佛研究院研究员郭岱君女士动员，蒋方智怡决定将日记寄存于斯坦福大学胡佛研究院，时间为50年。胡佛研究院的马若孟教授及郭岱君教授亲自去加拿大及美国加州的蒋宅，将这批日记携到胡佛。

蒋介石日记的状况并不很好。若干部分已经霉烂、损毁。胡佛研究院接受这批日记后，立即投入力量修复、保存，并用现代科技进行微缩摄影，制作复本。宋氏家族的曹琍璇女士和秦孝仪先生的高足潘邦正先生受蒋家委托对日记进行初读，对涉及个人隐私的少量内容进行技术处理。2006年3月首度向公众开放1918至1931年部分。2007年4月又开放至1945年，其余部分将陆续开放。其少量技术处理部分将在30年后全部恢复原状。

蒋介石日记有手稿本、仿抄本和类抄本、引录本等几种类型。胡佛研究院开放的蒋介石日记绝大部分由蒋介石亲笔书写，可以称为手稿本或原稿本。蒋从早年起，即陆续命人照日记原样抄录副本。抗战时期，蒋介石离开重庆出巡，为了防止遗失，有部分日记由秘书俞国华抄存。由于这两种本子从内容到格式和手稿本都一模一样，因此可以称为仿抄本。这种仿抄本，大陆保存少数，胡佛研究院保存多数，自1920年至1970年，中缺1924年、1948年、1949年各年。

蒋介石一生崇拜曾国藩，在很多地方都模仿曾。曾国藩有日记，还有别人替他编辑的《曾文正公日记类抄》。20世纪20年代至30年代，蒋介石陆续将自己的日记、来往函电、文稿等许多资料交给他的老师和秘书毛思诚保管。毛即利用这批资料编辑长编性著作《民国十五年以前之蒋介石先生》。同时，毛思诚模仿《曾文正公日记类抄》的体例，将蒋的日记分类摘抄，计有党政、军务、学行、文事、杂俎、旅游、家庭、身体、气象等约十种，统名为《蒋介石日记类抄》。一般称之为"类抄本"。毛的做法是首先摘抄蒋的日记原文，然后加以文字润色，并不改变蒋的原意，所以还是可信的。但是，仍有个别地方，毛思诚为了将蒋的形象显示得更完美些，有些改动和原文相差较远。例如，蒋早年比较激进，主张将资本家"扫除殆尽"，毛思诚就改为"如不节制资本"。又如："九一八"事变后，蒋日记曾有"以忍耐不屈之精神维护领土"的说法，但毛思诚却修改为："以坚强不挠之气概吞压强虏"。这一改，蒋的形象"完美"了，但也就不真实了。

毛在编完《民国十五年以前之蒋介石先生》一书后，《蒋介石日记类抄》和少数蒋日记的仿抄本以及其他函电、文稿等就一直保存在宁波家中。

胡佛研究院陈列的蒋介石日记手稿本

1949年中华人民共和国成立后，毛氏后人将这批资料藏在夹墙里。"文革"中，红卫兵砸破墙壁，发现这批资料，逐级上报，一直送到公安部。公安部拨交南京中国第二历史档案馆保存。"文革"后，毛氏后人将这批资料捐献给国家。

抗战时期，蒋介石命奉化同乡王宇高、王宇正继续按分类原则摘抄自己的日记，分《困勉记》、《省克记》、《学记》、《爱记》、《游记》五种。《困勉记》记录蒋在艰难中勉力奋斗的事迹，《省克记》记录蒋的自我反省和克己修身，《学记》记录蒋的读书心得，《爱记》记蒋的人际关系和对同事的看法，《游记》记蒋的游历。主要资料来自蒋的日记，但编者也偶采日记之外的资料，而且有些资料我们今天已经难以一一见到。其特点是用第三人称的口吻记述，和毛思诚的《蒋介石日记类抄》并不完全相同。不过，编者基本上忠实于日记。编者所述和日记摘抄常用"公曰"分隔，"公曰"以下的内容一般抄自日记手稿本，因此可以大体归入"类抄本"。不过这五种本子的文字都较日记手稿本简括，也有编者润饰、修改之处。除文字出入外，有些内容，日记手稿本没有。例如，1940年11月日本外相松冈洋右向重庆国民政府诱和，蒋当月7日的日记手稿为："周作民受敌方请托条件转达者，商人不察，以为较倭汪之条件减轻，其实文字变换，而内容无异也。商人只知私利，可痛！"而《困勉记》的记载则为："此条件，不过文字变换，而内容实无少异。钱新之不察，以为较汪奸之条件减轻矣，希望政府采纳，是只知私利而不顾国家者也，可痛。"两种本子，内容基本一致，所不同的是后者点出了在松冈和蒋介石之间牵线的银行家钱永铭。这一变动，一种可能为蒋介石审阅时所加，一种可能是编者根据其他资料所加。两相比较，《困勉记》这一条的史料价值显然更高。当然，手稿本也有很多有价值的史料，被《困勉记》的编者删掉了。

蒋介石在命人编辑《困勉记》等五书之外，又命同乡孙诒等编辑《事略稿本》。这是年谱长编性的著作。全稿按年、月、日收录、排比与蒋的生平有关的各种资料，如文告、函电等，其中也大量摘录蒋的日记。该书上接毛思诚编《民国十五年以前之蒋介石先生》，自1927年始，止于1949年。同样，它对蒋的日记有删选，有压缩，有加工。特别应该指出的是，编者为了维护蒋的形象，对日记手稿本中的部分内容有所讳饰。有些地方，编者还曾根据后来的历史环境对手稿本的文字作过删改。例如，抗战后期，蒋介石与美国冲突时，曾经多次在日记中痛骂"美帝国主义"。这些激烈语言，在《事略稿本》中就找不到了。

《困勉记》等五种稿本现藏于台北"国史馆"。《事略稿本》也藏于该馆，近年来陆续刊行。不过，由于该稿卷帙庞大，刊行速度较慢，全部出版恐尚须时日。

秦孝仪主编的《"总统"蒋公大事长编初稿》可以视为《事略稿本》的简本。其中所引蒋的日记未作说明，也有修饰，个别改动甚至距手稿本较远。该书印数很少，属于内部资料性质。由于该书仅编至1949年，近年来，台湾学者刘维开教授等正在续编，已出1950年、1951年、1952年三册。

此外，20世纪50年代，日本产经新闻社以日文出版了《蒋"总统"秘录》。为帮助该社编辑此书，台湾中国国民党党史会派专人摘抄、提供了包括蒋介石日记在内大量文献，因此该书在叙述蒋介石生平时曾部分引录蒋的日记。后来美国学者黄仁宇写作《从大历史的角度读蒋介石日记》一书，即根据《蒋"总统"秘录》和《"总统"蒋公大事长编初稿》。此后海内外学者研究蒋介石的著作，所引日记不少出于此书。其实，黄仁宇本人并未读过任何蒋日记的手稿本、仿抄本或类抄本。

《民国十五年以前之蒋介石先生》、《事略稿本》、《"总统"蒋公大事长编初稿》、《蒋"总统"秘录》等书不以公布蒋的日记为目的，其主体部分也不是蒋的日记。勉强分类，只能称之为蒋的日记的"引录本"。至于2007年初家出版社出版《蒋介石日记揭秘》则是一本伪书，笔者已有两文揭露，此处不赘。[1]

二 真实性问题

日记记录本人当日或当时亲历亲见之事或个人所为所思，不仅比较准确，而且私密度很高，历来为史家所重视。蒋介石是近代中国许多重大历史事件的参与者和决策者，长时期集党政军大权于一身。从他的日记中，人们能够了解蒋介石的思想、性格、活动以至他的极为隐秘的内心世界，了解蒋介石和国民党、国民政府的权力运作过程，特别是了解那些不见于新闻媒体、政府公报，为局外人所不可能得悉的、深藏的政治内幕。但是，蒋的日记可靠吗？我在研究蒋介石的过程中，常常碰到这样的问题。

日记有两种。一种是主要为写给别人看的，这种日记往往装腔作势，把真实的自我包裹起来。例如阎锡山的《感想日记》，满篇都是《论语》式的格

---

[1] 参见《杨天石近代史文存》第五册《哲人与文士》附录，中国人民大学出版社2007年7月版。

言，一望而知是教人如何成圣成贤的，没有多大价值。一种是主要为写给自己看的。此类日记，目的在于自用，而不在于示人传世，其记事抒情，或为备忘，或为安排工作与生活，或为道德修养，或为总结人世经验，或为宣泄感情，往往具有比较高的真实性。蒋的日记大体属于此类。

蒋虽然很早就投身革命，但是，辛亥前后生活一直比较荒唐，我曾称之为上海洋场的浮浪子弟。1913年，"二次革命"失败，蒋介石亡命日本东京，受孙中山之命，加入中华革命党，同时尽力读书，在这一年读完《曾国藩全集》，深受影响。1916年，他的引路人陈其美被袁世凯派人暗杀。这件事给了蒋介石以极大刺激。"自矢立品立学，以继续英士革命事业自任。"[1]他决心从此改邪向善，立志修身，每日静坐、反思，按儒学要求克己复礼。此后的一段日记应该比较真实。其后，蒋介石在国民党中的位置日益重要。他继续用儒学、特别是宋明道学的要求来约束自己，存天理，去人欲，日记成为他个人修身的工具。他修身的愿望是真诚的，日记自然也有相当的真实性。此后，他的日记逐渐增添新的内容，即每日生活、工作、思想的记录，治兵、治国和处理人际关系的经验总结等。蒋每日、每周、每月、每年常有反思，他的日记也就相应成为反思的载体。这一段时期，蒋介石还不会想到他将来会成为国民党和中华民国的要人，他的日记会长期流传，成为历史学的研究资料，因此，没有必要在日记中矫饰作假。等到他地位日隆、权势日重之后，他自然明白其日记的重要，但是，由于他继续通过日记记录每日工作、思想、心得，安排工作日程、计划，提醒应注意事项，并继续用以治心修身，是为自用，而非用以示人，因此，一般会如实记录，而不会有意作假，自己骗自己。例如，他抗战期间的日记一般分几个部分：1. 提要。记当日主要事件或主要心得、主要修养要求。2. 预定。记一二日内应做之事。3. 注意。记对国内外形势的思考和

---

[1]《蒋介石自述革命思想之起源》，《蒋介石日记》(手稿本),1929年8月31日。本书所引蒋氏未刊日记、回忆、杂录，除特别注明者外，均为美国胡佛研究院藏。

应加注意之事。4．记事，记一日所做主要之事。5．上星期反省录。6．本星期预定工作纲目。7．本月反省录。8．本月大事表。等等。假如蒋在这些项目中造假，等于是给自己造成混乱。

说蒋记日记一般会"如实记录"，并不等于说蒋在日记中什么重要的事情都记。有些事，他是"讳莫如深"的。例如，1927年的"四一二"政变，显系蒋和桂系李宗仁、白崇禧精密谋划之举，但日记对此却几乎全无记载。又如，1931年的软禁胡汉民事件，蒋只记对自己有利的情况，而不利的情况就不记。再如，抗战期间，蒋介石派宋美龄去香港指导对日谈判，他就绝对不记。蒋自己就说过，有些事情是不能记的。可证，蒋记日记有选择性。同时，他的日记只反映他个人的观点和立场，自然，他所反对的人，反对的事，反对的政党和政派，常常被他扭曲。有些常常被他扭曲得完全走形，不成样子。因此，只能说，蒋的日记有相当的真实性，不是句句真实，事事真实；而且，真实不等于正确，也不等于全面。研究近现代中国的历史，不看蒋日记会是很大的不足，但是，看了，什么都相信，也会上当。

蒋的日记，主要为自用，而非主要为示人，为公布。这一点，可以从以下三点得到证明。

一、蒋生前从未公布过自己的日记，也从未利用日记向公众宣传，进行自我美化。当然，他会想到身后立传，使自己的事迹流传的需要，这一功能主要由《困勉记》和《事略稿本》一类著作完成。蒋一般会选择自己的同乡或亲信进行编辑，这些人自然会本着"为尊者讳"的原则，删削或修改部分内容，而蒋本人也会逐本校阅，严格把关。

二、蒋喜欢骂人。在日记中，蒋骂过许多人，好友如戴季陶、黄郛，亲属如宋子文、孔祥熙，同僚如胡汉民、孙科、李宗仁、白崇禧、何应钦，下属如周至柔等，几乎没有人不被他骂，而且骂得非常狠。蒋如果考虑到要示人、要公布，他就不会在日记中那样无所顾忌地骂人。

三、在日记中，蒋写了自己的许多隐私，例如早年搞"三陪"，在"天理"和"人欲"之间的艰难挣扎，甚至为解决生理需求而进行"自慰"等。此类事，蒋在日记中都如实记录，显然，记这些，决不是为了示人，更不是为了树立自己的高大与神圣的形象。

因此，我的结论是，蒋介石日记是研究蒋介石，研究近、现代中国历史的极为重要的第一手资料，对于研究亚洲史、世界史也有相当的价值。有经验的、精心的阅读者从中将会发现很多可以推进或加深其研究的内容，促使人们重新思考某些既定的观点，写出更准确、更科学、也更丰富的历史著作。

第一辑　国内政治

◎论国民党的社会改良主义
——对"百年老店"的新审视

中国国民党是孙中山和许多志士仁人为"振兴中华"而创建的革命的、爱国的政党,蒋介石、张静江、戴季陶等一大批人也曾追随孙中山从事革命,献身于国家和民族的解放事业。为什么后来其中的部分人成了中国共产党所领导的人民革命的对象?简单的"投机"说或"叛变"说不足以作出令人信服的解释,历史学的任务在于根据史实,科学分析,理清事件、人物的发展、变化逻辑,找出合情合理的答案。

革命和改良是一个多世纪以来广泛流行的政治词汇。对它的涵义,历来众说纷纭。为了避免陷入无穷无尽的学理纠缠并便于讨论,本文将根据多年来社会公众约定俗成的普遍理解,先对这两个政治词语作最简明的界定:采用暴力或激烈的方式彻底改变一种社会制度者为革命,采用非暴力方式以求对一种社会制度作温和的、缓慢的改革者为改良。这样的界定可能不十分严密,但两者之间的区分却是清楚、明白的。

从兴中会创立至今,中国国民党已经走过一百多年的历史,有"百年老店"之称。本文企图对其进行"新审视",并企图从一个侧面考察历史上的国共矛盾。

一 孙中山思想中的改良成分

孙中山是革命家。为了拯救中国,孙中山坚决主张以暴力手段推翻清王朝和北洋军阀政权。在这一点上,孙中山意志坚决,态度鲜明,不屈不挠,终生如一。但是,这并不意味着他在任何问题上都主张采取激烈的、革命手段和办法。

孙中山手书的同盟会纲领：
驱除鞑虏 恢复中华
创立民国 平均地权

1905年7月30日，孙中山邀约各省有志革命的留学生和日本志士70余人，在东京赤坂桧町三番黑龙会址召开了中国同盟会筹备会议。会上，孙中山首先做了关于革命理由、形势和实行方法的演说，并被推举为会议主席，主持讨论新团体的名称和宗旨。最终定名为中国同盟会，并决定以孙中山提出的"驱除鞑虏、恢复中华，创立民国、平均地权"16字为宗旨。

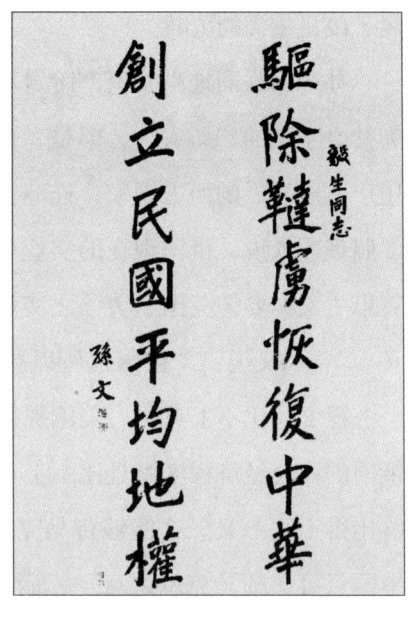

孙中山主张土地公有，认为土地和空气、阳光一样都是大自然对于人类的普遍馈赠，不应为个人私有。早在辛亥革命前，他就提出，"不稼者不得有尺寸耕土"[1]。但是，在解决中国的实际土地问题时，他采取的是比较温和的办法。同盟会纲领中的"平均地权"的核心内容是"涨价归公"，即土地原价归地主所有，因工业、交通、商业发达所增长的地价归全民所有。这一纲领承认地主的土地所有权，所剥夺的仅是因社会因素所增长的地价，因此，可以视为一个改良主义的土地改革方案。1924年，国民党第一次全国代表大会提出："农民之缺乏田地沦为佃户者，国家当给以土地，资其耕作。"[2]会后，孙中山进一步提出"耕者有其田"，但是，他并不主张仿效俄国的办法，以革命的手段"推翻一般大地主，把全国的田土都分到一般农民"，而是主张"慢慢商量"，"和平解决"，采取让农民得利，地主也不吃亏的"双赢"方案[3]。孙中山也曾说过，对地主，可以照地价去抽重税，如果地主不纳税，便可以把他的田地拿来充公，令耕者有其田，但是，他又担心，"马上就拿来实行，一定要生出大反动力"[4]。可见，他不愿意、也不敢以强力改变地主的所有权，仍然属于改良主义的范畴。

孙中山强烈地批判资产阶级和资本主义，赞成资本公有，推崇马克思为社会主义的"圣人"，但是，孙中山认为，社会主义、共产主义只能适用于高度发展的西方国家，连苏俄都不够格，中国自然更加不行。他说："照俄国人说，俄国现在的实业和经济还没有大发达，实在够不上实行马克思主义；要像英国、美国之实业经济的那样发达，才可以实行马克思主义。"[5] 又说："俄国之所以要改用新经济政策，就是由于他们的社会经济程度还比不上英国、美国那样的发达，还是不够实行马克思的办法。俄国的社会经济程度尚且比不上英国、美国，我们中国的经济程度怎么能够比得上呢？又怎么能够行马克思的办法呢？"[6] 因此，孙中山提出，中国只可"师马克思之意"，而不可"用马克思之法"[7]。他不主张全面、彻底地剥夺资本家的所有权，而是主张"节制资本"，即发达国家资本，奖励私人资本，允许老百姓自由兴办部分企业，政府加以奖励并以法律保护。孙中山认为，他的这种主张和列宁的"新经济政策"完全一致，所以他曾很高兴地宣布，他的民生主义就是列宁的"新经济政策"。

在孙中山看来，资本主义和社会主义都是人类社会进化的"动力"，中国的出路是"调和"这两种"动力"，利用外国的资本主义建设中国的社会主义[8]。孙中山又认为，斗争的手段只适用于政治领域，在经济领域，他强调的是阶级合作、阶级互助。20世纪20年代，孙中山看到了部分资本主义国家实行的社会改良与社会福利政策之后，生产力迅速发展，工人工资、劳动状态、生活状况都有较大的改善和提高，因此，孙中山认为，可以用和平的、调节的方法解决资本主义发展中出现的矛盾，这就是：第一，发展生产力，提高生产效率，用孙中山的话来说，就是"社会与工业之改良"；第二，将运输与交通事业收归公有，实行部分企业的国有化；第三，税收。实行累进税率，多征资本家的所得税和遗产税。第四，分配社会化，不由商人而由合作社一类的"社会组织团体"来分配产品。孙中山称这四种办法为"社会经济进化"[9]。孙中山相信，通过"社会经济进化"，资本主义还会有很强的生命力。他说："究竟资本家应该不应该推倒，还要后来详细研究才能够清楚。"[10]孙中山的思想在国民党第一次全国代表大会前后有变化，有发展，后人据此认为孙中山思想有新、旧三民主义之别，但是，他的社会改良思想并无重大变化，上述"社会经济进化"的办法并且是在国民党一大之后提出并加以阐述的。

孙中山的上述思想和主张，明显地不同于马克思主义，不同于当时已在改变列宁"新经济政策"的苏俄，更不同于20世纪20年代中国共产党人的社会革命理念。

二 国民党和蒋介石对孙中山思想中改良成分的继承

国民党是孙中山建立的，以孙中山思想为旗帜。孙中山逝世后，戴季陶等人宣扬孙中山是"中国道德文化上继往开来的大圣"，声称"先生的人格，以仁爱为其基本"，提出"孙文主义"，其目的就是使孙中山的言论成为国民党的长期指导思想，并以之和苏俄以及中共的社会革命论相对立。1929年，胡汉民等鼓吹将孙中山思想视为国家"最高之根本法"，可以代替"约法"和"宪法"也是企图进一步巩固孙中山思想的无可动摇的权威地位。考察孙中山逝世后国民党的实际活动和历史文献，可以看出，国民党一方面继承孙中山的革命思想，坚持以暴力推翻北洋军阀政府，同时，他们也继承了孙中山在社会改革问题上的改良主义思想。

蒋介石早年接触过马克思主义，表示过欣赏、赞佩之意，但是，他更为倾信的是孙中山思想，特别是其思想中的改良主义成分。在蒋介石与共产党第一次合作期间，蒋介石讲过，"必能包括共产主义始为真正之三民主义，同时亦必能容纳共产党，始为真正之国民党。"[11]但是，即使在那时，他也特别强调，二者之间，有方法与时期的不同，在现阶段的

孙中山像及其遗嘱

孙中山《遗嘱》的全文是：
"余致力国民革命凡四十年，其目的在求中国之自由平等。积四十年之经验深知欲达到此目的，必须唤起民众及联合世界上以平等待我之民族，共同奋斗。

现在革命尚未成功，凡我同志，务须依照余所著《建国方略》、《建国大纲》、《三民主义》及《第一次全国代表大会宣言》，继续努力，以求贯彻。最近主张开国民会议及废除不平等条约，尤须于最短期间促其实现。是所至嘱！"

中国，只有孙中山的三民主义才适合中国国情，中国革命必须以三民主义为"中心"[12]。他说：中国的商家、富翁的资产如果与欧美的大资本家比较起来，"算不得是资本家"，因此，"中国现在不是实行共产的时代"。只要实行"平均地权，节制资本"，"不许大地主、大资本家再现于中国"，全国人民都将得到"足衣足食的幸福"[13]。他声称：孙中山的三民主义，即使千百年后也不能改变。国民党以三民主义为基础。"无论共产党或是哪一党，加入了国民党，就要信奉三民主义，要相信三民主义是我们中国革命的唯一的中心"[14]。他有时甚至说，三民主义是救中国的"唯一的主义"[15]。后来，蒋介石更将孙中山思想称为"尽善尽美唯一最高之革命指导原则"。因此，他的经济思想和执政期间的经济政策虽然各个时期不尽相同，但大体上仍然不超出"平均地权、节制资本"的范围。

1927年2月，蒋介石在和共产党分裂前夕曾说："民生主义对于土地承认私有制，而共产主义完全是取消私有制。这一点原则上民生主义和共产主义是不同的。"[16]这就是说，在蒋介石看来，国民党承认私有制，而共产党则反对私有制、消灭私有制。同年4月，蒋介石在南京国民政府成立会上称：他和共产党的分歧在于三方面：1.我们是谋中国全民族的解放，所以要各个阶级共同合作，不是要一个阶级专政，使其他阶级不但不能解放，而且另添一个最残酷的压迫阶级。2.我们认定中国民族当有处分自己之权。自己利害，只有自己知道亲切，自己能通盘打算；"东交民巷的太上政府"断不能代以"鲍罗廷的太上政府"。3.我们既为解除全国的痛苦来革命，所以必须于革命过程之中，力谋减轻民众所受的痛苦。我们希望军事早日成功，从事建设事业，使社会有正当发展的道路可达，而共产党则力谋将所有社会基础破坏，用大破坏来造成大暴动，用大暴动来攫取政权[17]。蒋介石所述三方面，第二方面涉及中苏关系，不在本文考察范围之内。其他两方面曲解中共政策，但从中可以窥知，当时国共两党的分歧，一在于国民党搞阶级合作，将地主阶级、资产阶级都包容在"合作"之列；而共产党则搞阶级斗争，要打倒地主阶级，将来条件成熟时还要消灭资产阶级；二在于国民党企图维护社会既定秩序，"和平解决"社会问题，而共产党则要捣毁旧的社会秩序，以"暴力"和"斗争"改造中国。1927年蒋介石反共、"清党"之后，两党各走各路，彻底决裂。中共转入农村，"打土豪，分田地"，以暴力破坏乡村的地主所有制；蒋介石和国民党则竭力"剿共"，保护乡村的地主所有制，同时企图实行某种程度的"社会改良"。

蒋介石和部分国民党人有过解决土地问题的打算。1932年5月13日蒋介石日记云："听中外人士土地制度。"[18]这段记载虽语义含糊，但说明，蒋在研究土地问题。6月2日日记云："土地问题二说：一在恢复原状，归还地主；一在设施新法，实行耕者有其地主义。对于耆绅亦有二说：一在利用耆绅，招徕士民；一在注重贫民，轻视耆绅，以博贫民欢心。"蒋介石这里实际上提出了两条完全对立的主张，但蒋却无所轩轾："余意二者皆可兼用也。"可见，他并不反对使农民得到土地。此后，他曾急切地找寻"平均地权"的"实施计划"与"方案",准备为此征奖,并设立专门的研究委员会。6月26日日记云:"节制资本与平均地权二方案,应即确定,不可再缓也。"[19]1932年9月30日日记云:"对农,以土地农有为目的。"直至1942年4月23日,蒋仍在日记中写道:"以耕地农有解决土地问题。"[20]可见,经过较长时期的研究后,蒋介石终于确定了自己的土地政策,并且多年未变。与此相应,蒋介石也多次将"耕者有其田"或"耕者有其地"作为施政纲领[21],并且提出过部分具体办法,如成立"集团农场";"发行土地证券,扶助自耕农";设立"土地银行",帮助佃农贷款购地;"提倡合作","发展合作社"等[22]。其他国民党人也设计过一些"耕者有其田"的方案。这些方案虽然最终也要触动地主阶级的土地所有制,但无例外地都是比较温和的"和平解决"方式。张继、吴稚晖等人指责中共领导的农民运动和土地革命是"夺产"或"抢产"运动,是"梁山泊强盗的老方法",是"加些训练,加些组织"的"'科学的'李自成、张献忠方法","把国民党直缩到太平天国以前"[23]。蒋介石也特别强调:"土地问题不能够用暴力来解决。"[24]

在解决城市工人阶级和资产阶级的矛盾关系上,蒋介石和国民党也没有提出超越孙中山的更多的办法。1932年9月30日蒋介石日记云:"对工,分配红利,奖励劳动保险,以增加生产为目的。对商,以保护私产,节制资本为目的。"[25]同年10月23日日记云:"当在社会主义路线上,谋尽消灭帝国主义,以养成中国社会资本主义。"[26]"社会资本主义",这是一个全新的提法,蒋介石没有在其他场合对之作过解释。其内容,应是社会主义和资本主义的结合,是一种"改良资本主义"。1937年7月9日,蒋介石在庐山暑期训练团讲话,提出:"解决民生的方法,是要以生产为主,同时注意到分配的平均。"他认为,必须首先实行下列几件事,除"平均地权"外,就是"防止资本操纵,实施累进税率"、"促进劳资合作,实施劳资仲裁"、"发达国家资本,保障私人企业"、"政府与人民协力解决生产及分配问题"等,这大概就是他所谓的"社会资本主义"了[27]。到了1943年,蒋介石又曾将他的社会经济理想名为"国家资本主义","以社会福利民众共享为依归"[28]。

国民党建党伊始,就以"全民党"和"全民利益"的代表者自居,长期提倡阶级调和、劳资合作。此后国民党的多次代表大会或中央全会都以之作为指导思想。如:1931年5月,国民党三届中央第一次临时全会通过的《中华民国训政时期临时约法》规定:"劳资双方,应本调协互利原则,发展生产事业。"会议将"劳资互助调协"定为"国民生计根本政策"之一,主张在这一原则下,通过法律保护,"谋求农村与城市中劳资双方的共同利益"[29]。

1935年11月,国民党四届六中全会通过《努力生产建设以图自救案》,声称:"我国近奉遗教,以全民主义立国,自不容有阶级之争。""亟宜采用劳资协调政策,对于劳资两方之保护,无所偏倚。"[30]

1937年2月,国民党五届三中全会宣言称:阶级斗争是社会进化中的"病态"。所有工业生产的剩余价值,不专为工厂内工人劳动的结果,凡社会上有用有能力的分子,无论直接间接,在生产方面皆有贡献。因此,会议提出:"务使社会利益,相互调和,平均发达,以驯至于共有、共治、共享之域,决不纵容阶级斗争之谬说,以招致社会之扰乱;亦决不酿成贫富不均之厉阶,以重贻将来之纠纷。"[31]

以上所引各次会议通过的议案、宣言,几乎句句可以从孙中山思想中找到渊源。

三 一次改良主义的重要实践

北伐后,国民党宣布其农村政策是:"改良农村组织,整理耕地,制定最高租额之法律,增进农人生活。"其城市政策是:"颁布劳工法及

1926年7月9日,广东国民政府领导的国民革命军十万人正式出师北伐,发动了反对北洋军阀的革命战争,蒋介石任总司令。图为出师北伐的蒋介石。

工厂保护童工及女工。"[32]1926年10月,北伐军进军湘、鄂期间,为减轻农民负担,动员农民支援北伐,国民党在广州召开有大量左派参加的中央和各省区代表联席会议,通过《最近政纲》,规定"减轻佃农田租百分之二十五",统称"二五减租"[33]。孙中山生前说过,农民"由很辛苦勤劳得来的粮食,被地主夺去大半,这是很不公平的"。"我们应该马上用政治和法律来解决。"[34]1926年的"二五减租"方案可以说是孙中山上述思想的具体落实。但是,它仍然是一个温和的改良主义方案,当时各方,包括中共在内,均无异议。同年底,共产国际在莫斯科召开会议,以极其严厉的口吻批评中共在土地问题上软弱,要求立即以激烈手段解决中国的土地问题。1927年春,部分中共领导人接受共产国际的意见,着手按共产国际要求开展农民运动,在中共和国民党内部都出现分歧,形成左右两派的对立。同年,蒋介石等在江浙地区发动"清党",成立国民政府。

南京国民政府成立后,继续标榜实行"二五减租"。1927年5月,国民政府颁布《佃农保护法》,规定"佃农缴纳租项不得超过所租地收获量百分之四十","佃农对于地主除缴纳租项外,所有额外苛例一概取消"，"佃农对于所耕土地有永佃权"[35]。根据这些精神，湖南、湖北、江苏都曾制订过相应条例，但是，真正实行过的只有浙江省。

1927年国民党"清党"后，浙江党政联席会议曾公布《最近政纲》，宣称"减轻佃农佃租百分之二十五，遇有重灾歉时，更得酌量减轻之"。1928年，浙江省主席何应钦等人认为："佃农终岁勤劳，三餐难得一饱；业主一次投资，子孙坐收其利。事之不公，无逾于此。"[36] 同年由国民党浙江省党部和省政府联席会议通过《浙江省十七年佃农缴租章程》，规定"正产物全收获百分之五十为最高租额"，"佃农依最高租额减百分之二十五缴租"。这样，佃农只须向地主交纳收获量的37.5%，自己则可得62.5%。《章程》同时规定："副产业之收入，概归佃农所有"。《章程》一方面对地主撤佃作了比较严格的规定，但另一方面也限制佃农"不缴租"[37]。同时颁布的还有《佃业理事局暂行章程》，规定省、县两级设佃业理事局，由省县党部、省县政府、省县农民协会等三方组成，处理农民和地主之间出现的纠纷。省党部在处理佃、业纠纷决议案中声称："浙江省本年佃农缴租实施条例，绝对不含妥协性。""土豪劣绅、恶田主及农人中之地棍、流氓，仍其本来面目，而有挟制压迫他人之行为者，治以反革命罪。"[38] 既反对土豪劣绅、恶霸地主，也反对农民中的所谓"地棍、流氓"，力图不偏不倚，站在中间。1929年2月，国民党浙江全省代表大会通过的宣言及决议案，继续声称实行减租。会后举行常务委员会，决定会同省政府，成立缴租章程讨论委员会，讨论施行办法。

浙江省的"二五减租"幅度较大，佃农实际所得远大于地主，因此，自始即受到城乡地主阶级的强烈反对。1928年10月，董士钧等以永嘉城乡全体等众名义上书，指责减租之举"苦乐不均，倒置主佃名义"[39]。11月，董松溪等以浙江全省公民代表名义上书，指责浙江省党政两方"高坐堂皇，罔知民间情状"，"自党部至处理佃业各机关，以逮于各农协会，均为恶化、腐化、无产暴民所占据"，"中小地主生平千辛万苦，粗衣恶食，齿积蝇头，购得薄田数亩，或数十亩，藉为一家数口或数十口养生之资者，莫不俯首帖耳"。同月，永嘉城区业主上书，指责佃业理事局"每袒于佃方，致业主所得不及佃农十之二三，不平太甚，众怨沸腾"。1929年2月，永嘉李芳等上书，攻击"永嘉近日农运，已入阶级专制状况，流毒所至，中等之家立见倾覆"。同月，叶清等上书，声称"二五减租原为调剂劳资冲突，实行阶级调和民生主义，应从全民利益着想。民等弱小业主，似此横受佃农非法压迫，心何以甘。"3月，叶何氏等上书称："受佃农之压迫，求生不得，求死不能，夫岂训政时期实现民生主义之良象！"同月，屈映光、张载阳、吕公望、周凤岐联名上书，攻击浙江所订缴租章程"尚欠平允"，"共党乘机捣乱，勾结土匪、流氓，借减租问题向业方肆行抢掳，杀人烧屋，大祸频乘，势急倒悬"。上述四人中，屈映光是北洋政府大官僚，张载阳曾任浙江省省长、北洋政府时期的陆军上将，吕公望原为光复会会员，担任过任广州军政府参谋部长，周凤岐原为孙传芳所部师长，向北伐军投诚后被任命为军长，曾任国民党浙江省政治分会临时主席。他们的联合上书，反映出浙江城乡地主、官僚、士绅对"二五减租"及其相关规定的强烈不满。

在城乡地主、官僚、士绅的强烈反对下，浙江省政府当局终于坐不住了。1929年4月，浙江省政府继任省主席张静江等人以"纠纷迭起"、"政府税收逐年减少"为理由提出：

本省自前年试办二五减租办法以来，佃业两方纠纷迭起，微特无成效可言，又并深受其害。初则佃农因收获多寡之争执起而抗租，继则业主因减租影响收入，将田亩收回自种，纷纷撤佃，于是佃农之强悍者又群起反抗撤佃，往往霸佃不让，而懦者即缘此失业。各地方凡遇此项情事发生，即有地痞、流氓从中把持唆煽，甚至土匪、共党，亦即乘机骚扰，以此种种原因，遂致佃业两方之生计，并皆不得安定。不独佃农与地主不能合作，共谋农业生产之发达，且田价暴落，社会经济发生

担任浙江省政府主席时期的张静江(中)，其右为时任浙江省政府教育厅长的陈布雷。

急激之巨变，影响所至，竟致政府税收逐年短少，尤以田赋为甚。[40]

浙江省政府委员会随即召开会议，认为减租办法"洵属有弊无利"，决定暂时取消，此后田租多寡，由佃、业双方根据《佃农保护法》关于租额不得超过收获总量的40%范围以内，自行协定[41]。这样，佃农应缴租额就又较此前的37.5%提升了。

浙江省政府的决定受到强烈反对，浙江许多国民党员、农会及其工作人员纷纷呈文国民党浙江省党部：

> 武义县党务指导员胡福指责浙江省政府："违背革命原则，莫此为甚。此等消灭民众对本党之信仰的议案，如不予以纠正，党国前途，何堪设想！"[42]

国民党鄞县执行委员会常务委员赵见微分析说：二五减租，浙江推行已经两年，成效渐著，基础已立，纠纷所在，源于"土劣地主之反动"。"此后凡属革命建设，谁能保无纠纷，一遇纠纷，即行取消，则所有革命建设必致无从进行"。他责问说："与其空言积极，继续剥削佃农以增肥地主，何如实行政纲，努力解放佃农以取信国民？"

余姚县执行委员会常务委员萧显称：此事缘起，在于"土劣因租既被减，心犹未甘"。他谴责浙江省政府的决定有"四不通"，"二不法"，声称这一决定"摧残农运姑置不论，其如农民将对党失却信仰何"！

国民党萧山县执行委员会常务委员周旦充分肯定二五减租的"伟大作用"，认为它可以"培养农民自修之抵抗力，消灭土劣压迫农民之凭借"。他表示：浙江农民"因得本党之扶植，始稍稍有反抗之表示"，国民党应该继续前进，彻底解决"佃业两方之纠纷"。他担心，国民党的政策自此改变，"拥护农工诚恐转为压迫农工"。

浙江省杭县执行委员会常务委员李尹希指责省政府的决定，"不啻推翻本党最高权力机关之决议案"，是"撕碎本党之政纲政策反革命之行为。"

海盐县党务指导委员顾佑民称：二五减租"为解放农民第一步，本党必须继续努力。"

佃农代表涂侠等十人要求浙江省党部：不可因困难而中辍，不可因噎而废食。

萧山国民党员陈荫楠要求浙江省党部出面纠正，呈文称"党部为最高机关，省党部固具监督省政府权。而今省政府取消减租，违背政纲，大冒不韪，应直起纠正"。

这些呈文，维护原定的二五减租方案，激烈抨击浙江省政府，反映出广大农民和不少国民党浙江基层工作人员的心声。

鉴于广大党员纷纷反对浙江省政府的决定，国民党浙江省党部召开常务委员会讨论。会议认为二五减租为党、政双方共同决议，不能由省政府单方取消，且亦与国民政府所颁布之《佃农保护法》大相剌谬。常务委员会朱家骅等人向浙江省政府提出《复议理由书》，要求开会复议。《理由书》首先提出：国民革命必须"首先解放农民"，"以农民运动为基础"；"党的政策，须着眼于农民本身之利益"。接着，《理由书》陈述"二五减租"和孙中山倡导的"耕者有其田"政策之间的关系：

> 土地问题为民生主义之基础，而农田问题又为土地问题之主要部分。农田问题设无适当之解决，则整个社会问题亦不能解决……总理遗教，实欲于最短期间内促进耕者有其田，而二五减租实为实现平均地权之捷径。二五减租之基本观念，诚为解放农民之最低限度之政策。

《理由书》批驳浙江省政府"由业佃双方自订缴租数量"的决议案，"实不啻驱农民于水深火热之境，使任受地主之蹂躏"。《理由书》要求按照孙中山的遗教，"对抗税者加以没收土地之处分"，认为这样做，"迟以五年，则土地泰半将为农民所有"[43]。4月23日，浙江省政府复函浙江省党部，拒绝复议。《杭州民国日报》在省党部的支持下，大量刊登社评和各地反对取消"二五减租"的文电。张静江认为该报"妨碍省政府政策之推行，并损及省政府之威信，影响所至，尤关治安"，向该报提出警告[44]。继即勒令停刊，逮捕该报主笔。

4月27日，朱家骅与另两位常委叶溯中、陈希豪联名向国民党中央党部申诉。朱等充分肯定浙江实行二五减租以来的成绩："二年以来，因该项决议案之实行，浙省农村经济，率较他省安定，自耕农之逐年增加，农村小学学童之激进，工商业以农民购买力增加而繁盛等，皆为不可掩之事实。"朱等严厉指责浙江省政府的做法只能引起"各地贪污豪绅之益肆凶焰，贫苦农民之剥肤及髓"，"农村经济之破产失业者之繁多，社会各阶级之日趋尖锐化"，以致"影响于整个社会之秩序"，为共产党的发展提供"好机会"《理由书》称：

以此而言民生，则日驱一千六百余万农民于绝境；以此而言建设，则徒增多一般贪污豪绅之发财机会，构血花于白骨之上，以为伤心惨目之点缀品。此种举措，在各国专以驱骗贫苦民众、延缓资产阶级之寿命为职责、主张社会政策者亦不屑为，况夫实行三民主义，以冀达到世界大同之本党！[45]

朱等要求国民党中央迅速采取措施，纠正浙江省政府的错误决定。呈文称："若中央对于浙江省政府此种违反党义党纲，僭越职权，以驱浙江千余万农民于绝境之取消二五减租不迅予纠正，严厉取消，则本党之所谓主义，所谓民生，将毋如屠人念佛，为本党仇敌所讪骂鄙夷，本党同志所疾首痛心。党国之威信无存，总理之遗教安在！"在浙江省党部向国民党中央申诉的同时，萧山县农民协会整理委员会也同时致电，表示将"率全萧三十万农民誓死力争"，并公推代表三人到南京请愿[46]。

国民党中央接到浙江省党部和浙江省政府双方的呈文后，于5月2日召开第三届中央执行委员会第七次常务会议，决定接受戴季陶建议：1.核准浙江省政府的要求，取消《二五减租暂行办法》，但认为浙江省政府只是因实行上的困难而暂时停止。并非取消二五减租之原则，要求浙江省政府修正文字，以除误解。2.已实行减租的地方，而又无纠纷者，不得再将租额复旧，以免再起业佃两方的第二次纠纷。3.浙江省政府应于今后两年间，将乡村自治机关组织完全，土地调查办理清楚，并将二五减租之办法规定详密，以便施行[47]。其后，国民党中央派戴传贤赴浙，召集浙江省党部与省政府人员共同讨论，制定《浙江省佃农二五减租暂行办法》和《佃业争议处理暂行办法》，规定"土地收获除副产应全归农民所有外，由业佃双方就各该田亩情形，以常年正产全收获量百分之三七点五为缴租额，自行协定新租约"。在百分之四十和百分之二十五之间，取采了一个折中的百分比。

可以看出，国民党浙江省党部与浙江省政府的矛盾是"清党"后国

第一次出任国民政府主席时的蒋介石

民党内两种力量之间的一次角力，实际上是坚持还是否定孙中山的"扶助农工"政策的斗争，也是南京国民政府是否真正贯彻其社会改良主义路线的重要考验。国民党中央党部虽然在口头上表示要坚持"二五减租"，但在实际上支持的却是浙江省政府的"取消"办法。这就表明，国民党的政策正在向地主阶级倾斜，其改良主义路线正在弱化。当时，浙江省政府委员陈布雷发表文章称："实施减租之际，断不可含有片面的示惠佃农之观念。换言之，不能于二五限度以外，使田主再有所牺牲。"[48]陈的言论明显地表现出袒护城乡地主阶级的态度。但是，浙江城乡地主阶级仍不满意。1931年11月，乐清县郑迈等53人致电国民党第四次全国代表大会及国民政府，继续指责二五减租办法"适以奖励惰农，生产力因之骤减，纠纷又日甚一日"[49]。同月，乐清徐可楼等51人具呈，认为"劳资合作，阶级乃能化合，而社会秩序始得维持。今平日感情极融洽之业、佃双方，因减租各趋极端，已足影响治安"。12月，乐清里长卢选臣等上书，认为二五减租使业佃双方"争长竞短，各不相让，因此发生绝大冲突，阶级斗争已成不可免之事实"，"绝对有弊无利"。1933年，上虞县糜虞封等控告该县农会干事"额外减租，煽获〔惑〕佃农，抗租不缴"，国民政府居然批示："应向该省主管机关呈诉。"[50]

在地主阶级的强大压力下，浙江省的二五减租运动逐渐成为具文。全省八十多县中，只有少数县的部分区、乡有所动作，大多数县份仍是一潭死水，不见波纹。浙江省之外，其他各省均未实行，大部分省份连装模作样的减租条文都没有。国民党仅存的改良主义火星只是闪烁了一下，就灰飞烟灭。抗战胜利之后，国民党重提二五减租，然而，死灰难以再燃，连些微的火星也难以见到了。

四 一轮又一轮的改良呼吁

浙江省的"二五减租"是南京国民政府成立后的重要改良主义实践，它虽然夭折了，但是，此后的国民党继续标举其改良主义纲领，出现一轮又一轮的改良呼吁。这些呼吁，仍然比较多地集中在土地问题上。

1936年7月，孙科、陈立夫、王用宾、傅汝霖、萧铮、周佛海、夏斗寅、徐恩曾、洪兰友等17人向国民党五届二中全会提出《请迅速改革租佃制度，以实现耕者有其田案》，要求调整"现有之租佃关系"，"庶几佃农生活能日益提高，而农村亦可有逐渐复兴之望"。其内容有：1. 由政府严定租佃条件；2. 组织土地金融机关，援助其取得土地。3. 佃农得备地价百分之二十至五十，其余部分由政府担保其分年摊还。4. 从速实行累进地价税，使不耕之地主逐渐放弃其土地，使佃农有取得所有权之机会。5. 政府应发行土地债券，征收土地，转让（给）佃农及雇农[51]。7月20日，决议交中央政治委员会详细研究。

1939年6月，地政学家、国民党中央执行委员萧铮向重庆国民政府提出《实验地政区办法大纲》，要求在四川选择一个地区作为"地政实验区"，进行土地测量登记，耕地重划，促进土地利用，增加生产，调整佃租制度，创立自耕农，规定地价与举办地价税，树立土地金融制度等方面的工作。同时，萧铮又提出《沿新建铁路沿线重要城镇办理地政纲要》，认为成渝、叙昆及滇缅各路沿线重要城镇土地，今已逐渐涨价，将来地价更高，亟须规定地价，并颁布沿线各地将来涨价归公办法，"庶不致国家以巨款建设，而其利益反归地主"。蒋介石阅后，于6月24日批示行政院秘书长张群称："实行总理之土地政策确有必要"，"即希切实研究核办施行"[52]。

1940年7月，萧铮、张冲、陈果夫、程天放、谷正鼎、徐恩曾等向国民党五届七中全会提出《拟请设立中国土地银行，以促进土地改革，实现平均地权，活泼农村金融，改善土地利用案》。其主要内容为：由国民政府特许，授予该银行发行土地债券及征收土地特权，官民合办，资本总额定为1亿元。其主要业务为：1.实行照价收买政策，凡地政机关认为地主报价不实，应行收买之土地，由土地银行以所发土地债券收买之。2.实行耕者有其田政策，扶助佃农购置土地，或依法征收土地转发农民。3.实行"地尽其利"政策，贷款给农地合作社或其他机构，供开垦荒地及土地改良之用。萧铮等建议，土地债券可分地价债券及抵押债券二种，前者于征收土地或扶助佃农购地时发行，直接交付地主补偿地价，由借款农户以地租方式分年摊还。萧等并建议，以四川省为实验区域。会议经济组审查该案后，认为"本案关系推行本党土地政策，至为重要，拟请大会通过，送国民政府限于半年内，成立土地银行"[53]。

与萧铮等同时，方觉慧、居正、何成浚、王子壮、焦易堂、夏斗寅等12人提出《确立民生主义经济制度以奠定建国基础案》，要求"节制资本以防资本独占"，"实施平均地权以安定农民生计"，具体措施有"提倡合作方式之集体农场"、"设立劳工主管机关"、"组织工厂议会"、"仲裁委员会"等。经济组审查后认为："本案所提各点关系民生主义之推行至为重要，拟请交宪法委员会参考。"最后决定"交常务委员会参考"[54]。

1941年4月，陆宗骐、谭平山、胡秋原、王云五、罗文干等向国民参政会第二届第一次大会提出，"拟请政府切实推行合作耕种制度，以改进农业生产案"，提倡"以合作方式共同生产"。蒋介石批交农林部酌办[55]。

1941年11月，国民参政会参政员齐世英等23人向参政会提出《积极实施土地政策、改革租佃制度，以期根本解决粮食问题与社会问题案》。该案痛责"地主对于国家曾无丝毫之贡献，而利用国难，坐致巨富"，要求：1."凡现由佃农耕种之土地，悉令地主限期报价，由国家发行低利土地债券照价收买，分授佃农耕种。"2."佃农受田后，分年以谷缴还国

1943年，国民政府开始大规模推行扶植自耕农政策，先后有14省82县相继推行。图为1944年中华书局出版的《自耕农扶植问题》，该书作者朱建农在书中论述了扶植自耕农的必要性及方法。

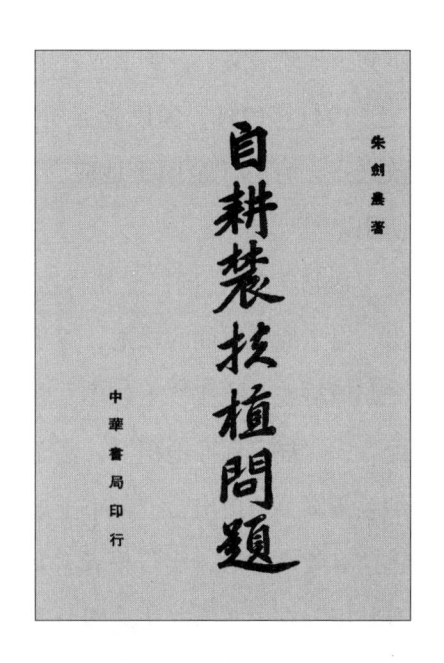

家，国家逐年出售实物，即以所获资金收回土地债券。"3."土地债券收回之日，佃农即完全取得其土地之所有权。"[56]

上述议案，都以实行阶级合作，利益调和为特点，并不完全剥夺城乡村地主阶级的土地所有权。其中也有比较激进的，如1932年12月，孙科等27人向国民党四届三中全会提出《整理本党实施方案》，要求"恢复本党自来代表最大多数被压迫民众利益之立场"，征收土地价值税、土地分归贫农；征收资本收入累进税、遗产税；甚至提出建设国有资本，树立社会主义经济基础等主张，其中"土地分归贫农"就是比较激进的方案[57]。

上述议案并不只是少数党员的意见，其中不少议案经国民党的中央全会或代表大会接受，作出决议，成为共识。上述孙科等27人"土地分归贫农"的建议经四届三中全会讨论通过，萧铮等人的"成立中国土地银行，以促进土地改革"的建议，也经国民党五届七中全会通过。其他如：

1935年11月，国民党第五次全国代表大会提出"规定地价，调整土地分配，促进土地使用，活动土地金融，以增加农业之生产，而谋平均地权，实现三民主义"等主张。会议通过萧铮等24人提出的《关于积极推行本党土地政策案》，要求成立中央地政机关和中央土地银行[58]。

1941年12月，国民党五届九中全会将"实施土地政策"列为四大要政之一。宣称"全国土地应受国家之统制，由政府调整其分配，支配其使用"[59]。

1945年5月，国民党第六次全国代表大会在其《土地政策纲领》中提出，对于地主出佃的耕地，逐步由政府发行"土地债券"，备价征收，尽先归原耕农及抗战将士耕作。在《农民政策纲领》中提出："调节农地分配"，"规定标准地租"，甚至提出"征收地主超额土地"。在《本党政纲政策案》中提出："都市土地一律收归公有，农地除公营者外，应以最迅速有效之方法，实行耕者有其田。"[60]这些方案，使孙中山的"耕者有其田"有了实施办法。同会通过的《劳工政策纲领》除提出"工会得有全国性之联合组织"外，也提出了一些改善劳工待遇的条件，如：取缔包工剥削制度，工资以同工同酬为原则；各地并应分别规定最低工资率：工时以每日八小时，每周48小时为原则；应有连续24小时之休息。每年应有定期休假，休假期内照发工资等，甚至还提出：奖励劳工入股，倡导劳工分红制；提高劳工政治认识，扶助劳工参政[61]。

上述情况表明，国民党在思想上、理论上赞成改革中国传统的土地制度和社会制度，但是，国民党是党国体制，中央全会或代表大会作成决议后，要经行政机构研究，提出方案，还要经立法院审议，才能形成法律。有时，程序走到半途就停止了。例如，1939年6月萧铮提出的《实验地政区办法大纲》经蒋介石批示，转到孔祥熙手上，孔以"需费浩繁"、当时"最重要之工作为兵役行政与生产"、《土地法》修正原则尚在"审议之中"等种种理由加以否定[62]。又如，1941年12月，国民党五届九中全会通过《土地政策战时实施纲要》后，国民政府行政院饬由财政、农林两部及地政署分别拟具实施办法。1942年9月，行政院召开经济法制联席会议，提出《非常时期土地征收实施办法》及《非常时期扶植自耕农实施办法》，规定农地不得因出卖、赠与、继承或分割等原因而"移转于不自耕作之人"，农地所有人如"不自耕作，而将农地永佃或出租于他人"，得由政府依法征收之。这当然是对不劳而获的地主阶级的沉重打击。但是，行政院却主张暂时搁置。1943年3月24日，蒋介石以行政院院长名义致函国防最高委员会称：办法"关系人民权利义务至为重大"，"在此战时，骤为社会经济制度之重大变革，深虑影响全国之租佃关系，在推行之初，对于全国粮食生产，必发生不利之影响"，因此决定"暂缓制定"[63]。

可见，国民党人提出的各种改良议案，即使作成决议，其命运无非两种，或者在反复研究、审查及审议立法中夭折，或者侥幸通过了，但令者自令，行者自行。国民政府虽一再声明："如查有违反情事，应以命令强制遵守，不得稍涉宽纵"，但各地"仍系奉行故事，视若具文，佃农所受增高租额之剥削及违约解租之痛苦，不仅毫未减少，甚且倍于往昔"[64]。这样，到了1945年5月，国民党的六大《宣言》也不得不承认："过去对民生主义之经济建设与平均地权、节制资本两大政策，因种种障碍，干未实施，实为革命建国之最大缺憾。"其《对于政治报告之决议案》提出："在抗战期中，农民出钱出力，贡献最大，而生活最苦。乃自二十三年公布《土地法》及二十五年公布《施行法》，迄今已及十年，多未见诸实施。"[65]

国民党第六次全国代表大会的《宣言》和有关《决议案》表明，国民党在其大陆执政期间，除浙江省"二五减租"的短命实践外，其改良主义只停留在纸面上、口头上。

五　与共产党竞争，再次提出改良主张

八年抗战期间，中国人民的主要任务是和日本帝国主义决斗，挽救民族危亡，在这一形势下，要求国民党人采取重大的社会改革行动并不现实。抗战胜利之后，形势改观，国民党人企图继续推行改良主张。它企图重提减租政策，并曾企图学共产党之所长，改变其土地政策，借以争取农民。

抗战中，国民党与共产党既是对日斗争的合作者，同时，又是竞争者。蒋介石很希望国民党能在这场竞争中获胜，将共产党比下去。1939年3月，蒋介石在重庆开办党政训练班，曾亲拟问卷，要求学员回答。其问题有：本党党务为何如此消沉疲弱而不能及时振作？本党为何不能与共党抗争，一切组织、宣传、训练皆比不上共党？本党党员为何不肯深入民众，做基层工作？本党干部办事为何不切实际，不肯研究与负责？为何办事不彻底，无成效？为何党委变成官僚？为何民众不信任本党与党员？本党为何不能掌握青年？一般大学教员为何要反本党？等等[66]。将这些极其尖锐的问题坦陈开列，说明蒋介石对国民党的弊病了解甚深，也说明他改造国民党的心情相当迫切。1945年4月至7月，中共在延安召开第七次全国代表大会，蒋介石以高度警惕的心情关注这次会议[67]。对会议通过的中共党章的部分内容颇为欣赏。日记云："研究中共第七次全国代表大会讨论内容，对于其新增党章党员与群众及下级与上级之联系一条，殊有价值。本党诚愧不逮，若不急起直追，则败亡无日矣。"[68]正是在这种惭愧感和紧迫感的驱使下，国民党重新拾起部分改良主义旗帜，以求挽回颓势。

1945年9月，蒋介石在《本月大事预定表》中提出："实行二五减租。"[69]11月5日，国防最高委员会与国民党中央执行委员会常务委员等联合开会，讨论行政院所拟"二五减租办法"。出席者普遍赞成为农民"减租"，但讨论结果，都感觉难以推行。陈布雷称："民生主义政策最具体的，也使农民得到一点实惠的，就是二五减租。本党政策，向来对于农工似乎不大顾到，所以共产党常常藉此煽动。"蒋梦麟则慨叹国民党的县长不行，乡镇长不行。他说："办理时，如果不得县长帮忙，很难办得通。根本问题尤其在乡镇长，乡镇长、保甲制度不健全，不仅二五减租没有办法，任何制度都无法推行。"事实是，岂止"二五减租"，连不久前为庆祝抗战胜利而宣布的全国减免田赋一年的命令也无法施行。徐堪称："免赋令下去以后，中央规定得很清楚，除了布告以外，又去了四五次电报，事实上中央免了，地方上并没有免，因为县级公粮等等，县政府依然在要，许多未经收编的军队也在要粮。"陈济棠称："广东情形我最清楚，在过去人民没有钱，天天抓人，押了追缴。现在免了一年，还是天天抓人，人民真是不堪苛扰。"[70]讨论来，讨论去，委员们除了决定准予备案，由行政院申令各级政府彻底实施，由中央党部及行政院分令各省市党部、各省市政府随时具报实施情形，"务期达到增进佃农利益目的"外，什么具体解决的办法也提不出来[71]。

有一些真正的贫苦农民曾经大胆上书，向国民党当局反映问题。1946年6月28日，四川省大足县佃农蒋泽乡等10人呈文国防最高委员会称："国府立有土地一法，用维佃农生计，殊经颁行十年以来，毫未见诸实效。""多数地主对于契约，不管定有期限与未定期限，任意揭退。""租佃委员会者，纯希收租之人组织而成，以致国家善政，惠不及民，此非制度不善，实则人事不良所致。政府颁行一切法令，如对伊等稍有不利者，竟瞒上欺下，奸弊百出，以致普通佃农毫不知闻。"[72]同年7月1日，四川大足县佃农张紫高等21人也具呈国防最高委员会，声称《土地法》十年前即已颁布，"无如地主势力浩大，竟视〈命〉令为弁髦，直至今日，未见实施"。呈文揭发，当地所谓"县租佃委员会"呈报省政府的"二五减租之办法，"对地主之利益早已安排妥当"，"真是德深一尺，弊深一丈"[73]。可见，国民党颁布过的一些法令，用意虽或可嘉，但并未施行，或无实效，或者在施行过程中改变了性质。大足县的这几十位农民虽然给国民党最高当局写了信，但却被束之高阁，自然，在这种情况下，他们很容易走上中共所号召的革命道路。

1946年10月24日，国民党向解放区大举进攻之际，曾经颁布过一份《绥靖区土地处理办法》，其中第六条规定："在变乱期间，农民欠缴之佃租，一概免于追缴。"第七条规定："绥靖区内之农地，经非法分配者，一律由县政府依本办法征收之。"第十一条规定："依本办法征收之土地，由县政府分配于现为耕作之农民，缴价承领自耕，但变乱之前原佃耕人有优先承领权。"[74] 这里所说的"非法分配"，显指中共在部分地区实行的土地改革。20世纪30年代，国民党军进攻苏区，一概实行"田还原主"政策，强迫农民吐出胜利果实。现在国民党则提出，将这一部分土地由县政府征收，"分配于现为耕作之农民，缴价承领自耕"，这是很大的政策改变。其后，江苏省政府并以宝应、盐城、东台等四县为"土地政策"实验县。但是，很快就受到地主阶级的强烈反对。1947年1月3日，江苏宝应县地主成锡侯等一批"还乡队"成员上书国防最高委员会，要求"缓办"，其理由为：一、"宪法为国家根本大法，业经于今年元旦公布，对于人民自由财产等权利，予以保障"，"乃宪法甫经颁布，政府即举办土地政策，不顾人民之利害，所谓保障人民财产之权利者何在？"二、"吾邑自共军盘踞四郊，已有三年"，"现在仍无田租之可收，更无动产之可用"，"对于苦难人民，不特不怜恤抚绥，并私人田产，而亦不令其自由处分"。

成锡侯等坚决反对国民党效法中共，呈文声称宝应等四县土地，"共军仅于去年七八月间开始改革，草草分配"，"似不应继续接办，尤而效之"[75]。同月31日，东台县旅镇同乡会从报上得悉，当局规定："凡业户有田在八十亩者即予收缴公有"，立即致电国防最高委员会反对，声称："吾东县城于胜利之后始为共军窃据，广大乡村虽多匪踪，但'分租''分田'实行未久，地形既未变更，经界依然完整，地方一经规复，人民土地权利不难恢复原状，即分得土地之佃农，亦莫不自动归还原主，土地之无纠纷可见一斑。"电文为地主阶级诉苦称：

"吾东有百亩以上之地主,为数甚罕,在共军占领期间,流亡异地,备尝艰辛,此种忠贞不二之气节,应表扬之不遑。及还乡伊始,田园未及整理,而实验之对象复以施行土地政策为主体,将使制造乱源者有所藉口,诚非善策。"[76] 经过地主们这么一叫唤,自然,所谓"土地政策"的"实验"就进行不下去了。

1948年8月,蒋介石在内战战场上一再惨败,研究共产党胜利的原因,他从毛泽东的《中国革命战争的战略问题》一文得到启发,认为其关键在于中共得到农民拥护,于是下达手令称:"吾人必须打破其优点,为尔后发挥战斗力之要着;其对策应考虑土地政策,实行耕者有其田,并于收复区已分配之土地,承认其所有权,以争取农民。"[77] 蒋介石的这一手令较之上述《绥靖区土地处理办法》,显然又大大向前发展了一步。但是,国民党正依靠各地的地主"还乡团"进攻中共的解放区,何能真正实行?

中国地主阶级是一股历史悠久、根深蒂固的强大社会力量。国民党要反共,除了依靠地主阶级外,别无他途。1931年6月,国民党三届五中全会训令各级党部称:"对于地方上纯正老成,办理社会事业著有成绩、乡望素孚之人士,应与之切实联络,使其劝导当地民众,共同组织,以增加剿匪工作之力量。"[78] 这是国民党明确依靠乡村地主阶级以反对中国共产党的宣言。1932年12月23日蒋介石日记云:"此时应积极剿匪,以求社会之安定。"[79] 当时的中国,乡村土地大部分为地主占有,中国要进步,要发展,就必须改变这种状况。然而,蒋介石却要"求社会之安定"。这样,他就必然要从改良主义进一步蜕化为保守主义,以维护和保持旧的社会秩序。

国民党在1927年"清党"之后,其成员的阶级结构发生重大变化。1940年11月8日,唐纵访问谭平山,谈对中国政治前途的估计,讨论从何处下手,挽救当时的政治危机。谭称:"救国必先救党","必须清理党的成分"。他说:"国民党的党员大都是地主、资本家、小资产阶级,与三民主义的精神正相反,何能望其执行三民主义之政策。"[80]1949年7月,国民党非常委员会指出:"在上海、汉口、平、津及广州的同志,都在有意无意之间和买办、流氓妥协;在其他各省的同志,亦均与土豪劣绅结不解的政治缘。买办、流氓、土豪劣绅本都是时代的渣滓,应在肃清之列,但由于一些同志的畏难苟安,不去肃清他们,结果他们的势力就反而壮大起来,变成了各地的实际统治者。"[81]这一段话,比较准确地反映出国民党及其政权的阶级基础的变化。其结果是,国民党党员中的地主阶级分子愈多,其实际政策的推行又要依靠地主阶级和"土豪、劣绅",国民党所有的改良、改革自然无从实行。抗战时期,四川一度发生严重粮荒,国民党内很多人主张查封地主囤粮,唐纵在日记中感慨地写道:"查封的事情,大致不会实行。我们的政策,依然放在资本家、地主、土豪劣绅基础上,米荒的基本原因,是无法解消的。"[82]米荒问题无法解决,其他改良主张当然更无法贯彻。

蒋介石看到了国民党党员结构中的严重问题。1942年,蒋介石曾设想将国民党改名为"中国劳动国民党","凡党员家庭或本身必有劳农与军人为社会服役者方能取得党员资格"[83]。这说明,蒋介石企图对国民党进行脱胎换骨的根本性改造。他还曾提出,拟在三年内造就三万干部,每个革命干部必须下乡工作三年[84]。甚至还曾提出,中学生毕业后,"必须任农村服务与社会行政工作",才能考升大学[85]。也曾效法毛泽东,要求党员"为人民服务","使智识青年与工农相结合以推行地方自治及建设社会"[86]。还曾提出:"各级干部必须由民众产生。"[87]这些地方,也说明蒋介石深知国民党的痼疾所在,企图有所变革。但是,蒋介石的这些愿望都只停留在他的日记中,无法转化为现实。退到台湾以后,蒋介石成立改造委员会,规定国民党"以青年知识分子,农、工及生产者等广大民众为社会基础",要求地方党部征求新党员时,"农工约占百分之五十，青年及知识分子约占百分之三十，生产者约占百分之十"[88]。显然，这是其大陆时期有关思想的延续。上世纪五十年代，国民党在台湾推行三七五减租，继而推行土地改革，也是大陆时期有关思想的延续。

改良并非是坏事。一个社会，能够通过改良，不断革故鼎新，避免与暴力革命伴生的对社会的巨大冲击和破坏，推动社会生产和历史有序发展，自然是好事。不断改良，也就不断进步。社会蒙发展之益，而无代价过大之虞。否则，不断革命，天天革命，社会将无宁日，也会走向进步和发展的反面。

改良和革命是如影随形的弟兄。历史的常例是：改良受阻，革命就会滋生。原来的改良主义者，或者向前发展成为革命派；或者坚持原有立场，反对革命，甚至成为旧秩序的保护者。在近代中国，国民党就发生了这样的分化，一部分人转而支持共产党的激烈革命主张，而另一部分人，则始终坚持温和的改良立场。自己的改良搞不下去，又反对别人以激烈的革命手段推翻现存秩序，其结果，自然是自己成为激烈革命的对象。

2004年7月19日急就，2007年5月3日至5日修改，2007年11月三改

注释

[1] 转引自章炳麟：《訄书》，古典文学出版社，1958年版，第120页。
[2] 《中国国民党第一次全国代表大会宣言》，《孙中山选集》，人民出版社，1956，第593页。
[3] 《在农民运动讲习所第一届毕业典礼的演说》，《孙中山选集》，第939页。
[4] 同[3]。
[5] 《民生主义》第1讲，《孙中山选集》，第812页。
[6] 《民生主义》第2讲，《孙中山选集》，第811页。
[7] 《民生主义》第2讲，《孙中山选集》，第843页。
[8] 《建国方略之二》，《孙中山选集》，第369页。
[9] 《民生主义》第1讲，《孙中山选集》，第814~816页。
[10] 《民生主义》第1讲，《孙中山选集》，第823页。
[11] 《为西山会议告同志书》(1925年12月)，《蒋校长演讲集》1927年2月版，第216页。
[12] 《校长第三次训话》(1925年4月9日)，《蒋中正先生演说集》，1925年12月版，第70页。
[13] 《在汕头市总商会的演说》(1925年11月16日)，《蒋介石年谱初稿》，档案出版社，1992，第460~461页。
[14] 《校长在本校特别党部第三届执行委员选举大会演说词》，《蒋中正先生演说集》第155~156页。
[15] 《对于联俄问题的意见》，《蒋校长演讲集》，第5页。
[16] 《事略稿本》(1)，〔台北〕"国史馆"2003年7月印行，第79页。
[17] 《革命文献》第16辑，第2815~2816页。
[18] 《蒋介石日记》(手稿本)，1932年5月13日。
[19] 《蒋介石日记》(手稿本)1932年6月26日。
[20] 《蒋介石日记》(手稿本)，1942年4月23日。
[21] 《民国三十年大事表》第17条："耕者有其地与平均地权方案之制定。"第51条："土地政策(平均地权与耕者有其地)之推行。"见《蒋介石日记》(手稿本)1931年卷首。《各部中心工作与政策》："平均地权实施方案之积极制定与积极推进并注重耕者有其地政策与制度之推动"，见《蒋介石日记》(手稿本)1942年卷首。《民国三十三年大事表》："经济政策与制度：耕者有其地，平均地权，节制资本……"，见《蒋介石日记》(手稿本)，1944年卷首。《民国三十四年大事记》与此略同。见《蒋介石日记》(手稿本)1945年卷首。
[22] 《蒋介石日记》(手稿本)，1940年4月1日；1940年9月2日；1942年6月19日；《民国三十三年大事表》，《蒋介石日记》(手稿本)1944年卷首；《建国工作重点》，《蒋介石日记》(手稿本)，1944年卷末；《蒋介石日记》(手稿本)，1945年9月30日。
[23] 《初以真凭实据与汪精卫商榷书》，《吴稚晖全集》卷9，第87~876页；《民生主义实现之途》，《吴稚晖全集》卷7，第319页。
[24] 《中国经济学说》，《先"总统"蒋公全集》，第194页。
[25] 《蒋介石日记》(手稿本)，1932年9月30日。
[26] 《蒋介石日记》(手稿本)，1932年10月23日。
[27] 《"总统"蒋公大事长编初稿》，第1118页。
[28] 《蒋介石日记》(手稿本)，1943年3月17日。
[29] 《中国国民党历次代表大会及中央全会资料》(下)，第946、958页。
[30] 《中国国民党历次代表大会及中央全会资料》(下)，第266页。
[31] 《中国国民党历次代表大会及中央全会资料》(下)，第431~432页。
[32] 《敬告全国人民书》，《蒋校长演讲集》第299页。
[33] 《中央各省区联席会议录》，油印件。
[34] 《民生主义》第3讲，《孙中山选集》，第849~850页。
[35] 《土地改革史料》，〔台北〕"国史馆"1988年印行，第33~34页。
[36] 《土地改革史料》，第36页。

[37]《浙江省十七年佃农缴租章程》,《土地改革史料》,第37~38页。
[38] 转引自万国鼎:《二五减租述》,《中农月刊》第7卷第二期,1946年2月28日。
[39]《土地改革史料》第50页。以下所引呈文,均见此书,不一一注明。
[40]《抄原提案》,〔台北〕中国国民党党史馆藏档案,3.3/26.12。
[41]《浙江省政府呈国民政府》,1929年4月30日。〔台北〕中国国民党党史馆藏档案,3.3/26.12。
[42]〔台北〕中国国民党党史馆藏档案,3.3/26.12。以下所引各呈文均同,不一一注明。
[43]〔台北〕中国国民党党史馆藏档案,3.3/26.12。
[44]《土地改革史料》,第70页。
[45]〔台北〕中国国民党党史馆藏档案,3.3/26.12。
[46]《快邮代电》,〔台北〕中国国民党党史馆藏档案,3.3/26.12。
[47] 中国国民党第三届中央执行委员会第七次常务会议记录,1929年5月2日,〔台北〕中国国民党党史馆藏。
[48] 陈布雷:《浙江省二五减租之前途》,上海《时事新报》,1929年5月9日。
[49]《土地改革史料》,第110页。
[50]《土地改革史料》,第127页。
[51]〔台北〕中国国民党党史馆档案,5-2-12。
[52] "国防"最高委员会档案,〔台北〕中国国民党党史馆档案,003,885。
[53] "国防"最高委员会档案,003,750。
[54] "国防"最高委员会档案,003,750。
[55] "国防"最高委员会档案,003,1535。
[56] "国防"最高委员会档案,003,1872。
[57]《中国国民党历次代表大会及中央全会资料》(下),第175~176页。
[58]《中国国民党历次代表大会及中央全会资料》(下),第295、317~318页。
[59]《中国国民党历次代表大会及中央全会资料》(下),第735、746页。
[60]《中国国民党历次代表大会及中央全会资料》(下),第926~927、936页。
[61] "国防"最高委员会档案,003,3180。
[62] "国防"最高委员会档案,003,885。
[63] "国防"最高委员会档案,003,2085。
[64] "国防"最高委员会档案,003,1871。
[65]《中国国民党历次代表大会及中央全会资料》下,第913、916页。
[66]《蒋介石日记》(手稿本),1939年3月2日、3日。
[67]《蒋介石日记》(手稿本),1945年5月9日云:"看共产党第七次全国代表大会政治报告文。"
[68]《蒋介石日记》(手稿本),1945年7月16日;参见《民国三十四年杂录》。
[69]《蒋介石日记》(手稿本),1945年9月30日。
[70] "'国防'最高委员会第175次常务会议速记记录","国防"最高委员会档案,001,9,12。
[71] "'国防'最高委员会常务会议记录"第7册,〔台北〕中国国民党中央委员会党史委员会1996年影印本,第637页。
[72] "国防"最高委员会档案,001,60,4。
[73] "国防"最高委员会档案,001,60,4。
[74] "国防"最高委员会档案,004,145,452。
[75] "国防"最高委员会档案,001,60,7。
[76] "国防"最高委员会档案,001,61.4。
[77]《土地改革史料》,第185~188。
[78] 荣孟源主编:《中国国民党历次代表大会及中央全会资料》(上),第1007页。
[79]《蒋介石日记》(手稿本),1932年10月23日。
[80] 唐纵:《在蒋介石身边八年》,群众出版社,1991,第173页。
[81]《本党同志今后的认识》,重庆《中央日报》1949年7月25日。

[82] 唐纵:《在蒋介石身边八年》,第156页。
[83] 《蒋介石日记》(手稿本),1942年10月14日。
[84] 《蒋介石日记》(手稿本),1942年8月10日。
[85] 《蒋介石日记》(手稿本),1942年10月23日。
[86] 《蒋介石日记》(手稿本),1945年卷首;2月11日;《民国三十四年杂录》1945年1月21日。
[87] 《蒋介石日记》(手稿本),1945年卷首。
[88] 中国国民党中央改造委员会:《怎样去征求新党员》,第3页。

◎第三国际的解散与蒋介石"闪击"延安计划的撤销
——论"第三次反共高潮"并未成"潮"

第三国际,又称共产国际,为全世界共产党和共产主义团体的国际联合组织。由列宁倡导,1919年3月2日成立于莫斯科。凡参加的各国共产党都是它的支部,成立以后,在推进国际共产主义运动中发挥过重大作用。但是,它过分强调集中统一,将苏联经验教条化,忽视各国共产党的自主性和独创性,不能适应日益复杂化的各国国情和各国共产党进一步发展的需要。1943年5月,共产国际执委会主席团在莫斯科草拟了关于解散共产国际的提议书。同月22日,交《真理报》发表。至此,共产国际已经活动了24年。

一 共产国际解散,蒋介石计划"重新研讨"国内政策

5月24日,国民党中央机关报《中央日报》发表了有关报道,题为《共产国际解散,各国共产党应效忠其祖国,英美舆论大体表示欢迎》,其中引述了共产国际主席团声明中的部分文字,如:"在反希特勒大联合各国之中,一切大众,尤其工人先锋队之神圣任务,为以全力支持各该国政府之作战努力,俾迅速击溃希特勒徒众,并获得国际间以平等为基础之友好合作。"[1]等等。蒋介石迅速注意到了这一消息,当日日记云:

第三国际正式宣布解散以后,无论内容真假如何,但共产主义,尤其是苏俄对其主义上之精神及其信用必根本动摇,乃至完全丧失。此乃中国民心与内政之一大事,岂啻世界思想之一大转变而已。故以后对于国内共产主义之方针与计划,应重加研讨,是乃对内政策之重要时机,但知此为共产国际之改变方式,而事实上

决非真正解散也。[2]

共产国际实际上受苏联共产党中央领导，为苏共中央的国际政策服务。蒋介石富于反共经验，认为共产国际的解散只是"改变方式"，并非"真正解散"，但此事对共产主义，对苏联，都是重大打击，必将影响中国的民心与内政。他决定重新研究"对国内共产主义之方针与计划"，转变"对内政策"。

从希特勒进攻苏联起，美国总统罗斯福就呼吁支援苏联。1941年，美国政府将苏联列入租借法案受援国名单。1943年5月，罗斯福派前驻苏大使、以同情苏联著名于世的约瑟夫·戴维斯访问莫斯科，面交亲笔信，提议与斯大林作个人会晤，以便促进欧洲第二战场的开辟。此际，苏联虽然取得了斯大林格勒的重大胜利，但也还迫切希望西方的支持。虽然共产国际早就有解散的打算，但是，苏共中央选择在戴维斯抵达莫斯科之后的第二天公布这一决定，也具有向西方世界，特别是美国表达好意的表示。

5月25日正午，蒋介石举行参事会报，讨论外交形势、俄国对英美的政策转变等问题，认为解散共产国际是苏联与西方"积极合作"的重大举动。当日日记云："此实为划时代之历史，而其关键全在美国总统之政策运用奏效也。"其后几天，蒋都在日记中继续评价此事。

5月26日日记云："此次俄国取消第三国际，积极与美合作之表示，则倭对俄更不能不进攻矣。"

5月31日《本月反省录》云："此实为二十世纪上半期之惟一大事，殆为世界人类前途幸福庆也，而吾一生最大之对象因此消除，此不仅为此次世界战争中最有价值之史实，且为我国民革命三民主义最大之胜利也。"

在研究共产国际解散对中国和世界的影响时，蒋介石也在研究如何利用这一时机。5月24日，他与陈布雷商谈"宣传方针"，"口授令稿"。

1938年10月，日本侵略军占领广州、武汉，国民党政府迁都重庆，中国共产党派出以周恩来为首的中共代表团抵达重庆，成立了八路军驻重庆办事处。图为抗日战争时期在重庆的周恩来。

25日，召开党务会议，"讨论对取消第三国际之态度与宣传方针"。他指示：一、对中国共产党问题，我应尽力向政治解决之途为最大之努力；在宣传上尤不可造成政府准备以武力解决之印象。二、对苏联应强烈表示亲善，以促其对华政策之继续演变[3]。6月7日，他接见准备回延安参加整风学习的周恩来和林彪。

这一天，他正因为中国大量飞机被日机突袭炸毁而严厉批评周至柔，"大加斥责，继之以痛詈"[4]，但是，他在和周、林谈话时却很平静，日记自称："心平气和，应对自如。暴怒之后，应对敌党，能中和至此，殊非易易。"因为毛泽东在此前的函件中曾有愿到重庆"聆教"的客气表示，所以蒋托周、林二人带回一封给毛泽东的亲笔函，向毛问好，邀毛到重庆会晤[5]。6月12日，他在日记中写道："中共处理之方针，外宽内紧，先放后收。"这时的《中央日报》上，只登西方世界对共产国际解散一事的评论，而不登中国方面，特别是国民党对此事的评价。复兴社分子张涤非于6月12日在西安召集会议，以"各文化团体"的名义致电毛泽东，要求解散中共，取消陕北特区。这一消息也长期压着，没有及时发表[6]。

同月13日，蒋介石日记云："对中共应付与方针如计进行，尚能虚心自如也。"这里只说"如计进行"，但是，并没有透露其具体内容。

事实上，蒋介石正在命令胡宗南悄悄地准备一项"闪击边区"的军事计划。

二 "闪击边区"计划曝光，中共发动"政治攻势"

6月17日，蒋介石致电胡宗南，询问"对于边区之准备现至如何程度"，要求胡"详复"[7]。18日，胡宗南在洛川召开军事会议，将原来在黄河边上防御日军的两个军调到陕甘宁边区外围，作进攻边区的准备，预定6月10日完成一切部署，听候蒋的手令即行进攻[8]。其计划是，首先攻占关中分区的淳化、栒邑、正宁、宁县、镇原五县。这五个县城深入胡宗南统治区，通称"囊形地带"。6月29日，胡宗南复电蒋介石："对边区作战，决先收复囊形地带。对囊形地带使用兵力，除现任碉堡部队外，另以三师为攻击部队，先夺马栏镇，再向北进，封锁囊口。"电称，预定7月28日进攻，一星期完结战局。旋得蒋介石批示："可照已有岗电切实准备，但须俟有命令方可开始进攻，否则切勿行动，并应极端秘匿，毋得声张。"[9]

蒋介石要胡宗南"切实准备"，并且"极端秘匿"，但是，7月3日，在胡宗南身边工作的中共地下党员熊向晖就将有关情况紧急密报延安[10]。中共中央得到密报后，立即行动。7月4日，朱德致电胡宗南，声称"道路纷传，中央将乘国际解散机会，实行剿共，我兄已将河防大军向西调动，弹粮运输，络绎于途，内战危机，有一触即发之势"。电报指责胡宗南的密谋："当此抗战艰虞之际，力谋团结，犹恐不及，若遂发动内战，必致兵连祸结，破坏抗战团结之大业，而使日寇坐收渔利，陷国家民族于危亡之境，并极大妨碍英美苏各联邦之作战任务。"[11]6日，又致电蒋介石、何应钦及军事委员会军令部长徐永昌，呼吁团结，要求制止内战。10日，再电胡宗南，声称"若被攻击，势必自卫"。7月12日，毛泽东为延安《解放日报》撰写社论《质问国民党》，该文首先提出国民党将两个集团军调离黄河河防，准备进攻边区这一事实，然后向国民党提出尖锐质问。在很长时期内，延安一直担心蒋介石和重庆国民政府和日本侵略者妥协，走上和汪精卫同样的道路，因此，社论连续质问说：

这些国民党人同日本人之间的关系，究竟是怎样的呢？难道尽撤河防主力，倒叫做增强抗战么？难道进攻边区，倒叫做增强团结么？如果你们将大段的河防丢弃不管，而日本人却仍然静悄悄地在对岸望着不动，只是拿着望远镜兴高采烈地注视着你们愈走愈远的背影，这其中又是一种什么缘故呢？

社论接着批判国民党对中共的"破坏抗战"、"破坏团结"以及所谓"封建割据"等指责，文章说：

"鹬蚌相持，渔翁得利"，"螳螂捕蝉，黄雀在后"，这两个故事，是有道理的。你们应该和我们一道去把日本占领的地方统一起来，把鬼子赶出去才是正经，何必急急忙忙地要来"统一"这块巴掌大的边区呢？大好河山，沦于敌手，你们不急，你们不忙，而却急于进攻边区，忙于打倒共产党，可痛也夫！可耻也夫！

文章写到这里，就将国民党放到了"消极抗日，积极反共"的位置上。接着，社论指责国民党内"专门反共的人们"是日本的"第五纵队"，所说所行，都和敌人汉奸一模一样，毫无区别。社论要求蒋介石下令把胡宗南的军队撤回河防，也号召爱国的国民党人行动起来，制止内战危机。

中共擅长动员群众和舆论攻势。7月8日，中共中央决定发动"宣传反击",同时准备军事力量粉碎其可能的进攻,要求各中央局、中央分局"动员当地舆论,并召集民众会议"[12]。

7月9日,延安三万群众举行紧急动员大会,号召边区人民动员起来,制止内战,保卫边区。其后,各地先后举行群众大会。

7月10日,陇东各界万余人举行紧急动员大会,表示"如果顽固派敢来进攻,就坚决地消灭它!"

7月11日,陕甘宁边区庆阳分区党政军万余人举行大会及游行示威,抗议国民党顽固派炮击边区,决心紧急动员,准备痛击顽固派的进攻。

7月13日,晋察冀边区各界万余人举行制止内战、挽救危亡大会,通电全国,要求国民政府制止挑动内战的行径。

7月14日,中共太行分局召开反对法西斯内战挑拨分子、援助陕甘宁边区紧急动员大会,到会千余人,邓小平讲话。

此后,陆续召开大会的还有晋冀鲁豫边区太行区、陕甘宁边区三边分区以及绥德市等。

"闪击"计划在还没有付诸行动时就提前曝光,蒋介石于7月10日命令胡宗南停止行动。11日,复电朱德,否认有调动军队,进攻关中囊形地区一事。[13]12日,胡下令撤退一个师及两个军部。13日,毛泽东致电在重庆的董必武,告以"由于种种原因,蒋介石在七月十日不得不电胡宗南改变进攻陕甘宁边区的决心,现在内战危机或可避免"。11日,又致电彭德怀,告以"延安紧急动员,迫使蒋介石不得不改变计划"[14]。8月2日,毛泽东在中共中央政治局会议上讲话,声称"此次反共高潮已被打退"。

其实,蒋介石只是命令胡宗南准备,"潮"尚未成,更谈不上所谓"高"。而且,更重要的是,危险尚未过去,毛泽东显然乐观得太早了。

三　面对中共的"宣传反击"，蒋介石决定"犯而不校"

蒋介石认为，第三国际解散，苏联积极与美英拉关系，表明反共形势大好，因此，尽管延安方面又是发社论，又是开大会，但蒋介石并不重视。7月18日，蒋介石日记云："中共对我陕北之准备，其所表现者为恐慌与叫喊，或能发生间接作用，能早就范。"又云："对内政策，今日已有主动自在之运用余地，实为数十年来所未能获得之环境，尤其对共党为然也。"显然，蒋介石正处于志得意满的状态中，不过，毛泽东为《解放日报》所写的社论《质问国民党》却使他很难受。7月21日日记云："此次中共七七在延安《解放日报》所发表之言论，其对我个人发表之污辱与党政军恶口痛骂，乃为从来所未有，已将其暴乱、谬妄、背叛之劣根性发泄尽净。"他分析，这是中共内部分歧、毛泽东处于困难时的一种策略："可知其内部分歧，不能维系，故毛泽东乃不得不用此制造我政府之压迫，以维系其内部于一时之策略，思之可怜可痛。"7月23日，蒋介石决定发布《劝告中共党员书》，说明对共政策。其内容大致如下：

甲、第三国际解散以后，期望中共能照其解散之要旨，真正成为忠于民族之国民，共同致力于反法西斯之战争。

乙、对中共方针，除对军令、政令必须贯彻统一，不论任何名义，除有妨碍抗战计划扰乱社会行动之外，皆取宽大为怀一贯之方针，无不任其自由。中国之军队只有国民革命军一个军队，中国之军令只有国民政府军事委员会之一个军令。

蒋介石的这一份《劝告中共党员书》强调"宽大为怀"，但又强调军令、政令统一，实际上还是要取消中共军队和中共所建立的抗日政权。由于是面向中共党员的，所以蒋又特别攻击"阶级斗争"和"无产阶级专政理论"，声称"共产主义只有马克斯〔思〕化，决无中国化之理论，亦无中国化之可能。如有之，则共产主义中国化者，即陷于杀人放火、叛国殃民之流寇化、土匪化而已"。

第二天，蒋介石想起延安方面发表的社论《质问国民党》和接着发表的其他文章，愈想愈气，认为中共"既非仁义所能感化，则除武力之外，再无其他方法可循"，但他又认为："时间未到，惟有十分隐忍，必以犯而不校之态度处之，不可小不忍则乱大谋。"同日晚，他与陈布雷商量《劝告中共党员书》的发表问题，陈认为，话说轻了，不好；说重了，也不好，"轻重皆非之时，惟有暂取静默"，用事实证明中共的反宣传"全出诬枉"。陈布雷还引用了《论语》中的"天何言哉"一语，劝告蒋介石不要发表这篇文章。7月25日，蒋决定听从陈布雷的劝告，对《解放日报》社论"置之不理"。28日，蒋介石再次研究该社论，突发"奇想"，认为这是毛泽东"危害周恩来"的一项举动。周恩来和林彪离开重庆后，于7月9日到达西安，13日离开。蒋介石认为，毛泽东选择12日发表社论，就是为了激怒国民党，扣留周恩来。因此，他决定让周平安回到延安。日记写道："决以犯而不校处之，并使周安全回到延安，试观其内部如何变化也。以后对共匪方针，只有促成其内部变化，乃比用兵进剿之策略胜过千万矣！故对共除军事防范特加严密外，其他一切皆应放宽为主。"其实，周恩来早在7月16日就已经回到延安，受到毛泽东、朱德、刘少奇、叶剑英等中共领导人的热烈欢迎。蒋的这一则日记，以及他分化毛、周关系的想法，说明他对于中共和当时的中共领导层非常无知，而且情报极其迟钝！

四 蒋介石决定进攻延安，风暴将起

蒋介石思想中常常存在许多矛盾，因此在政策上，也常常举棋不定。抗战初期，他摇摆于战与和之间，和中共结成联盟后，他摇摆于"抚"与"剿"之间。所谓"抚"，即是用"政治方法和平解决"；所谓"剿"，则是军事进攻。在延安方面发表《质问国民党》一文后，尽管蒋已经决定对中共以"放宽为主"，但是，进入8月以后，他的军事进攻的念头再度泛起。

当年3月，蒋介石发表《中国之命运》一书。该书宣扬只有国民党和三民主义才能救中国。在第七章中，蒋介石含沙射影地指责中共在陕甘宁等地建立的边区为"新式封建"与"变相军阀"，是"武力割据"，宣称"无论用何种名义，或何种策略，甚至于组织武力，割据地方，这种行动，不是军阀，至少亦不能不说是封建"。该书并称："如果这样武力割据，和封建军阀的反革命势力存留一日，国家政治就一日不能上轨道。"[15]蒋介石这样写，实际上是在为武力进攻边区制造舆论。7月21日，延安《解放日报》发表陈伯达所著《评〈中国之命运〉》。8月6日，延安《解放日报》再次发表历史学家吕振羽的文章，批驳《中国之命运》。蒋介石认为，延安方面对《中国之命运》的批判意味中共将坚持"割据"，用"政治方式和平解决"的希望已经完全失去，"不得不准备军事"[16]。8月7日，蒋介石日记云："共匪复乱，不能挽救。此时在我以延长至有利时机再加讨伐，一面应积极准备，好在危机已过，匪乱不能妨碍我抗战大局也。"次日日记云："共匪非武力不能解决，惟在减轻其程度而已。"

延安方面的"宣传攻势"让国民党的"闪击"计划提前曝光，自然，很快传到国外。不仅俄国人担心，也让美国人不安。8月6日，苏联塔斯社中国分社社长罗果夫在莫斯科发表《中国内部发生严重问题》一文，宣称重庆政府中的投降与失败主义者要求解散中共军队，对日进行光荣议和，其结果可能促成内战或日本之胜利[17]。同日，美国参谋总长马歇尔也得到消息：国民党限中共于8月15日之前"归顺"政府，否则"采取对付办法"，急得马歇尔立即派员向宋子文递送急电称："现值我同盟国正应全力应付日本之时，如所报属实，诚可焦虑，能否即设法避免此种情事？"宋子文立即电蒋报告，他猜测，美方消息可能源于苏联"密告"，表示

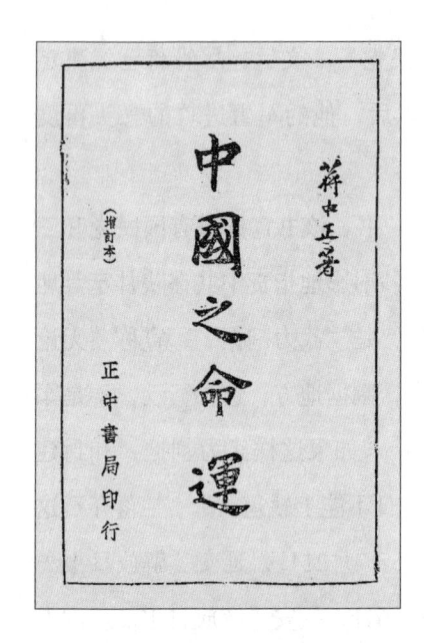

1943年3月，蒋介石发表《中国之命运》一书。该书宣扬只有三民主义才能救中国，并含沙射影地无理指责中共陕甘宁边区为"变相军阀""武力割据"，为武力进攻边区制造舆论。图为《中国之命运》书影。

"一时无法查悉"[18]。蒋介石接到宋的报告后，大为吃惊，但他立即肯定，这是俄国的宣传深深地影响了美国，嘱咐陈布雷即时回电解释。日记云："俄国一方面发表中国局势严重将有内战之消息，一方面对美国政府当局造谣宣传"，"可知俄国谋我之切与其所谓解散共产国际者皆欺世妄诞。"日记同时指斥中共"为俄作伥"，"其罪恶则又甚于汉奸十倍"[19]。这样，他就又觉得必须尽快以武力消灭中共了。当时，美英联军已经进入意大利，墨索里尼政权垮台，苏联红军正在库克斯克与德军决战，苏军胜利在望。蒋介石8月13日日记云："共匪之制裁非在欧战未了之前解决，则后患更大也。""对共匪计划，无时或忘。"[20]

抗战初期，在各方推动下，国民党决定邀请各方人士成立国民参政会，作为咨询性的民意机构。8月14日，蒋介石决定利用参政会宣布并判决其所谓中共"破坏抗战之罪状，警告其速归顺中央，完成统一"[21]。17日下午，蒋介石"研究陕北地形与剿匪计划甚久"[22]。18日上午，蒋介石致函胡宗南。同日，将"对共匪军事准备"、"对共匪宣传计划"、"对共匪之总方略"作为今日三大要事，要求"切实决定，以便付之实施"[23]。一方面，他在日记中为自己打气，"不能再事被动消极，顾忌太多"；另一方面，他又要求自己"熟虑断行"，"不敢出以孟浪之举"[24]。24日决定召胡宗南来重庆，同时拨发胡准备金1000万元，闪击延安计划即将进入实质阶段[25]。

蒋介石开始估计进攻延安后的各种可能情况：甲、持久不能解决；乙、倭寇乘机进攻洛阳、西安；丙、俄国干涉，进攻西安；丁、中共向晋西、陇东、宁夏逃窜；戊、在国民党军反攻倭寇时扰乱后方[26]。8月25日，蒋介石用半天光景研究国际与国内形势，做出结论，在日记《杂录》中写下了一份详细计划。计划分中共问题、苏俄问题、中共与苏俄关系三大部分。他说：

中共问题，无根本消灭之法，但不能不有解决之方案。如果始终要用十军以上兵力防剿陕北之匪区，则不如先捣毁延安巢穴，使之变成流寇，无立足余地为上策。

这就是说，蒋介石经过反复长考之后，终于下决心要进攻延安，使中共中央放弃延安，成为"流寇"，然后以十军部队在后方各地，一面防范，一面搜缴，各个击破，分别肃清。

计划规定以三个月为"积极准备时期"，以威胁与压迫之手段，造成其内部之恐怖状态；以宣传与政治手段为主，而以军事力量为从。关于进攻时机，蒋介石选在日苏和战未决与德苏战争未决以前，认为这是最"有利之时机"。计划写道：

延安必须于德俄战争未了之前与倭俄未确切妥协之时，更须于我对倭总反攻之前，从事肃清为妥，过此则无此良机，如是共匪坐大，中国莫救矣。[27]

抗日战争时期的延安

蒋介石为什么选择这一时机，主要考虑的是苏联因素。在蒋看来，如果苏联的对德战争胜利，或者苏日妥协，苏联都将能腾出较多力量来支持中共，不利于蒋的反共军事。他认为，在亚洲大陆，苏联必然与英美"平行瓜分中国"，也必然要利用中共，所以必须"冒大险，赌存亡"，解决中共问题。

接连几天，蒋介石紧张研究"进剿陕北计划"，开始调动兵力，如：调青海骑兵两团到陇东，令宁夏方面积极准备中共向西突围等。他甚至开始研究外蒙古地形与道路，大概是为了堵住中共向北转移吧！同时，蒋介石也在拟订"对共匪罪行宣布之重点"。8月29日开始写了四条，后来又写了五条。显然，这是为了从舆论上加以配合。31日，他在《本月反省录》中写道："共匪不灭，则对内对外之隐忧皆不能消除也。故一切问题，皆应集中于剿共一点。"又在《本月大事预定表》中写道："对共匪宣传与进剿方略之决定。"

第三国际解散后，蒋介石即计划进攻延安。不过，他极端保密，只向胡宗南个人透露，军事委员会的要员们都蒙在鼓中。直到9月1日，他才在会报会上向徐永昌等出示手示,拟即令准备进攻延安、边区、中共等[28]。9月3日,他与陈布雷、王世杰商量,提议由军事委员会或政治部正式宣布中共"罪状",使中外人士皆能了解其"奸谋"。9月5日,他决定对边区和中共部队进行"隔离",不再承认其为中国军队,更不承认其为抗战团体,预定解散第十八集团军在重庆的办事处,封闭中共在重庆的《新华日报》。同日,蒋介石召见胡宗南,"研究对共方略"。……

乌云密布,风暴将起,中国再次面临严重的内战危机。

五 蒋介石悬崖勒马,紧急刹车

国民党高层对进攻延安的意见并不一致。9月1日的会报会,当蒋宣布进攻计划时,徐永昌当场就表示时机未到。他说"如尚能容住时,则发动时间实有再容忍至敌不能大举进扰之时为妥。否则敌必乘机扰我关中,而共党亦必窜乱甘省。当此时,敌已因之张目,英美或且停顿其进援。"[29]9月4日,在重庆黄山官邸会上,徐永昌再次表示:对共产党,"尚应敷衍"[30]。徐的这些意见逐渐对蒋发生影响。

9月6日,国民党在重庆召开第五届中央委员会第十一次全会。会议内容之一是由中央秘书处向会议提出《关于中国共产党破坏抗战,危害国家案件总报告》,然后通过《关于中共破坏抗战危害国家案件之决议文》。这两份文件最初由幕僚起草,蒋介石不满意,认为前稿"内容几乎全为共匪宣传其实力强大","拙劣已极"!后稿则"实不能用"。他慨叹道:"本党文字力量,亦薄弱至此,非亲自动笔,几无法公布,奈何!"他不得不自己提笔修改。在这一过程中,他反复思考,反复征求意见,终于决定抛弃原来进攻延安的打算,再次倾向于以政治方式解决中共问题。

会议开幕之日,蒋介石在日记中指责中共"诋毁政府,造谣惑众",已成为"敌寇变相之第五纵队"。这是蒋为"总报告"所定下来的反共基调。但是，蒋介石要求先写上一段：

应说明政府对中共无其他要求，只求其放弃割据地盘，服从军令，遵命调赴前线，不再集中部队，阻碍北战场榆林至绥远交通线，实践其廿六年之宣言，则中央仍予以一视同仁，不仅不忍弃绝，且必爱护有加。

同时，他要求在"决议文"中增加一软一硬两条：第一，对中共里边的"爱国自爱分子"，"如能自拔来归，则应予以优容，并量才器使，俾得为国效命"。第二，对中共里边的"政府理喻德化，皆已失效"的"集团"，"人人可得而制裁之"。这就说明，蒋这时计划对中共采取军事进攻与政治分化两手举措。

9月8日，蒋介石产生了对中共"不用武力讨伐"，而用"法纪制裁"的想法。蒋在日记中写下四条理由：甲、中共干部之间、上下之间已经离心离德，只要持之以久，中共将不攻自溃，如在此际讨伐，反而促进其团结。乙、对中共用兵"无异割鸡而用牛刀，若果持久不能解决，徒长匪焰而与敌寇以复活之机"。丙、今日中共，已非江西时期可比，只须"封锁匪区，使之自缚阴干为唯一方略"。丁、中共的强项在宣传，在希望美国干涉，吾人所应最注意者，唯此一点。日记的这一段显示，蒋介石又倾向于不进攻陕甘宁边区了。

9月9日晚，蒋介石召开会议，讨论"总报告"和"决议文"草稿。参加者对其中"取消中共军队番号"等内容意见不一。孔祥熙称："辞意已成必打之势，恐英美以我内战，停止援助。"蒋介石和刘斐二人坚持原议，认为"不如此，中央成何体统"。徐永昌提出质疑："此虽系声罪，不致讨，但意在于讨。如准备讨之，第一是时间是否不当？其次是否居于被动？"辩论中，戴季陶、王世杰和外交部次长吴国桢等陆续加入讨论。吴报告称：苏联大使和比利时大使谈话，对"中央将进攻边区"表示愤慨。王世杰建议，须俟英美对日军事再进,与苏联关系进一步明朗化时,方可对中共严责。孔祥熙再次发言,担心此举将使英美推迟打击日本。蒋介石坚决主张发表"决议文",会议同意蒋的主张,但决定将取消中共军队番号等"处分语"删去[31]。当夜,蒋介石在日记中写下了他对中共的处分要点:甲、《新华日报》之监视;乙、共籍参政员资格之取消;丙、各地十八集团军办事处之封闭。对于中共在重庆的电台与秘密通讯机关,他一时没有想好处置办法,只写了"应重加考虑"几个字[32]。

10日上午,徐永昌打电话给蒋介石,说明三点:1. 如判断中共即将大举出扰,或认为国军利于进剿,则"决议文"的语气可以加重。2. 如判断共军"大举出闹尚有待",或缓以时日对国军有利,则"决议文"可以写得"再轻"。3. 此时中共如"窜甘宁",则日寇有窥视关中的可能,因此"决议文以轻缓为佳"。下午,蒋介石打电话给徐永昌,询问对"决议文"是否仍有意见。徐答:如共军"窜扰甘凉"等地,日寇进窥关中,而我又不能在短期内肃清共军,则共军又可能进入新疆,得到俄人帮助,共同占领新疆,则其祸患将超过九一八事件。徐的意见对蒋起了作用。当晚,蒋介石约集文武干部开会,再次从"法律制裁"后退,认为从国际环境与战争局势考察,"尚非制裁之时机",决定将原定隔离边区及取消中共军队名号两点"完全取消"。

11日晚,蒋介石约集三十余人召开座谈会,其讲话的调子完全改变。他表示:中美英苏四国协定未成,滇缅路尚未开通,贸然进攻,万一不能速决,后果至为恶劣,故目前仍以"避战"为上。蒋提出三种处理方式:1. 封锁而严厉处分;2. 声罪而不致讨;3. 一字不提,而同时在英美宣传其"罪行"。他称此为"曲线的对付"。何应钦则称:全会既开,纵不用书面,亦须有口头报告,或者轻描淡写地作一决议[33]。当日蒋介石日记云:"如我进攻迁延不决,则匪势更张,国际舆论对我更劣。如我能速战速胜,则匪不过迁移地区,不能根本消除其匪党,而我

1943年8月1日，国民政府主席林森因车祸去世，蒋介石接任国民政府主席。这是他自1931年12月15日辞去国民政府主席以来再次出任该职务。图为担任国民政府主席的蒋介石与夫人宋美龄的合影。

国内战既起，复不能根本解决，则国家威信仍有损失。"他决定，对边区"围而不剿"，"用侧面与非正式方法以制之"，"万不宜公开或正面的方式应付也"[34]。

12日全会例假休会。中午，蒋介石召集相关人员再次会商。他提出，不决议，不宣布，只将"总报告"译出，向英美宣传。他征询徐永昌的意见，徐称：如无所表示，国际间不免猜测、疑虑，建议历述中共的"不法自私"事实，要求其实践抗战开始时的诺言，期以"自新"[35]。第二天的会议进程表明，蒋介石采纳了徐的意见。

13日为全会最后一天，由中央秘书处宣读经蒋介石修改的"总报告"。该报告从军事、政治、经济等三方面对中共进行全面指控，声称中共"六七年来破坏抗战，以及违法乱纪之行为，事实俱在，无一不与该党所发表之共赴国难宣言相违背，理应早予依法处治"，但是，报告最后仍然表示希望中共"实践诺言，服从中央，使政令、军令保持统一，意志力量得以集中，以求抗战之胜利"[36]。其后，蒋介石即席"指示"：

个人以为全会对此案之处理方针,要认清此为一个政治问题,应用政治方法解决。如各位同意余之见解,则吾人对共党之言论,无论其如何百端挑衅,其行动无论如何多方扰乱,吾人始终一本对内宽容之旨,期达精神感召之目的。[37]

随后通过的《决议文》声称对中共,将"不惜再三委曲求全,加以涵容",希望中共能遵守抗战初期的宣言,"幡然自反"[38]。

上述文件表明,蒋介石此时继续坚持反共立场,其对中共的敌视、仇视丝毫未变,但是,由于对日抗战仍是当时的首要任务,也由于美苏两国都不赞成中国内战的国际压力,以及中共多年来所表现的顽强生命力和战斗力等原因,蒋介石一时还不能也不敢彻底破裂国共关系,不得不停止原定的进攻延安的军事计划。

一场严重的内战危机避免了。1943年年末,蒋介石在《感想反省录》中写道:"十一中全会期间,反复穷究,密察利害,以后改变计划,放弃军事行动,于是全局危而复安。"[39]

注释

[1]《中央日报》，1943年5月24日，第3版。
[2]《蒋介石日记》（手稿本），1943年5月24日。
[3]《王世杰日记》，1943年5月25日，〔台北〕"中研院"近史所，1990。
[4]《蒋介石日记》（手稿本），1943年6月7日。
[5]《中华民国史料初编》第五编《中共活动真相》（一），第370页。
[6] 这一消息一直压到7月6日，才由国民党中央社作了广播。
[7]《蒋中正"总统"档案·筹笔》，第15431号。〔台北〕"国史馆"藏。
[8] 中共中央文献研究室编：《毛泽东年谱》中卷，中央文献出版社，1993，第454页。
[9] 唐纵：《在蒋介石身边八年》，群众出版社，1991，第366页。
[10] 熊向晖：《我的情报与外交生涯》，中共党史出版社，1999，第15～16页。
[11] 中共中央文献研究室编：《朱德年谱》，人民出版社，1986，第258页。
[12]《毛泽东年谱》中卷，第452页。
[13] 复电为唐纵所拟，见唐纵：《在蒋介石身边八年》，第368页。
[14]《毛泽东年谱》中卷，第456页。
[15]《先"总统"蒋公思想言论总集·专著》，第126页。
[16]《杂录》，1943年8月25日，见《蒋介石日记》（手稿本），1943年。
[17] 转引自《徐永昌日记》，1943年8月7日。
[18]《"总统"蒋公大事长编初稿》，第2194页
[19]《蒋介石日记》（手稿本），1943年8月11日。
[20]《蒋介石日记》（手稿本），1943年8月13日。
[21]《蒋介石日记》（手稿本），1943年8月14日。
[22]《蒋介石日记》（手稿本），1943年8月17日
[23]《蒋介石日记》（手稿本），1943年8月18日。
[24]《蒋介石日记》（手稿本），1943年8月20日、22日。
[25]《蒋介石日记》（手稿本），1943年8月24日。
[26]《蒋介石日记》（手稿本），1943年8月24日。
[27]《杂录》，《蒋介石日记》（手稿本），1943年8月25日，1943年。
[28]《徐永昌日记》，1943年9月1日。
[29]《徐永昌日记》，1943年9月1日。
[30]《徐永昌日记》，1943年9月4日。
[31]《徐永昌日记》，1943年9月9日。
[32]《蒋介石日记》（手稿本），1943年9月9日。
[33]《徐永昌日记》，1943年9月11日。
[34]《蒋介石日记》（手稿本），1943年9月11日
[35]《徐永昌日记》，1943年9月12日。
[36]《"总统"蒋公大事长编初稿》，第2231、2234页。
[37] 荣孟源主编：《中国国民党历次代表大会及中央全会资料》（下），第841页。
[38]《"总统"蒋公大事长编初稿》。
[39]《蒋介石日记》（手稿本），1943年。

◎ 如何对待毛泽东：扣留、"审治"，还是"授勋"、礼送？
——重庆谈判期间蒋介石的心态考察

一 抗战胜利，蒋介石电邀毛泽东"共商大计"

1945年8月10日。

下午8时多，蒋介石做完默祷，忽然听到设于附近求精中学的美军总部传来一阵欢呼声，紧接着，是噼里啪啦的炮竹声。蒋介石问身边的蒋孝镇，怎么回事，为何如此嘈杂？蒋孝镇回答：听说敌人投降了。蒋介石心头一阵惊喜：日本投降了？！他让蒋孝镇再去打听。不久，各方传来正式报告，日本政府宣布，除保持天皇尊严外，其余均按照中、美、英《波茨坦公告》所列条件投降。消息证实，日本确实投降了。苦熬八年、日盼夜想的这一天终于来到了。

这时，蒋介石正在宴请墨西哥驻华大使。抗战胜利，蒋介石有许多事亟待决定、处理。偏偏这位大使不识相，不断提出各种问题，纠缠不休。外交部次长吴国桢两次提醒，这位大使才很不情愿地离去。蒋介石立即召开军事干部会议，按照早就拟定的令稿向前方各战区发电，并令吴铁城、陈布雷提出宣传与各党部应办之事，已经深夜12点了。

8月11日清晨，蒋介石约见美国大使赫尔利（P. J. Hurley，蒋介石日记作哈雷），对杜鲁门总统提出的咨询意见作出答复。蒋称：自己一贯主张，日本国体由日本人民自选。至于要求天皇出面签订降书以及将日本置于联军统帅之下各条，完全同意总统的意见。9时，再次约见赫尔利和魏德迈，就沦陷区军事紧急处置等问题表示看法。11时，到国民党中央临时常会，提出今后大政方针与各种处置。

1945年8月15日,日本宣告投降,蒋介石随即向全国军民发表广播讲话。图为蒋介石讲话后在随员的簇拥下步出广播大厦的情景。

蒋介石最焦虑的是接受日军投降问题。早在8月10日深夜12时,朱德就以延安总部总司令的名义发布第一号命令,要求敌军"于一定时间内向我作战部队缴出全部武装",如"拒绝投降缴械,即应予以坚决消灭"。第二天,又连发第二至第七号令,命令中共所掌握的抗日部队"积极举行进攻,迫使敌伪无条件投降"[1]。当时,在华日军有百万之众,不仅占有中国许多城市和交通线,而且拥有大量战略武器和物资。谁最早、最多接受日军投降,谁就将取得最多、最大的胜利果实。因此,11日这一天,蒋介石给各方发了许多电报,其中一份最紧急的就是给第十八集团军总司令朱德和副总司令彭德怀的。该电声称:"政府对于敌军之缴械、敌俘之收容、伪军之处理及收复地区秩序之恢复、政权之行使等事项,均已统筹决定,分令实施",要求该集团军"应就原地驻防待命",不得"擅自行动"[2]。这份电报实际上剥夺了共产党人接受日军投降的权利。8月14日,蒋介石作出了又一个重大决定,邀请毛泽东到重庆来"共商大计"。电云:

倭寇投降，世界永久和平局面可期实现。举凡国际、国内各种重要问题亟待解决，特请先生克日惠临陪都，共同商讨，事关国家大计，幸勿吝驾。临电不胜迫切悬盼之至。[3]

抗战八年中，蒋介石和共产党维持着一种复杂而微妙的关系。他的日记中时而称"共党"，时而称"共匪"，飘忽不定。现在，他要邀请毛泽东到重庆来，葫芦里卖的是什么药？

二 斯大林两电催劝，毛泽东决定赴渝

对于蒋介石的邀请，毛泽东颇感意外。1937、1938两年，蒋介石实行和共产党的第二次合作，努力抗战，毛泽东比较满意。在延安作报告的时候，给过蒋很高的评价。但是，1939年，特别是1940年皖南事变之后，毛泽东对蒋的印象就愈来愈坏。接到蒋介石的邀请电后，毛泽东的第一个反应是不想去。8月16日，毛泽东为朱德起草致蒋介石的电文，提出六项要求，其主要内容为：解放区一切抗日人民武装力量，有权接受所包围的日伪军投降，收缴其武器资财；解放区军队所包围的敌伪，由解放区军队接受投降，国民党军队所包围的敌伪，由国民党军队接受投降。抗战八年中，国民党的部队退守西南，而中共所领导的抗日部队则深入敌后，因此这当然是一个有利于共产党人的方案。紧接着，毛泽东复电蒋介石：

朱德总司令本日午有一电给你，陈述敝方意见，待你表示意见后，我将考虑和你会见的问题。[4]

毛泽东的这通电报，没有说不去重庆，而是要蒋表态，待表态以后再看。当时，美国正在调派飞机、军舰，向原为日军占领的地区运送国

民党军，毛泽东曾一度雄心勃勃地计划在上海、北平、天津、唐山、保定、石家庄等地发动武装起义，夺取这些大城市[5]。18日，蒋介石在日记中写道："朱之抗命，毛之复电，只有以妄人视之，但不可不防其突变叛乱也。"[6]当晚，他夜半醒来，反复思考，推敲词句，于20日再致毛泽东一电，声称"期待正殷，而行旌迟迟未发，不无歉然。"接着声称，受降办法由盟军总部规定，不能破坏盟军"共同之信守"。朱总司令对于执行盟军规定，亦持异议，"则对我国家与军人之资格将置于何地"？批评、责问之后再给朱德戴高帽子，声称"朱总司令果为一爱国爱民之领袖，只有严守纪律，恪遵军令"。电报最后重申邀请：

抗战八年，全国同胞日在水深火热之中，一旦解放，必须有以安辑鼓舞之，未可蹉跎延误。大战方告终结，内争不容再有，深望足下体念国家之艰危，悯怀人民之疾苦，共同戮力，从事建设。如何以建国之功收抗战之果，甚有赖于先生之惠然一行，共定大计，则收益百惠，岂仅个人而已哉！特再驰电奉邀，务恳惠诺为感。[7]

电报的这一段话写得情辞恳切，似乎不容拒绝。不过，毛泽东仍然不想遽尔应邀。22日，毛泽东再次复电蒋介石：

兹为团结大计，特先派周恩来同志前来晋谒，到后希予接洽为恳！[8]

抗战中，周恩来长驻重庆，多次和蒋介石折冲周旋，由周作前驱，作"侦察战"，了解蒋的意图，自然再合适不过[9]。蒋介石看到毛泽东仍然不想来，于23日再次发电邀请：

承派周恩来先生来渝洽商，至为欣慰。惟目前各种重要问题，均待与先生面商，时机迫切，仍盼先生能与周恩来先生惠然偕临，则重要问题方得迅速解决。国家前途,实利赖之。兹已准备飞机迎迓,特再驰电速驾。[10]

古有刘备"三顾茅庐"的美谈,现在蒋介石是三电邀请,毛泽东似乎不能再次推拒。其间,斯大林曾两次致电毛泽东,声称"中国不能再打内战,要再打内战,就可能把民族引向灭亡的危险地步"。又称:"蒋介石已再三邀请你去重庆协商国事,在此情况下,如果一味拒绝,国际、国内各方面就不能理解了。如果打起内战,战争的责任由谁承担?你到重庆去同蒋会谈,你的安全由美、苏两家负责。"[11]毛泽东收到电报后很不高兴,"甚至是很生气",但是,斯大林是当时国际共产主义运动的最高指导者,毛泽东不能不尊重他的意见。23日,毛泽东主持中共中央政治局扩大会议,在会上说:"我们要准备所有让步以取得合法地位,利用国会讲坛去进攻。""先派恩来同志出去。我出去,决定少奇同志代理我的职务。"[12]24日,毛泽东复电蒋介石:

鄙人极愿与先生会见,商讨和平建国大计。俟飞机到,恩来同志立即赴渝晋谒,弟亦准备随即赴渝。晤教有期,特此奉复。[13]

对毛泽东的这份回电,蒋介石的感觉是"温驯已极","横逆与驯顺,一周三变"[14]。在蒋介石三电毛泽东期间,赫尔利大使也曾两电表示,愿意到延安迎接。25日,毛泽东复电中国战区参谋长、美国人魏德迈(Wedemeyer, Albert),对赫尔利来延表示欢迎,声称愿与周恩来将军偕赫尔利大使同机飞渝。同日,他和即将回太行根据地的刘伯承、邓小平谈话,要他们回到前方以后,放手打,不要担心我在重庆的安全。你们打得越好,我越安全,谈得越好[15]。28日,毛泽东由赫尔利与蒋介石的代表张治中陪同,与周恩来、王若飞同机抵渝。抵达时,毛泽东身穿蓝灰色中山装,脚穿黑色布鞋。一手挥着巴拿马式的盆形帽,微笑着走下飞机。举世瞩目的重庆谈判开始了。

三　初谈不顺

早在8月26日，蒋介石就在日记中写下了"与毛商谈要目与方针"，包括"共部之处理"、"国民大会办法"、"参加政府办法"、"释放共犯办法"等内容[16]。27日日记云："对共方针，决予其宽大待遇，如其果长恶不悛，则再加惩治，犹未为晚也。"[17] 28日，蒋介石召集干部会议，讨论对毛泽东来渝后的方针，确定"以诚挚待之"，"政治与军事应整个解决，但对政治之要求予以极度之宽容，而对军事则严格之统一，不稍迁就。"[18] 28日下午3时许，毛泽东等人到达重庆机场，毛对中外记者发表书面谈话：

现在抗日战争已经胜利结束，中国即将进入和平建设时期，当前时机极为重要。目前最迫切者，为保证国内和平，实施民主政治，巩固国内团结。国内政治上军事上所存在的各项迫切问题，应在和平、民主、团结的基础上加以合理解决，以期实现全国之统一，建设独立、自由、民主、团结与富强的新中国。[19]

当晚，蒋介石在林园设宴招待毛泽东一行，特意将毛安排在自己的对座，以示"诚恳"。宴会后，又邀请毛泽东下榻林园。

毛泽东等来渝前，中共中央曾发表《对时局宣言》，要求国民党立即实施六项措施：承认解放区的民选政府和抗日军队；严惩汉奸；解散伪军；公平合理地整编军队；承认各党派的合法地位；立即召开各党派和无党派人物会议，成立举国一致的民主联合政府。对于这六条，蒋介石在日记中表示："皆应留有余地，而不加以正面拒绝，但须有确定前提。"[20] 8月29日，蒋介石与毛泽东举行第一次会谈。蒋称愿意听毛泽东（左二）、朱德（左一）、周恩来（右一）与美国特使帕特里克·赫尔利（右三）、美国陆军观察员伊凡·耶顿上校（右四）合影。

取中共方面的意见，并称中国无内战。毛泽东则称，说中国没有内战是欺骗。蒋提出谈判三原则：一、所有问题整个解决。二、一切问题之解决，均须不违背政令、军令之统一。三、政府之改组，不得超越现有法统之外。这个"三原则"，就是他在日记中所说的"确定前提"。当晚7时，蒋介石亲赴毛泽东所住莲屋访问，约谈一小时，蒋自称属于"普通应酬"[21]。31日，蒋在日记中写道："毛泽东果应召来渝，此虽为德威所致，而实上帝所赐也。"[22]

9月3日，毛泽东通过周恩来、王若飞向国民党代表张群、张治中、邵力子提出十一条谈判要点，其主要内容为：

一、确定和平建国方针，以和平、团结、民主为统一的基础，实现三民主义。

二、拥护蒋主席之领导地位。

三、承认各党各派合法平等地位并长期合作，和平建国。

四、承认解放区政权及抗日部队。

五、严惩汉奸，解散伪军。

1945年抗日战争胜利后,为避免内战、争取和平,毛泽东亲赴重庆与国民党进行和平谈判。谈判从8月29日开始到10月10日结束。这期间,毛泽东与蒋介石就国共两党关系的重大问题进行了多次会谈。图为重庆谈判期间毛泽东与蒋介石的合影。

六、重划受降地区,(解放区抗日军队)参加受降工作。

七、停止一切武装冲突,令各部暂留原地待命。

八、实行政治民主化,军队国家化,党派平等合作。

九、政治民主化之必要办法:由国民政府召集各党派及无党派代表人物的政治会议,各党派参加政府,重选国民大会;由中共推荐山西、山东、河北、热河、察哈尔五省主席、委员,及绥远、河南、安徽、江苏、湖北、广东六省副主席,北平、天津、青岛、上海四特别市副市长。

十、军队国家化之必要办法:公平合理的整编全国军队,分期实施;解放区部队编成十六个军四十八个师,驻地集中于淮河流域及陇海路以北地区;中共参加军委会及其所属各部工作;设北平行营及北方政治委员会,任中共人员为主任。

十一、党派平等合作之必要办法:释放政治犯;保障各项自由,取消一切不合理禁令,取消特务机关。[23]

毛泽东所提十一条中的"实现三民主义"、"拥护蒋主席之的领导地位"等内容,蒋介石自然满意,他反感的是其中的九、十等条,批评其为

"要求无餍"。9月3日，蒋介石日记云：

> 余以极诚对彼，而彼竟利用余精诚之言，反要求华北五省主席与北平行营主任皆要委任其人，并要编组其共军四十八万人，以为余所提之十二师之三倍，最后将欲廿四师为其基准数乎？共匪诚不可以理喻也。此事唯有赖帝力之成全矣！[24]

4日晨5时，蒋起身祷告，"愿共毛之能悔悟，使国家能和平统一也"。上午，他约张群、张治中、邵力子谈话，听取昨晚与周恩来谈话经过。蒋自感"脑筋深受刺激"，叹息"何天生此等恶劣根性，徒苦人类乃尔"！[25] 他将自拟的《对中共谈判要点》交给张群等。其主要内容为：

一、中共军队之编组，以十二个师为最高限度。

二、承认解放区，为事实绝对行不通。

三、拟改组原国防最高委员会为政治会议，由各党各派人士参加。在国民大会产生新政府后，各党派与无党派人士均可依法参加中央政府。

四、原当选之国民大会代表，仍然有效，可酌量增加名额[26]。

国民党1927年执政后，长期实行以"一党专政"为核心的"党治"，因此受到国内外各阶层的严厉批评。1936年，国民党提出召开"国民大会"，制订宪法，成立政府，宣称将通过此途径"还政于民"。除选举代表1200人之外，国民党的中央及候补执、监委为当然代表，国民政府并直接指定代表240人。由于这批代表是在国民党一党包办下产生的，又事隔多年，中共主张代表重选，蒋介石则主张增补、调整，坚决反对重选。

按蒋的想法，要将毛泽东的提议从速公布示众，但张治中等认为为时过早。同日下午5时，毛泽东应蒋介石邀请，参加军事委员会召开的抗战胜利茶会。会后，蒋、毛再次直接商谈。从9时起，张群、邵力子、张治中受命与周恩来、王若飞开始第一次会谈。至10月8日止，双方共会谈13次。

从9月4日起，蒋介石即将和中共谈判的任务交给张群等三人，而他自己则退居幕后。但是，他仍然时时研究苏俄与中共动态，牢牢掌控谈判，日记中有许多对谈判情况的记载。

9月8日，蒋介石《上星期反省录》云："共毛各种无理要求与不法行动，自受俄之主使，余亦惟有一意忍耐处之。"

9月11日日记云："余今日对俄、对共，惟有以诚与敬对之，未知果能收效否？"

9月12日正午，蒋介石约毛泽东、周恩来到林园共进午餐。日记云："余示以至诚与大公，允其所有困难无不为之解决，而彼尚要求编其二十八师之兵数耳！"[27]

9月13日日记云："嘱毛泽东访魏德迈。"

9月15日《上星期反省录》："共毛近来从容不迫，交涉拖延之故，其必等待美国政策之转变，期望国际共同干涉内政也。"

9月17日日记云："正午，约毛泽东、哈雷照相谈话。据岳军言，恩来向其表示者，前次毛对余所言，可减少其提军额之半数者，其实为指四十八师之数，已照其共匪总数减少一半之数也。果尔，则共匪诚不可与言也。以当时彼明言减少半数为二十八师之数字也，其无信不诚有如此也。"

9月20日日记云："目前最重大问题为共毛问题。国家存亡，革命成功，皆在于此。""不能不为国相忍，导之以德，望能感格也。"

9月21日日记云："考虑共党问题对国家祸福利害甚久，此时主动尚在于我，不患其作恶卖国，吾仍以理导之。""晚与哈雷谈共党问题，示以军额最大限为廿师，如其仍要求华北各省主席，则不再谈矣。"

9月22日《上星期反省录》云："中共阴谋与野心虽被阻制，但险象仍在，不可稍忽，事已到了最大限度，彼仍不接受，则惟置之不理，任其变化，以此时主动全在于我也。"

从上述日记可以看出，蒋介石对毛泽东、周恩来等虽然笑脸相迎，但

周恩来、马歇尔、张治中（从右向左）在重庆谈判期间合影

内心却充满敌意。

谈判中，张群等根据蒋介石的指示，曾于9月8日对写了一份书面文件，逐条回答中共所提谈判要点。其第一项称："和平建国自为共同不易之方针，实行三民主义亦为共同必遵之目的。"第二项称："拥护蒋主席之领导地位，承明白表示，甚佩。"第三项称："各党派在法律面前平等，本为宪政常规，今可即行承认。"其他如严惩汉奸、解散伪军，参加受降工作，停止武装冲突，释放政治犯，严禁特务逮捕、拘禁以及政治民主化、军队国家化的原则，国民党代表都表示"自可考虑"，或"自无问题"，蒋介石和国民党代表所不能接受的是"重选国民大会代表"、"解决解放区办法"以及"军队国家化之必要办法"等问题[28]。当时，毛泽东要求将中共部队改编为48师，而蒋介石只允许以20师为最高限额。至于五省主席、六省副主席、四市副市长、北平行营主任等职，蒋介石觉得中共是"狮子大开口"，根本不想考虑。

就在两党谈判僵持不下之际，蒋介石却于9月27日偕宋美龄飞往西昌，休息去了。

四 蒋介石心态180度大转变化，欲扣留并"审治"毛泽东

在去西昌的飞机上，蒋介石读到了毛泽东回答路透社记者的提问。提问中，毛泽东谈到，解放区已经拥有120万人以上的军队和220万人以上的民兵，除分布于华北各省与西北的陕甘宁边区外，还分布于江苏、安徽、浙江、福建、河南、湖北、湖南、广东各省[29]。毛泽东的这段谈话勾起了蒋对中共所提十一条的回忆，也勾起了蒋郁结在胸中对中共和毛泽东长期的仇视。其实，在蒋介石的心目中，中共早已不是和国民党并肩抗敌的战友，而是"汉奸"、"叛逆"；毛泽东也不是他盛情相邀的贵宾，而是"罪魁祸首"。他在日记中愤愤地写道：

如欲不惩治汉奸，处理叛逆则已，否则非从惩治此害国殃民，勾敌搆乱第一人之罪魁祸首，实无以折服军民，澄清国本也。如此罪大恶极之祸首，犹不自后悔，而反要求编组一百二十万军队，割据陇海路以北七省市之地区，皆为其势力范围所有，政府一再劝导退让，总不能餍其无穷之欲壑，如不加审治，何以对我为抗战而死军民在天之灵耶！[30]

蒋介石表现在这里的情绪已经不是他在日记中一再表达的"诚"与"敬"，而是一股强烈的刚暴之气。他明确表示，要对毛泽东加以"审治"。

西昌，当时西康省的重要城市，位于今四川凉山彝族自治州中部，始建于汉。蒋介石夫妇到达西昌后，下榻当地名胜邛海。从雾霾层层的重庆转移到风清鸟啭、花笑山明之地，蒋介石心情为之一舒。但是，他仍然系念在重庆谈判桌上和中共代表的斗争，反复考虑"共毛对国家前途之利害与存亡关系"。29日，他在日记中写下了"中共之罪恶"六条：

甲、资抗战之名义,而行破坏抗战之实。

乙、借民主之美名而施阶级独裁之阴谋。

丙、违反四项诺言之事实与经过,欺民欺世,忘信背义,莫此为甚。

丁、藉民选之名义以行其拥兵自卫,割据地盘,奴辱民众,破坏统一之实。

戊、破坏外交政策,捕杀盟军官兵,阻碍联军行动,破坏国军反攻计划,诋毁英美参战为帝国主义之战争。不仅反对政府联合英美作战,而且始终破坏中苏国交之增进。

己、勾结敌军,通同汉奸,倾害国本,颠覆政府,以组织联合政府为过渡手段,而达到其多数控制,成立第四国际专政之目的。

在抗战中,国共两党虽然结成了统一战线,但国民党时刻想限制共产党的发展,将中共的活动纳入自己的政令、军令之下,而中共则坚持独立自主,力图突破国民党的限制,发展和壮大自己的力量。因此,双方虽共同对敌,但彼此间又充满限制和反限制、摩擦和反摩擦的斗争。从上述蒋介石列举的"罪状"里,人们不难看到,抗战虽然胜利了,但蒋介石积累的对中共的误解有多深,扭曲有多严重,仇视有多强烈。

宋美龄看到蒋介石如此忙碌,笑着说,你到西昌来哪里是为休息呀!蒋介石没有解释,但他心想:"孰知余此来,比之平时之思考与工作更为迫切而急要也。他日统一如能告成,或得之于西昌游程中也。"蒋接着写其所谓中共"罪状":

庚、企图割据华北各省,盘踞热察,隔绝中苏联络,破坏中苏联盟,以期扰乱世界和平之建立。

辛、擅设军事委员会名义,劫持第十八集团军,促使新四军之叛变,反抗军令,毅然以共产红军自称。

壬、擅设延安所谓陕甘宁边区政府,割据地盘,反对中央政令,私发钞票,擅征租税，强种鸦片，私设关卡，与敌伪公开贸易，交换货物，以接济敌军，助长侵略，此即中共所谓对敌抗战也。

癸、迹其宣传，直接以攻讦政府，诬蔑盟军，间接以协助敌伪，毁灭国本，必欲中华民国变成为第四共产国际而后已。

子、共军所到之地，所谓民选政府之实情：（甲）信仰言论行动皆为绝对统制而无自由，否则即以反动汉奸与叛徒之罪而加以逮捕。传教士绝对不能传教，且不准其进入其民选区。（乙）人民之纳租、出捐、抽丁、派粮不惟因战后而不奉令停止，且变本加厉，各种苛捐杂税层出不穷，民不聊生，而抗战期间到处煽动人民，对政府抗粮抗役，以不出粮、不征兵，且借各种神道邪教以愚惑民众。

写到这里，蒋介石特别补充了一句："以危害国家、破坏国家之事实，应略举要点述之。"古语云："欲加之罪，何患无辞。"蒋介石兴有未尽，还要写下去。

蒋介石写这些"罪状"，当然不是一时兴至，"无所为而为"，显然，他是在为扣留并惩办毛泽东作准备。

然而，毛泽东应邀为两党谈判而来，要扣留并惩办毛泽东不是一件简单的事。蒋介石首先想到的是美国大使赫尔利的保证和美国政府的态度，也想到苏联政府可能的反应。所以，他在日记里为提醒自己而特设的"注意"栏下写下了两条：一、哈雷（即赫尔利）保证共毛之安全函电，美国政府之地位及其预想之态度，应加研究。二、俄国之表示如何，亦应切实研究[31]。

当时，蒋介石既要依靠美国，也不敢得罪苏联，甚至还想讨好。例如，在伦敦的中、美、英、苏、法五国外长会上，英、美、法为一方，苏联为一方，而重庆国民政府则"中立"，"对俄表示同情"。自然，蒋介石在采取行动之前，不能不将美、苏这两个大国的可能反应想清楚。

10月1日，蒋介石见到了中共提出的一份"公告稿"，其中提到毛泽

毛泽东(左)、赫尔利(中)、蒋介石(右)

东来渝的安全以及赫尔利的保证问题。蒋介石看到这篇"公告稿"以后，十分反感。日记中写道：

> 此与会谈全无关系，仅为其贼胆心虚之表示。彼全不思本国商谈要由外人保证之耻。不思哈雷即使为其保证，亦已失效也。盖哈雷保证共党统一团结提议者之安全，并未保证其通敌卖国反动派之生命。次此为内政问题，无论任何外人，不能干涉我政府对内乱犯之处治，而且哈雷回国之前已对共党声明，今后国共问题全为中国之内政，不能如往日敌军未投降时，可由其盟国共同作战之关系参加调解，今后应由中国双方自动直接解决也。[32]

蒋介石要扣留并"审治"毛泽东，赫尔利事前的保证是一道不能回避的门槛。可以看出，蒋介石的这篇日记实际上是在为自己找解脱，力图证明，他的举动和赫尔利的保证没有冲突。

1936年国民大会的代表选出后，由于第二年抗战爆发，代表大会一直未能召开。抗战后期，蒋介石为了对抗中共提出的召开党派会议、建立民主联合政府的主张，便于1945年元旦宣布，可以不待抗战结束，提前召集国民大会，制订宪法，选举政府，以使其统治合法化。同年3月1日，蒋介石又向宪政实施协进会宣布，定于当年11月12日召集国民大会。毛泽东到重庆后，中共在谈判中除主张国民大会代表须重选外，当年制订的国民大会组织法、选举法、《五五宪法草案》等也都须修改，召集大会的日期须延缓。对此，蒋介石都强烈反对。10月2日，蒋介石日记云：

共党反盗为主，其到重庆，在军事政治上作各种无理要求犹在其次，而且要将国民政府一切法令与组织根本推翻，不加承认，甚至实施宪政之日期与依法所选举之国民大会亦欲彻底推翻重选，而代之以共党之法令与组织，必使中国非依照其主张，受其完全控制而成为纯一共党之中国，终不甘心。[33]

想来想去，蒋介石"审治"毛泽东，彻底解决中共问题的冲动越来越强烈，几乎难以遏制了。

龙云长期统治云南，形成半独立状态。蒋介石早就想解决龙云，其办法是任命龙云为军事参议院院长，将他从昆明老窝中调到重庆。但蒋介石又担心龙云不肯入彀，作了武力强迫的准备。10月3日，杜聿明的军队武装包围云南省政府，完全控制昆明，龙云的滇军仅有小反抗。蒋介石很高兴，认为龙云"经此一击，彼当不能不俯首遵命乎！"[34]几天之后，龙云被迫到重庆接任新职。

龙云问题解决了，蒋介石的思绪再次回到中共问题上。当时，伦敦的五国外长会议因美苏对立，无果休会。蒋介石认为"俄国实力已耗，外强而中已干"，是他解决中共问题的好时机。10月5日日记云：

故于此时应不必为俄多所瞻顾，积极肃清内奸，根绝共匪，整顿内政，巩固统一为第一。如其以此借口，强占我东北，扰乱我新疆，则彼干涉我内政，侵害我主权，否则仍使共匪余孽捣乱边疆,此乃彼一贯政策。不有此事,亦必不免也。余以为最多新疆暂失,东北未复而已,而本部之内,只少可以统一矣,此乃天予之时也。

读者应该特别注意这一段日记中的"不有此事"一句中的"此事"二字,显然,其内容就是扣留毛泽东,"审治"毛泽东,和共产党决裂,掀起"剿共"战争,"根绝共匪"。蒋介石估计,一旦他做了"此事",苏联不会善罢甘休,有可能占领新疆,拒绝从东北撤兵。但是,蒋介石觉得还是合算,他还是要做。

毛泽东在重庆,如鱼游釜内,有点"悬"了。

五 蒋介石再次180度大转变,决定授予毛泽东"胜利勋章"

然而,就在蒋介石破釜沉舟,准备豁出去做"此事"的时候,他却又犹豫起来了。

10月6日,蒋介石反省上周作为,觉得龙云问题解决,西南巩固,"建国已有南方统一之基础","心神乃得自慰"。但是,对于解决中共问题,他觉得国内、国外反对者很多,困难很大。日记写道:

对共问题,郑重考虑,不敢稍有孟浪。总不使内外有所藉口,或因此再起纷扰,最后惟有天命是从也。

蒋介石的"郑重考虑"是必要的。如果他悍然扣留并"审治"毛泽东,不仅美国、苏联通不过,在抗战八年中发展起来的百万中共武装通不过,那时已经站在中共一边的民主党派自然也通不过。其结果,必将出现"再起纷扰"的严重局面。这么一想,蒋介石又把他那颗强烈跳动的想扣留并"审治"毛泽东的心摁住了。当天正午,蒋介石与左右讨论中共方面所起草的《会谈纪要》以及毛泽东的离渝时期,蒋介石"立允其速行,以免其疑虑"[35]。

10月8日,正午,蒋介石宴请国民党中央常委,讨论两党谈判情况。当时已经有了一份《会谈纪要》的初稿,准备公布。吴稚晖反对发表这份《纪要》。关于国民大会召开日期,会上意见分歧,莫衷一是,蒋介石只能宣布休会,另加研究。会后,蒋介石审阅《纪要》,采纳中常委们的意见,作了部分修改。又派叶楚伧去做吴稚晖的工作,说明这是将中央对共产党的"政治解决"的方针明示中外,可以体现中央"仁至义尽"的态度云云,吴才同意公布。

10月9日,毛泽东向蒋介石告别。蒋问毛:对国共合作办法有无意见?据蒋日记记载:"毛吞吐其辞,不作正面回答。"蒋对毛称:"国共非彻底合作不可。否则不仅于国家不利,而且于共党有害。"蒋继称:

余为共党今日计,对国内政策应改变方针,即放弃军队与地盘观念,而在政治上、经济上竞争,此为共党今后惟一之出路。第一期建设计划如不能全国一致,努力完成,则国家必不能生存于今日之世界,而世界第三次战争亦必由此而起。如此吾人不仅对国家为罪人,而且对今后人类之祸福亦应负其责也。[36]

这段话,蒋介石觉得他是向毛掏了心窝子,毛的反应,据蒋日记记载:"彼口以为然",但是,蒋不大相信,所以接着写道:"未知果能动其心于万一,但余之诚意或为彼所知乎?"当日正午,蒋介石继续与毛泽东谈话,并且设宴招待。

10月10日下午,周恩来、王若飞与王世杰、张群、邵力子、张治中在桂园客厅共同签署《国民政府与中共代表会谈纪要》(简称双十协定)。这个《纪要》由周恩来起草,是毛泽东、周恩来到重庆后和国民党代表多次商谈的结果,也是双方求同存异、互谅互让的结果。共十二条,其中

重庆谈判时的三方代表合影：周恩来（右）、马歇尔（中）、张群（左）

《关于和平建国的基本方针》属于总纲性质，双方一致确认："中国抗日战争业已胜利结束，和平建国的新阶段即将开始，必须共同努力，以和平、民主、团结、统一为基础，并将在蒋主席的领导之下，长期合作，坚决避免内战，建设独立、自由和富强的新中国，彻底实现三民主义。双方又同认蒋主席所倡导之政治民主化、军队国家化及党派平等合法，为达到和平建国必由之途径。"

关于政治民主化问题，《纪要》宣布，双方"一致认为应迅速结束训政，实施宪政，并应先采必要步骤，由国民政府召开政治协商会议，邀集各党派代表及社会贤达协商国是，讨论和平建国方案及召开国民大会各项问题"[37]。《纪要》并称："现双方正与各方洽商政治协商会议名额、组织及其职权等项问题，双方同意一俟洽商完毕，政治协商会议即应迅速召开。"

其他双方一致同意或基本一致的条文有人民自由问题、党派合法问题、特务机关问题、释放政治犯问题、地方自治问题等。毛泽东后来曾说："有成议的六条，都是有益于中国人民的。"[38]有些问题，难度较大，如军队国家化问题，中共表示愿缩编至二十四个师至少二十个师的数目，国民党则表示二十个师的数目可以考虑,双方意见趋近。有些问题,双方争持不下,如"国民大会问题",中共坚持代表重选,延缓召开等主张,国民党则坚持原选出之代表有效,名额可以增加。中共表示,"不愿见因此项问题之争论而破坏团结",双方同意将此问题提交政治协商会议解决。关于解放区地方政府问题,中共先后提出四种方案,国民党均"以政令统一必须提前实现"为理由加以拒绝,中共方面只能提出,继续商谈。

《纪要》的签字是大喜事。饱经战争之苦的中国人终于向避免内战,化干戈为玉帛前进了一大步。这一天还发生了另一件喜事,这就是,国民政府发布授勋令,对大批抗战文武有功人员授予"胜利勋章"。蒋介石考虑再三,在受勋人员名单中加进了朱德、彭德怀、叶剑英三人,又加进了毛泽东和董必武,还加进了邓颖超。事后,蒋介石在日记中写下了他这么做的原因:

> 双十节授勋,特将共朱毛等姓名加入,使之安心,以彼等自知破坏抗战,危害国家为有罪,惟恐政府发其罪状,故亟欲抗战有功表白于世,以掩盖其滔天罪恶。余乃将顺其意以慰之,使其能有所感悟而为之悔改乎?然而难矣哉![39]

世界授勋史上大概还不曾有过这样的前例:内心深处认为其人有"滔天罪恶",但是,还要为其授勋,表扬其功绩。"彼等自知"以下云云,揣度中共领导人心理,自作聪明,昏谬可笑!

同日下午4时,蒋介石到桂园访问毛泽东,为其送行。毛泽东提出,今晚住到蒋介石的林园官邸去。蒋介石觉得毛泽东可能"另生问题",但仍然表示欢迎。蒋介石的这次拜访,前后只有十分钟。会谈后,毛、周同蒋一起乘车到国民政府礼堂参加国庆祝酒会。酒会后,蒋、毛再次谈了半小时。毛泽东住到林园后,向蒋介石提出:1. 政治协商会议"以缓开为宜",待自己回延安,召开解放区民选代表会议后再定办法;2. 国民大会提早至明年召开亦可。由于蒋早就宣布,要在当年11月12日召集国民

重庆谈判期间,毛泽东、蒋介石在酒会上举杯互敬。

大会,听了毛泽东的意见后,觉得国民大会召开无期,气得在心里狠狠地咒骂毛泽东[40]。不过表面上,蒋介石仍故作平静,努力"和婉"地对毛说:"如此态度,则国民大会无期延误,我政府不能如此失信于民也。"又说:"如政治协商会议能在本月底开会协商,则国大会议政府可迁就其意,改期召开,但至11月12日,不能不下召集明令,确定会期,示民以信也。"[41]蒋还向毛表示,即使政协会不能如期召开,政府也不能不于11月12日下令召集国民大会。谈至此,蒋向毛告辞,约定明晨再谈。

10月11日晨8时,蒋介石约毛泽东共进早餐。餐后,二人再次对谈。除重复前几次谈话要旨外,蒋介石用非常坚决的口吻向毛泽东强调,"所谓解放区问题,政府决不能再有所迁就,否则不能成为国家"[42]。毛泽东则答以此事留待周恩来与王若飞在重庆继续商谈。通过抗日战争,中共已经在全国建立了19个解放区,拥有一亿多人口。蒋介石无论如何不能容忍这么大一块土地,这么多人口处于中共统治之下。

9时半,毛泽东由张治中陪同,乘车到九龙坡机场。陈诚代表蒋介石到机场送行,重庆各界和八路军办事处以及《新华日报》工作人员到机场送行的共约五百余人。毛泽东发表了简短谈话："中国问题是可以乐观的，困难是有的，但是可以克服的。"

毛泽东离开延安前，对到重庆后可能的危险作了最充分的估计。他在中共中央政治局会议上说，"准备坐班房"，"如果是软禁，那倒不怕，正是要在那里办点事"。但是，他估计，"国际压力是不利于蒋的独裁的，所以重庆可以去，必须去"，"由于有我们的力量，全国的人心，蒋介石自己的困难，外国的干预四个条件，这次去是可以解决一些问题的"[43]。历史证明，毛泽东的分析是正确的。

毛泽东告辞离去后，蒋介石独自在林园中逛了一周，心里想的是："共党不可与同群也。"他似乎已经忘记，10月9日，他还和毛泽东谈过："国共非彻底合作不可。"12日，蒋介石回想他和毛泽东在重庆的多次接触，觉得共产党的这位领袖不好对付。日记云："共毛态度鬼怪，阴阳叵测，硬软不定，绵里藏针。"对于中国的未来，他有"荆棘丛生"的感觉，不过，他仍然充满自信，相信在今后的较量中，他可以战胜毛泽东。其《反省录》云："断定其人决无成事之可能，而亦不足妨碍我统一之事业，任其变动，终不能跳出此掌一握之中。仍以政治方法制之，使之不得不就范也。政治致曲，不能专恃简直耳！"[44]蒋介石一生作过许多错误判断，但是，其中最大的误判可能就是上述判断。历史证明，蒋介石的"一握"并没有能控制毛泽东，相反，倒是毛泽东跳身出来，让中国在三四年的时间内天翻地覆，并且将他赶到了海峡彼岸。

原载辽宁教育出版社《万象》杂志，2008年1月号。

注释

[1] 中共中央文献研究室编:《朱德年谱》,人民出版社,1986,第273~274页。
[2] 秦孝仪主编:《"总统"蒋公大事长编初稿》,〔台北〕中国国民党中央党史委员会,1978,第2626~2627页。
[3] 《中央日报》,1945年8月16日。
[4] 中共中央文献研究室编:《毛泽东年谱》下卷,中央文献出版社,1993,第7页。
[5] 《毛泽东年谱》下卷,第8~9页。
[6] 《上星期反省录》,《蒋介石日记》(手稿本),1945年8月18日。
[7] 《中央日报》,1945年8月21日。
[8] 《毛泽东年谱》下卷,第9页;《中华民国重要史料初编》第七编《战后中国》(二),〔台北〕中国国民党中央党史委员会,1978,第28页。
[9] 中共中央文献研究室编:《周恩来年谱》,中央文献出版社,1998,第630页。
[10] 《中央日报》,1945年8月25日。
[11] 师哲:《在历史巨人身边》,中央文献出版社,1991,第308页。
[12] 《毛泽东年谱》下卷,第11页。
[13] 《毛泽东年谱》下卷,第12页;《战后中国》(二),第29页。
[14] 《上周反省录》,《蒋介石日记》(手稿本),1945年8月25日。
[15] 《毛泽东年谱》下卷,第13页。
[16] 《蒋介石日记》(手稿本),1945年8月26日。
[17] 《蒋介石日记》(手稿本),1945年8月27日。
[18] 《蒋介石日记》(手稿本),1945年8月28日。
[19] 《为和平而奋斗》,新华日报馆,1945年11月版。
[20] 《蒋介石日记》(手稿本),1945年8月29日。
[21] 《蒋介石日记》(手稿本),1945年8月29日。
[22] 《上月反省录》,《蒋介石日记》(手稿本),1945年8月31日。
[23] 关于"十一条",文本各有不同,分别见《毛泽东年谱》下卷,第18~19页;《周恩来年谱》,第632页;《战时中国》(二),第39~41页。其中第十条关于北平行营主任的文字,采用毛年谱。
[24] 《蒋介石日记》(手稿本),1945年9月3日。
[25] 《蒋介石日记》(手稿本),1915年9月4日。
[26] 《战时中国》(二),第44~45页。
[27] 《蒋介石日记》(手稿本),1945年9月12日。
[28] 《战时中国》(二),第41~44页。
[29] 《重庆谈判资料》,四川人民出版社,1980,第14页。
[30] 《蒋介石日记》(手稿本),1945年9月27日。
[31] 《蒋介石日记》(手稿本),1945年9月30日。
[32] 《蒋介石日记》(手稿本),1945年10月1日。
[33] 《蒋介石日记》(手稿本),1945年10月2日。
[34] 《蒋介石日记》(手稿本),1945年10月3日。
[35] 《蒋介石日记》(手稿本),1945年10月6日。
[36] 《蒋介石日记》(手稿本),1945年10月9日。
[37] 《重庆谈判资料》,第19~20页。
[38] 《毛泽东年谱》下卷,第33页。
[39] 《上星期反省录》,《蒋介石日记》(手稿本),1943年10月13日。
[40] 参见《蒋介石日记》(手稿本),1945年10月11日。
[41] 《蒋介石日记》(手稿本),1945年10月11日。

[42]《蒋介石日记》(手稿本),1945年10月11日。
[43]《毛泽东年谱》下卷,第14页。
[44]《蒋介石日记》(手稿本),1945年10月13日。

第二辑 对日策略

◎ "不抵抗主义"到底是谁提出来的？

多年来，人们一直认为，1931年9月18日夜，日军进攻沈阳北大营，发动事变，蒋介石下令"不抵抗"，众口一词，几成铁案。前些年，张学良在接受唐德刚的口述历史访问时，特别声明，"不抵抗"是他本人下的命令，和蒋介石无关。这样，学术界关于这一问题的研究就向前推进了一步。但是，还有若干问题并未解决。这些问题是：

蒋介石是什么时候得知日军进攻沈阳北大营的？他的反应是什么？

南京国民政府处理事变的对策是什么？

张学良为何下令"不抵抗"？真的和蒋介石没有关系吗？

这些问题不解决，就不能认为问题已经彻底弄清楚了。

一　蒋介石迟至9月19日晚才从上海方面得知"事变"消息

9月18日这一天，蒋介石上午早起后，即与宋美龄同谒中山陵。其后，参加国府会议，讨论工厂检查法等问题。9时半，登永绥舰，往南昌督师"剿共"。当日日记云：

下午，研究地图，看《中山全集》。筹划对粤、对匪策略。一、对粤，决令十九路军先占潮汕，十八军集中赣南。余再宣言，以第一、二、三届委员为四届委员。余在四全会中引咎辞职，而嘱陈、蒋、蔡等应之。如果不从，则以武力牵制之。对匪决取包围策略，以重兵掩护修路，以大款赶修道路，待路成再剿赤匪，否则，欲速不达，应难见效也。

1931年9月18日,日军派关东军进攻中国东北军驻地和沈阳城,蓄意制造了"九一八"事变。图为"九一八"事变后侵占沈阳兵工厂的日军。

　　1931年初,蒋介石因政见分歧,软禁国民党元老、立法院长胡汉民,引起国民党分裂。5月,汪精卫、孙科等在广州另立国民政府,与南京对立。同年4月,何应钦调集湘、鄂、赣、闽四省军队,对中共领导的江西中央根据地进行"围剿"。蒋介石这一天的日记表明,他在舰上所考虑的只有两个问题:一是如何对待广州新成立的国民政府,解决宁粤对立问题;一是如何对待江西的共产党。完全没有涉及东北问题。

　　日军进攻沈阳北大营在当晚10时,是不是当日蒋介石早已写完日记,后来的"事变"和对张学良的应变指示都没有写进日记呢?不是。

　　9月19日,蒋介石有一通致张学良电,中云:

北平张副司令勋鉴:良密。中刻抵南昌。接沪电,知日兵昨夜进攻沈阳。据东京消息,日以我军有拆毁铁路之计划,其藉口如此,请向外宣传时对此应力辟之。近情盼时刻电告。蒋中正叩。皓戌。[1]

　　此电现存手迹原件。"皓",19日,"戌",约当21点至23点之间。

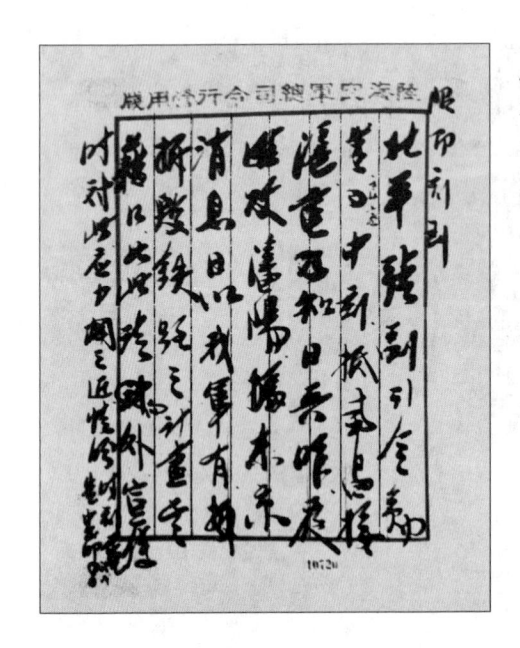

"九一八"事变次日,蒋介石电告张学良:在对外宣传时,应力避使日军从中找到侵略中国的借口。图为蒋介石致张学良的电文。

可见,蒋介石得知"事变"是在9月19日晚到达南昌之后,其消息来源是上海。在此之前,他不知道事变的任何消息,也没有从张学良处得到任何消息。自然,也不可能对张学良有任何指示。过去所有关于蒋当晚如何指示张"不抵抗"的说法,有些甚至是很具体的、活灵活现的说法,例如,曾任张学良的机要秘书郭维城说:"'九一八'事变当时,张学良将军在北平,一夜之间,十几次电南京蒋介石请示,而蒋介石却若无其事地十几次复电不准抵抗,把枪架起来,把仓库锁起来,一律点交日军。这些电文一直到现在还保存着,蒋介石是无法抵赖。"[2] 上引蒋电可证,郭说不确。郭维城到1934年才担任张学良的机要秘书,他的说法应出于猜想和传闻。

又,蒋亲自审定的《事略稿本》称:"十九日,公舰到湖口,换船,经鄱阳湖,抵南昌,忽接急报迭来云。"将《事略稿本》所述与上引蒋致张电两相印证,可以确认,蒋是在"事变"发生整整一天之后才得到"事变"发生消息的。当晚,他写下的日记是:

昨晚倭寇无故攻击我沈阳兵工厂,并占领我营房。刻接报,已占领我沈阳与长春，并有占领牛庄消息……

日记中，称"事变"发生在"昨晚"，表明他9月18日当夜，并不知道沈阳发生了什么事。

二 "不抵抗"命令确实发自张学良

在公开的函电中，最早出现"不抵抗主义"一词的是辽宁省主席臧式毅和东北边防军司令长官公署参谋长荣臻的电报。他们于9月19日上午8时左右致电张学良，报告说："日兵至昨晚十时，开始向我北大营驻军施行攻击，我军抱不抵抗主义，毫无反响。"又称："职等现均主张坚持不与抵抗，以免地方糜烂。"张学良接电后，即于19日发表通电，中云：

> 副司令行营效日（19日）来电云：顷接沈阳臧主席、边署荣参谋长皓午电称：日兵自昨晚十时，开始向我北大营驻军施行攻击，我军抱不抵抗主义，日兵竟致侵入营房，举火焚烧，并将我兵驱逐出营，同时用野炮轰击北大营及兵工厂。

20日，南京国民党的机关报《中央日报》在"我未抵抗日军轰击"的标题下，发表了张学良的上述通电，"不抵抗主义"五字遂首次公之于文字。张电所云，虽系转述臧、荣二人来电，但是，臧、荣二人不会也不敢杜撰"不抵抗主义"一词，它一定出自9月18日深夜张学良的口头指示。关于此，荣臻报告说：

> 得知日军袭击北大营，当即向北平张副司令，以电话报告，并请应付办法。当经奉示，尊重国联和平宗旨，避免冲突，故转告第七旅王以哲旅长，令不抵抗，即使勒令缴械，占入营房，均可听其自便等因。彼时，又接报告，知工业区迫击炮厂、

张学良像

火药厂均被日军袭击。当时朱光沐、王以哲等，又以电话向张副司令报告，奉谕，仍不抵抗，遂与朱光沐、王以哲同到臧主席宅研究办法，决定日军行动任何扩大，攻击如何猛烈，而我方均保持镇静。[3]

"尊重国联和平宗旨，避免冲突"，当然就是"不抵抗"。"以电话报告，并请应付办法，当经奉示"云云，说明张学良的指示是立即做出的，并未经过请示或研究。

1990年8月，张学良在台北接受日本NHK电视台采访时曾说：

我那时在北京，在医院养病。当时病刚好。那天我请英国大使去看梅兰芳唱戏。我听到这个报告，立刻回到家里下命令。也不知道是怎么个情形，我不明白，所以我当时是……（此句听不清。作者注），看看究竟是怎么个事情。[4]

张学良承认，是他"回到家里下命令"，至于"命令"的内容，很遗憾，在关键的地方"听不清"。不过，张学良在他的自传体著作《杂忆随感漫录》中讲得很具体：

约在十点卅分许，来人报告沈阳有长途电话，荣参谋长请我说话，有紧急事项，我立刻辞蓝公使归返。荣对我说：有日本铁道守备队约一中队，向我北大营营团射击，日本附属地的日本驻军亦集结活动。我嘱切戒我军勿乱动，速与日本顾问妹尾、柴山向日方高级将领交涉制止，由交涉者即向日本林总领事处接洽交涉……天晓之后，除报告政府请示外，我派员向日本北平使馆矢野代办交涉，彼答以不知其详。

张学良要荣臻"切戒我军勿乱动"，自然就是"不抵抗"的意思。其实，关于和荣臻的通话内容，张在事变后的第二天，已经讲得很清楚、准

确。9月19日下午2时半,张学良接受记者访问时说:

> 昨夜接到沈电,惊悉中日冲突事件。惟东北既无抵抗之力量,亦无开战之理由,已经由沈,严饬其绝对不抵抗,尽任日军所为。[5]

可见,张学良和荣臻的通话主要内容,就是"绝对不抵抗",而且,还有一句:"尽任日军所为",赋予日本侵略者完全的行动自由。结合上引《杂忆随感漫录》所述"天晓之后,除报告政府请示外"等语,可证张学良对荣臻的指示是在未向南京国民政府请示的情况下独立作出的决定。

9月19日晨,张学良在北京协和医院召集东北干部张学铭、于学忠等人会议,再次肯定"不抵抗主义"。报道说:

> 张皓(十九日)晨在协和召东北干部,开紧急会议,以日人违反国际公法,破坏东亚和平,决取不抵抗主义,一切听各国裁判,并电顾维钧、汤尔和来平,向各使节说明日人暴动真相,一面电呈中央。

这样,"不抵抗主义"就不仅是张学良的个人意见,而是"东北干部"的集体决定了。

张学良与荣臻通话时,"事变"刚刚开始,张学良只知道"日本铁道守备队约一中队,向我北大营营团射击",但是"事变"的发展很迅速,日军很快就占领营口、长春等许多东北城市,应该说,日军的侵略意图暴露得很清楚了。但是,张学良仍然坚持主张"不抵抗"。9月22日,张学良得悉日军有向哈尔滨推进之势,致电东省特区长官公署转护路军司令部说:

> 顷闻日军有向哈埠推进之讯,如果属实,仰相机应付。维彼不向我军压迫,我

1932年6月,时任国民政府军事委员会副委员长的张学良(中)与宋子文(右)、汪精卫(左)合影于北平。

应力持镇定;万一有向我军施行压迫之动作,该部应即避免冲突,暂向安全地带退避,以保安全。[6]

此电虽无"不抵抗"之词,但内容与"不抵抗"并无二致。当时,国民党大佬李石曾、张继、吴铁城在北平,都和张学良讨论过"事变"问题。9月23日,吴铁城致电蒋介石报告:

对沈阳事件,汉兄等主张始终不抵抗,但以急速解决为妥。[7]

如果说,"事变"初起,荣臻刚刚以电话向张学良请示时,张学良以为还是"寻常性质",可以以"小事化了"的方式处理,但是,这时已经是"事变"后的第5天了。张学良却仍然没有改变"不抵抗主义"的任何表示,这就不是以判断失误可以解释的了。

12月21日,日军分三路进攻辽西重镇锦州,张学良仍无坚决抵抗打算。同日,他致电第一军司令于学忠,电称:"近当日本进攻锦州,理应防御，但如目前政府方针未定，自不能以锦州之军固守，应使撤进关内。"[8]其后，蒋介石下野返乡，25日，南京国民政府电令张学良"应尽力之所能及，积极抵抗"。在此情况下，东北军曾与日军有所交手，但仍于1932年1月2日放弃锦州，退入关内。不久，蒋介石复出。同年6月，汪精卫、宋子文等自南京飞北平，会晤国联调查团。19日，汪、宋会晤张学良，动员张在山海关地区与日军"小加抗战"，但是，仍然受到张学良的坚决拒绝。关于这一过程，张学良回忆说：

见面之后，出示蒋委员长亲笔函，大意是汪院长来平，为对日军事问题，同我相商。

谈询之下，汪表示政府打算在华北对日本用兵之意。我遂询问，政府是否具有坚绝的决心，有无相当的准备。我们不要再蹈往年抗俄之覆辙。汪答曰："不是那个样子的事，是因为政府受到各方面的言论攻击，希望我对日本作一个战争姿态，小加抗战，至于胜败则所不计，乃是在政治上可以应付舆论之指责也。"我聆听之下，惊讶愤慨，遂即答曰："政府既无准备和决心，拟牺牲将士之性命，来挽救延续政治之垮台，我不取也。"汪遂曰："这是蒋委员长的意思。"我说："你若说是蒋委员长的意思，蒋委员长是我的长官，他会直接给我下命令的。他不会写信，说汪先生你来同我商讨。既然说是同我商讨，这种并不是真正的抗战，而是拿人家的性命，挽救自己的政治生命的办法，我的表示是，决不赞同。"[9]

这时候，东北早就全境沦陷，日本已于当年3月成立"满洲国"，并且进一步觊觎华北。蒋当时的计划是，要求张学良撤换庸懦无能的热河省主席汤玉麟，派兵"占据热河，与东三省义勇军打成一片"，"威胁山海关，令倭寇使之不敢窥窃平津"。蒋认为："救国御日之道，莫此为要"，曾在日记中表示："致函汉卿，督促其实行之。"[10]因此，蒋介石托汪精卫带给张学良亲笔信的内容，并不如张学良所述这样简单。即使如汪所云，只是要张"小加抗战"，"作一个战争姿态"，但是，对于一个渴望洗雪家仇国耻的爱国将领来说，不正是提供了一个"为国效力"的机会吗？至少，可以乘机要求南京政府发奋备战呀！然而，张学良仍然毫不动心。

三 多年来，张学良一直坦承个人责任

"九一八"之夜，张学良在未经向南京国民政府请示的状况下，向东北军下达了"不抵抗"命令；在此后的相当长的一段时期内，张学良也仍然坚持"不抵抗主义"。对此，张学良在许多场合，都如实叙述经过，坦承个人责任。

1945年8月，抗战胜利。东北父老对张学良表现出异乎寻常的热情，使张很感动。次年1月3日，他在日记中写道：

今天早晨躺在床上没起来，胡思乱想，想到东北的人们对于我个人的问题，这不单是感情的问题了，真叫我惭愧无地，难过的了不得。说起抗战阶段，我是毫无贡献。当年在东北时，以前是承老人的余润，后来我不过执政三年，不但对地方没有造福，因为我一意的拥护中央，依赖中央，才有了中东路问题，对俄盲目的战事。九一八的事变，判断的错误，应付的错误，致成"不抵抗"，而使东北同胞水深火热十四年，今天他们反而对我如此的热诚，这可真叫我太难过了！[11]

张学良的这一段日记承认自己"判断的错误，应付的错误，致成不抵抗"，并没有将责任推给别人。

1990年，张学良接受唐德刚访谈时曾"郑重声明"，"那个不抵抗的命令是我下的。说不抵抗是中央的命令，不是的，绝对不是的。"他说：

我现在就给你讲这个不抵抗的事情。当时,因为奉天与日本的关系很紧张,发生了中村事件等好几个事情。那时我就有了关于日本方面的情报,说日本要来挑衅,想借着挑衅来扩大双方的矛盾。明白吗?我已经有了这样的情报。所以,那个不抵抗的命令是我下的。我下的所谓不抵抗命令,是指你不要跟他冲突,他来挑衅,你离开它,躲开它。

当唐德刚谈到"我们听了五十多年了,都是这个说法呢,都说是蒋公给你的指令呢。"至此,张学良连连表示:"不是,不是,不是的。""这事不该政府的事,也不该蒋公的事。"[12]

1991年5月28日,张学良在纽约接受东北同乡会会长徐松林等人访谈时说:"是我们东北军自己选择不抵抗的。我当时判断日本人不会占领全中国,我没认清他们的侵略意图,所以尽量避免刺激日本人,不给他们扩大战事的借口。'打不还手,骂不还口。'是我下的指令,与蒋介石无关。"[13]

其他的资料还有很多,无须再引了。

可见,从1946年1月3日的日记,到1991年的答问,张学良始终完全承担"不抵抗"的责任,从未涉及别人。

四 张学良为何决定"不抵抗"

沈阳是奉系的"老窝",是张作霖、张学良赖以立身、发迹的根据地,为什么当日本人来抢占这块宝地时,张学良会下令"不抵抗"呢?这里,我们要引用张本人的另一段至今尚未发表的"口述史"了。1992年1月2日,张学良在台北接受张之宇、张之丙姊妹访问时说:

不但中央,就是连我们(也)根本没法子跟人打。不想打?怎么不想打?打可

（能）更坏，日本更高兴。日本就希望你打呀……打了，（东北就是）我占领的……我们打败了，交涉（时）你（就）得赔偿了……（我）知道怎样部署也是打不过他……人家日本人拿一个师来……那整个我们打不过呀……我们那时候没法子跟他打……就是游击队捣乱，这可以，正面的作战不行……人家一个可以当你十个……跟日本人打仗，他不投降，他剩一个人都要打呀……日本军人实在我可佩服。（九一八事变时）我认为日本是挑衅，找点麻烦，可以（向我们）多要点好处。（我们和日本打）好像拿鸡蛋碰石头，绝对打不过的。[14]

这一段话是哥伦比亚大学请人根据录音整理的。为帮助读者能读得比较顺畅一点，我添加了少数字词，以括弧表示。

在这一段话里，将张学良将下令"不抵抗"的原因讲得很清楚，一是对日本侵华的野心估计不足，认为只是一般性的"挑衅"，"找点麻烦"；一是认为中日两军军力悬殊，根本打不过日本人。在这两点中，最主要的是第二点。

关于张学良拒绝在山海关对日"小加抗战"一事，张学良在接受张之宇姊妹访问时也曾谈过此事，他回忆当时的对话情况：

汪精卫："你在山海关一定要和日本打！"

张学良问："中央政府有什么准备？""没有（准备）？打不胜，为什么还打？"

可见，张学良当时反对和日本作战的理由还是"打不胜"，就不能"打"。他之所以坚持"不抵抗主义"，有他自己的思维逻辑。

张学良自称"爱国狂"，他的爱国主义思想早在20世纪20年代即已形成。然而，在面临强敌进攻时，却一再主张"不抵抗"。"不抵抗"当然是绝对错误的，然而，人们却不能不承认，就总体而言，张学良仍是一个爱国主义者。

五 "不抵抗主义"的历史源头

通过上述分析,读者可以发现,"九一八"之夜和"九一八"之后,张学良的对日政策都是"不抵抗主义",他并未向蒋请示,也非出于蒋的授意。那么,这是否意味着"不抵抗主义"和蒋介石毫无关系呢?并非如此。早在1928年5月,蒋介石的日记中就提出了"不抵抗主义"。

当年4月,蒋介石自徐州誓师,率兵北伐,目标是打下北京,结束奉系军阀的统治。同月19日,日本出兵山东。5月3日,日军在济南肆意杀害中国军民,残酷杀害山东交涉员蔡公时等17名中国外交人员。4日夜,蒋介石决定中国军队退出济南,分五路渡过黄河,绕道北伐。10日,谭延闿、张静江、吴稚晖、王正廷、蒋作宾等在兖州与蒋介石会议。当日,蒋介石日记云:

晨,到兖州。上午,谭延闿、吴敬恒、张人杰到。会议议至下午四时,决取不抵抗主义,宣告中外,而各军渡河北伐,完成革命为唯一方针。故对日本,凡可忍辱,必须至最后亡国之时,乃求最后历史之光荣。余决心,以退至运河沿岸鲁西与徐北,与之决战也。

可能,这是近代中国"不抵抗主义"的最早源头,也是蒋介石"不抵抗主义"的滥觞。当晚,蒋介石决定对日道歉,免除第三军团军团长贺耀祖的职务。

11日,日军进攻济南城,蒋介石日记云:

闻今又攻济南城,昨今连命其放弃济南,消息终不得达也。决将总部移动至济宁,余自渡河北伐,暂避倭寇。以原定目标为奉张,如转移于倭寇,则多树敌,有背原则也。

1928年5月济南惨案发生后，蒋介石于5月9日致李济深极密电，内有"弟必与诸武装同志服从中央训令,含泪忍辱,节节退让,并恐小不忍而乱大谋……"之语,该电可证其时蒋介石即已采取对日妥协忍让的策略。

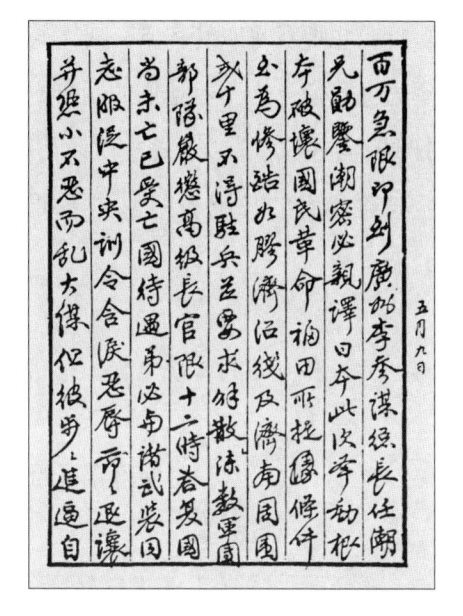

蒋介石的这一页日记说明，他之所以决定对日军在济南的挑衅"不抵抗"，也有他自己的思维逻辑，这就是，坚持消灭奉系军阀的原目标，不能多增加一个敌人。

蒋介石的决定实际上是国民党和南京国民政府的集体决定。5月9日，国民党中央执监委员和国民政府委员召开联席会议，决定4条：1. 令蒋、冯（玉祥）、阎（锡山）三总司令会商军事机宜，继续北伐。2. 令李（宗仁）、程（潜）、白（崇禧）三总指挥，率湘鄂两军，迅速由京汉线进攻，在最短时间内会师北京。3. 令外交部，再对日本严重抗议。4. 由国民政府致电国际联盟，声述日本出兵山东、杀害中国外交官及士兵民众，炮击济南及其附近种种事实[15]。这里，没有一条提到要对日本的挑衅予以还击。次日下午，国民党中央宣传部长叶楚伧在上海报告中央应付方针，声称："我们要打倒日本帝国主义，先要铲除军阀，要准备将来的抵抗，所以现在要准备体力、财力、武力，以为将来最后最大的争斗。"[16]
"准备将来的抵抗"，其言外之意，当然就是"现在不抵抗"。11日，《中央日报》发表文章说："田中义一加入张作霖、张宗昌的联军，多方挑衅，想要我军双管齐下，对军阀和帝国主义同时攻击，以便分散我军的军力。我们务必不落他们的圈套，坚持各个击破的战略，先完成北伐，后打倒帝国主义。"[17]这一段话几乎和蒋介石同日的日记如出一口。

蒋介石的日记表明，"不抵抗主义"的"知识产权"仍然属于蒋介石。

六　蒋介石的《铣电》，有耶？无耶？

关于"九一八"时期蒋介石的"不抵抗主义"，洪钫回忆说：

蒋介石于8月16日，曾有一《铣电》致张学良谓：无论日本军队此后如何在东北寻衅，我方应予不抵抗，力避冲突。吾兄万勿逞一时之愤，置国家民族于不顾。张学良曾将这个《铣电》转知东北各军事负责长官，一体遵守。[18]

洪钫当时任陆海空军副司令行营秘书处机要室主任，随同张学良在北平办公，因此，他的回忆有相当的权威性。此外，还有另一个当事人赵镇藩的回忆，他说：当年8月，东北军第七旅旅长王以哲曾到北平向张学良汇报日军情况，回来后传达说：张副司令已经派人将情况报告了蒋介石，蒋指示暂不抵抗，准备好了再干，一切事先从外交解决。要效法印度甘地对英国不合作的办法来应付日本，遇事要退让，军事上要避免冲突，外交上要采取拖延方针。他写道：

接着又接到张学良转来的蒋介石的《铣电》（八月十六日），主要内容是：采取不抵抗政策，竭力退让，避免冲突，千万不要"逞一时之愤，置国家民族于不顾，希转饬遵照执行"等语。[19]

赵镇藩当时是第七旅的参谋长，北大营的守卫者。他的回忆也应该有权威性。一个洪钫，一个赵镇藩，两个当事人的回忆都证明有《铣电》，则《铣电》的存在似乎不容怀疑。

当年7月，长春西北万宝山地区的朝鲜族农民因挖沟引水与中国农民发生冲突，日本以护侨为名殴打、枪杀中国农民多人。事后，日本即在朝鲜各地掀起排华风潮，同时扬言将向满洲增派部队。8月16日，蒋介石阅读长春市市政筹备处的万宝山事件调查报告时写道：

一面交涉，一面侵袭，假交涉之谈判，为侵袭之掩护，其诈欺残酷之手段，乃人类所未有之丑伎，及目的已达，乃伪让而退。此其一步一步之螺旋而进之策略，吾已见其肺肝矣。呜呼！天下从此多事，吾甚为民众痛惜焉。[20]

这一段话，充满了对日本政府的种种侵略手法的惊悚之感。上文已经指出，1928年5月10日，蒋介石等南京国民政府要员在兖州决定，对日军在济南的挑衅，"决取不抵抗主义"。次日，日军即占领济南。直至1929年3月，中日签订解决济案交涉文件，日军才陆续从济南撤退。蒋介石有此经历，在面对万宝山事件时再次重申"不抵抗主义"，完全符合其思维逻辑。

不过，《铣电》的存在也还难于论定。这是因为：第一，洪钫和赵振藩的回忆均系多年后的回忆，只有片断文字，而且，关键的是，该电始终不见于各种文献档案。台湾政治大学的刘维开教授曾遍查大陆和台湾的各类档案，包括保存蒋介石资料最为完整的《蒋中正"总统"档案》，均不见此电。因此，他主张对此电存疑[21]。

第二，唐德刚先生在访问张学良时，曾说："那他这种伪造文件造得好呢，都说蒋公打电报给你，说吾兄万勿逞一时之愤，置民族国家于不顾。又说你拿着个皮包，把电报稿随时放在身上。"唐先生这里提到的

"吾兄"云云两句，正是《铣电》中的关键词语。然而，张学良仍然表示："瞎说，瞎说，没有这事情。我这个人说话，咱得正经说话，这种事情，我不能诿过于他人。这是事实。""我要声明的，最要紧的就是这一点。这个事不是人家的事情，是我自个儿的事情，是我的责任。"[22]

前文已述，张学良多次否认"不抵抗命令"和蒋的关系。上述谈话中，唐德刚虽然特别引述《铣电》的关键词语以提醒张，但张学良仍然坚决否认。这种情况，似非老年记忆衰退可以解释。据此，《铣电》又似乎从来不曾存在过。前几年，曾有人在书中称，美国哥伦比亚大学的"毅荻书斋"的展柜中藏有《铣电》原件，经笔者电询该书作者，该书作者自承："此书不足为据。"[23]

9月6日，张学良曾有《鱼电》致臧式毅与荣臻等人，电称：

现在日方外交渐趋吃紧，应付一切，亟宜力求稳慎。对于日人，无论其如何寻事，我方务当万方容忍，不可与之反抗，致酿事端。即希迅速密令各属，切实遵照注意为要。张学良。鱼。子。秘印。[24]

后来洪钫、赵镇藩回忆的《铣电》也许是《鱼电》的误记？

张学良在接受张之宇姊妹访问时，曾谈过他下达《鱼电》的想法：

我已经得到了情报，日本要挑衅。（所以下了）不抵抗主义的命令。我的命令大概是九月，我在医院下的命令。九月。我忘记了，反正是九一八以前。我给东北（军下命令），日本来挑衅，我们不要跟他抵抗……他要来挑衅，我们要躲避……没有想到大规模的……这种大的来啦，惹得国际的问题，世界的问题都来了。[25]

显然，张学良所说"在医院下的命令"，当即上述9月6日给臧、荣二人的《鱼电》。

两国交战是大事，不轻启战端，慎重、冷静地处理日方的挑衅是必要的。但是，慎重、冷静不等于完全放弃有理、有节的抵抗。以忍让求息事，完全放弃抵抗，将会助长敌人的凶焰与野心。《鱼电》虽然针对小规模冲突而言，但它仍然是一项错误的决策。

不仅如此，张学良后来还在《鱼电》的基础上"创造性"地向前发展了，这就是要求有关部队收缴士兵的武器。"九一八"事变的第二天上午10时，张学良接受天津《大公报》记者访问时坦言："实告君，吾早已令我部士兵，对日兵挑衅，不得抵抗。故北大营我军，早令收缴军械，存于库房。昨晚（即18日晚）10时许，日兵突以300人扒入我营，开枪相击。我军本未武装，自无抵抗，当被击毙三人。"既然中国军人手无寸铁，自然只能"尽任日军所为"了。

七　南京国民政府默认并且赞同张学良的处理方针

辨明"九一八"事变时期的"不抵抗命令"出于张学良，并不能减轻蒋介石和南京国民政府的责任。

"九一八"事变后，张学良力图诉诸悲情，证明曲在日方，"证明我军对他们的进攻，都未予以还击，更无由我方炸坏柳条沟路轨之理"。其办法是诉诸外交。9月19日上午的东北干部会议，作出的决定就是"一切听各国裁判"。在随后召开的东北外交委员会上，顾维钧提出，立刻电告南京，要求国民政府向国际联盟行政院提出抗议，请求行政院召开紧急会议处理这一局势[26]。张学良和会议参加者都同意。其后，南京国民政府采纳的就是顾维钧的方案。

蒋介石从上海方面得到沈阳发生事变的消息后，立即致电张学良，要张向外宣传时"力辟"日方散布的侵略借口——东北军"有拆毁铁路之计划"，无一语谈及军事准备与军事斗争[27]。9月21日，蒋介石回到南京，在召开的紧急会议上提出:"先行提出国际联盟与签订非战公约诸国,以此时惟有诉诸公理也。一面则团结国内,共赴国难,忍耐至于相当程度,乃出以自卫之行动。"[28]22日,蒋介石致电张学良,要求张迅令青岛海军集合塘沽,以防"与日舰发生万一之意外"[29]。此后,蒋介石和南京国民政府都一心一意寄希望于国际联盟,在相当的一段时期内都不曾指示张学良和东北军抵抗。这就说明,蒋介石和南京国民政府在事实上默认和肯定张学良的"不抵抗主义"。

当然,揭穿日方谎言是必要的,向国际联盟提出申诉,争取国际舆论的同情和支持也都是必要的,但是,没有下达任何一个军事准备与抵抗的指示,却也是不正常的。戴季陶等当时就提出:"当时当地军队若竟无一舍死之人,恐外无以启世界对中国之信赖,内无以立后代儿孙之榜样。"[30]邵元冲在参加中央党部的紧急会议也认为:"所谓不抵抗者,乃不先向人开火攻击,并非武装军人遇敌来袭击至包围缴械时,犹可束手交械而谓之不抵抗主义者。民族主义,国民精神丧失已尽,安怪异族之长驱,如入无人之境也。"[31]

蒋介石和南京国民政府之所以默认并实行"不抵抗主义"。其原因和张学良一样,也在于"恐日",过高地估计了日本的军事实力。1932年1月12日,蒋介石下野还乡,在奉化武岭学校演讲时说:"中国国防力薄弱",海陆空军不足,一旦给日本提供"绝交宣战"的口实,"必至沿海各地及长江流域,在三日内悉为敌人所蹂躏,全国政治、军事、交通、金融之脉络悉断,虽欲不屈服而不可得"[32]。应该说,这段话道出了蒋介石的思想症结。

蒋介石和南京国民政府之所以默认并实行"不抵抗主义",其原因还在于"攘外必先安内"的错误政策。当时,蒋介石正在全心全意剿灭在江西等地不断发展的中共和红军的力量,自然,对外必然采取息事宁人的对策。9月20日,国民党中央训令各级党部"唤起全国国民,努力救国"，但是，其第一条却居然强调："危害民族生存之赤匪必须根本铲除"[33]。

九一八之后，日本进一步企图在华东地区挑衅。10月6日，日舰大举来沪，蒋介石指示上海市长张群说："日本军队如果至华界挑衅，我军警应预定一防御线，集中配备，俟其进攻，即行抵抗。"[34] 1932年1月28日，日军进攻上海闸北，蒋介石和国民政府采取"一面抵抗，一面交涉"的方针，这就较"不抵抗主义"向前进了一步了。

附记：

此文写成，承台北政治大学刘维开教授赐告，蒋介石《事略稿本》1928年5月11日记载："上午辰刻，电冯玉祥云：已与谭、吴诸公商决，正如兄意，对日暂取不抵抗主义，各部仍以积极北伐为原则，已分头进行矣。"此电可证，当时持"不抵抗主义"者非止张学良一人。关于此，当另文论述。

注释

[1]《中日关系史料》,〔台北〕"国史馆"2002年版,第1页。
[2]《东北日报》1946年8月24日。
[3]《九一八事变之经过情形》,《中华民国重要史料初编》,《绪编》(一),第262页。
[4]《张学良开口说话》,辽宁人民出版社1992年版,第75页。
[5]《盛京时报》,1931年9月21日。
[6]《张学良全集》,香港同泽出版社1996年版,第497页。
[7]《中日关系史料》,〔台北〕"国史馆"2002年印行,第13~15页。
[8]《张学良文集》,第556页。
[9]《杂忆随感漫录》,〔台北〕历史智库出版公司2002年版,第127~128版。
[10]《蒋介石日记》(手稿本),1932年6月15日。
[11]《张学良日记》,美国哥伦比亚大学珍本和手稿图书馆藏。
[12]《张学良世纪传奇(口述实录)》,山东友谊出版社,2002年版,第431~434页。
[13] 郭冠英:《完满的结局——李震元陪张学良纪实》,〔台北〕《传记文学》第81卷第5期。
[14] 张之宇、张之丙:《张学良口述历史》,哥伦比亚大学珍本和手稿图书馆藏,未刊。
[15]《昨在首都举行的最高联系会议》,《中央日报》,1928年5月10日,第1张第2面。
[16]《叶楚伧报告中央对日应付方针》,《中央日报》,1928年5月11日,第2张第2面。
[17] 彭学沛:《民众反日运动的方针》,《中央日报》,1928年5月11日,第1张第2面。
[18]《九一八事变当时的张学良》,《文史资料选辑》第6辑,中华书局1960年版,第24页
[19]《日军进攻北大营亲历记》,《文史资料选辑》第6集,第4页。
[20]《事略稿本》(11),第550页
[21]《蒋中正的东北经验与九一八事变的应变作为》,《九一八事变与近代中日关系》,社会科学文献出版社2004年版,第435页。
[22]《张学良世纪传奇(口述实录)》,第434页。
[23] 参见窦应泰:《张学良三次口述历史》,华文出版社2002年版,第418页。
[24]《张学良文集》,香港同泽出版社1996年版,第488页。
[25] 张之宇、张之丙:《张学良口述历史》。
[26]《顾维钧回忆录》(1),中华书局1983年版,第414页。
[27]《中日关系史料》,第1页。
[28]《中华民国重要史料初编》,《绪编》(一),第281页。
[29]《中日关系史料》,第12页。
[30]《戴传贤、朱培德电蒋中正,中央决请主席回京》,《中日关系史料》,第2页。
[31]《邵元冲日记》,1931年9月19日。上海人民出版社1990年版,第774~775页。
[32]《中华民国重要史料初编》,《绪编》(一),第317页。
[33]《中华民国重要史料初编》,《绪编》(一),第279页。
[34]《中日关系史料》,第21页。

◎蒋介石与1937年的淞沪、南京之战

1937年的淞沪之战是中国抗日战争史上规模巨大,作战最烈的一次战争,时间长达三个月,日方动员兵力约25万人,中方动员兵力约75万人,其后的南京之战实际上是它的尾声。两次战争时间相连,地区相连,可以看作是一次大战役的两个不同阶段。

一 蒋介石决定拒和、应战

"九一八"事变后,蒋介石长期对日本采取妥协退让政策;卢沟桥事变后,蒋介石摸不清日方底细,方针难定,日记云:"彼将乘我准备未完之时,逼我屈服乎?""将与宋哲元为难乎?使华北独立化乎?""决心应战,此其时乎?""此时倭无与我开战之利。"[1]次日,他一面派遣中央军北上,支持宋哲元部"守土抗战",同时电复北平市长秦德纯等,"应先具必战与牺牲之决心,及继续准备,积极不懈,而后可以不丧主权之原则与之交涉"[2]。

当时,中日两国国力、军力相差悬殊,因此,在国民政府内外,都有一部分人积极主和,或者设法推迟大战时间。在国民政府内部,以军事委员会常务委员徐永昌为代表。他认为,中日空军力量之比尚不足一比三,抗战准备至少尚须六个月。7月14日,徐永昌致函军政部部长何应钦,主张"和平仍须努力求之"[3]。16日,徐致电阎锡山,"请为和平运动"[4]。18日,通过魏道明转告外交部长王宠惠,"在能容忍的情势下,总向和平途径为上计"[5]。何应钦同意徐永昌的意见,建议徐向时在庐山的蒋介石陈述。21日,徐永昌致函蒋介石称:"对日如能容忍,总以努力容忍为

是。盖大战一开，无论有无第三国加入，最好的结果是两败俱伤，但其后日本系工业国，容易恢复，我则反是，实有分崩不可收拾之危险。"[6] 24日，他又向蒋介石建言，"勿忘忍是一件很难挨的事。"[7]

在知识阶层中，胡适、蒋孟麟等都主张"忍痛求和"，认为"与其战败而求和，不如于大战发生前为之"。为此，胡适两次面见蒋介石。7月30日，他向蒋提出，"外交路线不可断"。8月5日，他向蒋建议，放弃东三省，承认"满洲国"，以此解决中日两国间的一切"悬案"，换取东亚长期和平[8]。8月6日，胡适要求在大战之前作一次最大的和平努力。他在面交蒋介石的书面建议中提出：1.近卫内阁可以与谈，机会不可失；2.日本财政有基本困难，有和平希望；3.国家今日之雏形，实建筑在新式中央军力之上，不可轻易毁坏。将来国家解体，更无和平希望[9]。胡适希望经过努力，能在中日间维持50年的和平。

和战是攸关国家命运、前途的大计，蒋介石不能没有矛盾。7月10日，蒋介石认为，日军挑衅，意在夺权卢沟桥，"此为存亡关头，万不使失守也"[10]。12日，蒋介石得知日本关东军已到天津，内阁宣言动员全国政界与产业界拥护阁议，感到"势必扩大，不能避战矣"！当日下午，与汪精卫商谈时局[11]。同日晚，蒋介石决定在永定河与沧保线作持久战，严令制止与日方的妥协行为。16日，蒋介石邀集各界人士158人在庐山举行谈话会，讨论《应战宣言》。该《宣言》空前坚决地声称："如果战端一开，就是地无分南北，年无分老幼，无论何人，皆有守土抗战之责任。"[12]但是，对于这份宣言应否发表，何时发表，众议不一，蒋介石自己也犹豫不定。16日日记云："宣言对倭寇影响为利为害？应再研究。"[13] 17日日记云："倭寇使用不战而屈之惯技暴露无余，我必以战而不屈之决心待之，或可制彼凶暴，消弭战祸乎？""我表示决心之文书，似已到时间！"[14] 19日，蒋介石决定排除阻力，公开发表《应战宣言》，"再不作倭寇回旋之想，一意应战矣"。日记云："人之为危，阻

"九一八"事变后,日本扶植溥仪建立"满洲国",此为树立在山海关附近的伪满洲国界碑。伪满洲国政权存在期间,中国南京国民政府从不承认这一政权。

不欲发,而我以为转危为安,独在此举。但此意既定,无论安危成败,在所不计。"[15]当日决定核发战斗序列。为了减少这份《宣言》的冲击力,他将之改称为"谈话"。

庐山谈话的措辞空前激烈,但是,蒋介石并没有下决心关闭"和平解决"的大门,所以同时表示:"在和平根本绝望之前一秒钟,我们还是希望由和平的外交方法,求得卢事的解决。"此后,随着日本军事行动的扩展,蒋介石的抗战决心逐渐坚决。27日,日军全面进攻北平附近的通州等地,蒋介石日记云:"倭寇既正攻北平,则大战再不能免。""预备应战与决战之责任,愿由一身负之。"[16]28日,日本政府下令长江沿岸近三万日本侨民撤离,显示出异乎寻常的迹象。同日,北平沦陷。30日,天津沦陷。蒋介石感觉到,再不抗战,必将遭致全国反对。其日记云:"平津既陷,人民荼毒至此,虽欲不战,亦不可得,否则国内必起分崩之祸。与其国内分崩,不如抗倭作战。"蒋介石认为:中国方面可谓完全没有组织与准备,弱点很多,"以此应战,危险实大",但日本"横暴","虚弱","以理度之,不难制胜","为民族之人格与振兴民之族精神,自

1937年7月正在发表"庐山谈话"的蒋介石

有转危为安，因祸得福之机"[17]。7日，蒋介石召开国防会议，会上，何应钦报告军事准备情形，提出第一期拟动员100万人投入作战，其中，冀、鲁、豫方面约60万人，热、察、绥方面约15万人，闽粤方面约15万人，江浙方面约10万人，可见，当时尚未将上海地区视为主战场。何陈述的困难有财政开支扩大，枪械、子弹勉强可供六个月之需，防御工事未完成，空军机械不足等。蒋介石在谈话中对胡适主张颇有讥刺，参谋总长程潜甚至指责胡适为"汉奸"。会议决定"积极抗战与备战"[18]。通过此次会议，抗战遂被正式确定为国策。

当时，蒋介石估计中日战争将是一场"持久"战，战期大约一年，而且估计"对外战争易于内战"[19]。

二 中国军队力图"先发制人"，但攻坚战未能取胜

上海处于东海之滨，距当时的中国首都南京不过300公里。1932年5月的中日《淞沪停战协定》规定，中国在上海只能由"保安队"维持秩序，

而日军则可在上海公共租界及吴淞、江湾、闸北等地驻兵，建立据点。为防止日军自上海入侵，南京国民政府于1934年起密令修筑上海周边工事，在吴县、常熟等地，利用阳澄湖、淀山湖构筑主阵地——吴福（苏州—福山）线，在江阴、无锡之间构筑后方阵地——锡澄线，同时在乍浦与嘉兴之间兴建乍嘉线，以与吴福线相连。其后，又在龙华、徐家汇、江湾、大场等地构筑包围攻击阵地，并且拟有《扫荡上海日军据点计划》[20]。卢沟桥事变发生，蒋介石为加强上海防务，接受何应钦推荐，任命张治中为京沪警备司令。张受命后，即命所部化装为保安队入驻上海虹桥机场等处。7月30日，张治中向南京国民政府提出，一旦上海情况异常，"似宜立于主动地位，首先发动"。蒋介石同意张治中的设想，复电称："应由我先发制敌，但时机应待命令。"[21]

日本海军积极主张向华中地区扩张。7月16日，日本海军第三舰队司令长谷川清中将向日本海军军令部报告：局限战将有利于中国兵力集中，造成日方作战困难，"为制中国于死命，须以控制上海、南京为要着"。[22] 8月7日，米内海军大臣建议杉山元陆军大臣向内阁提出，为保护青岛和上海日侨，应迅速准备派遣陆军赴华[23]。次日，长谷川清得到指示，为因应事态扩大，实施新的兵力部署。9日，上海日本海军特别陆战队西部派遣队长大山勇夫中尉携带士兵斋藤要藏，以汽车冲入虹桥机场，开枪射击中国保安部队，中国保安队当即还击，将大山等二人击毙[24]。日军乘机在上海集中兵舰，以陆战队登陆，要求中国方面撤退保安队，拆除防御工事。海军中央部通知第三舰队称，除武力外，别无解决办法，将在陆军动员之后20天开始攻击。10日，日本内阁会议同意派遣陆军。长谷川清命在佐世保待命的舰队开赴上海。12日，陆军省决定动员30万兵力分赴上海与青岛。

保安队是上海地区仅有的中国部队。蒋介石认为，撤退保安队，上海将与北平一样为日军占领，决定拒绝日方要求，同时下令准备作战。11日，蒋介石得悉日舰集中沪滨，决定封锁吴淞口。同日，命张治中将所属八十七师王敬久部、八十八师孙元良两师自苏州等地推进至上海围攻线，准备扫荡在吴淞和上海的日军，拔除其据点[25]。当时，日本在上海的海军特别陆战队总兵力不超过5000人[26]。12日，国民党中常会秘密决定，自本日起，全国进入战时状态[27]。何应钦在会上表示："和平已经绝望"，"如果他稍有动作，就要打他，否则，等他兵力集中，更困难了"[28]。

张治中原定于13日拂晓前开始攻击，但蒋介石因英、美、法、意四国驻华使节等方面正在调停，要张"等候命令，并须避免小部队之冲突"[29]。同日上午9时15分，日本陆战队水兵冲出租界，射击守卫横浜路东宝兴路段的中国保安队，中国军队还击[30]。10点半，商务印书馆附近的中国军队与日军发生小冲突。[31]同日黄昏，八字桥附近日军炮击中国军队，中国军队以迫击炮还击。[32]日军并以坦克掩护步兵攻击八十七师阵地，日舰连续炮击上海市中心[33]。14日拂晓，张治中奉蒋介石令，发起总攻。同日，中国空军出动，轰炸日第三舰队旗舰及在虹口的海军陆战队本部。淞沪之战爆发，意味着中国在华北之外，又开辟了第二战场，名副其实地进入"全面抗战"。很快，淞沪战场就成了中国对日作战的主战场。

战争初起，中国方面以优势兵力进攻日军在沪各据点，双方在上海虹口、杨树浦等处进行巷战。15日至18日之间，中国军队进展至闸北、虹口、杨树浦之线。20日夜，推进至汇山码头，将日军压迫至黄埔江左岸狭隘地区，同时包围日海军陆战队司令部等据点。但是，日军在上海的据点大都以钢筋、水泥建成，异常坚固。8月17日，张治中向蒋介石报告说："最初目的原求遇隙突入，不在攻坚，但因每一通路，皆为敌军坚固障碍物阻塞，并以战车为活动堡垒，终至不得不对各点目标施行强攻。"这种攻坚战要求中国军队必须配备相应的重武器。张治中报告说："本日我炮兵射击甚为进步，命中颇佳，但因目标坚固，未得预期成果。如对日司

淞沪警备司令张治中（左）与第三战区司令长官冯玉祥（右）在研究对日作战方案

令部一带各目标命中甚多，因无烧夷弹，终不能毁坏。"[34]仅有的三门榴弹炮，一门因射击激烈，膛线受损；一门膛炸；一门不能射击。这种情况，自然无法克敌制胜。

中国军队当时是否完全缺乏攻坚武器呢？并非。关键在于何应钦没有想到，蒋介石也没有想到。11月20日，蒋介石检讨说："绪战第一星期，不能用全力消灭沪上敌军。何部长未将所有巷战及攻击武器发给使用，待余想到战车与平射炮，催促使用，则已过其时，敌正式陆军，已在虬江码头与吴淞登陆矣。敬之（指何应钦——笔者）误事误国，实非浅尠。"[35]

蒋介石对张治中的指挥不满意。8月20日，陈诚向蒋介石提出，华北战事扩大已无可避免，敌如在华北得势，必将利用其快速装备南下直扑武汉，于我不利，不如扩大沪事以牵制之[36]。蒋介石对陈诚的这一战略思想没有表示肯定或否定，仅答以一定要打。同日，军事委员会将江苏南部及浙江划为第三战区，蒋介石兼任司令长官，顾祝同为副司令长官，陈诚为前敌总司令。张治中被任命为淞沪围攻区第九集团军总司令，张发奎被任命为杭州湾北岸守备区第八集团军总司令，守卫上海左翼浦东。这些举措，说明蒋介石开始重视上海战场，但是，蒋当时还没有在上海长期作战的思想准备，对这次战争的艰难与严酷也还缺乏认识。当日日记云："本日沪战颇有进展，南口阵地已固，此心略安。对英提案运用其能实现，使倭得转圜离沪，以恢复我经济策源地，以今日战况或有退却可能也。判断情报，倭寇陆海军意见纷〔分〕歧，政府内部不一致，已陷于进退维谷之势也。"[37]次日，日本拒绝英国调停，蒋介石感到事态严重，"忧心倍增"[38]。22日，蒋介石下令成立第十五集团军，以陈诚为总司令，守卫上海右翼长江江岸。

三 日本陆、海、空军协同，中国反登陆战失利

日军在上海的兵力有限，要持续进攻，必须通过海上的远距离运输，将军队源源不断地送到中国战场。中国海军的军力本极有限，舰艇在战争开始时或被炸沉，或奉令自沉长江，封锁航道，已经没有和日舰进行海上作战的能力；空军能作战的飞机不过180余架，不足以从空中遏制日本运兵舰艇的航行[39]。中国军队所能进行的只有反登陆，在海岸及相关纵深据点布置军队，阻遏日军，但是，中国方面又未予以足够重视，守卫江岸、海岸的兵力都很薄弱。

8月13日夜，日本内阁会议决定出兵。15日，日本政府发表声明："为讨伐中国之暴戾，以促使南京政府之反省，如今已到了不得不采取断然措施之地步。"[40]同日，日本政府下令，以松井石根大将为司令官，率领第三、第十一师团组成上海派遣军，协助海军，扫荡、歼灭上海附近的中国军队，占领上海。17日，日本阁议决定："放弃以往所采取之不扩大方针，采取战时态势上所需要之各种准备对策"[41]。22日，日本上海派遣军司令松井石根率第三、第十一师团到达上海东南的马鞍群岛。23日，日军第十一师团在30余艘军舰密集炮火的掩护下，于长江南岸川沙口

强行登陆，占领川沙镇，第三师团在吴淞铁路码头登陆，进攻上海北部的吴淞、宝山等地。据中国方面第九集团军司令部作战科长史说回忆："在23日拂晓以后，日空军开始猛烈轰炸，使我援军不能接近，日海军也以猛烈炮火支援日军登陆。我沿长江岸守备的第五十六师和沿黄埔江口守备的上海市保安总团，兵力薄弱，日陆军登陆成功。"[42]

日军登陆后，中国方面力图阻止敌人向纵深发展。张治中在敌机猛炸下骑自行车赶赴前线，一面任命王敬久为淞沪前敌指挥官，指挥部队固守原阵地，一面抽调第十一师彭善在部、第九十八师夏楚中部北上，拒止登陆之敌。双方在罗店等地激战。中国军队向日军发动数次猛攻，虽有进展，但均未奏效。28日，守卫罗店的中国军队伤亡过半，日军第十一师团占领罗店。31日，日军第三师团攻占吴淞镇。9月1日，日军精锐部队久留米第12师团等三个师团到达上海，实力大增，向中国军队发动全线攻击。9月5日，日军以优势兵力及战车、炮舰、飞机联合进攻，中国第十八军第九十八师姚子青营奋力抗战，激战至第二日，全营官兵壮烈牺牲[43]。蕴藻浜沿河之战，"双方死亡俱奇重，浜水皆赤，所谓流血成河，显系实在景况"[44]。据陈诚报告，该部自8月22日参战，至9月7日，仅第十一、第十四、第六十七、第九十八、第五十六这五个师即伤亡官兵9039名，第六师吴淞一役，即伤亡过半。"大部受敌飞机、大炮轰炸，人枪并毁。"其三十六团第二连，守卫火药库，"死守不退，致全部轰埋土中。"[45]

由于江岸地形有利于日本陆海空军协同作战，日军又源源增援，中国军队为减少损失，只能主动退守。史说回忆说："日军在长江沿岸及黄埔江沿岸继续登陆，与我军一个点一个点地争夺，往往日军白昼占去，夜间我又夺回。""在日军舰炮火下，伤亡惨重，往往一个部队，不到几天就伤亡殆尽地换下来了。我亲眼看见教导总队那个团，整整齐齐地上去，下来时，只剩下几付伙食担子。"[46]9月10日，第十五集团军右翼阵地被突破。11日，第九集团军奉命向北站、江湾等地转移。

反登陆战争失利，日军后续部队源源增加。9月11日，自青岛调来的日军天谷支队进入月浦镇。12日，由华北方面军转调的后备步兵十个大队陆续抵达上海战场。14日，自台湾调来的重藤支队登陆。中国军队的处境越来越困难了。

四　为维护中苏交通线，蒋介石决定吸引日军改变主战场

为配合外交斗争，蒋介石决定坚守上海。9月11日以后，中国军队转入顽强的守卫战。

作为淞沪战场的最高统帅，蒋介石最先感到了中国军队的不利态势。8月28日，罗店失陷，蒋介石日记云："近日战局，渐转劣势，人心乃动摇矣。"31日，吴淞失守，蒋介石再次在日记中表示："我军转入被动地位矣。"在这一形势下，蒋介石不得不重新思考，仗将如何打下去。9月2日日记云："战略应尽其全力贯注一点，使敌进退维谷，以达我持久抗战之目的。""敌之弱点，以支战场为主战场，故其对华战争全在消极，且立于被动地位，故我如处置得策，不难旷日持久，使敌愈进愈穷也。"[47]这则记述说明，尽管上海战场形势不利，但蒋介石决定"全力贯注一点"，在上海长期拖住日军。其后，副参谋总长白崇禧、作战组长刘斐等向蒋提出，淞沪会战应"适可而止"，部队应及时向吴福线国防工事转移。蒋介石一度接受这一意见，下令执行，但第二天又决定收回命令[48]。同月14日蒋介石记日云："集中兵力，在上海决战乎？抑纵深配备，长期抗战乎？"[49]两种方案，前者意味着在上海和日军决出胜负，后者意味着向吴福线转移。这则日记，说明蒋对自己的战略决定有过犹疑。但是，这一时期，蒋从全国各地抽调的部队正陆续到达淞沪战场，因此，蒋仍然决定长期坚守上海。其日记云："各部死伤大半，已觉筋疲力尽，若不支撑到底，何以慑服倭寇，完成使命也？"[50]16、17日，日军

蒋介石亲赴淞沪会战前线督战

发动总攻击，中方阵地动摇，前线指挥官向蒋要求撤退，蒋严令死守，并亲往昆山督师[51]。21日，蒋介石调整部署，将中国军队分为右翼、中央、左翼三个作战军。右翼军以张发奎为总司令，下辖第八、第十两个集团军；中央军以朱绍良代替张治中为总司令，下辖第九集团军；左翼军总司令陈诚，下辖第十五、第十九两个集团军。

当时，中苏之间的枪械、弹药有两条运输线。一条是经外蒙古、内蒙古、山西大同至内地，一条经新疆、甘肃、山西，连接陇海路。9月11日，大同失陷，蒋介石极为震痛。14日日记云："阎之罪恶甚于宋之〔失〕平津，其为无胆识，一至于此，实为梦想所不及也，可痛之至。对于苏俄之运货交通更生困难矣。"当日，蒋介石向自己提问道："集中兵力在上海决战乎？抑纵深配备，长期抵抗乎？"[52]25日，蒋介石得悉平汉线中国军队溃退，河北沧州不守，估计日军将进攻河南郑州，中俄之间的第二条联络线有可能截断，决定加强上海战场，吸引日军主力[53]。27日，蒋介石决定四项抗敌策略："一、引其在南方战场为主战场；二、击其一点；三、持久；四、由晋出击。"[54]10月8日，蒋介石决定调骁勇善战的桂军加入上海战场。10月15日日记云："相持半年，迟至明年三月，倭国若无内乱，必有外患，须忍之。"17日，蒋介石到苏州督师。次日，中国军队在上海战场发动总反攻。

蒋介石之所以决定坚守上海，一是为了减轻华北战场的压力，维护中苏交通线，同时也是为了配合外交斗争，争取对即将召开的《九国公约》会议有较好的影响。《九国公约》签署于1922年2月，其签字国为美、英、日、法、意、比、荷、葡、中等九国。该条约表示尊重中国之主权与独立暨领土与行政之完整，强调各国在华机会均等与中国的门户开放。卢沟桥事变后，南京国民政府即向国联申诉，要求"谴责日本是侵略者"。国联没有采纳中国的要求，提议召开《九国公约》签字国会议讨论。10月16日，比利时向有关19国发出邀请，初定同月30日在布鲁塞尔召开。蒋介石希望通过该次会议，"使各国怒敌，作经济制裁，并促使英、美允俄参战"。[55]因此，蒋希望在该会召开之前，上海战场能有较好的战绩，至少，要能坚守上海。据唐生智回忆，蒋介石曾向他表示："上海这一仗，要打给外国人看看。"[56]同月22日，蒋介石通电全军将士，说明九国公约会议即将举行，全体将士"尤当特别努力，加倍奋励"，"于此时机表示我精神力量，以增加国际地位与友邦同情"[57]。为此，蒋介石向全国各地普遍调兵。24日，蒋致电龙云，询问滇军出发各部到达何处，要龙命令该军"兼程急进，望能于九国公约会议之初到沪参战"，急图在会前有所表现的企图跃然欲出[58]。

日本政府采取对应措施，不断从华北、东北及国内向上海战场增兵。10月1日，日首相近卫、陆相杉山、海相米内、外相广田会议，通过《中日战争处理纲要》，决定发动十月攻势，扩大华北和华中战局，将中国军队分别驱逐至河北省及原上海停战协定规定区域以外，迫使南京政府议和，结束战争。此后，上海战场日军参战兵力超过华北，达九个师团，20万人以上。17日，日本陆军省限令上海作战部队在《九国公约》签字国会议前攻克闸北、南翔、嘉定一带[59]。

双方既在国际政治舞台上较量，战场上的拼杀自然更加激烈。10月21日，广西增援部队第二十一集团军廖磊率部到沪，向蕴藻浜沿河之敌发起全线反攻。桂军作战勇敢，但武器落后，缺乏与现代化武装的日军作战经验，未能挽救危局。22日蒋介石日记云："沪局以桂军挫败顿形动摇。满拟以桂军加入战线为持久之计，不料竟以此为败因也。"[60]次日，桂军因伤亡过大，撤至京沪铁路以南地区整理[61]。其他部队也伤亡惨重，第三十三师打到官兵仅剩十分之一，师长负伤，旅长失踪[62]。25日，中央军第七十八军第十八师朱耀华部防地为日军突破，朱军放弃位于上海西北的战略要地大场。至此，蒋介石才觉得"沪战不能不变换阵地"，决定命中国军队作有限度的撤退，转移至苏州河南岸。但是为了给世人留下仍在坚守苏州河北岸的印象，他决定在闸北"派留一团死守"[63]。27日夜，第八十八师第五二四团团副谢晋元奉命率部留守闸北四行仓库，演出了八百壮士（实只四百人）孤军抗敌的悲壮一幕。31日，该团退入上海公共租界，坚持至1941年12月28日。

蒋介石认识到，中国的对日战争只能是持久战、消耗战，但是，他提出的战略原则却是防守战。8月18日，他发表《告抗战将士第二书》，主张"敌攻我守，待其气衰力竭，我即乘胜出击。""要固守阵地，坚忍不退，以深沟高垒厚壁，粉碎敌人进攻。"[64]9月13日，蒋介石手拟《告各战区全军将士文》，再次强调固守，"虽至最后之一兵一弹，亦必在阵中抗战到底"[65]。10月28日，他在松江召开军事会议，仍然表示："要严密纵深配备，强固阵地工事"，"要不怕阵地毁灭，不怕牺牲一切"，"我们已移至沪战最后一线，大家应抱定牺牲的决心，抵死固守，誓与上海共存亡"[66]。

要杀敌卫国，自然需要强调牺牲精神，但敌人拥有海、空优势，配备重武器，呆板的防守战必然带来巨大的伤亡，最终也难以守住阵地。当

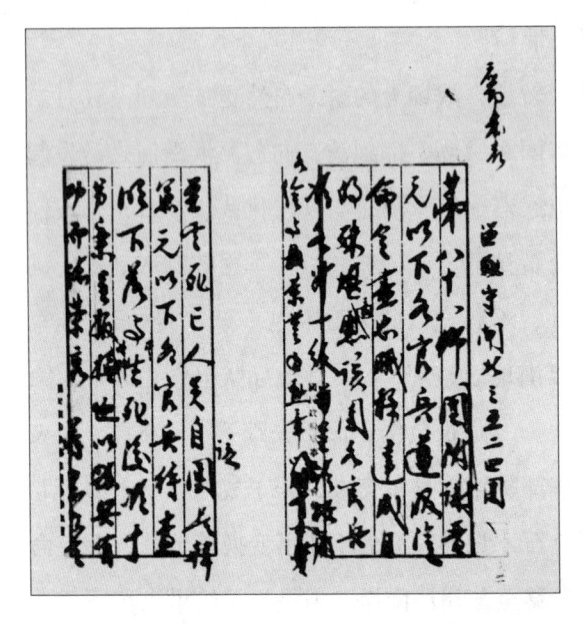

四行仓库保卫战始于1937年10月26日,结束于11月1日,它的结束标志着淞沪会战的结束。参加这场保卫战的中国士兵被称为"八百壮士",他们抵住了日军的多番进攻,掩护国民革命军八十八师及其他国民革命军向西撤退。

时,日方有各种飞机1500架,而中国仅有战斗机、轰炸机300架[67]。8月24日,张治中致蒋介石、何应钦密电云:"连日敌机甚为活跃,全日在各处轰炸,毫无间断,我军日间几无活动余地,威胁甚大。"[68]白崇禧也表示:"无制空权,仗无法打。我官兵日间因飞机不能动,夜间因探照灯亦不能动。长期抵抗,须另有打算。"[69]淞沪之战,中国军队士气旺盛,英勇抗敌,但蒋介石单纯防御,将几十万精锐密集于长江南岸狭长地区内,层层设防,硬打死拼,大量消耗中国军队的有生力量,是很愚蠢的作战方法。后来,蒋介石回顾淞沪战役,就曾自我检讨,认为自己没有在《九国公约》会议之前,及早退兵于吴福线、乍嘉线阵地,"而于精疲力尽时,反再增兵坚持,竟使一败涂地,不可收拾","此余太坚强之过也"[70]。

"坚强"是好事,但不顾条件,"坚强"太过,没有任何灵活性,就是执拗了。

五　蒋介石的大失误，忽视杭州湾防务

日军最初制订的作战计划是：在上海西北的白茆口和西南的杭州湾登陆，占有上海、南京、杭州三角地带。为此，日军早就对杭州湾实施侦察，收集地志资料[71]。金山卫水深，可停舰艇，又有利于登陆的沙滩，明代倭寇扰浙时，即在此登陆。8月20日，蒋介石得报，金山卫有日本水兵登陆侦察，指令"严防"[72]。10月18日，军事委员会第一部作战组情报提出，日军有在杭州湾登陆企图，但估计登陆部队最多一个师，不会对上海战局有什么影响[73]。倒是张发奎有警觉，亲到当地巡察，并配置了兵力：以第六十三师担任乍浦、澉浦防务，以第六十二师担任全公亭、金山嘴防务。10月26日，中央军撤到苏州河南岸后，浦东防务紧张，张发奎遂将第六十二师主力调防浦东，当地仅余该师少数兵员，实力空虚[74]。

11月5日，日军第十军司令官柳川平助以三个半师团的兵力，在舰炮掩护下，于杭州湾北岸的金山卫登陆。中国军队因兵力悬殊，无法阻挡。中国统帅部急令已调浦东第六十二师的主力回兵，会同新到枫泾的第七十九师合力反击，并令从河南调来、新到青浦的第六十七军向松江推进。蒋介石希望借此稳住阵地。6日，蒋介石日记云："如我军能站稳现有阵地，三日以后当无危险矣。"[75]但是，由于天雨泥泞，加上日机轰炸，中国部队行动迟缓，日军后续部队源源登陆。第六十七军从河南调来，尚未集中，即遭敌各个击破。8日，松江失陷，这样，退守苏州河南岸的中国军队侧背受敌，有被围歼危险。

日军在金山卫登陆，上海战场中国军队的侧背受到严重威胁，有可能陷入包围，使退却无路，全军覆没。有鉴于此，白崇禧再次向蒋介石提议，中国军队向吴福线后撤。11月7日，朱绍良、何应钦等也提出，"已到不能不后撤之时会"[76]。蒋介石权衡利害，这才认识到保存有生力量的重要，日记云："保持战斗力持久抗战，与消失战斗力维持一时体面相

较，当以前者为重也。"[77]同日，蒋下令中国军队自上海苏州河南岸撤退[78]。但是，他仍然担心此举会对《九国公约》会议造成不良影响，痛苦地写道："苏州河南岸以兵力用尽不能不令撤退，但并非为金山卫登陆之敌所牵动耳，惟藉此战略关系退，使敌知我非为力尽而退，不敢穷追与再攻，是于将来之战局有利，然于九国公约会议之影响必甚大也。"[79]

忽视杭州湾北岸防务是重大的战略错误。后来蒋介石总结说："由大场撤退至苏州河南岸以后，易朱绍良，以张发奎为指挥官，使金山卫、乍浦一带，负责无人，而且不注重侧背之重要，只注意浦东之兵力不足，调金山大部移防浦东，乃使敌军乘虚直入，此余战略最大之失败也。"[80]

一个优秀的军事家必须既善于组织进攻，又善于组织撤退。蒋介石下令在苏州河南岸撤退后，中国军队争相夺路，秩序混乱，作战能力丧失殆尽。郭汝瑰说："淞沪战役我始终在第一线，深知三个月硬顶硬拼，伤亡虽大，士气并不低落，战斗纪律良好，只要撤下来稍事整理补充，即可再战。唯有大溃退，数日之间精锐丧尽，军纪荡然。如在敌攻占大场时，就有计划地撤退，必不致数十万大军一溃千里。"[81]11月11日，中国军队撤出上海南市，上海市长发表告市民书，沉痛宣告上海沦陷。

据日方统计，至11月8日止，日军在上海战场阵亡9115名，负伤31 257名，合计406 72名[82]。但是，中国方面损失更大。据何应钦11月5日报告，淞沪战场中国军队死伤187 200人，约为日军的4倍半[83]。更加严重的是，溃退后的军队虽然仍有庞大数量，但缺乏武器、弹药、粮食，士气低落，丧失斗志，不经整顿，已经很难再次投入战斗了。

六　南京：守乎？弃乎？

日军攻占上海后，军方出现两种意见，一种认为军队已经非常疲劳，必须休整，一种认为，军队虽然疲劳，但仍应攻占南京。11月7日，日军编组华中方面军，以松井石根兼任司令官，规定以苏州、嘉兴连结线为"统制线"，在此以东作战。但是，第二天，日军就兵分两路。一路以上海派遣军为主力，沿沪宁铁路线西进，一路以第十军和国崎支队为主力，沿太湖南岸向湖州集结。13日，日军一部在常熟白茆口登陆，声势更盛。15日，第十军幕僚会议认为，中国军队已处于溃散状态，如果把握战机，断然实施追击，二十天即可占领南京。华中方面军赞同占领南京的意见，认为"现在敌军的抵抗，各阵地均极微弱"，如不继续进攻，"不仅错失战机，且令敌军恢复其士气，造成重整其军备的结果，恐难于彻底挫折其战斗意志"[84]。

日军自太湖南北同时西进，威胁南京。11月13日，蒋介石决计迁都，长期抗战，粉碎日寇迫订城下之盟的妄念。日记云："抗倭最后地区与基本线在粤汉、平汉两路以西。""抗倭之最大困难，当在最后五分钟。""决心迁都于重庆。"[85]但是，南京是战是守，意见不一。高级将领中普遍反对"固守"。有人明确表示，不应在南京作没有"军略价值之牺牲"，白崇禧主张改取游击战，刘斐主张适当抵抗之后主动撤退，只作象征性防守[86]。蒋介石一时也拿不定主意。11月17日，他曾经考虑过请美、德两国出面调停，也曾考虑请英美促进苏联参战，在南京固守或放弃之间"踌躇再四"[87]。不过，蒋介石和唐生智都认为，南京为首都所在，总理陵墓所在，不可不作重大牺牲。蒋并表示，愿自负死守之责。将领们认为统帅不宜守城，时在病中的唐生智遂自动请缨[88]。19日，蒋介石任命唐生智为南京卫戍司令长官，刘兴为副司令长官，负责守卫南京，时间为三个月至一年[89]。不过，蒋介石也确知南京难守。11月26日，蒋介石拜谒中山陵及将士公墓，叹惜道："南京城不能守，然不能不守，对上、对下、对国、对民无以为怀矣。"[90]这正是蒋内心矛盾的表现。

淞沪之战打响后，主和之议一直未歇。9月8日，蒋介石日记云："主和意见派应竭力制止。""时至今日，只有抗战到底之一法。"[91]次日日

1937年11月19日，国民政府发布《国民政府移驻重庆宣言》，宣布国民政府"为适应战况，统筹全局，长期抗战起见，本日移驻重庆"。11月26日，国民政府主席林森一行抵达重庆。

记云："除牺牲到底外，再无他路。主和之见，书生误国之尤者，此时尚能议和乎！"[92]及至淞沪战败，主和之议再盛。居正原来坚决反对和议，力主逮捕胡适，此时转而力主向日方求和，并称："如无人敢签字，彼愿为之！"[93]11月30日，蒋介石处理南京战守事毕，慨叹道："文人老朽，以军事失利，皆倡和议，高级将领皆多落魄望和，投机取巧者更甚。若辈毫无革命精神，究不知其昔时倡言抗战如斯之易为何所据也。"[94]

为了守卫南京，中国统帅部的第三期作战计划规定：京沪线方面，以最小限之兵力，利用既设工事，节节抵抗，同时抽调兵力，以一部转入沪杭线，抵御向太湖南岸进军的日军，一部增强南京防御能力。计划称，在后续援军到达时，将以皖南的广德为中心，与敌决战，在钱塘江附近歼灭日军[95]。当时，中国军队已退至第一道国防线——吴福线，但是，这道被誉为"中国兴登堡防线"的国防工程却"无图可按，无钥开门，无人指示"[96]。19日，日军进占苏州。俗话云："兵败如山倒"，吴福线不守，中国军队主力继续向锡澄线及太湖西南的安吉（浙江）、宁国（安徽）等地溃退，蒋介石原来以为"有良好地形，坚固阵地，可资扼守"的

中国守军用高射机枪对准空袭南京的日军飞机射击

锡澄线同样没有发挥作用。11月20日，蒋介石调集第二十三集团军川军刘湘部五个师、两个独立旅，由四川赶到皖南广德、浙西北的泗安、长兴一线。不过，川军作战能力很低，纪律很坏，"闻敌即走"，并未发挥多大作用[97]。11月23日，蒋介石到常州，召集前方将领训话，局势也并无改变。11月25日，无锡失守。26日，位于太湖南岸的吴兴失陷。蒋介石得悉锡澄线守军撤退秩序不良，日记云："不分步骤，全线尽撤，亦未得呈报，痛心盍极！"[98] 29日，日军侵占宜兴。30日，日军攻陷广德，从东南、西南两个方面对南京形成包围之势。12月1日，江防要塞江阴失守。同日，日方下达"华中方面军司令官应与海军联合进攻中国首都南京"的皇命，日军分三路进攻南京。

蒋介石反对与日本议和，但不反对国际调停。早在日军金山卫登陆之际，德国大使陶德曼即受日方委托，向蒋转达日方媾和条件，"防共协定为主"，蒋介石"严词拒绝之"[99]。11月24日，蒋介石曾经寄以希望的《九国公约》会议闭会，没有取得任何积极性成果。12月2日，蒋介石为行"缓兵计"，再次会见陶德曼，表示愿以日方所提条件为谈判基础，但要求先停战后谈判。6日，蒋介石得悉句容危急，决定离开南京，他在日记"雪耻"条下写道："十年生聚，十年教训。三年组织，三年准备。"[100] 7日，蒋介石飞离南京。日记云："人民受战祸之痛苦，使之流离失所，生死莫卜，而军队又不肯稍加体恤爱护，惨目伤心，无逾于此。"又写道："对倭政策，惟有抗战到底，此外并无其他办法。"[101] 到庐山后，蒋介石即研究、制订全国总动员计划，准备在"全国被敌占领"的最坏情况下仍然坚持奋斗[102]。他勉励自己："宁为战败而亡，毋为降敌而存。"[103]

南京的防御工事分"外围阵地"与以城墙为主要依托的"复廓阵地"两种。12月5日，日军进攻"外围阵地"。8日，汤山失守，唐生智下令中国军队进入"复廓阵地"。9日，日军逼近南京城墙，两军在光华门、雨花台、紫金山、中山门等处激战，光华门几度被突破。松井石根限令唐生智在10日午前交出南京城，遭到唐的坚决拒绝。12月11日，松井石根下令总攻。

淞沪战后，中国军队消耗过大，蒋介石百方拼凑，守城兵力仅得12个师，约12万人，而且士气极端低落，其中新补士兵约3万人，未受训练，匆促上阵，官兵间尚不相识。这种情况，本已不能再用守卫战、阵地战一类的作战形式。蒋介石之所以坚守南京，一是如上述，南京轻易失守，攸关体面；二是对苏联出兵有所期待。

当时在国际列强中，苏联是唯一表示愿积极支持中国的国家。8月21日，中国与苏联签订久议未决的互不侵犯条约，苏方允诺中国可不以现款购买苏联军火。9月1日，蒋介石就在国防最高会议上预言，苏联终将加入对日战争[104]。28日，苏联驻华大使鲍格莫洛夫奉召返国，曾和中国外交部长王宠惠谈及苏联参战的必要条件[105]。10月22日，蒋致电时在莫斯科的中国军事代表团团长杨杰，询问如《九国公约》签字国会议失败，中国决心军事抵抗到底，苏俄是否有参战之决心与其出兵日期。11月10日，伏罗希洛夫在宴别中国代表张冲时，要张归国转告：在中国抗战到达生死关头时，苏俄当出兵，决不坐视。30日，蒋介石致电伏罗希洛夫及斯大林表示感谢，电称："中国今为民族生存与国际义务已竭尽其最后、最大之力量矣，且已至不得已退守南京，惟待友邦苏俄实力之应援，甚望先生当机立断，仗义兴师。"[106]当时，蒋介石将苏联出兵看成挽救危局的唯一希望。12月5日，斯大林、伏罗希洛夫回电称，必须在《九国公约》签字国或其中大部分国家同意"共同应付日本侵略时"，苏联才可以出兵，同时还必须经过最高苏维埃会议批准，该会议将在一个半月或两个月后举行[107]。此电与杨杰、张冲的报告不同，蒋介石内心感到，苏俄"出兵已绝望"[108]，但他仍然再次致电斯大林，表示"尚望贵国苏维埃能予中国以实力援助"[109]。不仅如此，他还继续以之鼓舞身边的高级将领，声称"俟之两个月，必有变动"[110]。12月6日，蒋致电李宗仁、阎锡山称："南京决守城抗战，图挽战局。一月以后，国际形势必大变，中国必可转危为安。"[111]这里所说的"国际形势必大变"，仍指苏联出兵。12月11日，蒋已经指示唐生智等，"如情势不能久持时，可相机撤退，以图整理而期反攻"[112]。但第二天却又改变主意，致电唐生智等称："经此激战后，若敌不敢猛攻，则只要我城中无恙，我军仍以在京持久坚守为要。当不惜任何牺牲，以提高我国家与军队之地位与声誉，亦惟我革命转败为胜唯一之枢纽。"蒋指示："如能多守一日，即民族多加一层光彩。如能再守半月以上，则内外形势必一大变，而我野战军亦可如期来应，不患敌军之合围矣！"[113]不难看出，蒋所说所的"内外形势必一大变"的"外"，仍然包含苏联出兵在内。"苏俄无望而又不能绝望[114]，这正是蒋介石当时的无奈心理。

苏联与中国同受日本侵略威胁，因此支持中国抗战，但是，苏联更担心德国入侵，日苏之间的矛盾又尚未发展到必须干戈相见地步，苏联自然不可能轻易在远东有所动作。

12月12日，日军继续猛攻，中华门、中山门、雨花门、光华门等多处城门被突破，南京卫戍司令长官部决定大部突围，一部渡江撤退。但是，由于情况混乱，撤退命令无法正常下达。除少数部队突围外，大部分军队拥至长江边，形成极度混乱的局面。挹江门外，"被踏死者堆积如山"[115]，"仅有之少数船舶，至此人人争渡，任意鸣枪。船至中流被岸上未渡部队以枪击毁，沉没者有之，装运过重沉没者亦有之"[116]。12月13日，日军攻陷南京。

在淞沪战败之后，南京失陷有其必然性，但是，如指挥得当，突围与撤退时的严重混乱及其损失仍然是可以避免的。

七 在极端困难的状况下坚持抗战国策

首都失陷，常常和国家沦亡相联系，在中国历史上是很少有的现象。一时间，日军骄横气焰达于极点，中国政府、中国军队、蒋介石个人都处于极端困难的境地。怎么办？中国的路应该怎样走下去？

12月15日，蒋介石召集高级干部会议讨论，当时的情况是："主和主战，意见杂出，而主和者尤多。"[117]汪精卫本来对抗战就信心不足，这时更加缺乏信心。次日，他向蒋介石提出，"想以第三者出而组织掩护"[118]。显然，汪企图抛弃抗战国策，在国民政府之外另树一帜。孔祥熙这时也从"倾向和议"发展为"主和至力"[119]。18日，蒋介石日记云："近日各方人士与重要同志皆以为军事失败，非速求和不可，几乎众口一词。"[120]当时，陶德曼的调停还在继续，蒋介石担心日方有可能提出比较"和缓"的条件，诱使中国内部发生争执与动摇。26日，蒋介石得悉日方提出的新议和条件，发现较前"苛刻"，认为"我国无从考虑，亦无从接受"，内部不致纠纷，心头为之一安，决心"置之不理"[121]。27日，蒋介石召集国防最高会议常务会议讨论，主和意见仍占多数，于右任等甚至当面批评蒋介石"优柔而非英明"[122]。会上,蒋介石坚持拒和。28日,蒋与汪精卫、孔祥熙、张群谈话,声称"国民党革命精神与三民主义,只有为中国求自由与平等,而不能降服于敌,订立各种不堪忍受之条件,以增加我国家、民族永远之束缚"[123]。次日,再与于右任、居正谈话,表示"抗战方针,不可变更。此种大难大节所关,必须以主义与本党立场为前提也"[124]。蒋介石认为,与日本议和,外战可停,而内战必起,国家定将出现大乱局面。次日日记云:"今日最危之点在停战言和。"[125]1938年1月2日,蒋介石下定破釜沉舟的决心:"与其屈服而亡,不如战败而亡。"[126]他最终决定,拒绝德国方面的斡旋,坚持既定的抗战国策。

从8月13日至12月13日,蒋介石在长江三角洲地区指挥抗战四个月,战略、战术呆板,对国际力量共同制裁存有不切实际的幻想和期待,未能及时组织战略撤退,造成中国军队空前巨大的损失,但是,沪、南京之战显示了中国军队、中国政府、中国人民的坚强不屈的精神,打击了日本的侵略气焰和在短时期内速胜的美梦。此后,日本侵略者在中国广大战场上就愈陷愈深,终致不能自拔。

从战争学习战争。沪和南京之战期间,蒋介石和部分国民党高级将领认识到,中国对日抗战是持久战,必须以空间换时间,必须懂得保存自己的有生力量,而不能在局部地区拼消耗;必须懂得运用阵地战、守卫战以外的其他作战形式。9月16日,蒋介石日记云:"上海之得失不关最后之成败,不必拘泥于此也。"[127]11月7日,日记再云:"此时各战区以发动游击战争,使敌所占领各地不能安定,且分散其兵力,使之防不胜防也。"[128]12月1日日记云:"战败敌军制服倭寇之道,今日除在时间上作长期抗战,以消耗敌力;在空间上谋国际之干涉,与使敌军在广大区域驻多数兵力,使之欲罢不能,进退维谷,方能制敌之死命,贯彻我基本主张,此旨万不可稍有动摇。"[129]同月16日,南京失守后的第三日,蒋介石发表《告全国国民书》称:"中国持久抗战,其最后决胜之中心,不但不在南京，抑且不在各大都市，而实寄于全国之乡村与广大强固之民心；我全国同胞诚能晓然于敌人之鲸吞无可幸免，父告其子，兄勉其弟，人人敌忾，步步设防，则四千万方里国土以内，到处皆可造成有形、无形之坚强堡垒，以制敌之死命。[130]这些地方都说明，通过挫折和失败，蒋介石的战略思想有了长进。

还在淞沪之战的紧张关头，蒋介石曾经在日记中写道："凡我中国之寸土失地皆洒满吾中华民族黄帝子孙之血迹，使我世世子孙皆踏此血迹而前进，永久不忘倭寇侵占与惨杀之历史，必使倭寇侵略之武力摧毁灭绝，期达我民族斗争最后胜利之目的。"[131]沪之战虽然失败了，但是，中国军人所表现出来的浴血苦战、视死如归的爱国精神与牺牲精神必将长留在中华民族的史册上。

原载《中国社会科学院学术委员会集刊》第1辑，社会科学文献出版社2005年3月出版。

附记：蒋介石为何开辟新战场

当华北战场危急之际，蒋介石主动开辟淞沪战场。旧说之一以为，这是蒋介石为了将日军的进攻矛头由自北而南引向由东而西，以免日军过早地攻占武汉，截断国民政府自南京西迁的道路，是一项很高明的战略决策云云。此说曾引起激烈争论。一派主张蒋在事前即有明确意识，一派主张蒋在事前并无明确意识。两说长期相持不下。

关于开辟淞沪战场的原因，蒋1938年5月5日曾在《杂录》中写道："敌军战略本以黄河北岸为限，如不能逼其过河，则不能打破其战略，果尔，则其固守北岸之兵力绰绰有余，是其先侵华北之毒计乃得完成，此于我最大之不利。我欲打破其安占华北之战略，一则逼其军队不得不用于江南，二则欲其军队分略黄河南岸，使其兵力不敷分配，更不能使其集中兵力安驻华北。中倭之战必先打破其侵占华北之政策，而后乃可毁灭其侵略全华之野心。总之，倭寇进占京沪，其外交政策已陷于不可自拔之境，而其进占鲁南，则其整个军略亦陷于不可收拾之地也。"[132]据此可知，当时蒋介石开辟淞沪战场的目的，在于分散日军兵力，粉碎其首先占领华北的侵略计划。

注释

[1] 《蒋介石日记》(手稿本),1937年7月8日。
[2] 秦孝仪主编:《"总统"蒋公大事长编初稿》卷4(上),总第1120页。
[3] 《徐永昌日记》,1937年7月14日。〔台北〕"中研院"近代史所编印,1991。
[4] 《徐永昌日记》,1937年7月16日。
[5] 《徐永昌日记》,1937年7月18日。
[6] 《徐永昌日记》,1937年7月20日。本函所述,徐永昌已在19日的会上作过口头陈说。
[7] 《徐永昌日记》,1937年7月24日。
[8] 参见拙作《胡适曾提议放弃东三省,承认"满洲国"》,《抗战与战后中国》,中国人民大学出版社,2007,第30~42页。
[9] 胡颂平编:《胡适之先生年谱长编初稿》,第5册,〔台北〕联经出版事业公司,1984,第1598~1612页。
[10] 《蒋介石日记》(手稿本),1937年7月10日。
[11] 《蒋介石日记》(手稿本),1937年7月12日。
[12] 《对卢沟桥事件之严正表示》,《"总统"蒋公大事长编初稿》卷4(上),总第1131页。
[13] 《蒋介石日记》(手稿本),1937年7月16日。
[14] 《蒋介石日记》(手稿本),1937年7月17日。
[15] 《蒋介石日记》(手稿本),1937年7月19日。
[16] 《蒋介石日记》(手稿本),1937年7月27日。
[17] 《本月反省录》,《蒋介石日记》(手稿本),1937年8月31日;《困勉记》系此于1937年8月4日。
[18] 《蒋介石日记》(手稿本),1937年8月7日;参见同日《王世杰日记》,〔台北〕"中研院"近史所,1990。
[19] 《蒋介石日记》(手稿本),1937年8月13日。
[20] 《八一三淞沪抗战》:中国文史出版社,1987,第40页。
[21] 张治中:《揭开八一三淞沪抗战的序幕》,《八一三淞沪抗战》,第17页。参见余湛邦:《张治中——张治中机要秘书的回忆》,吉林文史出版社,1992,第27页。
[22] 《蒋介石秘录》第4卷,湖南人民出版社,1988,第24页。
[23] 日本防卫厅防卫研究所史室:《中国事变陆军作战史》第1卷第2分册,中华书局,北京,1981,第1页。
[24] 《中央日报》,1937年8月10日。
[25] 《上海作战日记》,《抗日战争正面战场》,江苏古籍出版社,1987年,第263页。
[26] 当时日本在上海的兵力说法不一,此据《中国事变陆军作战史》第1卷第2分册,第4页。
[27] 《王世杰日记》,1937年8月12日。
[28] 《中常会第50次会议速记录》,1937年8月12日。〔台北〕中国国民党党史馆藏,1987。
[29] 《抗日战争正面战场》,第265页。
[30] 《抗日战争正面战场》,第335页。
[31] 《抗日战争正面战场》,第335页。
[32] 《抗日战争正面战场》,第335~336页。参见《日军对华作战纪要》。
[33] 《抗日战争正面战场》,第336页。
[34] 《抗日战争正面战场》,第342页。
[35] 《本周反省录》,《蒋介石日记》(手稿本),1937年11月20日。
[36] 《陈诚私人回忆资料》,《民国档案》1987年第1期。
[37] 《蒋介石日记》(手稿本),1937年8月20日。
[38] 《困勉记》,1937年8月21日,〔台北〕"国史馆"藏。
[39] 《王世杰日记》,1937年10月12日。
[40] 林石江译:《从卢沟桥事变到南京战役》,〔台北〕"国防部"史政编译局,1987,第373页。

[41]林石江译:《从卢沟桥事变到南京战役》,第374页。
[42]《八一三淞沪抗战》,第95页。
[43]《抗日战争正面战场》,第354页。
[44]《王世杰日记》,1937年9月6日。
[45]《抗日战争正面战场》,第356页。
[46]《八一三淞沪抗战》,第96页。
[47]《本月反省录》,《蒋介石日记》(手稿本),1937年9月。《困勉记》系此条于9月2日。
[48]刘斐:《抗战初期的南京保卫战》,全国政协编《文史资料选辑》第12辑,第3~4页。
[49]《蒋介石日记》(手稿本),1937年9月14日。
[50]《蒋介石日记》(手稿本),1937年9月10日。
[51]《王世杰日记》,1937年9月21日。此际,李宗仁也曾劝蒋,"淞沪不设防三角地带,不宜死守;为避免不必要的牺牲,我军在沪作战应适可而止"。见《李宗仁回忆录》(下),广西政协文史资料研究委员会,1980,第692~693页。
[52]《蒋介石日记》(手稿本),1937年9月14日。"运货交通",《困勉记》改作"运械交通"。
[53]《蒋介石日记》(手稿本),1937年9月25日。
[54]《蒋介石日记》(手稿本),1937年9月27日。
[55]《蒋介石日记》(手稿本),1937年10月23日。
[56]刘斐:《抗战初期的南京保卫战》,全国政协编《文史资料选辑》第12辑,第4页。
[57]秦孝仪主编:《中华民国重要史料初编——对日抗战时期》第二编,《作战经过》(一),〔台北〕中国国民党中央党史委员会,1981。
[58]《蒋委员长致龙云十月敬电》,《革命文献·淞沪会战与南京撤守》,《蒋中正"总统"档案》,〔台北〕"国史馆"藏。
[59]《抗日战争正面战场》,第281页。
[60]《蒋介石日记》(手稿本),1937年10月22日。
[61]《陈诚致蒋介石密电》,《抗日战争正面战场》,第372页。
[62]《顾祝同致何应钦密电》,《抗日战争正面战场》,第373~374页。
[63]《蒋介石日记》(手稿本),1937年10月26日。
[64]秦孝仪编:《"总统"蒋公大事长编初稿》卷4(上),总第1148页。
[65]秦孝仪编:《"总统"蒋公大事长编初稿》卷4(上),总第1167页。
[66]秦孝仪编:《"总统"蒋公大事长编初稿》卷4(上),总第1179页。
[67]《蒋介石秘录》第4卷,第28页。
[68]《抗日战争的正面战场》,第294页。
[69]《徐永昌日记》,1937年11月12日。
[70]《困勉记》,1938年2月2日。
[71]《从卢沟桥事变到南京战役》,第554~555页。
[72]《困勉记》,1937年8月20日。
[73]《抗日战争正面战场》,第282页。
[74]《第三战区淞沪会战经过概要》,《抗日战争正面战场》,第381页。
[75]《蒋介石日记》(手稿本),1937年11月6日。
[76]《徐永昌日记》,1937年11月7日。
[77]《蒋介石日记》(手稿本),1937年11月7日。
[78]《徐永昌日记》,1937年11月6日。
[79]《蒋介石日记》(手稿本),1937念念11月8日。
[80]《蒋介石日记》(手稿本),1937年11月20日。
[81]《八一三淞沪抗战》,第252页。
[82]《从卢沟桥事变到南京战役》,第555页。
[83]《徐永昌日记》,1937年11月5日。

[84]《从卢沟桥事变到南京作战》，第601页。
[85]《蒋介石日记》(手稿本)，1937年11月13日。
[86]《王世杰日记》，1937年11月19日；刘斐：《抗战初期的南京保卫战》，《南京保卫战》，第8~9页。
[87]《蒋介石日记》(手稿本)，1937年11月17日。
[88]《王世杰日记》，1937年11月19日；参见唐生智：《卫戍南京之经过》，《南京保卫战》，第3~4页。
[89]《徐永昌日记》，1937年11月6日。
[90]《蒋介石日记》(手稿本)，1937年11月26日。
[91]《蒋介石日记》(手稿本)，1937年9月8日。
[92]《蒋介石日记》(手稿本)，1937年9月9日。
[93]《王世杰日记》，1937年11月21日。
[94]《本月反省录》，《蒋介石日记》(手稿本)，1937年11月30日。
[95]《淞沪作战第三期作战计划》，《抗日战争正面战场》，第331页。
[96]《抗日战争正面战场》，第333~334页。
[97]《徐永昌日记》，1937年12月3日。
[98]《蒋介石日记》(手稿本)，1937年11月26日。
[99]《蒋介石日记》(手稿本)，1937年11月5日。
[100]《蒋介石日记》(手稿本)，1937年12月6日。
[101]《蒋介石日记》(手稿本)，1937年12月7日。
[102]《困勉记》1937年12月9日记蒋介石称："此次抗战，即使全国被敌占领，只可视为革命第二期一时之失败，而不能视为国家被敌征服，更不能视为灭亡，当动员全国精神力自图之。"
[103]《蒋介石日记》(手稿本)，1937年12月9日。
[104]《王世杰日记》，1937年9月1日。
[105]《王世杰日记》，1937年9月28日。
[106]《蒋委员长致蒋廷黻、杨杰（请伏元帅转斯大林先生）电》，《革命文献·对苏外交》，《蒋中正"总统"档案》。
[107]《斯达林、伏罗希洛夫致蒋委员长十二月电》，《革命文献·对苏外交》，《蒋中正"总统"档案》。原电无日期，此据《徐永昌日记》考订。
[108]《蒋介石日记》(手稿本)，1937年12月5日。
[109]《中华民国重要史料初编》，第三编（二），第340页。
[110]《徐永昌日记》，1937年12月6日。
[111]《蒋委员长致李宗仁、阎锡山等鱼电》，《革命文献·淞沪会战与南京撤守》，《蒋中正"总统"档案》。
[112]《南京保卫战斗详报》，《抗日战争正面战场》，第413页。
[113]《蒋委员长致唐生智、刘兴、罗卓英电》，《革命文献·淞沪会战与南京撤守》，《蒋中正"总统"档案》。
[114]《困勉记》，1937年12月6日。
[115]《宪兵司令部战斗详报》，《抗日战争正面战场》，第433页。
[116]《陆军第七十八军南京会战详报》，《抗日战争正面战场》，第424~425页。
[117]《困勉记》，1937年12月15日。
[118]《蒋介石日记》(手稿本)，1937年12月16日。
[119]《王世杰日记》，1937年12月2、27日。
[120]《本周反省录》，《蒋介石日记》(手稿本)，1937年12月18日。
[121]《蒋介石日记》(手稿本)，1937年12月26日。
[122]《蒋介石日记》(手稿本)，1937年12月27日。
[123]《蒋介石日记》(手稿本)，1937年12月28日。
[124]《蒋介石日记》(手稿本)，1937年12月29日。
[125]《蒋介石日记》(手稿本)，1937年12月30日。
[126]《蒋介石日记》(手稿本)，1938年1月2日。
[127]《蒋介石日记》(手稿本)，1937年9月16日。

[128]《蒋介石日记》(手稿本)。1937年11月7日。
[129]《本月反省录》,《蒋介石日记》(手稿本),1937年12月1日。
[130]秦孝仪编:《"总统"蒋公大事长编初稿》卷4(上),总第1200页。
[131]《本周反省录》,《蒋介石日记》(手稿本),1937年9月11日。
[132]《蒋介石日记》(手稿本),1938年年末。

◎蒋介石亲自掌控的对日秘密谈判
——日方诱和与蒋介石的应对及刹车

中日秘密谈判可以说是抗日战争期间最诡异的事件。这不仅表现在中日双方,而且也表现在中国内部。一方面,蒋介石屡屡对孔祥熙的谋和活动加以阻遏,但是,蒋介石本人又亲自掌控过几次对日秘密谈判。不将这些情况研究清楚,就无法真正了解谈判全局,也无法了解蒋介石的真实对日意图。

一 蒋介石精心指导萧振瀛与和知鹰二之间的谈判

南京陷落后,国民党和国民政府内部主和派一度抬头,但蒋介石坚决拒和,力主坚持抗战国策。1938年3月13日,蒋介石专门在日记本中写了一段话:"中国对倭抗战,决非争一时之胜负与得失,而为东亚千百世之祸福有关,故不惜任何牺牲,非达到此目的,终无战乱终止之期。"[1]但是,同年4月,中国军队在山东台儿庄取得胜利,蒋介石觉得中国有了和日本侵略者谈判的筹码,思想的天平开始倾向"和平"一端。4月9日日记云:"此时可战可和,应注重和局与准备。"[2]此后,日方有希望英国出面充当调停人之意,而蒋介石也曾决定派张群使英,在当地与日本进行和平交涉,以便于英国从中斡旋并担保[3]。5月下旬,日本内阁局部改组,近卫首相以陆军前辈宇垣一成大将出任外相,企图借助他来抑制陆军。蒋介石看出宇垣将对华主和,准备利用宇垣压制日本陆军中的少壮派。但是,蒋介石也提醒自己,防备宇垣对中国内部实行"挑拨离间"[4]。日记云:"敌国阴狠,讲和时更增危机也。"[5]果然,宇垣上台后,即不断向中国摇晃橄榄枝。蒋介石则以"刚柔得宜"的政

萧振瀛，吉林扶余人，毕业于吉林政法专门学校。1937年"七·七"事变后，任第1战区上将总参议，1938年参加中日秘密和谈；1940年，辞去军政职务从事实业。曾创办东北松花江中学、东北儿童教养院。1945年抗战胜利后，移居北平。1947年5月因病去世。

策相对应[6]。一面抵抗日本侵略军对武汉的进攻，一面也和日方代表在谈判桌上周旋。8月下旬，蒋介石开始指导萧振瀛和日本军部特务和知鹰二进行谈判。

萧振瀛（1886—1947），字仙阁，号彦超，吉林扶余人。曾任西安市长。1930年任第二十九军宋哲元部总参议。1935年任天津市市长。次年任冀察政务委员会经济委员会主席。其间，曾多次与日军驻华北将领多田骏等人谈判。1937年抗战爆发，萧振瀛任第一战区长官部总参议。1938年7月下旬或8月初，日本军部特务"兰工作"负责人和知鹰二到达香港，萧振瀛与和知是"旧友"，因此受命与和知谈判。谈判中，和知提出总原则六条，其中有诱饵，也有新的侵略要求：1.停战协定成立之时，两国政府正式命令，停止一切陆、海、空军军事敌对行动，中国政府以新的姿态，恢复七七卢沟桥事件以前状况。2.日本政府绝对尊重中国主权、领土、行政之完整。3.两国军事完全恢复战前原有状况后，以平等互助为原则，商定经济协定，以谋东亚经济全面的合作。4.两国谋国防上之联系，在共同防止共产主义目标下，商订军事协定。5.两国政府努力恢复两国人民情感上之亲善与谅解，取缔一切互相排侮之言论。6.两国在此次事变中所发生之一切损失，以互不赔偿为原则。和知提出的《经济协定基本原则》共四条：1.本平等互助原则，尽先欢迎日本投资，如日本财力不逮，可向欧、美各国商借资本。2.资源与市场之紧密调整与提携。3.两国互惠关税之协定。4.战后复兴之合作。其《军事协定基本原则》共三条：1.中日两国共同防卫，共同作战。2.平时训练，得聘请日本军事顾问及教官，向日方订购及补充器材。3.国防之联系。军事内容与情报之交换[7]。

当时，日军正节节向武汉逼进，和知"求和"，使国民党内部的部分"主和"派觉得是个机会，但蒋介石对此却不抱希望。8月26日，蒋介石与智囊、《大公报》主笔张季鸾商谈，对张表示："观察倭寇在华之权益与设施，岂能随便放手还我乎？若无重大变化与打击，彼决不罢手。一般以为和知来求和抱乐观者，实未究其极也。"[8]他在日记中明确写道："对和知应拒绝。""倭寇军阀不倒，决无和平可言。惟有中国持久抗战，不与言和，乃可使倭阀失败，中国独立，方有和平之道也。"[9]9月23日，蒋介石返回汉口，主持汇报会议，决定对策。由于和知的条件首先就是"恢复卢沟桥事变前原状"，这是蒋介石求之不得的梦想，自然勾起蒋的兴趣。会议决定："倭必先尊重中国领土、行政、主权之完整，与恢复七七事变前之原状，然后方允停战。"[10]此前，国民政府一直要求，在与日本谈判时必须有第三国保证，但是，就在几天前，英、法为了自身的利益，不惜牺牲捷克主权以绥靖纳粹德国，因此，汇报会议决定，可直接与日方谈判。9月26日，蒋介石增派曾任北平社会局长、有对日交涉经验的雷嗣尚到港，加强谈判力量。这一时期，蒋介石正在观察欧战的状况，认为如欧战不能即起，有机即和；如欧战果起，"则对倭更须作战到底"[11]。

9月27日，萧振瀛、雷嗣尚与和知鹰二第一次会谈，首先告以军事协定不能签订。和知答称，军事协定与经济协定，均在恢复七七以前原状

1938年7月,蒋介石在汉口主持最高军事会议。

后再办。事后,萧电蒋报告。蒋复电指示:"1.与对方谈话,切不可稍有一点增减,必须依照所面述之范围,万不可有所出入。2.不可抱有成就之望,要知我方全处被动地位,迁就不但无益,必受大害。如主动方面有诚意,我方不迁就,亦能成就也。3.每日在途中住宿地,能通长途电话时,请通电话一次,以便随时接洽,恐逐日局势有变化,俾可随时洽商也。4.对于无商量余地之事,如彼方再三试探,必须坚强拒绝,以我方本不望有所成就,而所欲望成者,实在对方也。此意须特别认识,并知我国至此,实毫无其他希望,只有死中求生之一途也。5.一切言语态度,须十分稳重从容,万不可带有急忙之色。缓急先后,皆由其便。我方必须以无所为〔谓〕之态度处之,更不必要求其必答,有所期待也。须知我方除此之外,并无再可商洽之事,即以此为最后之办法也。6.所写具体各件,切不可以书面明示彼方,且须对彼言明,无具体成文之件携来,一切皆以口头商洽,作为临时相商之事可也。"[12]

当日午后,萧振瀛等与和知第二次会谈。萧等向和知说明:1.中国方面,自孙总理至蒋委员长,对于日本之强盛,均有深刻之认识与敬意,企求自存、共存，与日本共定东亚大计。日方苟有和平诚意，中国必以诚意应之。2.日方尝强调东亚主义，以"东亚之事，东亚之人自了之"为内容，中国亦甚同情，但因弱国恐受强国欺凌之故，始终不愿直接交涉，必须有第三国介入并保证，方能重建和平，但如日方确有诚意，尊重中国行政、主权及领土之完整，则中国自当以最大诚意，与日方直接谈判，不要第三国介入。此事如能实现，即东亚主义之大成功，即日方之大胜利、大收获，其重要性尤在一切之上。3.现在日军进攻武汉，大战方酣，中国方面不能作城下之盟，故目前最要之者，为停止军事，恢复七七前之状态。4.如果军事停止，一切恢复七七前状态后，中日两国诚意展开两国、两民族之全面合作，将来定可做到经济合作，外交一致。5.中国自十六年清党以来，即站在坚决"剿共"立场，日方必有正确认识，共产主义断乎与中国国情不能相容。中国国内之防共，中国自能为之。6.日方尊重中国行政、主权、领土之完整，对于中国内政绝不干涉。中国人最恨者，为日、鲜浪人之贩毒，认为是灭种政策，必须切实取缔；中国最疑畏者，为日方所设在华特务机关，认为是亡国政策，必须加以取消。7. 中国不骗人，作敌彻底，作友也彻底，将来必做到中国人爱日本如爱中国，同时日本人爱中国亦应如爱日本。8. 如果日方能以强国大国风度，照此做去，不问国际形势如何演变，即在日本极不利之环境下，中国亦必以最大诚意直接谈判，重建和平。[13]

和知认为萧振瀛的谈话在原则上、精神上与日方认识相同，双方取得初步结论：1.停战协定中不涉及军事协定字样。2.俟恢复"七七"事变前状态后即订经济协定。3.对中方提出的不订军事协定问题，和知本人认为可以商量，但恐东京方面坚持，故对此点表示保留。4.和知同意，由日本先发和平宣言，中方以和平宣言响应，即停止进攻若干日，作为双方正式代表签订停战协定的时间，其签订地点可在香港。5.双方和平宣言须以电报事前商定原稿，方得发表。6.和知定28日晚回东京，作最后决定，于10

月10日前电告，和知本人随后即来香港。7.和知离港后请雷嗣尚飞汉，面陈详情。[14]

同日，蒋介石致电萧振瀛，要求向对方坚决表示："原状未复，诚信未孚，即未有以平等待我中国之事实证明以前，决不允商谈任何协定。不仅军事协定之字样不得涉及于停战协定之中，即经济协定，在原状未复以前，亦不能商谈。"关于"经济协定"，电称："兄等携来经济协定之原稿，无异亡国条件，更无讨论余地。"关于"停战协定"，电称："只可订明停战之时间、地点与日本撤兵及恢复'七七'以前原状之手续与月日，此外不能附有任何其他事项。"关于"停战日期"，电称："停战之日，即为停战协定同时发表之日，决不可以停止进攻若干日为签订协定之时间。换言之，中国于停战协定未签订之前，绝不愿停战。"蒋介石并要萧振瀛郑重声明："原状未复，且未有以平等待我之事实证明以前，决不能再提军事协定，且绝无保留之余地，否则请明告对方，无从再约续谈也。"[15]萧振瀛收到蒋的电报后，于当日与和知进行第四、第五次会谈，反复讨论，和知表示愿作让步：1.对停战协定中不出现军事、经济协定字样一条，认为可以商量。2.对中方要求日方以事实表示诚意，非恢复"七七"前原状后，不商谈任何协定一条，表示"颇谅解"。但是，和知也表示，关于将来中日合作的具体内容，事前须取得一种"无文字的谅解"，"否则，日方无以自圆其立场"，证明中方"毫无诚意，日本断难相信"。[16]28日晚12时，和知离港回国，行前向萧振瀛透露：日方此举的国际根本原因是，希特勒最近多次电请日方与中国谋和，共同对苏；其次要原因则为日本国内困难重重，不堪应付长期战争，拟在军事优势下，以较大让步取得和平。和知称：近卫文麿、板垣征四郎、多田骏等虽有远识，但日本朝野各方，尚无普遍认识。此次回东京，遭遇困难必多，将拼死努力，于10月10前以日方最后态度相告[17]。

9月29日，萧振瀛致电蒋介石，报告28日与和知会谈情况，声称前后谈话，均以恢复"七七"事变前状态为唯一前提，与蒋的指示并无出入。在转述和知临行前密告的日方谋和原因后，萧称：和知此次奉近卫、板垣、多田之密令而来，态度确甚诚恳、坦白，条件亦较以前多次提出者为合理。最近东京将举行重要会议，决定武汉会战之后的对策，但日方亦有主张"硬干到底"者，南京伪组织、北平伪组织又多方破坏和局，故前途定多周折[18]。他要蒋介石表态，"若双方意见，距离尚不甚远，而和知再度来港，我方应如何应付，应请预筹"[19]。

萧振瀛与和知在香港的谈判以日方承认恢复卢沟桥事变前原状为前提，符合蒋介石的要求，谈判也似乎进展顺利，蒋介石甚至开始研究和谈成功时的停战、撤兵要点。10月1日，蒋介石日记云："甲、分区交代。乙、交接与冲突时之地方治安维持办法。丙、交接时防制〔止〕误会。丁、预防察绥与冀东及伪组织之处置。"又云："停战、撤兵后，先订不侵犯条约，后商互助协定。"[20]10月2日，蒋介石从孔祥熙处读到香港情报一件，其中谈到日人百武末义回国活动中日议和情形，百武希望了解，如果日本发表和平声明，中国是否能够发表声明响应。蒋介石当即电询孔祥熙，"其言是否可信"。他指示："总要前途先拟整个确实办法，再谈双方宣言也。"[21]此后，中国方面即开始草拟《和平宣言》。

中方草拟的《和平宣言》称：

中国所求者，惟为领土、主权、行政之完整与民族自由、平等之实现。日方诚能如其宣言所声明，对中国无领土野心，且愿尊重主权、行政之完整，恢复卢沟桥事变前之原状，并能在事实上表现即日停止军事行动，则中国亦愿与日本共谋东亚永久之和平。内求自存，外求共存，此为中国立国唯一之政策，亦为世界各友邦所深信，况与日本为同文同种之国家，诚能共存共荣，何忍相仇相杀！苟日本能以诚意相与，中国亦以诚意应之。倘使能以此次战争之终结为枢纽，一扫荆棘，开拓坦途，共奠东亚永久之和平，是不仅为中日两大民族之幸，亦为世界全

1935年冬，时任天津伪市长的萧振瀛（右二）与日本华北驻军司令官多田骏（右三）在天津合影。

人类和平之福也。

蒋介石特别在"中国亦愿与日本共谋东亚永久之和平"一句下以红笔加写了一段话："我政府对于和战之方针与其限度，早已屡次声明，即和战之标准全以能否恢复"七七"以前之原状为断。盖始终以和平为主，认定武力不能解决问题也。"[22]中方也草拟了《停战协定》草案等有关文件。《停战协定》草案共五条：1.停战协定成立之同时，两国政府即命令各该国陆、海、空军停止一切敌对行动，日本并即撤兵，在本协定签字后三个月内恢复"七七"卢沟桥事变以前之原状。2.日本政府绝对尊重中国领土、主权、行政之完整。3.两国政府努力恢复两国人民情感上之亲善与谅解，取缔一切互相排侮之言论行动。4.两国在此次事变所发生之一切损失，以互不赔偿为原则。5.本协定自发布日起发生效力。草案提出：该协定可在福州或九龙签字，在中国方面发表《和平宣言》后一日公布。日军撤兵分三个时期，每期一个月，至第三期时，日军完全撤出黄河以北及黄河、长江以南，恢复卢沟桥事变前状态。考虑到清末《庚子条约》规定外国军队在平津一带有驻兵权,蒋介石特别以红笔加添了一句:"日本在平、津一带之驻军人数务须与庚子条约相符,勿多驻兵。"[23]关于当时存在于华北、华中的两个伪政权,草案提出:1.自停战协定签订之日起两星期内,南北两伪组织即行取消。2.国民政府对于伪组织之参加者,宽大处理,但绝不能有任何条件。关于中日两国合作问题,中方提出:"必须在恢复卢沟桥事变前原状后,方能商订协定,事前只能交换意见,成立精神上的无文字的谅解。"关于《经济协定》,草案提出:"绝对以平等互惠为原则",日方"所提原则,尚须修改","将来举行经济会议,决定具体内容"。在此,蒋介石以红笔批示:"此时绝对不得商讨内容与具体办法。"[24]关于《军事协定》,草案提出:"在恢复原状后,可先商订互不侵犯条约。"蒋介石批示称:"此可研究。"[25]关于"满洲国"问题,草案拟订了"相机应付"的三条谈判意见:1.日方自行考虑,以最妥方式及时机,自动取消"满洲国",日本保留在东北四省一切新旧特权,但承认中国之宗主权。2.中国承认东四省之自治,而以日本取消在华一切特权为交换条件(如租界、领事裁判权、驻兵、内河航行等等)。3.暂仍保留。蒋介石在第三条后加了一句:"待商订互不侵犯条约时再谈。"[26]

10月8日,雷嗣尚到汉口向蒋介石请训,蒋当面指示:1.对方如确有诚意,应在10月18日以前完成一切手续,否则不再续谈。2.我方绝对不要停战,更不害怕汉口失守,尽有力量支持长期抗战,此层应使对方彻底认识。3.直接谈判系指此次事件之解决而言,并非永久受此限制,但对方如不质询此点,我方自不必自动说明。4.此次谈判,系对方主动,我方诚意与之商洽,对方不得故意歪曲事实,散播不利于我方之宣传,否则认为对方毫无诚意。5.停战协定系两国政府间之协定,不可作为前线军队与军队间之协定。6.谈判重点应集中于恢复"七七"事变前原状,若对方能做到此层,以后双方定能开诚合作。[27]蒋特别强调:"绝对拒绝之事,宁死勿允。""凡将来之事,不可先提限期,自处束缚。""破裂则不怪,越范则不可。"[28]

和知于9月28日离港返回日本后,于10月15日再到香港。16日,与萧振瀛会晤称:回国后向近卫、多田、板垣等人汇报,都认为蒋介石"有诚意",愿意放弃此前历次宣言,以诚意商谈。日方并经最高会议决定,中日停战协定可以不涉及任何其他协定,但恢复七七事变前原状后必须有七项谅解。甲、防共军事协作及驻兵;乙、中国政府之调整;丙、伪组织之收容;丁、满洲国之承认;戊、中国领土主权之尊重;己、日、华、满经济提携;庚、战费互不赔偿。这七项"谅解"表明,日方虽然声称尊重中国领土主权,但顽固地要求中国签订《防共军事协定》,在中国国土上驻兵,承认"满洲国",并且狂妄地要求中国政府改组。和知深知这些条件不可能为中国政府接收,因此有意作了"弱化",其"解释"是:甲、如中国政府自动实行反共,则可秘密约定。所谓驻兵,指将来在内外蒙边防,双方作军事布置之意。乙、所谓"中国政府之调整",指"酌令接近日本之人员参加,以便促进中日两国亲善之关系"。丙、所谓"伪组织之收容"指对其主要人物酌予安置。丁、"满洲国"问题暂可不谈,待合作三二年后再商解决。戊、日、华、"满"经济提携,"满"字可不涉及,军事协定亦可不再订。和知称:前次所谈原则,只有军、参两部最高首脑同意,此次则已取得内阁全体之同意。表面虽近烦苛,实际已经让步。如防共问题,倘使中国自有办法,则协定之有无,仍可从长商讨。又称:自天皇以下对于此事均盼速决,只须双方诚意努力,当可顺利解决。关于日军当时仍在向华南进兵问题,和知解释说,此系以前预定计划。如和平谈有眉目,即可停止。和知并表示,可致电日本军部,通知前方,对于夜间飞机,不加袭击,以便代表在香港、汉口之间往来。对于和知提出的上述条件,萧振瀛称:"超出前谈范围,不能答复。"17日夜,萧振瀛致电何应钦,请示"究应如何"[29]。

10月18日,何应钦复电指示:日方所提"谅解",甲、乙、丙、丁四项,都是"干涉中国内政"。"若行政不能独立,无异等于亡国,万不能承认。如其再提此等事，可知其毫无诚意，不必续谈"。关于戊项，何应钦认为，日方仅提"中国领土、主权之尊重"，而未提尊重"中国行政之完整"，"是其居心仍欲亡我中国。如其有诚意，则其宣言必须言明尊重中国领土、行政、主权之完整，决不能将行政二字删而不提也"。关于己项，何应钦称：中日经济提携，必须在恢复原状后方可商讨。他表示，"我方除此以外，再无其他可言"。日方有无诚意，以10月20日为期，过此即作罢论。何应钦提醒萧振瀛说："须知侵粤以后，内外情势大异，不容有从容商酌余暇也"[30]。该电在当时的谈判文件中被称为"巧未电"。

何应钦发出"巧未电"后，又迅速发出"巧酉电"，补充说明：关于日方所提甲项，历年以来，委员长及中央所发宣言一再声明，除三民主义外，不容有共产主义存在，此为我方坚决立场。如对方不提甲、乙、丙、丁四项，则将来恢复七七事变前原状后，在内外蒙边境军事布置一层"或可情商"。电称："若对方果有诚意，弟可向委座恳切进言，但不能作为军事协作或防共之谅解事项。又互不侵犯协定，我方愿在恢复事变前之原状后，即行商订，然后再商经济协定也。"[31]不过，"巧酉电"发出后，何应钦觉得其中有不妥之处，又于19日发电纠正："该电末句'然后再商经济协定也'，应改为'再商经济合作也'"。当时，中方《和平宣言》已经起草完毕。何应钦在电中特别指示："在日方宣言稿未提出之前，不可先将我方宣言稿示之。"[32]该电称为"皓卯"电。发出此电后，何应钦仍不放心，又于同日发出"皓午电"，电称：

> 密。奉谕：昨日各电，关于经济合作与军事布置等事，必须待恢复原状后，以能否先订互不侵犯协定为先决问题。又无论何项合作，必以不失我独立自主之立场而不受拘束为法则，请于此特别注意。[33]

何应钦（1890年4月2日—1987年10月21日），字敬之，贵州兴义人，国民党陆军一级上将。1937年抗日战争爆发后，任第四战区司令长官；1938年任军事委员会参谋长，负责战时的军制、计划和指挥。

两日之内，连发四电，可见何应钦的重视。"巧酉电"中，何应钦在"或可情商"四字后加注说明"系遵电话谕所改"；在"恳切进言"四字后，何应钦加注说明，"系遵电话谕所增"；本电一开始就是"奉谕"二字，这些地方都说明，上述各电，反映的都是蒋介石的主张。

10月19日，萧振瀛与回汉请示又于18日赶回香港的雷嗣尚继续与和知谈判。在长谈7小时之后，双方在六个方面取得"大体接近"的意见：1.双方《和平宣言》原稿，须互相同意，宣言在停战协定签订后再发表，作为协定之解释而发。2.《停战协定》内容只载以下三项：（1）规定停战日期及地点。（2）日本尊重中国领土、主权、行政之完整。（3）在恢复战前和平状态后[34]，中国政府诚意与日本谋两国间之全面的[35]亲善合作。3.日军撤退问题，中方要求规定撤退期限，和知表示，日本天皇诏令班师，约须一年方能撤完。4.经济合作问题：（1）以绝对平等互惠为原则。（2）在恢复战前和平原状后召集中日经济会议，决定具体内容。5.满洲国问题，保留二年，中国再考虑日方所关心之满洲问题，诚意谋合理解决。6.双方因战争所发生之一切损失，互不赔偿。[36]

萧振瀛在电报中称：上述六点，"均接近我方腹案"。此外尚有三点，和知极端为难，研究费时甚久，即：1.和知欲将撤兵及其将来谅解留交正式代表团谈判，我方则坚持须先商定一切内容，方能成立停战协定。此点经讨论，和知表示同意。2.关于防共军事协定及驻兵问题，萧等恐其别有打算，坚请说明具体办法。和知称，防共可不要协定，只要中国自行铲共，问题即可解决。所谓军事协作及驻兵问题，系指内外蒙一带之军事共同布置而言。对此，萧等表示：1.中国自行清共，日方不必提及。2.在恢复战前和平原状后，内外蒙边军事共同布置可商，但其他区域必须完全恢复战前原状。[37]萧称：此点和知已电东京请示，尚未得复。3.关于收容伪组织，和知闪烁其词，若有难言之隐。萧等称：取消南北伪组织，系和议一切前提，否则，恢复原状一语，毫无意义，且此问题，前已完全解决，此次应不再谈，否则，无从再谈和议。对此，和知及参与谈判的何以之均称：土肥原一派仍支撑伪组织，王揖堂、梁鸿志听说和知赴港，已聚集沪上，问题趋于复杂化，须去电请示，得复后尚须再听取北平、上海现地意见，方能定案。萧等遂声明：1.南北两伪组织及战区内一切伪组织，必须即刻取消；2.中国方面可表示，凡参加战区维持治安者，一律宽大处置。和知最后表示，个人同意，仍须电东京请示。[38]

蒋介石在收到萧振瀛与和知19日的长谈资料后，立即研究并以红蓝铅笔作了修改。其一，在"大体接近"的第三条上以红笔眉批：1.撤兵日期必须在停战协定详细载明；2.必须载明恢复七七前原状；3.此"全面的"三字不能加入。其二，在"为难"问题的第二条上以蓝笔眉批：必须先行撤兵，恢复七七原状，然后再商驻兵问题。内外蒙交界之线最多以张北、沽源与大青山以北之线，对于兴和、陶林、武川、固阳、安北，必须驻扎华军。其三，在萧等坚决表示的第二点"其他区域"四字下，以红笔加了问号，在"必须完全恢复战前原状"句上以红笔眉批："区域二字，应改为事项，否则对方将解释为察、绥二省全境矣。"[39]以上情况表明，为了换取日方承认恢复卢沟桥事变前原状，在停战协定签订后即行撤兵，蒋介石考虑过：同意日军在长城以外某些地区驻兵的要求。

10月21日清晨，和知离港，返回东京。行前，与萧振瀛密谈，声称因防共军事协定、驻兵及伪组织问题，颇形烦难。上海方面，梗阻尤大。土肥原曾来电，请其返沪，故决定先回东京，向中央部陈述，拟在10月25日以定案电告中方。萧振瀛称：如和局可成，必须在10月30日前完成手续，11月10日前在福州签订停战协定，否则即作罢论，不再续谈[40]。同时约定，由和知通知日军，自23日至27日午后9时至午前3时之间，停止攻击香港至汉口的夜间航班，以便往来。关于中方全权代表，和知要求由何应钦出任；日方全权代表，何以之暗示，土肥原偏见颇深，以多田骏代替土肥原最佳[41]。

萧振瀛在写给蒋介石、何应钦的报告中称：和知态度，确甚恳挚，一切问题，有研究而少争执，但是，日方动员60个师团，耗财百亿，死伤数十万，必须求得代价，方能自圆立场，因此，我方"惟有善用内外形势，示以不可克服之力量，又饵以将来可以合作之诚意，似可就我范围，实现和局"[42]。

萧振瀛对和谈前途有某种乐观，蒋介石却一直心情矛盾，举棋不定。9月27日蒋介石萌生"欧战如不能即起，对倭有机即和"的想法，但他又担心和议达成后可能出现的三种状况，一是停战后日方不撤兵或不缴还华北，二是共党扰乱，不从命令；三是英美不悦。[43]10月3日，蒋介石继续研究和议，日记云："媾和险矣。敌军对支院与特务总监之既经设立，岂肯轻易放弃？"他除继续担心日军停战后拒不从华北、上海、察、绥等地撤退外，还担心"对内宣言"以及"死伤军民之抚慰"等问题[44]。5日日记云："敌既欲求和而又稽延不决，以探我军虚实缓急之情。小鬼可鄙，何能施其伎俩也？余惟有以拙制巧，以静制动而已。"[45]7日，蒋在日记中提醒自己，"敌来求和是否为缓兵消耗我主力之计"，决定确

1938年的武汉会战战中,信阳的中国军队在向日方阵地发射迫击炮。

定限期,不许日方拖延时日,同时绝对拒绝军事协定与经济协定[46]。10月12日,日军在广东大鹏湾(应为大亚湾——笔者)登陆。13日,攻占河南信阳。日军的这两次军事行动使蒋介石强烈怀疑日方的和平诚意,决心坚持抗战。日记云:"倭既在粤登陆,我应决心持久抗战,使之不能撤兵。""勿以国际外交之关系而影响作战方针。""勿忘三年前以四川为抗战根据地之准备,况平汉粤路以东地区抗战至今十五月之久,而敌犹不能占领武汉,则以后抗战必更易为力。敌军侵粤,实已达成余第三步之计划矣。"[47]此前,蒋介石早有利用太平洋各国和平会议解决中日一切问题的打算,日军侵粤,战区扩大,不仅让蒋看到了日军陷入被动,会出现更多的"灭寇良机",而且让他感到,英国与日本妥协的可能将会减小,召开太平洋各国和平会议,共同对付日本希望已经大为增加。10月14日,蒋介石致电萧振瀛称:"敌既在粤登陆,可知其毫无诚意,不可与之多谈。"[48]他随即决定将前此准备的"谅解"方案作废。此时,进行多时的武汉会战已近尾声,预定打击日军的计划已经完成,为保存有生力量,蒋介石决定自武汉撤退,正在草拟《为国军退出武汉告全国国民书》。

10月21日，蒋自思云："敌方答复延缓，并无诚意之表示，余当考虑发表宣言以示决绝。语云：宁为玉碎，毋为瓦全，非下此决心，无以救国。"[49] 24日，蒋介石接受各将领要求，离开武汉。次日，下令对武汉若干要害地区，进行爆破，以免为日军所用。

和知鹰二返日密商后，旋即来华，10月25日到达上海，立即致电萧振瀛，盼何应钦急赴福州，同时声称将派人携函赴港，28日可到。萧振瀛认为"和局当已有望"，于26日致电何应钦及蒋介石，声称待和知所派之人到港，即询明详情，如与在港所谈没有大出入，即请和知到福州商定，同时请何应钦前往。电称："何部长应即准备，待电即行。"[50] 29日，和知所派之人到港，声称"中华民国临时政府"与"中华民国维新政府"两方"争持甚烈"，正在上海会谈。如果难以作出决定，和知仍拟返回东京，请"最高干部"决定[51]。同日，萧振瀛致电孔祥熙，报告上述消息，声称此外各问题，仍与在港所定腹案大体无出入，统由雷嗣尚带到重庆进呈[52]。

前文已经指出，蒋介石对和知的活动本不抱希望。10月27日，蒋介石得悉日本同盟社宣传电及板垣征四郎于26、27两日先后发表的好战谈话，认为"敌寇野心并未减杀，而且有缓兵与诱惑之狡计"，决定发表早就在草拟中的《告全国国民书》，以示决心[53]。28日，蒋介石又接到重庆行营主任张群来电，认为日本外相宇垣辞职，求和空气已淡，必须我方持久抗战，使敌益感疲乏之后，由英美联合，形成国际中心力量，着手调停，才能实现"差强人意之和平"。他说："抗战至现阶段，决无抛弃立场，根本改变国策之理。"[54] 30日，蒋介石命何应钦转令萧振瀛，停止和谈，返回重庆[55]。同日，蒋介石致电孔祥熙、汪精卫、王宠惠，要他们考虑对日宣战的利害问题。电称："今后沿海各口既全被封锁，故我对于海外交通，不再有所顾虑。若我宣战，则美国必实行中立法，可断绝敌人钢铁、煤油之来源，实于敌有害也。又我如宣战，对于国联及各国关系，均应精密研究，切实探明，望即令我驻外各大使全力进行。如何？请核。"[56] 31日，蒋介石在南岳致电张群，要他立即发表《为国军退出武汉告全国国民书》，不可再缓。日记云："发表告国民书后，敌必又受一不测之打击，使其以后之威胁失效，更使其进退维谷。"[57] 同日，《告全国国民书》正式公布。该文说明抗战根据，不在沿江沿海，而在广大、深长之西部诸省。武汉会战予敌重大打击，任务已毕，目的已达，现决定放弃武汉，转入主动有利之地。文称：

我国在抗战之始，即决定持久抗战，故一时之进退变化，绝不能动摇我抗战之决心。唯其为全面战争，故战区之扩大，早为我国人所预料，任何城市之得失，绝不能影响于抗战之全局；亦正唯我之抗战为全面长期之战争，故必须力取主动而避免被动。敌我之利害与短长，正相悬殊；我唯能处处立主动地位，然后可以打击其速决之企图，消灭其宰割之妄念。

文末，蒋介石号召国人"自今伊始，必须更哀戚、更悲壮、更刻苦、更勇猛奋进，以致力于全面之战争与抗战根据地之充实，而造成最后之胜利"[58]。文告发表后，蒋介石很满意。11月1日日记云："《告全国国民书》自读之，觉为最近第一篇之文字，必使国民知感，且使敌国知畏也。"[59] 大概当时主和派对发表此文有意见，同月2日，蒋介石又在日记中写道："既知持久抗战是民族唯一出路，为何复有徘徊迟疑？此心既决，毋再为群议所惑。"[60] 12月17日，日本特务土肥原到香港，邀萧振瀛见面，蒋介石指示："不准萧赴港"，"应坚拒不理"。[61]

萧振瀛与和知的谈判因蒋介石的刹车而中止，但日方对这一线索仍存有期待。1938年12月，汪精卫自重庆逃到越南河内，加紧与日方勾结，日本对华政工人员中出现两派。一派将希望寄托在汪精卫身上，一派仍以蒋介石为谈判对象。1939年3月，何以之及和知鹰二相继抵港。12日，

1938年6月11日–10月25日进行的武汉会战,战场遍及安徽、河南、江西、湖北等省的广大地区,是抗战时期中国战略防御阶段规模最大、时间最长、歼敌最多的一次战役。图为武汉会战中正在开赴前线的中国军队。

何以之致电在重庆的萧振瀛说:日方正在实行"拥汪倒蒋"毒谋,为国家大局,"在内必先除汪,在外必多联美"。土肥原与和知二人均以"收拾时局自负",希望萧到港一谈[62]。萧振瀛在香港的孙、施两位助手也向萧报告,认为土肥原与和知"与联汪派主张不同,暗斗甚烈,实为我方利用、以敌制敌之良好机会"。报告称:"此时如能利用土、和,继成前议,固属圆满,即难完成,至少可以牵制联汪政策不能决定,亦于我有利而无害。"孙、施二人要求萧振瀛将有关函电密呈蒋介石,从长考虑。同时建议萧本人速来香港一谈,"在国际情形好转之下,奸党勾结未成之前",找出一条解决问题的"新途径"[63]。萧振瀛接获上述电报后,于13日致函蒋介石称:"伏查汪日关系,乃由日本军部影佐等从中斡旋,不仅土肥原等极为愤慨,皆抱收功在我之愿,板垣近于议会中亦郑重声明,汪既不能号召国内,而与日本尤无历史关系,欲求中日永久之合作,绝非汪辈之所能为力者,言外之意,当系仍欲与钧座间取得谅解。"萧向蒋请示:"对方既极端欲赓续前议进行,和知又将来港,究应如何应付之处,恭请鉴核示遵。"[64]对萧振瀛此函,蒋介石未作答复。1939年9月,和

1939年9月，汪精卫（右一）在上海举行记者招待会，发表亲日讲话，表示愿与日本停战讲和。

知鹰二通过其助手转告萧振瀛，汪精卫将于本年11月在南京成立政府，要求萧来港重开谈判，在汪组府之前与日本签订停战协定，阻碍汪的计划实现。10月6日，孔祥熙致函蒋介石，要求允许萧振瀛再次赴港谈判。10月9日，蒋介石复函孔祥熙称："兄与萧函均悉。以后凡有以汪逆伪组织为词而主与敌从速接洽者，应以汉奸论罪，杀无赦。希以此意转萧可也。"[65]这是蒋阻遏与日方和谈的最严厉的一次指示[66]。至此，萧振瀛与知鹰二的关系遂告结束。

二　面对特殊的日方代表

在秘密谈判中，日本方面出面者大多系军部或政府人员，但是，也有个别谈判，其出面者系"民间人士"。例如萱野长知与小川平吉。萱野在辛亥革命前曾参加中国同盟会，与孙中山、黄兴友善，多次支持或直接参加中国革命。小川平吉也曾支持辛亥革命，组织友邻会，提倡日中友好。1927年任铁道大臣，是已经退出日本政坛的元老级人物。二人在头山满的推动下，得到近卫首相等政要支持，出面在中日间斡旋和平[67]。

1938年7月，萱野长知首次到港活动，其谈判对手为孔祥熙系统的贾存德与被孔派到香港的马伯援。同年10月初，萱野再次到港，近卫首相及头山满均派人到港协助，其谈判对手改为军统局在香港的工作人员郑东山。萱野向郑表示：1.目前形势甚迫，但日本政府及人民均不愿战，军部方面，仅少壮军人主战，高级将领则不尽然。如双方能开诚相见，仍不难觅取和平办法。2.宇垣外相去职后，萱野曾向近卫首相请示，和平谈判应否进行，嗣接近卫复电，声称方针不变，仍照前约进行，政府当负全责。谈话中，萱野并以近卫原电相示。和萱野同时来港的外务省政务次官松本忠雄则称：萱野年高德重，中国各院院长均为其友辈，必须派能代表中央，并与彼有交谊之大员，如孔祥熙、张群、居正等前来谈判，且须军统局郑介民陪同。经郑东山解释，萱野同意由郑介民来港商谈。10月15日，戴笠向蒋介石请示："兹事关系重大，该员所请先派郑介民秘密赴港试与商谈一节，是否可行，理合转呈鉴核。"[68]

蒋介石没有批准郑介民赴港，戴笠遂决定由杜石山与日方联系。杜石山，亦作杜石珊，广东兴宁人，早年留学日本，为士官生，娶一日女为妾。民国初年曾出任统领，后长期息影香港。抗战爆发后经曾政忠[69]介绍，参加军统局工作。杜石山与萱野长知等人的谈判由戴笠领导，目的在收集情报，因此，与日方交谈中的许多言词均虚假不实。但是，戴笠曾多次书面向蒋介石汇报，因此，我们可以从留存档案中窥知谈判的真实情况。

据萱野向杜石山称，近卫首相曾屡次致电萱野催促，萱野则仍坚持要求郑介民迅速到港。他说："中日事件，如久延不决，于日本固有重大祸害，而中国之不利，则尤甚于日本。""现日本当局，灼见及此，深愿和平解决。其整个决策，为积极求和，不得则继续军事行动，并从事第二伪中央政府之产生。中国似应趁机派员来港接洽，以无条件、无理由之和平戴笠（1879.5.28—1946.3.17），浙江江山县保安乡人，字雨农，黄埔军校第六期学员。长期从事特务与间谍工作，曾负责国民政府情报机关，担任军统负责人。1946年因飞机失事身亡，死后被追授为陆军中将。

解决。"[70]其后，萱野又直接打电话给杜石山[71]，声称拟与郑介民先生进行之事，已与近卫首相、头山满、宇垣大将、有田外相、荒木大将等疏通妥当，近卫并已奏准天皇，定期停战，请迅速督促郑介民来港晤商。12月9日，戴笠再次将上述情况向蒋介石报告，蒋仍无批示。1939年1月6日，萱野回日活动。

蒋介石不能长期不理萱野长知这样和中国革命有过密切关系的日本友人。1939年3月4日，蒋介石致电杜石山称："历次来电暨萱野翁前日来电，均已诵悉。中日事变诚为两国之不幸，萱野翁不辞奔劳，至深感佩。惟和平之基础，必须建立于平等与互让之基础上，尤不能忽视卢沟桥事变前后之中国现实状态。日本方面，究竟有无和平诚意，并其和平基案如何，盼向萱野翁切实询明，伫候详复。"[72]杜石山收到此电后，即电邀萱野返港。3月10日，萱野返港，告诉杜石山，他回日后遍访朝野要人，新上任的平沼首相、有田外相都了解蒋的"伟大"，头山满准备亲自来华与蒋会晤。中日之间应当"平等言和，恢复卢沟桥事变前状态"，和平的基本原则为：甲、中日两国同时发表和平宣言；乙、由中日两国政府各派遣大员会议于约定地点，议明逐步退兵、接防之日期。丙、至于防共与经济提携问题，重在实事求是，以便互相遵守，而奠中日共存共荣之大[73]。12日，萱野提出，双方政府代表可在军舰上见面[74]。3月16日，宋美龄到港指导谈判[75]。17日，萱野、柳云龙、杜石山商讨条件，最初为九条，后经修改，定为七条：1.平等互让。2.领土（完整）主权（独立）。3.恢复卢沟桥事变前状态。4.撤兵。5.防共协定。6.经济提携。7.不追究维新政府、临时政府人员的责任。关于满洲，另议协定。[76]宋美龄对七条、九条都有意见，批评说："此种条件，何能提出于国防会议耶！如能办到'领土完整、主权独立'八字，便符政府累次宣言。此事当时时记住。蒋先生可以提出国防会议者，即可成功。"[77]18日，杜石山等将七条电告蒋介石[78]。杜在电文中劝蒋在汪精卫"所欲谋者未成熟之前"作出决定[79]。19日，蒋复电命继续进行，同时称，得"领土完整，主权独立"八字便可，"余请商量改删。"[80]关于"防共协定"，宋美龄及蒋介石都表示，可以密约办理。

3月29日，小川平吉到港参加谈判，行前致函萱野，说明此行得到首相平沼、外相有田、陆相板垣及近卫、头山满等人支持，受命来华情况，要求蒋介石派遣"有权威之代表"到港谈判[81]。小川到港后，命萱野转交杜石山亲笔函一件，内称，日本政府尚未确认蒋介石有和平诚意，"最良之方法则为代表的要人之派遣"，又称，日本要求国民政府改组，而国民政府认为不可能，他本人有一打破僵局的方案，但该案"内容极微妙，而须秘密，非亲见蒋委员长或其心腹的要人不能尽其委曲"[82]。4月初，戴笠到港，向军统局在港人员指示："此时我与日本绝无和平可言"，"必须以热衷和平姿态为饵，以遂行吾人之谋略，首要之图，为阻滞汪伪组织，不使于短期内成立。"[83]同月2日，戴笠致电蒋介石云：

中央于此次小川来港之机会，可否密派一绝对可靠而与小川认识，且在现政治上不甚重要之人员来港,与小川晤谈,藉以刺探对和平之真实态度。如此事钧座认为绝不可行,则生处可设法令杜石珊置之不理。是否如何,谨乞鉴核示遵。[84]

4月3日,杜石山也电蒋催促。这以后,蒋的日记中连续出现对战和问题的思考。

4月4日日记云:"吾人必须苦撑一年,必待倭寇筋疲力尽,方得有和可言,此时决非其时也。"[85]

4月5日日记云:"如有以近卫建立东亚新秩序之声明为和平根据者,即为卖国之汉奸。"

4月6日日记云:"敌求和之急与其对俄屈服之情状,可知其图穷匕见,应付之方应特别审慎。""对敌宣传:甲、须由倭王下令撤兵;乙、恢复七七前原状后谈判。丙、取消东亚新秩序声明;丁、太平洋会议。"

4月8日日记云:"对记者发表,在东亚新秩序声明之下,绝无和平之可言。"

4月14日日记云:"倭派小川探和,以平等互让、领土完整、主权独立三点为原则,而不言行政完整,可笑。"[86]

以上日记足证,蒋介石当时并无与日方议和的想法。不过,这时候,蒋尚未决定如何对待小川。4月9日日记云:"对敌探小川应否回复?"10日日记云:"对小川策略应速定。"

可见,这时候,蒋尚在研究思考中。

小川在向蒋发出第一函后,又于4月10日再次致函蒋介石,声称"为东亚前途以及中日两国百年大计而来,幸有以教之"[87]。13日,蒋介石复电称:"小川先生本为余等生平所敬慕,但在此两国战争之中,不能派代表来港致敬。惟托其在港友人马伯援君致意也。"[88]马伯援早年留学日本，曾任中华留日基督教学生青年会总干事，虽是日本通，但在国民党和国民政府内部从未担任过重要职务，顺便委托这样一个时在香港的"政治上不甚重要之人"与小川周旋，说明蒋意在敷衍。

对与马伯援接谈，小川尚未来得及表态，马即于4月14日突然去世。21日，萱野、小川二人与杜石山见面，严厉批评杜向蒋报告不够详尽，声称马即使不死，也非讨论"秘密大计"之人，如居正、孔祥熙不能来港，则应与蒋先生直接晤谈。萱野、小川称：与中国方面约定大计之后，即可赶程归东，报请政府，恳请天皇召开御前会议决定，藉天皇之谕旨，压服一般军人。现在王克敏、陈中孚、温宗尧、吴佩孚、汪精卫等均与日方已有联系，力量不弱，如不从速约定，乘机解决，则在王、汪等人的谋划根深蒂固之后，吾人虽欲爱护国民党，亦恐难以为力。二人不无情绪地埋怨说："待命日久，仍无消息，似已成骑虎难下之势，此应请蒋先生乾纲立断，速下决心。想多年相知，必不致难为老朽也。"[89]同时，日方则积极宣扬，如在5月10日前不能得到和议的复函，即在江汉地区成立伪组织[90]。

军统人员面对萱野与小川这两个自称与蒋"多年相知"的"老朽"，不敢怠慢，立即将情况转报蒋介石，声称"小川翁既以垂暮之年，奉命前来，其诚意可嘉，其爱我尤切"，要求蒋指示马伯援去世之后的继任人选及应付小川等人的办法[91]。4月24日，蒋在日记中明确写道："拒绝小川等之求和。"[92]5月11日，蒋介石制订"和平前提三原则"，其内容为：甲、以《九国公约》为依据。乙、以英、美、苏、法共同调解下，尤须以英、美二国为保证，恢复和平。丙、必先恢复七七战争之前状况后再谈和平条件[93]。5日，蒋介石继续研究欧洲局势，认为如国际民主阵线胜利，则中国亦可获最后胜利，"故我国之决胜时期，仍取决于国际战争之结局，而抗战到底，不与倭敌中途妥协，是为独一无二之主旨"[94]。这就说明，蒋在思想上再次坚定了抗战路线。这以后，国民党人员虽仍和小川等继续接触，但属于虚应故事了。

5月11日，小川通过杜石山再次致函蒋介石，叙述自己多次"援助"中国，卢沟桥事变后与近卫首相商量收拾时局办法，以及与头山满组织主和团体等经过，要求蒋介石"当此难关，毅然不惑，如挥快刀而斩乱麻"。函称："如蒙幸领鄙意，愿派遣要员来港商议，倘足下以仆之赴渝为便，仆应偕萱挺身赴渝，面聆大教。若不然者，则仆即去港归国，一任局面如何恶化。"[95] 16日，重庆方面派专机取走该函。21日，蒋介石指示："杜石山绝不准与小川来往"，同时命将小川原函退回[96]。27日，杜石山遵命办理。其情况，据戴笠报告：萱野除叹息外，默不一言，小川则莞尔而笑，并调侃说："仆此行，诚不出板垣将军之所料矣。"他告诉杜石山：板垣认为，蒋先生自西安事变后，受共产党之计，实行抗日政策，日本虽欲和，而蒋先生不能和，因此不希望自己以老耄之年，徒劳往返，自己曾12次提出意见书，才得到板垣批准，现在"所提条件，不蒙明察，辜负余心，是板垣将军诚有先见之明。乌呼，岂非天乎！"[97] 二人决定于6月2日离港。

萱野、小川都是曾对中国革命作过贡献的人，背后又有头山满及日本政要支持，因此，蒋一度对谈判有兴趣，宋美龄到香港指导即是明证。蒋介石之所以在关键时刻下令中止谈判，其原因在于欧战爆发，蒋介石由此看到了世界大战爆发的可能和中国抗战胜利的希望，因此积极调整国际战略。1939年4月29日，蒋介石日记云："必使欧洲战局扩大至远东，且使包括全球，如此，则英在远东势力勿使为倭或俄乘欧战之机，取得渔利。"[98] 同时，他也看到了日本经济能力的严重不足。自记云："余已催英与俄速订军事同盟，使俄、倭对欧战不能旁观坐大，而倭连日五相会议，对欧外交政策举棋不定，然其最后必实行与德、意订立军事同盟，以其军阀之嚣张，如倭王不准，则有革命之可能也。至其对我国，一面恫吓，一面求和，犹想从中取巧，未知其经济尚有支撑二年之力否？此次小川等求和，余拒绝之宜矣！"[99]

萱野、小川在香港除与杜石山等谈判外，还曾于5月6日约见在香港的《大公报》主笔张季鸾。小川表示：日政界多数人愿"和"，但少壮军人有领土野心，如果"和"不了，日本可能会以重兵驻扎华北及沿海，永久占领半个中国。张季鸾答称：中国纯以保卫国家为目的，只求日本承认中国为对等的独立国家，达到此目的，一定"和"；否则，一定拼命打。关于日本要求与中国订立反共协定一事，张表示：这就等于让中国"无端抛弃抗战以来同情中国之英、法、美苏诸朋友，与中苏（互）不侵犯条约在精神上亦有抵触也"。关于中共，张称："蒋公看此问题很轻。战后之中国完全根据三民主义及法律处理一切，即凡不违法之人与事，皆可承认。"[100]对张季鸾所言，小川不能反驳，只能苦笑。

小川决定离港后，于5月27日约曾任驻日领事的罗集谊谈话，表示愿在行前与张季鸾一晤，张拒绝不见。5月30日，张季鸾致函蒋介石称："小川个人未必无诚，但在敌方并无正式好的表示以前，政府断不可派人来谈。炽虽在局外，亦当拒不与见。"[101]不过，重庆方面并未对小川等采取决绝态度，双方始终保持着藕断丝连的关系，直到1941年6月。有关情况，我在《抗战前期日本"民间人士"和蒋介石集团的秘密谈判》一文中曾有论述，读者可以参看[102]。

三 "和平"底牌与张季鸾香港谈判的夭折

张季鸾是报人，但是，从1938年1月起，张季鸾即受蒋介石派遣，到上海从事"对敌运用"，后来又参加蒋介石的外交谋划、国际宣传和对日秘密谈判，成为蒋的高级智囊。1940年7月2日，蒋介石收到张季鸾的报告，当日日记提醒自己注意研究"敌阀求和之诚伪"[103]。几天后，蒋复函张季鸾，指示谈判机宜，日记云："敌方间接求和之心虽切，然其方法与政策，仍毫无变更。我应嘱季鸾以最低限度转示之：甲、谈政策，不谈条件。乙、谈情感与利害而不谈权利、得失。丙、对于中国人心之得失，应令特别注意苏俄对华之宣言（放弃在华特权）。丁、放弃北平至山海关驻兵权。戊、汉口租界提前取消。己、内河航权应取消。庚、青岛与海南岛完全交还。辛、热河先行交还。壬、东三省问题、借用港口问题、东亚联盟问题，待和平完全恢复，撤兵完全实行后再谈。癸、天津与上海租界定期交还。子、保障问题。丑、撤兵手续，平绥路、张家口与归绥一带，必须在第一期撤完。"[104]前文已述，日军自山海关至北平的驻兵权，为清末《庚子条约》所规定，1938年萧振瀛与和知鹰二谈判时，蒋曾同意保留。但是，这里蒋却明确要求日方放弃。此事表现出，在与日方谈判中，蒋的妥协性逐渐减弱。此后，蒋介石在与张季鸾会面时又不断指示，其7月19日日记云："季鸾来谈，敌阀野心如昔，毫未改变。"[105]25日，张季鸾再来，谈东北问题以及与日本签订互不侵犯条约事[106]。蒋日记云："敌在华之工厂与营业，各项商民之处置，敌非万不得已，决不愿撤退也。"[107]显然，这是蒋与张讨论中的议题。

1938年10月，和知与萧振瀛的谈判因蒋的刹车停止后，和知继续寻找和重庆方面联系的线索。1940年8月，和知动员一位希腊商人到重庆上书蒋介石，"其内容无异乞降，此为从来所未有"，蒋介石由此推断，日本急于向东南亚发展，向中国求和已到了迫不及待的地步[108]。他与张季鸾讨论，认为可以利用这一形势，谋求在于我有利的条件下，与日本媾和[109]。但是，他很快就认为，"敌寇求和益急，而其方法越幼稚毒劣，应即切戒严防之"[110]。13日，蒋介石发表《"八一三"三周年纪念告沦陷区民众书》，盛赞淞沪之战中国军民的英勇表现，中云：

我们中华民族有悠久伟大的历史，有坚韧不拔的民族精神，有至大至刚的民族正气；我们在沦陷区的同胞们，要知道我们中华民国的版图，决不会放弃寸地尺土的，要知道敌人有必然失败的道理，更要知道我们前方后方的军民，都在加紧努力来迎接这最后的胜利。[111]

蒋介石将这篇文告的发表看成是对日本的沉重打击和对自己的警策。日记云："余于八一三纪念日告民众书，仍以光明正大态度痛斥敌军之凶暴，激发同胞敌忾之精神，发挥殆尽，此为对敌当头一棒，冀其有所觉悟，勿敢轻来尝试也。自后对余之认识或能更进一步乎？否则，不仅不能使之醒悟，而且反中其软化利诱之计，更不可为计矣！"[112]这段日记表明，蒋已经意识到，自己既要抵挡日本的军事进攻，又要谨防日本的"和平"诱惑。

这一时期，蒋介石大概每个月都会收到日本方面的一条求和消息。为了确定谈判"底牌"，蒋介石命张群等人开始起草一份文件，参加者有张季鸾、陈布雷等人。至8月下旬，文件定稿，题称《处理敌我关系之基本纲领》，该文包括《建国原则》、《对敌策略》、《平和条件》等内容，其《对敌策略》总原则为：保卫国家独立、民族自由，而作战媾和之实际策略以度德量力为依归。下分五条：

1. 领土之完整，主权之神圣不可侵，政治的、军事的、经济的自由之确保，为国家民族存亡、主奴所关，故必须牺牲一切，长期抗战，以求其贯彻。

2. 利于长期抗战，而不利于迅速反攻，此量力之义也……确保长期抗战之实力，巩固全民族救亡自卫之精神，由军事上、经济上、外交上疲困敌人，逐渐减少其"力"的方面之优势，而增加其"德"的方面之弱点，以期敌我间之形势逐渐于我有利，以终达作战目的之成功。

3. 不论时间如何长久，环境如何困难，必须贯彻成功，不容中途自馁。惟作战为现实的问题，必须自定最大限与最小限之成功条件，衡量彼我，根据事实以为运用。

中国驻日大使许世英（左）与日本驻华大使川樾在南京火车站合影。许世英于1936年出任驻日大使，为战时最后一任驻日大使，于1938年1月回国。

4. 最大之成功为完全战胜，收回被占领、掠夺之一切，不惟廓清关内，并收复东北失土。最小限之成功，则为收复七七事变以来被占领之土地，完全规复东北失地以外全国行政之完整，而东北问题另案解决之。以上两义，前者战胜之表现，后者则为胜败不分，以媾和为利益时之绝对要求。

5. 我国为被侵略国家，故和议之发起，必须出自敌方……应深切考查，其条件是否无背于我建国原则，而足以达到我最小限之成功，必须在确认为我作战目的已得最小限之贯彻之时，始允其开始和平之交涉。

以上五条，其最重要之点在于将抗战成功分为"最大限"和"最小限"两种。必须在保证"最小限"，即恢复卢沟桥事变以前原状时才能开始与日本进行和平交涉。

关于《平和条件》，《纲领》分《理论原则》与《具体条件》两方面。其《理论原则》规定：1.日本必须真实承认中国为绝对平等的独立国家。2.此次议和之后，期成立平等互尊之新关系。3.日本须放弃过去战前及战时对华不友善之政策及宣传。4.除东北悬案另作专案解决外，其余一切有损中国主权之事实，皆须彻底纠正。

《纲领》中有一部分为《坚持之件》，共8条，其中关系重大者为1—4条及第7条。

1. 凡作战而来之军队，应限期完全撤退。河北及华北部队，应撤离河北及察哈尔省境以外。

2. 凡所占长城以内及察绥之土地，与沿海及海上各岛屿，应完全定期交还。

3. 凡占领地内之伪组织，均应自战斗终止之日，由日本负责撤销，不能作为中国内政问题。所有伪组织之法令与契约，一概不能承认，并不能要求任何占领地内行政上之特殊化。中国行政完整必须完全恢复，不容有任何干涉内政之举。

4. 东北问题，须待和平完全恢复后另案交涉，现在不能提议（但热河不在东北范围之内）。

……

7. 不平等条约之废除，须于和约发表时，同时自动声明且有定期之实行。[113]

在上述各条旁，有注称，"8月31日张携港之件"，可见，这份文件是为张季鸾赴香港谈判准备的。

8月25日，蒋介石与张季鸾谈话，日记云："和战要点：一、打破敌国侵略灭华政策。二、消灭敌人优越奴华心理。三、恢复中国独立自由地位。和战方针：甲、以基本条件为标准；乙、以不失时机为要旨；丙、国际期待为下策。"26日日记再云："一、我有实力可恃，不患其违约。二、我有根据地存在，不患其和议决裂。三、敌人有求于我，国际上、地理上、经济上、军事上，皆非我合作不可。四、敌有惧于我。甲、领袖权威。乙、革命精神。丙、三民主义。"[114] 29日，再次与张季鸾、陈布雷会晤，拟定"最低限度"条件，指示交涉时，应持坚决态度，"对条件不张季鸾(1888—1941),名炽章,中国现代著名新闻家、政论家。祖籍陕西榆林,生于山东邹平。辛亥革命后曾任孙中山秘书,1916年至1924年任北京、上海两地的《中华新报》总编辑。1926年任《大公报》总编辑,直至1941年病逝。

可迁就"[115]。31日,张季鸾飞港。但是,也就在这一天,蒋介石又改变主意,日记云:"敌寇时时以日、满、支名词为对象,如何而望其彻悟与和平?我国损害伤亡如此重大,如何而可轻易言和?"[116] 9月1日,蒋介石命陈布雷起草致张季鸾函,有所指示。陈因当日没有飞港班机,改发短电[117]。陈电今不可见,但9月2日张季鸾复函云:"在未得尊电前,即决定不与和某见面。"可见,陈电内容为,要张不与和知会晤。7日,蒋介石干脆命陈布雷致函张季鸾,要他从香港回来[118]。

张季鸾8月31日抵港后,即得悉"桐工作"的有关情况,感到日方"愚昧凌乱","可决其今后无大的作为"[119]。此前,和知曾告诉张季鸾,日本政府将收回军方的对华谈判权,另作准备,又托人带话,东京只主张内蒙暂驻少数兵员,其他无大问题。9月1日,张季鸾召见和知的助手何以之,要何转告和知:1.日本政府如准备自办对华交涉,"须彻底觉悟,重新检讨","必须互相承认为绝对平等的独立国家","凡不合此义者,概不必来尝试,劝彼亦不必奔走,更不必找我见面"。2."中国是不许任何地方驻兵,不许任何地方特殊化的。"[120] 此后,张季鸾即利用和知，以"桐工作"中的问题反对板垣，制造日本内部矛盾，同时则抬高身价，拒不与和知见面。9月3日，张季鸾致函陈布雷表示："弟意非和氏有东京敌总部之新意见，决不与之见面。"[121]次日，和知离港，返回东京，张季鸾命何以之电告和知："不是日政府诚意委托不必再来；不是日本诚意改变对华政策，诚意谋真正之和平，则不可接受委托。要之，与弟何时见面并不重要，日政府苟无真正诚意，见我何用！"[122]

尽管张季鸾拒绝与和知见面，但是，他内心还是希望继续维持与日方的秘密谈判的。9月17日，何以之面见张季鸾，告以和知来电称：已于9月10日在福冈会见东京要员，偕飞南京，与板垣协商，决定以和知、板垣为核心，办理对华交涉，将再飞东京，取得正式委托，然后南来。同日，张致函布雷，要求代为向蒋请示，"是否在港逗留一见"？17日，蒋指示可"在港静候"[123]。但是，蒋介石很快就失去耐心。20日日记云："和知求和迁延之原因，其必待敌军侵越时来见有所要胁。"[124]22日，蒋介石在日记中写下了对张季鸾等"无方而好事"的批评[125]。同日，陈布雷即致函张季鸾，要他结束在港工作，立即回渝。不过，张季鸾仍然有自己的想法。日本方面一直宣传愿与中国政府谋和，他要"试验"其真伪。23日，张季鸾致陈布雷函云："对今后看法，弟微有不同。弟以为判断局势之第一关键，在看是否以敌大本营之名义来开正式交涉，果来交涉，即当认定其有若干诚意……盖既来交涉，则为承认是国家与国家间之正式议和，一也；汉奸当然取消，二也。"[126]可以看出，张季鸾与陈布雷的"微有不同"在于，张相信日本可能有"若干诚意"而陈相反，显然，陈的态度反映蒋的观点。

9月24日，张季鸾致函陈布雷，表示遵嘱结束在港工作。25日，张季鸾与何以之"最后晤面"，告以一两月之内，如东京确有正式讲和诚意，许可和知通信一次，本人亦当"拼其最后之信用"，转达一次。谈话中，张季鸾并按照陈布雷来函指示，通知日方，如欲讲和，须有与中国建立平等"新国交"的决心,承认伪满、中日联盟等要求万不可向中方提出,本人也不能转达。9月27日,张季鸾致函陈布雷,承认蒋介石比自己高明:"前年以来之悬案一宗,至此完全告一段落。弟此次判断有误,幸行动上未演成错误,一切处理尚近于明快,此则近年特受委员长之训练,得不至拖泥带水,就弟个人论,诚幸事也。"[127] 10月4日,张季鸾回到重庆,其精心准备的与和知的谈判计划终于成为废案。

四 企图以"和谈"阻挠日本承认汪伪政权

1940年7月,近卫文麿第二次组阁,松冈洋右出任外相。松冈对军部和中国派遣军司令部所做的"诱和"工作不满,决定收归外务省掌握和领导。他将这一工作委托给自己的门生西义显和松本重治等人。西义显将希望寄托在交通银行董事长家钱永铭身上。钱是江浙财团的重要成员,与蒋介石关系密切,一度担任国民政府财政部次长。松冈对钱永铭这一人选很满意,夸口说很快就会成功。当时,日军计划南进,从英国和荷兰手上夺取东南亚,急于和重庆国民政府达成妥协,以便拔出深陷于中国战场的泥足。

同年8月,西义显到香港访问正寄寓在那里的钱永铭,动员他投入对重庆的"和平工作"。钱提出:如果恢复到卢沟桥事变发生以前的状态,日军能够全面撤兵,或许能同重庆进行谈判[128]。他表示,自己可以负责促成宁渝合作,但须请上海金城银行经理周作民出面与日方接洽[129]。据西义显回忆,钱当时提出三项条件:1.重庆、南京两政府合并,建立一个名副其实的中国统一政府。2.日本政府以中国的新统一政府为谈判对象,从中国全面撤退为推行日华战争所派遣的全部兵力。3.日本政府与新中国政府缔结防守同盟。9月18日,西义显偕钱永铭的代表张竞立等到东京访问松冈洋右外相。10月,松冈签字同意钱永铭提出的条件[130]。不过,后来松冈实际向重庆提出的是外务省东亚局第一课课长太田一郎所拟六条：1.承认满洲国（必要时以秘密文书约定）。2.共同防共。3.撤兵。4.经济提携（作若干让步）。5.治安驻兵（长安三角地带不驻兵）。6.不要求蒋介石下台。[131]

松冈洋右除委托西义显外，又亲自致函时在上海，与钱永铭、周作民关系深厚的船津辰一郎，拜托他协助进行[132]。船津曾任日本驻天津、上海、奉天总领事，有和国民党人员打交道的丰富经验。10月17日，西义显携带松冈的亲函访问船津。同日，船津访问周作民，说明本人应松冈要求，将去香港活动，周表示恢复两国间的和平也为本人所希望。10月19日，松本重治会见周佛海，面交日方所拟"和平"条件，托周作民转交钱永铭。周佛海的印象是："与在京所谈判者大致相同，惟完成撤兵由二年减为一年，蒙疆及特定地点驻兵，虽形式略异，实质完全相同。"[133] 21日，船津与周作民同船赴港。在港期间，周作民与钱永铭以日方提出的方案为核心，草拟报告与意见书，托因事来港的金城重庆分行经理戴自牧带回重庆[134]。

11月7日，蒋介石研究钱永铭、周作民转来的"和平"条件，大为不满，日记云："周作民受敌方请托条件转达者，商人不察，以为较倭汪之条件减轻，其实文字变换而内容无异也。"[135]不过，当时蒋介石正在向美、英两方提出"合作方案"，建立同盟，尚未得到答复[136]，日本方面又准备在11月30日承认汪记南京国民政府，这使蒋介石感到忧虑。他担心德国、意大利会跟踵承认，担心正在和德国拉关系的苏联会对华冷淡，也担心国内民心、军心的动摇。17日日记云："英美未与我确实合作以前，对倭不使其承认汪伪为宜，此亟应设法运用者也。"[137] 18日，蒋决定派张季鸾赴香港，日记云："派季鸾赴港，作钱、周之答。"[138]

松冈洋右除利用钱永铭等与重庆谈判外，又通过德国出面，对重庆政府施加压力。11月11日，德国外交部长里宾特洛甫约中国驻德大使陈介谈话,声称:"近闻日自新内阁成立后,亟图解决中日问题,已拟于近日内承认南京政府。日如实现,义〔意〕、德因与同盟关系,亦必随之,他国或尚有继起者。此于中国抗战,或益加困难……倘阁下认为有和解可能,则请转达蒋委员长及贵政府加以考虑,以免误此最后时机。"[139] 14日,蒋介石接到陈介来电,认为这是"倭求和进一步之表示",于18、19两日分别接见英、美驻华大使,告以陈介来电情况,说明日本承认汪伪之举,将动摇中国民众抗战信心,进而影响中国国内日趋严重的经济与军事问题[140]。21日,蒋介石电复陈介:"日本果欲言和,自应将其侵入我国领土之陆、海、空军全部撤退。""若日方以承认伪组织为词,使我与其议和,则彼既无恢复和平之诚意,我方亦决不以此有所措意也。"[141] 这通电文,表面上致陈介,实际上是说给日本人听的。同日,日方宣称,重庆方面如不在12月1日之前与日方言和,将承认汪政权。蒋介石不受威胁,日记云:"此种宣传,只有增加我对英美合作提议之效。盖倭寇宣传,以此为恫吓吾人之计,实拙劣无比也。"[142] 24日,蒋介石得到苏联通知,继续援助中国武器,感到宽慰。26日日记云:"如何能使俄与英美合作,此为今日唯一之要务也。"[143] 这则日记表明,蒋介石当时所孜孜以求的是与俄、美、英等国结成抗日联盟,与日本谈判不过是为了阻挠其承认汪伪政权,并非根本之计。27日,汪精卫致电蒋介石,声称已与日方完成"调整国交条约",与"友邦"内定,只须"恢复和平,确立治安,则撤兵期限,仍践前诺,无所改变",要求重庆方面"立下决定,宣布停战"。28日,蒋介石得知有此电文,在日记中斥以"为敌寇作伥"[144]。

张季鸾到达香港后,即向钱永铭提出:国民政府对于日方诚意仍有怀疑,因为日方宣称,如重庆方面在一定期间内没有肯定答复,就要承认南京政府。对于此类威胁,国民政府"非常不满"。张向日方提出两项条件:1.无限延期承认汪政权。2.无条件全面撤兵。[145] 张称:倘若日本政府答应履行上述条件,中国政府准备同日本政府进行和平交涉。11月23

汪精卫叛国后,由蒋介石兼任参政会议长。此为蒋介石与副议长张伯苓合影。

日,在松冈外相的力促下,日本五相会议决定接受张季鸾提出的条件,要求中国政府迅速任命正式代表来日,日本政府将延期承认汪精卫政府。其后,钱永铭即将有关情况电告重庆,并请杜月笙携带详函飞渝,要求指派前驻日大使许世英为首席正式代表[146]。27日,重庆拟派许世英赴港。至此,谈判似乎颇有进展,但第二天就发生变化。

日本内部的拥汪势力一直很顽强。28日,日本内阁会议由于受到军方和日本派驻南京的阿部信行特使的压力,决定按原定日期承认汪伪政府。同日深夜,日本驻香港总领事田尻爱义得到东京电告,力谋挽救已成局面,改变日本政府的决定。他立即要求钱永铭电告重庆,必须迅速同意日本的"和平原则",任命正式谈判代表[147]。同日夜,蒋介石接到钱永铭来电,得知日方变卦,非常愤怒,日记云:"观察敌倭与钱新之所谈及其态度,仍以威胁为主。其松冈外长尤为荒唐。无论文武人员皆不可理,若一交手,即以卑污恶劣狰狞之形态毕露。无礼无信之国,不可再理,焉能不败哉。"[148]他决定通知钱新之,对日"决绝不理"。30日,日本正式承认汪伪政权,蒋介石的第一反应是"东亚战争不知延长到何时方能结束",第二反应是:"我促英、美、俄更进一步之表示与助我,此其时乎!"[149]同日,松冈洋右致电钱永铭,表示愿继续与重庆议和。12月1日,钱永铭和张季鸾分别将有关情况转报陈布雷,陈的强烈感觉是:"敌之狼狈失态,可谓无所不至。""松冈之可笑,洵无以复加也。"[150]12月3日,蒋介石读到陈布雷摘录的钱、张报告,愤怒地在日记中对松冈写下了"仍想继续欺诈,恶劣极矣"的考语[151]。

日本承认汪伪政权一事使蒋介石忧心忡忡。1940年12月1日,蒋与其宣传干部研究"如何能安定民心",夜不能寐,自称当夜只熟睡了三个小时[152]。次日,他在"国父纪念周"上报告,说明这是近卫内阁的"自杀"行为,自感"颇费心力"[153]。其实,日本承认汪伪政权一事对当时的政局、战局并无多大影响,蒋介石过于紧张了。

1941年之后,还有个别日本人士企图在中日间斡旋和平,但蒋介石已了无兴趣。1942年4月,和知鹰二的机关总务部长黑木清行受头山满及萱野长知鼓动,携带萱野名片到桂林,要求到重庆面见蒋介石,调解中日战争,恢复两国邦交,否则自杀。贺耀组、陈布雷二人认为"不可任其自由往返,拟令扣押,密解息峰,留交王芃生讯问。如果不能利用为反间,则应拘留,不许释放。"蒋介石批示:"应即拘押监禁。"[154]

五 日方求和,蒋介石主动刹车

日本侵华,采取的是以战为主,以诱和为辅的两手策略。同样,蒋介石也用这两手策略对付日本。一方面,蒋介石坚持以武力抵抗日军进攻,同时,在某些时候、某些方面,也不排斥与日本进行秘密谈判。

如前述,蒋介石虽对萧振瀛与和知鹰二之间的谈判不抱希望,但是,由于和知以"恢复卢沟桥事变前原状"为诱饵,这使蒋觉得不妨一试。谈判中,蒋细心研究情况,指导起草并亲自修改有关文件,除将东北问题搁

1940年3月30日，汪精卫在南京成立伪国民政府；4月下旬，汪伪举行"还都"典礼，日本派使团到贺。图为汪精卫（右）与日本使团成员握手致谢。

置另议外，蒋曾准备以同意日本在长城以外某些地区驻兵为条件，换取日军自中国关内地区撤兵。但是，当蒋发现日方拖延不决，并无诚意之外，立刻下令终止谈判，后来并以"杀无赦"警诫孔祥熙、萧振瀛与和知重开谈判的企图。1939年，萱野长知、小川平吉在香港与中国军统人员谈判，力图面见蒋介石。这是两位和中国有过特殊关系的日本人，在他们后面，又有日本"主和"人士头山满和近卫等政要的支持。最初，蒋介石对谈判持有兴趣，宋美龄、戴笠都先后到港指导。但是，欧战的爆发使蒋介石看到了中国抗战胜利的途径和希望，因此毅然采取决绝态度，禁止军统谈判人员再与小川等来往。1940年8月，蒋介石为了应付日本方面频繁的谈判要求，指导张群、张季鸾、陈布雷等制订《处理敌我关系之基本纲领》，作为对日谈判的原则和准绳。该文件的最大特点是将抗战结果分为"最大之成功"与"最小限之成功"两种，但是，当张季鸾于同月底带着这份文件赴港，企图首先争取"最小限之成功"时，蒋介石却阻止张与和知鹰二见面，并且迅速命他回渝，使这次经过郑重准备的谈判还没有开始就夭折了。同年7月，近卫第二次组阁后，为了抽出兵力，侵略东南亚地区，一面紧锣密鼓地准备给予汪伪政权以外交承认,一面通过外相松冈洋右推进"钱永铭工作",继续诱惑重庆国民政府和谈。蒋介石担心日本承认汪伪会在外交和内政两方面严重影响中国抗战,派出张季鸾赴港谈判,企图加以阻挠。日本政府虽曾一度接受中方的"全面撤兵"等条件,但是,最终还是在军方的压力下承认了汪伪政权。

卢沟桥事变前,蒋介石长期对日妥协,力图延缓对日全面作战时间;卢沟桥事变后,蒋介石被逼抗战,但是,他仍长期为战与和的矛盾所纠缠。蒋介石亲自掌控的几次谈判说明,他在坚持抗战的同时,也还在某些时候对和平解决中日战争存有期待。谈判中,他虽不肯承认"满洲国",不肯立约放弃中国对东北的主权,但在一段时期内,他却只将抗战目标定在"恢复卢沟桥事变前原状"这一"最小限之成功"上。这些,都反映出蒋在对日抗战中的软弱一面。不过,应该指出的是,所有他掌控的谈判,都是日方求"和",蒋只是被动应对而且都由蒋主动刹车。在谈判中,他的态度逐渐坚决,条件逐渐提高,是日渐强硬而非不断软化的。

蒋介石思想中的战、和矛盾存在过很长时期。就在蒋介石受松冈洋右欺骗,愤而斥责日本为"无礼无信之国"后不久,他又在日记中写道:"对敌宣传,使知非由美国或苏、德出而保证,决不能解决战事之意。""敌次任内阁,如果为海军系联美派出任,使美得调停中倭战事,则和平有望矣"[155]。1941年2月,美国总统罗斯福的代表居里访问重庆。居里向蒋提出:本人来渝,常闻传言,某某等秘密对日进行和议,请直率相告。蒋答:

自由中国绝对无一人愿与日本言和。倘英、美能继续予以援助,亦决无人表示不满。此间人士皆决意除最后胜利外,他无所求,何言隔〔个〕别之和平!我人已作此最大之牺牲,日本已陷无援助、无希望之绝境,英、美已在精神上、物质上予我以一切援助,故不论日本以任何动人之条件向我求和,而此未成熟之对日和平,余将一律视为中国之失败。余可向阁下保证，对日和议必在英、美参加之和平会议席上谈判之，此外无中国可以接受之可能。余愿时机成熟之时，此项会议由美国召集之，一如召集九国公约之华盛顿会议。惟华盛顿会议时，无苏联参加，深盼此会议亦有苏联一席耳。[156]

这个时候，中国虽还在孤军奋战，但已得到英、美、苏三国的援助，因此，蒋介石说话底气足，腰板硬，但是，字里行间，我们仍然可以看到其"和平"幻想的阴影。彻底抛弃"和平"幻想，转过来劝止英、美对日妥协，争取抗日战争的全面、彻底胜利，蒋介石的面前还有一段路程。

原载《中国社会科学院学术咨询委员会集刊》第2辑，

社科文献出版社2006年2月出版。

注释

[1] 《民国二十七年杂感》《蒋介石日记》(手稿本)。
[2] 《蒋介石日记》(手稿本),1938年4月9日。
[3] 《蒋介石日记》(手稿本),1938年4月18日。
[4] 《蒋介石日记》(手稿本),1938年5月27日、30日。
[5] 《蒋介石日记》(手稿本),1938年6月7日。
[6] 《蒋介石日记》(手稿本),1938年6月28日。
[7] 《对方特提稿》,1938年10月,《蒋中正"总统"档案·特交档·和平酝酿》,〔台北〕"国史馆"藏,本文以下简称"蒋档"。
[8] 《困勉记》,1938年8月26日。
[9] 《蒋介石日记》(手稿本),1938年8月26日、9月3日。
[10] 《蒋介石日记》(手稿本),1938年9月23日。
[11] 《蒋介石日记》(手稿本),1938年9月26日、28日。
[12] 《无题》,见"蒋档",但据〔台北〕"国史馆"所藏《(蒋中正)事略稿本》1938年9月27日条,该文系蒋介石复萧振瀛"感辰电"的后一部分。
[13] 《此次谈判经过》,1938年9月30日,"蒋档"。
[14] 《萧仙阁(振瀛)感亥电》,见《困勉记》,1938年9月28日。
[15] 《9月28日复萧仙阁电》,"蒋档"。据《困勉记》1938年9月28日记载,知此电为蒋介石所发。
[16] 《萧仙阁艳辰电》,1938年9月29日收,"蒋档";又见《困勉记》。
[17] 《此次谈判经过》,"蒋档"。
[18] 《萧仙阁艳辰电》,"蒋档"。
[19] 《此次谈判经过》,"蒋档";《事略稿本》,未刊,1938年9月30日。
[20] 《困勉记》,1938年10月1日;参见同日《蒋介石日记》(手稿本)。
[21] 《事略稿本》;参见《蒋介石日记》(手稿本),1938年10月2日。
[22] 《中国宣言原文》,"蒋档"。
[23] 《停战协定原文》,"蒋档"。
[24] 《关于将来双方合作之谅解部分》,"蒋档"。
[25] 《关于军事协定者》,"蒋档"。
[26] 《关于"满洲国"问题之考虑》,"蒋档"。
[27] 《面训要点》,1938年10月8日。参见《事略稿本》同日条。
[28] 上述指示,无题,且时间不明。"蒋档"整理者置于《10月14日电萧》之后,但其中有"以十八日为限期,防其缓兵"之句,可知必与《面训要点》同时。
[29] 萧振瀛《致汉口何部长》,"蒋档"。
[30] 何应钦10月18日电,"蒋档"。此电无题,未署名。据内容考证,知为何致萧振瀛电。
[31] 何应钦《致九龙森麻宾道18号萧彦超》,"蒋档"。
[32] 何应钦《致九龙森麻宾道18号萧彦超》,"蒋档"。
[33] 同[32]。
[34] 萧振瀛原注:"原为'恢复七七前原状后',和支〔知〕坚请改如上文。"
[35] "全面的",萧振瀛原注:"三字亦和支〔知〕所加。"
[36] 《和知第二次到港会谈经过》,1938年10月21日,"蒋档"。
[37] 萧振瀛原注:"以上表示,系遵巧酉电训。"
[38] 《和知第二次到港会谈经过》;参见《限即刻到汉口何部长》,1938年10月21日。均见"蒋档"。
[39] 《和知第二次到港会谈经过》。
[40] 《萧仙阁皓亥电》,1938年10月19日;《和知第二次到港会谈经过》,"蒋档"。《经过》在"11月10日前签订停战协定"句下有萧振瀛原注:"上约时期,因事实需要,故与巧酉电训,略有出入。"
[41] 《和知第二次到港会谈经过》,1938年10月21日。

［42］《和知第二次到港会谈经过》。
［43］《蒋介石日记》（手稿本），1938年9月27日。
［44］《蒋介石日记》（手稿本），1938年10月3日。
［45］《蒋介石日记》（手稿本），1938年10月5日。
［46］《蒋介石日记》（手稿本），1938年10月7日，参见同日之《事略稿本》与《困勉记》。
［47］《蒋介石日记》（手稿本），1938年10月13日。
［48］《10月14日电萧》，"蒋档"。
［49］《事略稿本》，1938年10月21日。
［50］萧振瀛：《致长沙何部长》，1938年10月26日，"蒋档"。
［51］萧振瀛：《院长钧鉴》，1938年10月28日。"蒋档"。
［52］同［51］。
［53］《蒋介石日记》（手稿本），1938年10月27日。
［54］《困勉记》，1938年10月28日。
［55］《事略稿本》。
［56］《事略稿本》。
［57］《蒋介石日记》（手稿本），1938年10月31日。
［58］《先"总统"蒋公思想言论总集·书告》，第305～306页。
［59］《蒋介石日记》（手稿本），1938年11月1日。
［60］《蒋介石日记》（手稿本），1938年11月2日。
［61］《蒋介石日记》（手稿本），1938年12月18日。
［62］《仙阁兄绶密》，"蒋档"。
［63］栋（孙维栋）、骥（施骥生）《中央银行速转萧总参议》，"蒋档"。
［64］萧振瀛：《委座钧鉴》，"蒋档"。
［65］蒋介石：《致孔院长》，《革命文献》，未刊〔台北〕"国史馆"藏。
［66］详情另见本书《蒋介石对孔祥熙谋和活动的阻遏》。
［67］参见拙作《抗战前期蒋介石集团和日本"民间人士"的秘密谈判》，原载《历史研究》1990年第1期，后收入拙著《蒋氏秘档与蒋介石真相》，社科文献出版社，2002。
［68］《戴笠呈》，1938年10月15日，"蒋档"。
［69］曾政忠，广东台山人，华裔美侨，先后肄业于岭南大学与美国加州大学。1938年10月加入军统。1940年曾冒充宋子良与日方谈判。
［70］戴笠：《报告》，1938年12月9日，"蒋档"。
［71］同［70］。
［72］《小川平吉文书》，日本国会图书馆宪政资料室藏，抄件。
［73］《戴笠呈》，1939年3月20日。
［74］《萱野长知电报》，《小川平吉关系文书》（2），日本みすず书房，1973，第612页。
［75］《蒋介石日记》（手稿本）1939年3月17日云："送妻登机飞赴香港。"
［76］《萱野长知电报》，1939年3月18日，《小川平吉关系文书》（2），第614页。
［77］《宋美龄对条件的意见》，《小川平吉关系文书》（2），第615页。
［78］戴笠：《呈校座》，"蒋档"。
［79］《杜氏笔记》，《小川平吉关系文书》（2），第615页。
［80］《小川平吉关系文书》（2），第614～615页。
［81］《小川致萱野函译稿》，转引自戴笠：《即呈校座》，1938年4月3日，"蒋档"。其日文原本见《小川平吉关系文书》（2），第613页。
［82］《小川之亲笔书》，戴笠《即呈校座》，1938年4月2日。
［83］刘方雄口述《抗日战争中军统局谋略战一例》，〔台北〕《传记文学》第39卷第2期，第98页。
［84］戴笠：《即呈校座》，1939年4月2日。
［85］《蒋介石日记》（手稿本），1939年4月4日。

[86]《杂录》,《蒋介石日记》(手稿本),1939年年末。
[87]《小川平吉关系文书》(2),第619页。
[88]《筹笔》13678号,"蒋档";又见《小川平吉关系文书》(2),第620页。此前一天,蒋日记有"问马伯援地址"的记载。
[89] 之光:《致重庆钟先生》,特急电,1939年4月22日,"蒋档"。
[90]《蒋介石日记》(手稿本),1939年4月22日。
[91] 同[89]。
[92]《蒋介石日记》(手稿本),1939年4月24日。
[93]《杂录》,《蒋介石日记》(手稿本),1939年年末。
[94]《杂录》,《蒋介石日记》(手稿本),1939年年末。
[95] 戴笠:《报告》,1939年5月22日。
[96] 戴笠《报告》,1939年5月22日;又《报告》,1939年5月31日。
[97] 戴笠《报告》,1939年5月31日。
[98]《本月反省录》,《蒋介石日记》(手稿本),1939年4月30日。
[99]《困勉记》,1939年4月30日。
[100]《萱野·小川约见谈话要点》,1939年5月6日,"蒋档"。
[101] 炽章(张季鸾)《致委员长》,1939年5月30日。
[102]《历史研究》1990年第1期,后收入拙著《蒋氏秘档与蒋介石真相》。
[103]《蒋介石日记》(手稿本),1940年7月2日。
[104]《蒋介石日记》(手稿本),1940年7月7日。
[105]《蒋介石日记》(手稿本),1940年7月19日。
[106]《困勉记》,1940年7月25日。
[107]《蒋介石日记》(手稿本),1940年7月25日。
[108]《蒋介石日记》(手稿本),1940年8月6日、10日。
[109]《蒋介石日记》(手稿本),1940年8月4日。
[110]《上星期反省录》,《蒋介石日记》(手稿本),1940年8月10日。
[111]《先"总统"蒋公思想言论总集·书告》,第201页。
[112]《蒋介石日记》(手稿本),1940年8月15日。
[113]"蒋档"。
[114]《蒋介石日记》(手稿本),1940年8月26日。
[115]《蒋介石日记》(手稿本),1940年8月29日。
[116]《蒋介石日记》(手稿本),1940年8月31日。
[117]《陈布雷日记》,1940年9月1日。内部排印本,〔台北〕"国史馆"藏。
[118]《陈布雷日记》,1940年9月7日。
[119] 炽章(张季鸾):《致布雷先生》,1940年9月2日,"蒋档"。关于"桐工作",请参阅拙文《"桐工作"辨析》,《历史研究》,2005年第2期;收入拙著《杨天石文集》,上海辞书出版社,2005。据《今井武夫回忆录》记载:"桐工作"过程中,宋美龄曾于1940年3月5日到港,"从侧面协助中国的代表","宋美龄抵港的消息,经报纸作了报道,因此,我们相信中国方面的言行"。有些历史学家据此怀疑宋美龄此行大有文章。其实,宋此次到港,完全是为了休养。1939年12月7日,蒋介石日记云:"今日吾妻以疗鼻疾割治,甚忧。"1940年2月12日记云:"送夫人到珊瑚坝机场,往香港休养。"可见,宋美龄此行与"桐工作"无涉。中方"代表"所云,与冒充"宋子良"一样,同为对日方的哄骗。我在《"桐工作"辨析》一文中对此未作分析,今补述于此。
[120] 炽章(张季鸾):《致布雷先生》,1940年9月2日。
[121] 炽章(张季鸾)《致布雷先生》,1940年9月3日(原文作9月12号,当系误书——笔者)。
[122] 炽章(张季鸾)《致布雷先生》,1940年9月6日午前。
[123]《陈布雷日记》,1940年9月19日,"蒋档"。
[124]《蒋介石日记》(手稿本),1940年9月20日。

[125]《蒋介石日记》(手稿本),1940年9月22日。
[126]炽章(张季鸾)《致布雷先生》,1940年9月23日下午。
[127]炽章(张季鸾)《致布雷先生》,1940年9月27日午。
[128]船津辰一郎:《华南谈判失败日记》,《近代史资料》总第69号,第254页。
[129]《周佛海日记》,中国文联出版社,2003,第346页。
[130]西义显:《日华"和平工作"秘史》,江苏古籍出版社,1992,第241、261~262页。
[131]《走向太平洋战争的道路》,第4卷,第241页。
[132]日本防卫厅防卫研修所:《大东亚战争开战经纬》(3),此据台湾译本《对中俄政略之策定》,〔台北〕"国防部"史政局印行,第154页。
[133]《周佛海日记》,第367页。
[134]《周佛海日记》,第384页。
[135]《蒋介石日记》(手稿本),1940年11月7日。《困勉记》同日所引文字为:"此条件,不过文字变换,而内容实无少异。钱新之不察,以为较汪奸之条件减轻矣,希望政府采纳,是真只知私利而不顾国家者也,可痛!"
[136]参见《先"总统"蒋公大事长编初稿》,总1642页。
[137]《蒋介石日记》(手稿本),1940年10月17日。
[138]《蒋介石日记》(手稿本),1940年11月18日。
[139]《陈大使自柏林来真电》,"蒋档"。
[140]《蒋委员长在重庆接见美国驻华大使詹森谈话》,《战时外交》(一),〔台北〕中国国民党中央党史委员会编印,第116~117页。又《困勉记》1940年11月21日:"与美大使谈已,曰:'今以陈介来电,德愿保证中倭将来和平条件之履行者告之,期美于月内对我合作之提议有一决定也。'"
[141]《事略稿本》。
[142]《蒋介石日记》(手稿本),1940年11月22日。
[143]《蒋介石日记》(手稿本),1940年11月26日。
[144]《蒋介石日记》(手稿本),1940年11月28日。
[145]关于张季鸾向日方提出的两项条件,各书记载稍有差异。西义显《日华"和平工作"秘史》的记载为:"(一)原则上承认在华日军的全部撤兵;(二)取消承认南京傀儡政权。"见该书第278页。《今井武夫回忆录》的记载为:"日军的全面撤兵与日方是否可以不承认汪政权问题",见该书中国文史出版社版,第175页。此据船津辰一郎的《华南谈判失败日记》见《近代史资料》总69号,中华书局第257页。
[146]西义显:《日华"和平工作"秘史》,第288页。
[147]《田尻爱义回想录》,〔东京〕原书房,1977,第86页。
[148]《蒋介石日记》(手稿本),1940年11月28日。
[149]《困勉记》,1940年11月30日。
[150]《陈布雷日记》,1940年12月1日、3日。
[151]《蒋介石日记》(手稿本),1940年12月3日。
[152]《困勉记》,1940年11月30日。
[153]《蒋介石日记》(手稿本),1940年12月2日。
[154]"蒋档"。
[155]《蒋介石日记》(手稿本),1940年12月10日。
[156]《战时外交》(一),第588~589页。

◎蒋介石对孔祥熙谋和活动的阻遏

卢沟桥事变后，国民党和国民政府内部有不少人认为中国和日本之间，国力、军力都相距很大，因此，还不能立即与日本展开大规模的战争。他们主张，仍应以妥协方式与日本达成"和议"。淞沪抗战爆发，中国军队主动向日军进攻，标志着抗战国策的确立和全面抗战的展开，但是，国民党和国民政府内部都仍有部分人主张"和平"。淞沪之战失利后，主和之议更盛，孔祥熙是这一部分人中的重要代表。现存档案表明，中日之间的许多秘密谈判虽系日方主动，但中方的掌控者则是时任行政院副院长、后于1938年初升任院长的孔祥熙。多年以来，人们普遍认为这些活动是国民党和国民政府真实态度的反映，代表蒋介石的意志。然而，事实出人意料，蒋介石对孔祥熙掌控的这些谈判大都持反对态度，曾多次批评，甚至以极为严厉的口吻加以阻遏。这种情况，与我们的传统认识大相径庭，值得郑重讨论，以求推进中国抗日战争史的研究，加深对蒋介石其人的全面认识。

一 拒绝被孔祥熙视为"天赐良机"的陶德曼调停

1937年11月，上海失陷，南京危急，德国驻华大使陶德曼接受日本政府委托，向蒋介石提出停战议和条件：1.内蒙古自治，一切体制类似外蒙古。2.华北非武装区扩大至平津铁路以南。3.扩大上海的停战区，由国际警察管制。4.停止排日。5.共同防共。6.降低日本货的进口税。7.尊重外国人在华权利。同月9日，陶德曼通过蒋介石身边的德国顾问法肯豪森威胁孔祥熙："如果战事拖延下去，中国的经济崩溃，共产主义就会在中国

1938年初，前驻意大利全权大使刘文岛（左一）与德国驻华大使陶德曼（左二）、国民政府外交部驻沪办事处周钰等在汉口合影。

发生。"[1] 28日，陶德曼在汉口会见孔祥熙，重申上述条件。29日，孔祥熙致电在南京的蒋介石，告以他本人多次和在汉"重要同志"会晤，都认为"长此以往，恐非善策。既有人出任调停，时机似不可错"。电称："复查近来党政军各方及民间舆论，渐形厌战。弟意此次战争，我已牺牲甚钜，除非军事确有胜利把握，不若就此休止，保全国力，再图来兹。"[2] 30日，孔祥熙再次致函蒋介石，认为陶德曼出面调停，这是"天赐良机，绝不可失"，建议蒋"乘风转舵"，改变抗战国策，函称："前方战事既已如此，后方组织又未充实，国际形势，实远水不救近渴。而财政经济现已达于困难之境，且现在各方面尚未完全觉悟，犹多保存实力之想。若至寄人篱下之日，势将四分五裂，此时若不乘风转舵，深恐迁延日久，万一后方再生变化，必致国内大乱，更将无法收拾。"[3] 他认为日方所提条件"尚非十分苛酷，多系旧案重提，亦非迫我必须一一接受，尽可作为讨论之范围"，建议蒋介石在接见陶德曼时原则表态，至于具体条件，可由行政院"趁此先行停战，稍事整理"。可见，孔祥熙对抗战形势极为悲观，陶德曼出面调停，对他说来，可谓喜出望外。

1937年，赴德访问的孔祥熙与希特勒合影。

蒋介石与孔祥熙不同，这一时期，蒋的抗战意志相当坚决。11月20日，蒋介石发布迁都重庆命令，决心持久抗战。日记云："老派与文人动摇，主张求和。彼不知此时求和，乃为降服，而非和议也。"[4]他对武将也很失望，感叹道："高级将领皆多落魄望和，投机取巧者更甚！若辈竟无革命精神，究不知其昔日倡言抗战如是之易为何所据也！"[5]但是，蒋介石不能不考虑前方军事失利的严重情况。29日，蒋介石得悉日本委托陶德曼调停的消息，立即决定加以利用，约其来京面谈。日记云："为缓兵计，亦不得不如此耳！"[6]12月2日，蒋介石与陶德曼谈话后，一度对日本有过幻想，希冀其能有所"觉悟"。日记云："联俄本为威胁倭寇。如倭果有觉悟，则几矣。"[7]但不久，日军即以加紧进攻南京粉碎了蒋的幻想。12月7日，蒋介石离开南京，到达江西星子，日记云："对倭政策，惟有抗战到底，此外并无其他办法。"[8]9日，研究全国总动员计划，日记云："团结内部，为国相忍。""统一抗战指使〔挥〕，使共党归服，消除矛盾行动"[9]26日，日方由于军事上已经取得巨大胜利，通过陶德曼提出四项新的强硬条件：1.中国政府放弃亲共、抗日、反满政策而与日、满共同防共。2.必要地区划不驻兵区，并成立特殊组织。3.中国与日、满成立经济合作。4.相当赔款。四条之外，另附两项条件：1.谈判进行时不停战。2.须由蒋委员长派员到日方指定地点直接交涉。蒋介石认为"其条件与方式之苛刻至此，我国无从考虑，亦无从接受，决置之不理"[10]。27日，召开最高国防会议讨论，参加者多数主和，蒋介石坚持不可，受到于右任等人的讥笑[11]。28日，蒋介石与汪精卫、孔祥熙、张群等谈话，声称"国民党革命精神与三民主义，只有为中国求自由、平等，而不能降服于敌，订立各种不堪忍受之条件，以增加我国家与民族永远之束缚"[12]。29日，蒋介石与于右任及另一位主和的国民党元老居正谈话，表示"抗战方针，不可变更"。他说："此种大难大节所关之事，必须以主义与本党立场为前提也。"[13] 1月2日，蒋介石再次见到陶德曼转达的日方条件，决心"与其屈服而亡，不如战败而亡"，决定严词拒绝[14]。但是，当时日军攻势锐利，中国军队需要休整与备战的时间，国民政府不得不虚与委蛇地敷衍日方。1月12日，在孔祥熙和张群指导下，外交部拟具口头答复稿，认为日方所提四项条件，"太属空泛，愿明晰其性质与内容后，予以详细考虑与决定"[15]。这一口头答复稿的目的在于"拖"，以便既不明确拒绝日方条件，又为中国军队争取时间。但是，口头答复稿所提出的要求日方答复的四个问题却被蒋介石否定。这四个问题是：

1. 所谓中国放弃亲共政策而与日、"满"合作，实行排共政策，日本政府意，中国究应采取何项步骤？

2. 所谓非武装区与特殊制度，究拟设在何处？特殊制度之性质如何？

3. 经济合作一层，其范围如何？

4. 日方是否坚持赔偿一点，是否对于中国方面所受之巨大损失，可予考虑？[16]

蒋介石当时正在河南开封布置防务，见到此件后，认为这将使谈判具体化，立即以"限一小时到汉口"的特急电通知孔祥熙与张群，表示"最后四项问句切不可提"[17]。15日，孔祥熙会见陶德曼，面交英文答复，委婉地表示："为以真诚的努力寻求在中、日两国间重建和平的可能性，我们已经表示，热诚希望得知日方所提'基本条件'的性质与内容。以便更好地表达我们对日本所提条件的看法。"[18]16日，蒋介石决定，通知陶德曼："如倭再提苛刻原则，则拒绝其转达。"[19]17日，蒋介石日记云："拒绝倭寇媾和之条件，使主和者断念，稳定内部矣。"[20]

陶德曼调停失败后，日本政府极为恼怒，将蒋视为对华"诱和"或"诱降"的最大障碍，必欲去之而后快。1月15日，日本大本营、政府联席会议，决定否认"蒋政权"。次日，近卫首相发表声明，声称"日本政府今后不以国民政府为（谈判）对手，而期望与帝国合作的中国新政权的建立与发展"[21]。蒋介石对此的反应是："此乃敌人无法之法，但有一笑而已。"[22]此后，日本政府即决定，以蒋介石"下野"作为中日"和平"的必要条件。

二 制裁唐绍仪谋和

日军占领上海后，即企图物色在中国政坛上有过重要地位和声望的人，与重庆国民政府谈判，或直接出面组建傀儡政权。其中之一就是唐绍仪。唐绍仪，字少川，清末任外务部右侍郎、奉天巡抚、邮传部尚书。武昌起义后任袁世凯内阁的全权代表，与革命党人在上海议和。民国建立，临时政府北迁，唐绍仪任第一任内阁总理。此后，唐绍仪历任要职，其地位和声望都符合日本人的要求。上海沦陷后，唐绍仪留居法租界，日本船津辰一郎等人便多方设法，企图拉唐下水。唐的住处，不断有各色人物登门。重庆国民政府为防止唐为敌所用，也不断与唐联系，许以国民参政会主席、国防最高委员会外交委员长或驻德大使等职，任其择一。据说，蒋

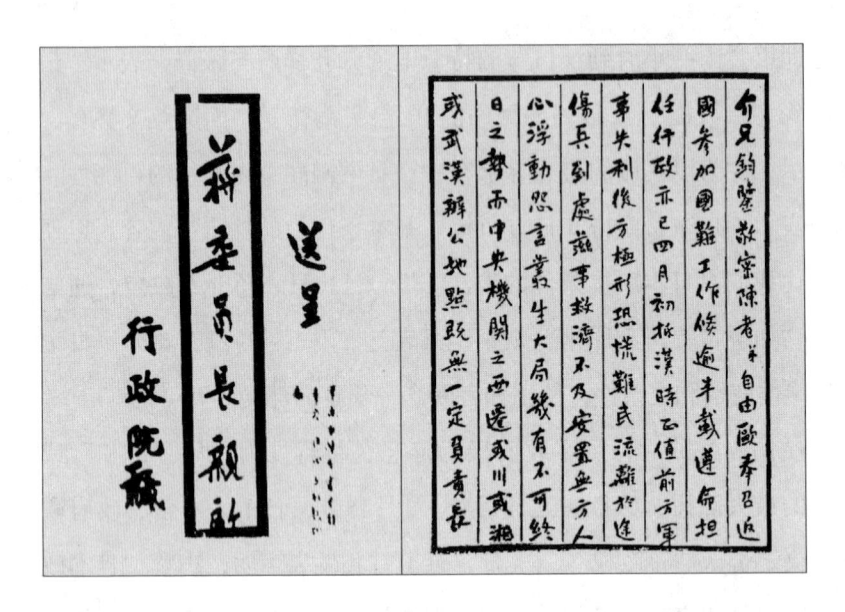

孔祥熙致蒋介石函

介石还曾致函唐绍仪，拟聘请其为"高等顾问"[23]。1938年5月，法学家罗家衡到武汉，会见汪精卫、孔祥熙等人。汪称："现在的局面，只有少川先生出来与日本谈判才是办法。现在日本不是较以前对华主张缓了一步么？从前日本是不以蒋政府为对象的，现在日本仅主张不以蒋个人为对象了。只要少川先生出来与日本谈判，蒋的下野是不成问题的。我只要国家有救，甚么牺牲都可以的。"孔祥熙则表示，最好由唐个人与日本方面试谈条件[24]。

唐绍仪接受汪精卫和孔祥熙委托后，即于5月底或6月初在上海与日方谈判，其条件大略如下：1.取消以前一切不平等条约，如二十一条、塘沽、何梅等协定。2.日本军队完全撤退。万一拘于庚子条约，其所驻军队亦不得超过欧美各国所驻军队数目之上。3.（中国方面）绝对不赔款，因自动停战议和，非战败和议可比。4.中、日、满经济合作。唐并表示，中国方面如必欲取消满洲独立，可在今后和议中由唐出面交涉[25]。唐绍仪的计划是：在两个月后日军到达河南鸡公山时，或由中国"最高领袖"授意前方将士自动停战，或由孔祥熙邀同戴季陶、汪精卫等与日本素有关系的"老同志",代表政府或人民团体赴香港谈判,他本人届时当前往参加,但决不单独负责[26]。6月17日,日本大本营陆军部决定"鸟工作"计划,准备起用唐绍仪及吴佩孚等"一流人物","建立强有力的政权"[27]。27日,唐绍仪托大女儿(诸昌年夫人)持函,到武汉会见孔祥熙,声称"以国难为虑,渴望于国事有所襄助","欲得公正和平,须中日公开谈判"[28]。7月5日,诸夫人回沪,携回孔祥熙致唐绍仪函,函云:"战争初期,我方别无选择;时至今日,或有公正和平之望。"孔要求唐凭借自己的有利地位,试探日方和平意向,同时,联络中日有名望的民间人士,呼吁双方当局进行和平谈判[29]。8月上旬,孔祥熙在香港的亲信访问诸夫人。诸称:有日本东京陆军最高长官的全权代表向唐绍仪提出三项条件:1.停止反日运动;2.反共;3.经济合作。该代表称,日方没有领土野心,愿保障中国领土、主权完整,无赔款。诸夫人向孔在香港的亲信表示:"此次因系院座(指孔祥熙——笔者)再三劝慰,少老始肯与日人见面,探询条件。该日军代表之来,亦极不易,所持条件,可作基本谈判之初步原则。""如我方认为可商,当再与进行详洽。"诸夫人并称:该代表定8月5日返沪,如有所命,请在8月15日前示下,免过时机,在日人前反露我求和之意[30]。8月9日,孔祥熙致电蒋介石,汇报上述情况。

蒋介石这一时期仍然不赞成孔祥熙的谋和活动。6月23日,蒋介石与与孔祥熙谈话称:"敌人至今灭亡我国之野心,固已为我粉碎,即其对粤汉速战、速决之信心,亦已为我消灭。最后胜利于我确定矣。"他嘱咐孔祥熙"不可另自接洽"[31]。7月12日,日机大炸武汉,警报解除后,蒋介石再次与孔祥熙谈话,劝止他的谋和活动。谈毕,蒋介石慨叹道:"庸之对敌行同求和,彼犹不知误事,可叹!"[32]蒋在接到孔祥熙关于诸夫人的活动情况报告后,立即于8月10日复电孔祥熙,电称:"关于少川接洽和议事,弟极端反对。请其于政府未决定整个政策与具体办法以前,切勿再与敌人谈话,以免为敌藉口。"[33]当时,蒋介石对于孔祥熙秘密与日

唐绍仪（1862—1938），字少川，清末民初著名政治活动家、外交家。曾任清末南北议和北方代表、民国第一任内阁总理等。抗战中，被国内外各派主和力量推上前台，拟与日本议和。蒋介石恐其声望为汪伪政府利用，深感疑忌。1938年9月30日，唐绍仪被军统特务刺杀于家中。

本谈判的情况已经有所察觉，苏联驻华外交官也为此向中方了解情况，因此蒋在电报中特别提醒孔祥熙："日人近时特放一种空气，甚传兄屡提条件交敌人，皆为日敌所拒。此种空气，影响于我内部心理甚大，而且俄人亦以此相谈。务请兄注意为祷。"[34]

8月11日，孔祥熙电复蒋介石，首先表示尊重蒋的意见，"承嘱一节，自应注意"。接着，为自己转报唐绍仪女儿谈话一事解释，向蒋道歉："此次诸夫人谈话，显系买好，原电转陈，藉供参考，不意增兄烦虑，殊觉不安。"关于他本人和唐绍仪发生关系的原因，孔声称目的在于争取唐，阻止唐为敌所用。电称："少川为人秉性及过去在粤经过，为我兄所深悉。前因首都沦陷后，日方对少川多方诱惑，时思利用。且闻伊不甘寂寞，曾发牢骚，恐其万一为敌利用，影响大局，同志中屡为弟言，嘱早设法，故利用其亲友尽力劝慰，使其为中央用。"关于蒋电所称向日方提交和平条件问题，孔坚决否认："和议问题，完全彼方自动，时有报告前来，所以未曾拒绝者，原欲藉以观察敌情，供我参考，并未提及任何条件。日人放造空气，原属惯技。与弟绝无关系。"[35]

在历史上，唐绍仪反对过孙中山。1920年，孙中山在广州恢复军政府，唐不愿支持，退居家乡。1931年，汪精卫、孙科等在广州成立政府，与蒋介石对抗，唐是常务委员之一，后来胡汉民与蒋介石对立，领导"西南派"从事公开的与秘密的反蒋活动，唐又曾出任西南政务委员会常委。因此，蒋介石不喜欢唐绍仪，更反对唐出面和日本进行秘密谈判。当时，日本方面正在动员唐绍仪出面，在南京组织伪政权，1938年1月，蒋介石即得知有关情报，日记云："其急欲造成唐绍仪为南京之傀儡者，亦无法中之一法也。"[36]7月9日，蒋介石分析日本对华强硬的原因，其第三条就是：唐绍仪"希冀拆散我政府"[37]。9月11日，蒋介石再次分析日本陆军大臣板垣征四郎的对华政策，认为当年6月至7月之间，板垣之所以强硬，其原因在于，"错认我内部有分裂及强逼余下野之可能"，同时，也由于"我内部文人态度暧昧与唐绍仪老奸之施弄阴谋"[38]。同月下旬，日本特务土肥原到上海访问唐绍仪，说服唐起草了《和平救国宣言》[39]。9月30日，唐绍仪即在家中被军统特务刺杀。第二天，蒋介石在日记中写道："实为革命党除一大奸。此贼不除，汉奸更多，伪组织与倭寇更无忌惮矣。总理一生在政治上之大敌，我党革命之障碍，以唐奸为最也。"[40]唐绍仪被刺一事，扑朔迷离，多年来成为疑案。蒋介石的这一则日记表明，此事当出于蒋的决定。

三 制止贾存德、马伯援与萱野长知等人的谈判

日本侵华，采取的是"和战两用"政策，即一面武力进攻，一面政治诱"和"。1938年2月，日本将在长江下游的侵华部队改编为华中派遣军，以畑俊六大将为司令官。畑俊六接任后，即一面筹画进攻武汉，一面通过萱野长知、松本藏次等人与中方联系。萱野在辛亥革命前即与孙中山、黄兴结识，参加中国同盟会，曾多次参与援助中国革命的活动。抗战

爆发后受头山满及松本石根大将之命来华，找寻与重庆方面谈判的机会。畑俊六对萱野说："战事无论延长至何时，总有和平之一日，希望有一了解日本者出而负责收拾善后局面，缔两国共存共荣之同盟。"[41]又当面召见孔祥熙在上海的亲信贾存德[42]说："现在日本的对象已不是蒋委员长了，而是南京新成立的维新政府，但是，蒋委员长、孔院长想到同盟会时日本人好意的援助而有觉悟，亦未尝不可谈判和平。"[43]他指示萱野直接致函孔祥熙。当年5月，贾存德密携萱野致孔亲笔函，自沪至汉。函称："现在中日战争，无异萁豆相煎，势将两败俱伤，绝非东亚之福，希望捐弃小嫌，维持大局。"[44]贾并向孔转述萱野意见：现在日军对和平要价过高，实难谈商，必须设法使国内和平派抬头。如中方暗示同意，本人极愿回国为和平奔走，并已派人与头山满接洽云云[45]。萱野所言，符合孔祥熙心意，复函称："中日接壤最近，唇齿相依，在历史上地理上关系极为密切，互助则能共存，相残必致偕亡。""究修百年之好，抑种百年之仇，似全在贵国少数军人之一念。"孔要求萱野联络日本的"忠君爱国之士"，"责以正义，晓以利害"，促使少壮军人早日醒悟。孔本人则声称："为奠定中日真正共存共荣之百年大计起见，亦当竭尽绵薄，以从事焉。"[46]同时，孔祥熙还准备了一封致头山满的信件，也交贾带回。6月初，贾回到上海，与松本藏次见面，代表孔祥熙表示："中日相持，仇者快，亲者痛，利害详如来函，如能保领土完整，修万代之好，两国幸甚。现以院长地位，亦乐与公等挽救两国之危局，不知公等有无善策？"[47]6日，萱野询问有无孔祥熙复电，贾当时尚未接到孔的新信息，只好编造了一通假电报出示萱野。7日，萱野偕松本飞返东京[48]。13日，伪中华民国维新政府实业总长王子惠告诉贾存德：日本军部训令，如蒋介石不表示休战时，决定三路进攻汉口[49]。21日，萱野回到上海，与贾存德讨论与孔祥熙会面地点[50]。23日，孔祥熙向蒋汇报此事，声称"在此时期，似不妨虚与委蛇，以分化其国内主战派与反战派之势力"[51]。

此函发后，蒋介石迅速回电批评。蒋电未见，但其基本精神从孔祥熙6月25日复蒋电可以窥知。孔电云："顷奉手示，至佩卓见。弟前接贾生来电，当即复电切戒。兹承尊嘱，已又去电严谕。"孔特别向蒋表白，为避免发生意外情况，已预留地步，本人所有致贾存德之电，均系秘书具名；前致萱野函，也是采取另附名片的办法，并未签字盖章，希望蒋宽心。孔同时向蒋汇报，刚刚接到贾存德来电一件，"已答以现尚无暇，嘱将切实办法先行探明电复，备作参考，此外，仅对萱野奔走辛劳略表慰勉而已"[52]。

当时日方认为，与中国"和平"的最大障碍是蒋介石，因此坚决要求蒋下野。7月1日，孔祥熙致电贾存德，表示本人可代替蒋介石下野，电称："苟有利真正共存共荣，为彼方转圜面子，不惜敝屣个人地位。"[53]萱野对孔祥熙的态度表示敬佩，声称对蒋下野一事，可不坚持。7月4日，萱野表示，以人格担保无欺诈，日本的军事行为最近暂可"不积极"，但完全停止，须待会见孔祥熙之后[54]。7月5日，贾存德偕同萱野赴港，继续谈判。行前致电孔祥熙表示：将亲自携带"切实大略条件"到武汉，详细面禀[55]。7月6日，日本驻香港总领事中村丰一宣称，日本政府拟在8月以前夺取武汉，两国谈和，最好在此时期。日方条件仍如陶德曼转达的"订立防共协定"等四条，希望了解中方条件，再行商洽。中村要求孔祥熙直接致电外相宇垣一成商洽，同时表示，希望7月7日蒋介石发表广播讲话时，"演词不致过分激烈，以免引起彼方民众反感"[56]。同日，孔祥熙将贾存德的上述电报及中村谈话一并报告蒋介石：请示"所陈各节，是否可行"[57]。7月15日，孔祥熙又将萱野的老朋友马伯援以及和萱野有干亲关系的居正夫人派到香港，参加谈判[58]。

7月20日，马伯援偕同贾存德会见萱野及松本。马伯援表示：1. 日本军阀，不协助东亚民族，使之独立，为九亿有色人种之领袖，乃恃强奴隶中华民族，迫中国抗战，自相残杀，未免自坏长城。2. 日本不知中华民族之团结，由于日阀之迫逼与凌辱，反欲分化中国，利用汉奸，这种手段，已不适用于现代之中国。3. 中日战争结果，必陷日本于污泥中，更陷东亚于污泥中。4. 可惜日本无大政治家，无远见军人，理解孙总理的大亚细亚主张，促其实现，致有今日之悲剧，受到白色人种轻视。谈话中，马伯援警告萱野：中日战争的最后胜利将是共产党。他盛赞延安青年人所表现出来的艰苦奋斗精神，说是"肤施之青年男女，日食小米饭两餐，工作十四小时不倦，精神方面，胜过今日之大和魂"。

萱野和松本表示同意马伯援的意见，陈述其观点说：1. 犬养毅临终时表示，日阀利用大亚细亚主义，强霸东亚，必惹大祸，拟改大亚细主义为亚细亚和平协会，使各国各民族乐于参加。2. 头山满最近常说：中日战争，起于日本不敬，轻视中国军人及中华民族；应当止于"诚"。倘中日以"诚"相见，各种问题均可解决。3. 现在中日军人，愈打愈对立，愈仇视。吾辈工作，以休战、恢复理性为先。4. 日本军人，最要假面子，倘蒋先生能理解，一时下野，即可停战，中日双方，同时派出代表，和平立刻实现，届时蒋先生东山再起，亦无不可。马伯援反驳萱野二人的意见，声称"蒋公为现在中国唯一的领袖，假使下野，无论何人，对于这个局面，不敢负责，不配负责，中国依然混乱，仍是抗战到底为是"[59]。萱野表示，愿回东京传达上述意见。马伯援即鼓励萱野，倘能建议日本取消近卫宣言，不要求蒋下野，伯援可以个人资格，报告孔祥熙或其他党中旧友，请其转陈蒋公，促进和平实现。会谈后，萱野、松本等于7月23日前先后回日，向近卫首相、宇垣外相等人汇报。

蒋介石对宇垣一成的"和平"政策怀有戒心[60]。自然，他对马伯援、贾存德与日方的谈判仍然持反对态度。8月4日，孔祥熙致蒋介石电称："前奉尊谕，已切嘱马伯援、贾存德勿再活动，完全作为彼等私人接洽，藉以探取消息，备我参考，绝不能谈及任何条件。"[61] 11日，他在回答蒋关于唐绍仪的批评时再次作了同样表示[62]。8月下旬，已经返回上海的贾存德多次致电孔祥熙，声称畑俊六与第三舰队长官及川古志郎托人邀贾会面，表示日方已不再要求要蒋介石"下野"，近卫声明亦可由天皇出面表示取消；现在日方的条件仅为"防共"与"亲善"两条，如中方采纳，希望派负责代表到沪商谈。贾并称，日方已暗中成立休战特别委员会，畑俊六、及川古志郎为委员，土肥原等为进行委员[63]。9月1日，孔祥熙再次将上述情况向蒋介石汇报。6日，蒋介石复电，命孔祥熙转告贾存德，向日方表示拒绝[64]。10日，蒋介石决定迅速制订五年抗战计划，实行经济、政治、党、军队、教育、社会各方面的改造，以期自力更生与独立作战[65]。11日，蒋介石再次致电孔祥熙，口吻空前严厉：

> 贾某事，应严令停止活动，否则即作汉奸通敌论罪。敌想复订停战协定，以亡我国，其计划极毒，请兄负责制止，免误大政方针。千万注意是荷！[66]

蒋介石既甩出狠话，孔祥熙不敢再转呈贾存德的情报，于是，采取其他办法。

四　不理睬孔祥熙与日方首脑会面的要求

萱野长知等于7月23日返日后，联络头山满、小川平吉等人，在政界上层活动。至9月上旬，宇垣外相表示，不再坚持蒋介石必须下野，但蒋须"预先作出准备下野的表示，而在和平之后自动实行"[67]。9月17日，萱野再到香港，与马伯援、贾存德会谈，萱野称：宇垣"酷爱和平"，愿意仿效1938年英国首相张伯伦访问德国的故事，在大海洋的军舰上与孔祥熙见面，不讲条件，仅以"和平"与"防共"两原则为谈话基础[68]。马伯援将两原则略加修饰，改为：1. 东亚永久和平；2. 中日精神防共。对"精神"二字，萱野深表同意。23日，日本五相会议议决，同意宇垣与孔祥熙的会谈计划。25日，马伯援离港赴渝，向孔祥熙汇报。但是，宇垣因其主张遭到日本军方的强烈反对，于29日辞职。10月8日，马伯援写出报告，交孔祥熙转呈蒋介石。报告称：萱野等对和平运动，具有决心，正在运动头山满组阁。宇垣虽已去职，但近卫仍有决心，日本厌战心理，已遍全国，因此，中国应该利用这一时机。他说："头山满为日本右派之典型人物，与总理有旧，现以八十四岁，老而且病之躯，热心和平，并派六十六岁之萱野，两来香港，设法沟通，此种精神，吾政府宜利用之。再中日战争，孰胜孰败，总有结束之一日，我政府纵不轻与之和，亦当与之周旋。"他建议重庆国民政府"通盘打算，本乎历史，鉴于大势，派得力人员与之接洽，鼓其勇气，或进而同去东京，察其虚实，宣传我政府主义"[69]。

孔祥熙觉得马伯援的报告很有用，于10月15日上呈蒋介石，同时致函说明国际没有援助中国可能，而中国国内的财政又已极为困难，无法维持。函称：

兹据顾大使报告及各方事实观察，国际援助既不可能，则此后对于内政外交均有切实检讨之必要。最近有西友自日来言，就其国内表面观察，似无大战状态，一切经济财政尚能勉维现状。至于我国，在我兄领导之下，虽将士用命，民众动员，抗战年余，已博各国之彩声，只以战场尽在我国境内，虽不免土地日促〔蹙〕，交通困难，工厂既遭摧毁，货物亦难出口，所有人民声明财产之损失，实不可以数计。非惟我兄多年来苦心孤诣之种种建设，付诸东流，而今后财政上之维持，更将难乎为继。[70]

该函进一步渲染财政危机和武汉失守后中国的困境，声称："后方情形，为我兄所深悉，长此以往，武力固属重要，而国内物质及人民团结如何，均应顾。如果军事方面确有把握，不仅武汉可保，且能继续支持，日本方面不出三数月即有变化可能，自属不成问题，万一无甚把握，恐武萱野长知(1873—1947)，日本人，1895年结识孙中山于日本横滨，此后投身于中国革命，并加入中国同盟会。抗日战争初期，曾从事"和平"调停活动。

汉一经退出，则人心不免因厌战而动摇，各省态度有无变化，亦难预料，且敌机现已屡向我后方扰乱，将来大多数军队究宜退至何处，倘使拘于一隅，补充与给养似皆成为问题。加以目前我之现金及外汇已拨用殆尽，而以货易货又因交通困难运输亦极不易。弟忝负行政责任，对于军事实不甚谙，对于财政外交，则不能不悉心研究。近来多病，杞忧尤甚。"他建议蒋介石抓住机会，乘时进行。函称："如外援方面不能再求进展，而军事方面亦无十分把握，则此后遇有解决机会，即应乘时进行，否则机会至时，我无应付之策，稍纵即逝，更难再得，心所谓危，不敢缄默。"

同函附呈孔本人撰写的《最近国际情势》及《日本最近情势》报告。前一报告对蒋"攻心"，历述各国情况，声称寄希望于国际援助，无异画饼充饥。中云：

我以开罪于日本，故英国对我各项借款，非完全拒绝即多所顾虑，而法国对我所购之器械，现亦多方为难。俄虽对我极表同情，然因德、义(意)、英等国对俄均甚歧视，俄内部情形复杂，故斯大林不敢言战……至美国因鉴于欧洲形势，

1938年10月25日,日军攻陷汉口。此为进入汉口的日军张贴的宣传海报。

虽心理上为我不平,实际上亦难积极助我……若望其为我出力,仍恐等于望梅止渴。[71]

后一报告说明日本国内和平派的活动,内称:"日本元老重臣文治派,现在希望和平者颇不乏人,如头山满、近卫、宇垣已合组秘密委员会,暗中活动,设法制止军阀跋扈……萱野为头山之代表,现在香港,仍思尽力奔走。"接着,孔祥熙着重说明,宇垣虽已去职,但日本国内的和平派仍在活动。报告称:

昨接港电云,松本最近由东京抵港,据言,对和平大纲,近卫与宇垣一致,方针未变。现矢田回国,拟请近卫亲自出马,以效张伯伦。顷又闻知萱野接东京来电,谓海、陆相急盼与弟及居觉生兄会面。[72]

还在宇垣一成刚刚出任外相时,蒋介石就得悉日方曾要求中方派员赴日谈判,对此,斥之为"想入非非"、"可笑之至"[73]。自然,对于

"近卫亲自出马"以及陆军大臣、海军大臣要与孔祥熙、居正等见面的说法也不感兴趣。对孔祥熙此函，蒋介石未加理睬。同年11月，楮民谊、樊光致电汪精卫、孔祥熙，再次声称"近卫甚愿效张伯伦赴德故事，赴华晋谒委座"[74]。同月7日，孔祥熙将此电转呈蒋介石，蒋仍然未加理睬。

五 阻止孔祥熙答复近卫第二次对华声明

近卫的第一次对华声明发表后，遭到日本许多人士的批评。11月3日，近卫以《建设东亚新秩序》为题发表第二次对华声明，改变此前"不以国民政府为对手"的方针，声称"如果国民政府抛弃以前的一贯政策，更换人事组织，取得新生的结果，参加新秩序的建设，我方并不予以拒绝"，企图以此诱使重庆国民政府上钩[75]。果然，孔祥熙觉得是个机会，准备在11月7日的行政院"国父纪念周"上发表讲话，给予"非正式答复"。拟稿称："我人所注意者，仅彼对我态度，以平等待我者，即我之友，以暴力侵我或武力乱我者，即我之敌。"拟稿批评日本政府"好用定义不明之词句以淆惑视听，如彼所谓安定东亚，是否独霸东亚之别名？所谓求中国之合作，是否剥夺我经济之独立自由之变相？我人于此亟愿得知其真意"[76]。这里，貌似对日本提出批评、谴责，而实际上将为日本政府提供答辩、粉饰其侵略政策的机会。拟稿并称："解决中日之关键，全在日本，日人果能尊重我主权，而抛弃其侵略政策，则东亚之安定一举手耳，即世界之和平亦易如反掌也。"11月6日，孔祥熙将拟稿电送蒋介石审阅。同日，蒋介石以"限卅分钟到的特急电"通知孔祥熙："此文应慎重斟酌，切不可发表。"[77]11月9日，孔祥熙复电蒋介石称："电发之后，弟觉似仍未尽妥，经再修改，原文另电陈闻，顷奉尊电嘱为缓发，经已遵办。"[78]这样，蒋介石就阻止了孔祥熙与近卫文麿之间的一次远距离对话。

六 用"杀无赦"警告萧振瀛与日人重开谈判

蒋介石对日本军国主义者不放心,有过一条不成文的规定,没有第三国的保证,决不与日本直接谈判。日本军部的"兰机关"负责人和知鹰二懂得蒋介石的心理,以"恢复卢沟桥事变前原状"为饵,诱使蒋介石破例。1938年9月,蒋介石派原天津市长萧振瀛到香港谈判,由何应钦具体指导。孔祥熙未参与此项工作,但他对谈判非常关心,惟恐其不能成功。同年10月,他耳闻谈判因第三国保证问题陷入僵局,功败垂成,于21日致电蒋介石称:"弟意最重要关键,乃在对方之条件如何。至于方式,不难觅得合意途径。现在国内外状况,兄所深悉,倘军事确有把握,自无洽商必要,否则如条件相当,直接、间接无非形式问题,条件如能密商妥贴,则运用第三国出面,不致有何困难。"[79]这封信再次表现出孔祥熙因国内困难而急于与日本妥协的心理,但是,萧振瀛与和知谈判的主要困难在于日方一面谈判,一面进攻,毫无诚意,因此,蒋回函称:"萧事与兄所谈者内容完全相反,我方并未争执形式问题也。此事我处被动地位,在我限度之内,能否接受,实在于对方也。"蒋并告诉他:"此事于武汉之得失无关,请勿虑。"[80]不久,蒋介石察觉日方谈判的虚伪,决心坚持抗战,下令停止谈判,召回萧振瀛。

第一次谈判失败,和知鹰二继续在东京政要之间活动。当时,日本正准备扶持从重庆逃出的汪精卫成立政权,和知觉得是个机会,决定利用此事再次迫使蒋介石派人坐到谈判桌前来。1939年8月,汪精卫在上海召开伪国民党第六次代表大会。次月,成立"中央党部"。17日,汪精卫致电重庆国民党中央,要他们毅然改图,努力与日本实现和平。同月,和知鹰二到香港,要其助手何以之转告重庆方面:汪精卫之事,经近卫、平沼两届内阁决定,又经阿部信行特使承认,奏明天皇,势难中止,但日本对汪之信念已经摇动,认为其人大言不实,贪索无厌。影佐祯昭本是汪之主谋,现在亦已失望,引为歉憾。目前日方之所以仍然支持汪精卫,在于无别路可走,不能不就既定政策,听其一试。何以之称:大约11月初,汪即可组织政府。意大利已劝日本促成此事,应允即日承认,德国则劝日本与重庆谋和。综观内外情形,尚在徘徊之际,最好乘汪精卫政府成立之前,断然成立全面停战协定,而将汪之问题包括于取消伪组织之中。中国如有和平决心,日本定以诚意直接谈判。军部方面,和知可与板垣征四郎负责;政府方面,可由政界元老松井石根、山之辅等出面商谈原则。和知要求何以之转告萧振瀛,或派专使来港商谈,或仍由萧先来,以资进行[81]。31日,何以之致电时在重庆的萧振瀛,告以上述各点。10月4日,何以之两电萧振瀛,声称和知认定汪精卫为"东亚和平之障,极愿剪除",催萧即速来港[82]。10月6日,孔祥熙将何以之各电转呈蒋介石,同时致函,要求允许萧振瀛再次赴港,以私人资格与和知"慎密试谈",同时"藉以刺探他方消息,备我参考",函称:"弟意此次和支〔知〕奔走各方,对于去汪事颇为努力,似可令仙阁前往一行,略与周旋,使其对我信仰益趋坚定。如能达到吾人之目的,不妨加以利用。否则仙阁不去,彼必感觉失望,甚或老〔恼〕羞变怒,反又趋于助汪之一途,则前途更多障碍。"[83]函上,不料却引发了蒋介石的雷霆之怒。10月8日,蒋介石日记云:"萧、孔见解之庸,几何不为敌方所轻!国人心理之卑陋,殊堪悲痛!"[84]9日,蒋介石复函孔祥熙称:

> 兄与萧函均悉。以后凡有以汪逆伪组织为词而主与敌从速接洽者,应以汉奸论罪,杀无赦。希以此意转萧可也。[85]

这封信,表面上对萧,实际上断然批驳孔祥熙的意见,语气严峻,没有给孔留一点面子。蒋在这一天的日记中说:"萧、孔求和之心理应痛斥。"[86]可见,蒋的这封信明确针对孔祥熙。蒋介石此次之所以如此坚决、激昂，一是萧振瀛曾将去年在香港与和知谈判的部分情况透露给秦德纯，秦又秘密转告冯玉祥，其间讹传严重，冯据此向蒋及国防会议揭发，使蒋很愤怒[87]。二是自汪精卫在上海召开伪国民党第六次代表大会之后，蒋即加强了对汪的批判火力，声称"汪逆卖身降敌，罪恶昭著"，"人人得起而诛之"，正处在和"汪逆"不共戴天的情绪中[88]。

同年11月，何以之在香港与孔令侃会谈，何称：倘中方确有接受和平可能，则和知愿赴重庆面洽[89]。次年1月，何以之向孔祥熙的亲信盛升颐转达板垣征四郎的议和条件，并称：只要中方派大员前来，板垣可以亲自出马，甚至飞往内地亦可[90]。对于这些情报，孔祥熙就不敢再报呈蒋介石了。

1940年6月28日，蒋介石在日记"预定"栏中写道：萧振瀛"应监禁"[91]。

七　查究受日方之命到重庆接洽的蔡森、贾存德

自蒋介石严令贾存德停止活动后，孔祥熙虽不敢再向蒋转呈贾的情报，但仍命其在上海继续联系日方。

早在1938年，贾存德即与伪维新政府官员王子惠相识。王为留日学生，早期同盟会会员，与畑俊六、及川古志郎等日军头目都有联系。伪维新政府成立时，任实业部长。当年夏，王向贾等表示，如能给以自新之路，可随时脱离伪组织，牺牲一切，专诚为中央效力。贾存德等曾将王氏情形电告孔祥熙，孔即复电勉励，命其辞去伪职，伺机去东京团结日本主和派，抵制主战派。王奉令照办。1940年4月，王子惠自东京返沪，声称已将主和派人物闲院宫津子伯爵、头山满等联成一气，主张和谈以重庆国民政府为对手，反对汪精卫在南京成立政权。王并透露，板垣征四郎想从速结束对华战争。5月间，板垣在面谈时口头提出五项条件：1.声明恢复

七七事变前状态。2.中日以平等互惠之原则，经济合作。3.共同防共。4.撤兵。5.取消一切伪组织。[92]在谈到第四条时，板垣表示，希望孔祥熙指定地点，以极秘密的方式与板垣等会面；如孔允许，约定会面日期后，可通知板垣，即由板垣等请求天皇下密诏，实行全面秘密休战。王子惠并称，板垣亲口表示，如孔祥熙同意，将亲自签名发出正式公文，望孔在6月6日天皇承认汪政权前对上述条件表态[93]。

6月26日，贾存德化名吴复光到达重庆，孔祥熙表示可以接受板垣的五项条件。但是，7月4日、8日、9日、10日，日机连续轰炸重庆，这使孔祥熙很不满，对贾存德大发牢骚，责问"日本人搞的什么鬼"，埋怨因此妨碍了向蒋的"进言之机"[94]。不久，板垣应允，自16日至22日止，停止轰炸一周。这一时期，孔祥熙情绪低落，告诉贾存德"事不好办"，要他"不要着急"。7月底，王子惠再派蔡森抵渝，会见孔祥熙，声称"如有谈判可能，彼方即行统一军、政、党意见，取消一切枝节活动，决定专责，以资进行"[95]。其后，日方急于得知蔡、贾谈判消息，致电称，将派专机到广州迎接蔡、贾。孔祥熙觉得这又是一次好机会，于8月24日致函蒋介石，摘抄蔡、贾报告及有关电报，函称："敌思结束对华战事，以便南进，可以想见。弟意值此抗战严重、外交诡变时期，对于各方消息，似应互相印证，以冀把握机会，决定大计。"函末，孔祥熙特别要求蒋介石"阅后付丙，不必交存"。又附言称："就最近国际情势观察，友邦对我实力援助甚少，我应设法别寻机会，以谋自立自主，蔡、贾所述各节，亦有可以供我利用之处。弟已告其设法各方鼓动，促成敌之南进。一则使其主战、主和意见分歧，分化团结力量；二则使其侵略政策转移方向，减少对我力量；三则证明敌人野心甚大，欧美列强亦必与之发生摩擦，于抗战前途，或不无裨益也。"[96]

板垣曾向王子惠表示，可以发出亲自签名的公文。孔祥熙向蒋介石上书后，要求蔡森回沪，取到板垣正式公文。又命贾回沪，暗中监视王、蔡二人。其后，二人即陆续离渝，经香港回沪。8月下旬，蔡、贾的行踪被军统在香港的特务发现，戴笠亲自向蒋报告，蒋即命戴笠向孔祥熙查询。9月上旬，孔祥熙复函戴笠，谎称吴复光系中央银行某职员别名，因受敌伪注意，调令来渝。蔡系靳云鹏旧部，受靳之命来渝报告北方情形，二人均系"普通人员"，敌人不会相信，更不会赠以巨款[97]。其后，军统打入日方的特务毛丰又向戴笠报告，蔡森已于27日偕同日本支那派遣军总司令部的东条佑铃专机飞沪，此事系日本实业家背后策动，曾拨款二百万元作为活动经费云云[98]。9月10日，戴笠将有关情况再次报告蒋介石。同月19日，张季鸾致函陈布雷称："敌人曾贿买山西人蔡某等二人赴渝，携孔先生假信而归沪。现由敌人特许设电台通电，尚在乌烟瘴气中，此事尊处想早已闻及矣。"[99] 20日，蒋将有关检举报告转给孔祥熙，要他回答。22日，孔祥熙复函，首称检举报告"所载各节，恐多揣测误会，以讹传讹，原报告人有意邀功，遂不免捕风捉影，或另有作用者希图对弟中伤"。接着，孔向蒋辩白：一是孔祥熙致函板垣及头山满问题，孔称：蔡、贾来渝时，携有日本老友名片，向弟问候，弟因多年故交，在情理上不能不理，因此在蔡、贾临行之时，以名片回报，所谓寄板垣与头山满等人的亲笔函件，绝无其事。二是蔡、贾与王子惠、板垣的关系与接受巨额资助问题，孔称：王子惠派人赴港迎接蔡某，或有其事，但蔡、贾到沪后，是否赴南京，已否晤见板垣，均不得知。孔承认：蔡、贾来重庆之前，确曾与板垣会面，也承认，二人可能得到日方资助，但他说："敌方实业家因反对军阀厌恶战事，渴望真正和平早日实现者甚多，既派其来，或有赠送旅费之事。若谓拨款二百万元，恐未必有此巨额。"他认为这些情况，"真伪无从证明"，属于敌人"内部互相猜忌，设词毁谤"。三是关于蔡、贾的身份与贾存德往来沪、渝之间的目的。孔在重申"调回"说之外，又加了一个"迁移眷属"说。函称："上海沦陷业已三载，敌伪方面无时不思毁我法币，俾我财政不能接济军事，对中行人员极力压迫，彼等既无寸铁,政府亦难为保障,故不能不有一熟悉敌情者为我刺探消息,藉便戒备。贾在过去,虽曾任此项工作,因其参加倒汪运动,为汪方特务队所注意,前已将其调回。此次赴沪,即拟设法迁移眷属。至蔡本非弟之属员,亦无任何名义,在无所谓调回矣。"[100]

蒋介石下令戴笠调查之后,陈布雷又于22日接到香港张季鸾的检举信,中云:"王子惠所贿买之蔡、贾二人之事,其情形甚堪发指。盖敌人以专机送至广州,而公然入渝,其归也,亦由敌人由港接至广州,而专机送往上海。此辈宵小,本无足深论,然敌人贿买之人而能公然出入重庆,且能带孔先生之假信而来,再不能以小事看矣。"[101]陈阅后"甚感离奇",立即转呈蒋介石[102]。蒋阅后再致孔祥熙一函,严厉批评孔祥熙等人的行为"摇撼军心、人心",显示"政府零乱"[103]。同日,蒋在日记中写道:"倭寇军人之愚拙无才,比我国尤甚,其行动幼稚欺诈,实非常情所能想象,几乎令人倭寇有不可交手之感。若理会者,必受无妄之祸也。"又称:"为庸之与季鸾等无方而好事为叹也。"[104]这里批评到了两个人。"无方",指孔祥熙;"好事",指张季鸾。

蒋介石的批评很严厉,显然,孔祥熙要认真想想对策了。9月30日,孔祥熙于八天之后才复函蒋介石,函称:"今细绎手示,对蔡、贾事实际情形,似尚有未尽明了之处,恐系根据一方面之情报所致。既承谆谆相诰,弟不忍不略陈衷曲,期解疑虑。"

孔函除说明蔡、贾的身份及离渝情况外,指责情报提供者"以讹传讹,竟至张大其词,骇人听闻"。孔函特别说明,在接待蔡、贾的整个活动中,自己对蒋既无隐瞒,又持慎重态度,没有文字贻敌,更未假借蒋的名义,函称:"一言丧邦,古有明训。事关国家兴亡,何敢擅自主张!当蔡来见时即本我兄素来之主张,晓以日本如不撤兵,不恢复七七事变以前之状态,决不与之谈判。此外绝无文字表示贻人手中,更何能涉及我兄名义?又何来我兄名片?蔡、贾两人谅亦无此巨胆敢事伪造。"接着,孔函强调掌握敌情，善于利用反间的重要："惟知己知彼，百战百胜，侦探重要，无人不知……今如有人，本其爱国热忱，窥得敌伪隐情，甘冒危险，不远千里而来，向我告密。若不假以颜色，使其乐为我用，势必为渊驱鱼，反被敌伪利用。弟虽愚，窃期期以为不可。故蔡之来谒，不能不见，惟所告之言，皆系勉以大义，并未派以任务，且暗示种种，使其有机会时，于不知不觉间言于敌方，以期于我有百利而无一害。"孔函还强调，从事这方面的活动难免遭人误解，甚至遭到攻击，但自己完全出于忠诚："弟亦深知接见此种人物，难免物议，小则受人攻击，大则自招巨祸，然为效忠党国，使我兄抗建大业早日成功，故不惜利用各种机会，各方力量，期达目的，从未对自己本身之安危着想。"[105]

孔函接着分析日本少壮军人中的两派。甲派主张先用全副武力，解决中国事件，然后再行南进，此种主张对于中国最危险，非极力破坏不可。乙派主张用温和手段，得到中方谅解之后，再行南进。孔函由此论证利用乙派的必要及利用蔡森的正当。函称："至乙派今日之肯降阶表示寻求和平者，确因千载不易得到之南进政策，今可不费力拾得之，故不容轻轻放过。弟既认定此时如能诱其南进，确属于我有益，前曾向兄言及，兄谓恐做不到，弟亦深知其难，不容强求，然苟有时机，弟以为不应放过，必随机设法暗示，希接近敌方者，于无形中促助其乙派之主张，故蔡来见时，弟亦晓以此意，暗示其促成。于上次报告中最后一页，业向我兄陈明。"

针对蒋函所批评的"摇撼军心、人心"之说，孔祥熙辩解道："蔡此来，原出敌方之意。据情报所载，敌既派其前来，又复巨款运动，自系敌方力竭，敌方情急，适足以暴露敌人之弱点，足可摇撼敌人之军心、人心，而我之军心、人心，更当因此而益振，其理自明。"接着，孔祥熙又反驳蒋的"政府零乱"说，声称"蔡既来渝传达敌人之意，是时至今日，敌已深知欲谋全面之和、真正之和，非向我兄请求不可，亦非听由我兄裁决不可，似无零乱之可言"。

蒋介石、宋蔼龄与孔祥熙合影

孔祥熙在逐一反驳蒋对谋和活动的批评后,着重说明自己对蒋的耿耿忠心:"在过去二年中,弟对于敌伪或其他方面,凡有利于我兄之抗建大业者,均不惜任劳任怨以谋利用者,一则因承我兄重托,付以行政责任,不能推诿,一则因我兄为最高领袖,身任统帅,意欲保护其威望,故决志为国为兄,自甘牺牲,决不愿使我兄因一言一动,受有半点怀疑,致被奸人藉口攻击。"[106]函末,孔祥熙表示,将遵蒋之嘱命人查究此事。函称:"现蔡、贾事,既蒙尊嘱,遵即饬查,如有假冒招摇情事,贾当撤职严办,蔡已托人设法予以警告。"自然,这是孔祥熙对蒋的敷衍之辞。

孔祥熙这封信写得很用心。在正函之外,还附有《情报摘要》两份。其内容之一是,褚民谊曾在南京宴会席间对人说:"先从倒孔入手,使重庆内政发生纠纷。"孔祥熙附呈这一情报,意在告诉蒋介石,所有反对他本人的行为,均有汪伪背景。其二是,张季鸾对人表示,衔蒋之命到港与日方谈判和平,到港前曾见蒋11次,等等。孔要求蒋阅读这些情报后"仍乞准予赐还,以便存查",并称:"弟向不道人长短,在过去更不欲以此种复杂琐碎之报告,烦扰我兄心神。现在事既牵涉及弟,恐其中别有作用,不能不请兄注意，但仍不愿使他人知之，以为弟亦有所攻击，或影响人心也。"张之赴港，确系受蒋之命[107]。孔向蒋呈送有关张的情报，其潜台词是：你蒋介石不也在和日本人发生关系吗？孔祥熙这一手很厉害，蒋自然无话可说，追查蔡、贾一事不了了之。

蔡、贾回到上海后，即列席王子惠与板垣代表岩奇清七所举行的会谈。岩奇称："中国的维新大业必须由蒋委员长领导才能成功"，"要共同防共，中国方面就需要邀请日本在华北边区枢纽地留兵协助"。会议记录提出，察哈尔、绥远铁路线及北平、奉天线各枢纽地均由日本驻兵。至此，贾存德才发现上了王子惠与日方的当，拒绝签字。会议不欢而散。1944年9月，贾存德在上海会晤日本"兰工作"负责人和知鹰二，得知和知与板垣之间存在矛盾，深感变化难测，打电报给孔祥熙，声称才识不足，难以胜任，自此退出与日方的谋和活动[108]。可见，此前孔祥熙并未对贾采取"饬查"、"撤职严办"等举动。

八　孔祥熙对蒋介石的汇报有重大隐瞒

孔祥熙在1940年9月20日函中向蒋介石表白："弟在过去，凡有所闻，均曾择要抄陈，后因奉命，亦即停止。"似乎他在与日方谋和中，所有重要事情都曾向蒋汇报，而且奉命即止，没有违背过蒋的意志。读者从上文中已可发现，事实并非如此。下文我们将进一步提供新的论证。

根据日文档案，早在1938年6月，孔祥熙即派遣秘书乔辅三赴香港与日本驻香港总领事中村丰一谈判。二人先后在6月23日、28日、7月1日、13日、18日、19日多次会谈。在7月18日的会谈中，乔曾转述孔祥熙起草的和平条件：

1. 中国政府积极实现对日好感，停止一切反日行为，希望日本也要为远东永久和平积极为日华关系好转而努力。

2. "满洲国"以签订日、"满"、华三国条约而间接承认。其次深切希望"满洲国"自发地成为"满洲自由国",给中国人民以好感。

3. 承认内蒙的自治。

4. 决定华北特殊地区非常困难,但是中国承认互惠平等的经济开发。

5. 非武装地带的问题,有待日本的具体要求提出后解决,中国军队不驻防,希望由保安队维持治安。

6. 虽然还未充分讨论,但清算与共产党的关系,或签订加入防共协定的特别协定等,必须再加研究。

7. 中国现在非常荒芜而且穷困,因而对中国政府说来,(日方)虽有赔偿的要求,亦无力支付。[109]

以上七条,包括实际上承认伪满,承认内蒙"自治"、设立非武装地带等问题,都是地地道道的丧权辱国条约,谈判中,乔辅三向中村丰一称:"孔曾和蒋见面,除了蒋介石本身下野问题外,其他全部都和蒋商酌过的。"直到今天,也还有学者坚信乔辅三的这一表白。其实,档案资料证明,这些条件和蒋在对日秘密谈判中一贯坚持的条件完全相反;档案资料也证明,孔祥熙从未向蒋汇报过上述条件。上引8月11日孔祥熙致蒋函称,他之所以不拒绝和日方谈判,"原欲藉以观察敌情,供我参考,并未提及任何条件"。在其他函件中,孔也一再做过类似保证。可见,孔祥熙的上述条件是背着蒋擅自向日方提出的。不仅如此,连派乔辅三赴港谈判一事对蒋都是完全封锁的。现存蒋档中,孔有许多关于秘密谈判的汇报,但是,没有一件提到乔辅三。在必须提到的地方,也竭力掩饰。如1938年7月6日孔令侃致孔祥熙,又由孔转蒋的电报说:"据所派与驻港日领事密洽者报告:该领事称:'钧座在位,各事总有办法。'言下似有议和须以委座下野为条件之意。当以此种观念决不能任其系怀,故照钧座在汉面谕,对该领事表示,目下政府系钧座负责主持,如确有必要时,钧座当可辞卸。"该电所称驻港日领事,指中村丰一;钧座,指孔祥熙;委座,指蒋介石。其中所称"所派与驻港领事密洽者"，显然就是乔辅三。之所以不称其名，说明孔祥熙父子不愿意让蒋了解乔赴港谈判的真情。

在对日秘密谈判中，孔祥熙对蒋介石所作的隐瞒非止一端。例如，前文已述，蒋一再嘱咐，令贾存德停止活动，孔也屡称"遵嘱"，但实际上一直在支持和指挥贾的活动。又如马伯援赴港谈判，明明是孔祥熙所派，但马伯援所写、经孔祥熙转蒋的报告却说成事出偶然："伯援因事赴香港，适日友萱野长知亦在该地，时相过从。"之所以这样写，完全因为此前蒋介石已不只一次与孔谈话，要他停止谋和。此外，孔祥熙还长期利用曾是共产党员、后向国民党自首的胡鄂公[110]在上海与日方谈判，次数频繁，接触面很广，但是，孔祥熙也从未向蒋汇报过。

孔祥熙长期追随蒋介石，和蒋利益相共，荣辱与俱。但是，他却背着蒋一再向日方谋和，甚至在个别谈判中向日方提出丧权辱国的条件，其主要原因在于他对长期抗战丧失信心。从本文前引他写给蒋的多通信件看。他认为国内财政极端困难，国际援助又毫无希望，因此才一意主和，谋求妥协。

不过，也应该看到，孔祥熙与日方的秘密谈判除谋求妥协外，也还具有若干策略目的。例如：掌握敌情，扩大日本国内的主和派与主战派的分歧；阻挠、延缓汪伪政权的成立；引导日军南进，减弱中国战场压力等多种原因在内。因此，孔的谋和活动与汪精卫有别。1940年以后，孔的谋和活动基本停止。他在协助蒋介石掌控战时经济，保证抗战资源方面还是做了若干有益的工作的。

九 蒋介石阻遏孔祥熙谋和活动的思想原因

如上文所述，蒋介石对孔祥熙的谋和活动屡加批评、阻遏，而孔祥熙则一再坚持，多方联系，并且背着蒋向日方提出严重的妥协条件，这种情况说明，蒋、孔二人虽公私关系均极为密切，但二人之间在对日态度上仍存在相当大的差异。卢沟桥事变后,孔祥熙在伦敦致电蒋介石,分析美、英、苏三国的对华态度,反对立即抗战,电称:"中日事件,如非确有把握,似宜从长考虑。""应付日本,仍须以自身能力为标准"[111]。21日,蒋复电称:"情势日急,战不能免。"30日,孔祥熙再次致电蒋介石,询问"中央今日作何主张",蒋电复称:"中央必决心抗战,再无回旋之余地矣。"8月3日,孔再次电蒋,以"我军处处失利"为忧,蒋则复电表示:"战事果起,弟确有把握,请勿念,一时之得失不足计较也。"这些地方,说明二人间在对日抗战问题上确有分歧。1995年,我在《孔祥熙与抗战期间的中日秘密交涉》一文中,曾判断"蒋介石思想中,抗战成分较孔祥熙为多",现在看来,这一看法还是可以成立。但是,当时我认为孔的议和活动"显然得到蒋的默认和支持",这一看法需要修正[112]。

蒋早年追随孙中山革命,是一个民族主义者。20世纪20年代,蒋强烈反对英国对中国的侵略,后来又反对日本侵略。1928年的济南惨案,不仅是日本帝国主义者对中国国家主权的侵犯,也是对蒋介石个人威权的羞辱。当年5月,蒋日记云:"倭军入城后,将我徒手兵及伤兵尽行射死,发炮二千余颗,人民死伤二千余,有一家尽死于一弹者,城内延火甚惨。呜呼!济南七日记之耻辱惨痛,甚于《扬州十日记》。凡我华人,能忘此仇乎?"[113]又云:"倭寇第一要求为总司令谢罪。呜呼!国耻身辱,其可忘乎!"[114]因此,蒋有抗日的思想基础。但是,他又患有恐日症,认为中国不是日本的对手,因而长期对日采取妥协政策,总想尽可能推延对日作战时间。卢沟桥事变爆发,平津接着沦陷,这就将蒋逼到了"最后关头"。他深知,如果他再不抗战,必将受到人民的强烈反对,南京国民政府会处于全民的对立面。他也深知,如果他与日本议和,签订新的丧权辱国条约,他也必将遭到全民反对。1937年11月5日,蒋介石曾经"很机密地"告诉德国驻华大使陶德曼:"假如他同意那些要求,中国政府是会被舆论的浪潮冲倒的,中国会发生革命。"[115]这确是蒋的肺腑之言。他在

长期以来，蒋介石有抗日的思想基础，但又患有"恐日症"；虽然深知中日之间必有一战，但一直想推延对日开战的时间。直到卢沟桥事变爆发、平津失陷，蒋介石被逼到了"最后关头"，才决定对日作战。图为抗日战争期间在办公室手书军令的蒋介石。

同年12月29日的日记中写道："外战可停，则内战必起。与其国内大乱，不如抗战大败。""除抗战以外，再无其他办法。"[116]所谓"外战"指的是日本帝国主义者的侵华战争；所谓"内战"，即指包括中共在内的各爱国力量会起而推翻他的统治。显然，蒋对这一问题是经过深思熟虑的。

在长期和日本打交道的过程中，蒋介石认识到：日本帝国主义者完全不讲信义，日本政府和军部之间存在矛盾，政府完全缺乏控制军部强硬派的能力，因而与日本虽可达成协议，但时时都有被撕毁的危险。1938年8月，蒋日记称："倭非待其崩溃与国际压迫至不得已时，决不肯放弃其华北之特权，而中倭和平非待至国际干涉，共同会议则不能解决，故对倭不可望其退让求和，如其果有诚意，则必须其无条件自动撤兵之后方能相信也。"[117]卢沟桥事变前，蒋介石虽有恐日症，但卢沟桥事变后，他在对日作战的实践中却逐渐认识到，日本是个资源小国，其国力、军力与其不断鼓胀起来的野心之间存在着不可克服的矛盾，外虽强而中干，有其虚弱的一面。此外，蒋介石也看到了日本的野心终将驱使其和英美冲突，世界大战必将爆发，只要中国"苦撑待变"，抗战的胜利终将属于中国。1937年9月，他在日记中表示："主和意见派应竭力制止。""时至今日，只有抗战到底之一法。"[118]次月31日，他总结十年来与日本打交道的经验，认为"与其坐以待亡，致辱招侮，何如死中求生，保全国格，留待后人之起而复兴"[119]。他本人也有"尽忠竭智，死而后已"的想法[120]。1938年1月，正是南京失陷，中国抗战最艰苦、最难以看到希望的时候，蒋在日记中写道："不患国际形势不生变化，而患我国无持久抗战之决心。"[121]所谓"国际形势"，指的就是英、美、苏联合，国际共同干涉，以至出兵对日作战。以上，都是蒋介石阻遏孔祥熙谋和活动的思想原因，也是促使蒋在卢沟桥事变后的八年中，没有和日方达成任何妥协协议，将抗战坚持到最后胜利的思想原因。

  一切战争都有两种解决办法。一种是作战到底，直至敌方完全被消灭或投降，一种是双方谈判，达成"和平"协议，适可而止。至于"和平"协议，又有两种情况，一种是有利于敌，丧权辱国，一种是有利于己，无损或基本上无损国家主权。以上种种，都需要具体分析，不可一概而论。1941年之前，蒋介石长期陷在战与和的矛盾中，举棋不定。蒋曾寄希望于国际共同干涉或第三国调停，以和平方式解决中日战争，也有过直接和日方秘密谈判，在相对有利的条件下结束战事的幻想。这就是蒋虽对孔的谋和活动有所阻遏，但又显得力度不足的原因，也是蒋虽批评孔谋和，但又长期付以国家行政重任的原因之一。档案资料证明，蒋本人也亲自掌控过几次对日谈判，有关情况，请见本书《蒋介石亲自掌控的对日秘密谈判》。

原载《历史研究》2006年第5期

注释

[1]《陶德曼致德外交部》,《德国外交文件》,第4辑第1卷,第784页;转引自中国史学会编:《抗日战争》,《外交》(上),四川大学出版社,1997,第165页。
[2]〔台北〕"国史馆"藏光碟,07A,00085。
[3] 孔祥熙:《致介兄》,1938年11月30日,《蒋中正"总统"档案·特交档案·和平酝酿》,以下简称"蒋档",〔台北〕"国史馆"藏。
[4]《蒋介石日记》(手稿本),1937年11月20日。
[5]《蒋介石日记》(手稿本),1937年11月30日。
[6]《蒋介石日记》(手稿本),1937年11月29日。
[7]《蒋介石日记》(手稿本),1937年12月2日。
[8]《蒋介石日记》(手稿本),1937年12月7日。
[9]《蒋介石日记》(手稿本),1937年12月9日。
[10]《蒋介石日记》(手稿本),1937年12月26日。
[11]《蒋介石日记》(手稿本),1937年12月27日。
[12]《蒋介石日记》(手稿本),1937年12月28日。
[13]《蒋介石日记》(手稿本),1937年12月29日。
[14]《蒋介石日记》(手稿本),1938年1月2日。
[15]《口头答复稿》,1938年1月12日,《德国调停案》,见〔台北〕"国史馆"藏《外交部案卷》,00062A,第065页。
[16] 同[15]。
[17]《蒋委员长致孔院长》,1938年1月12日,《德国调停案》,见《外交部案卷》,00062A,第064页。
[18]《孔院长接见陶大使口述英文稿》,1938年1月15日,《德国调停案》,见《外交部案卷》,00062A,076页。
[19]《蒋介石日记》(手稿本),1938年1月16日。
[20]《蒋介石日记》(手稿本),1938年1月17日。
[21]《日本外交年表并主要文书》下卷,《文书》,〔东京〕原书房,1978,第386~387页。
[22]《蒋介石日记》(手稿本),1938年1月17日。
[23]《南湖致刚父电》(胡鄂公致孔令侃),1938年6月11日,"蒋档"。
[24] 同[23]。
[25] 克克:《致孔院长转居觉生先生》,1938年6月9日,"蒋档"。
[26] 克克:《致孔院长转居觉生先生》,1938年6月9日,"蒋档"。
[27]《中国事变陆军作战史》,第2卷第1分册,中华书局,1979,第98页。
[28] 转引自《孔祥熙致唐绍仪密函》,《近代史资料》总第74号,中国社会科学出版社,1989,第278~279页
[29]《孔祥熙致唐绍仪密函》,《近代史资料》总第74号。
[30]《孔祥熙致武昌蒋委员长》,1938年8月9日,"蒋档"。
[31]《蒋介石日记》(手稿本),1938年6月23日,参见同日《困勉记》。
[32]《蒋介石日记》(手稿本),1938年7月12日;参见同日《困勉记》及《蒋中正"总统"档案·事略稿本》。
[33] 蒋介石:《致重庆孔院长》,1938年8月10日,"蒋档"。
[34] 同[33]。
[35]《致武昌蒋委员长》,1938年8月11日,"蒋档"。
[36]《蒋介石日记》(手稿本),1938年1月23日。
[37]《蒋介石日记》(手稿本),1938年7月9日;《事略稿本》作"企图以唐绍仪领导伪政府"。
[38]《蒋介石日记》(手稿本),1938年9月12日。
[39]《今井武夫的证词》,《土肥原秘录》,中华书局,1980,第54页。
[40]《蒋介石日记》(手稿本),1938年10月1日。

[41] 转引自孔祥熙:《致介兄函》,1938年6月23日,"蒋档"。
[42] 贾存德,字辛人,孔祥熙的同乡、学生,长期在中央银行工作,负责收集日本经济情报。
[43] 伯良(胡鄂公):《致王主任(良甫)虞电》,中国第二历史档案馆编《中华民国史档案资料汇编》第二编,《政治》(一),江苏古籍出版社,1998,第226页。
[44] 转引自孔祥熙:《致介兄函》,1938年6月23日,"蒋档"。
[45] 孔祥熙:《致介兄函》,1938年6月3日,"蒋档"。
[46] 孔祥熙:《致萱野先生函》,1938年5月22日,孔祥熙档案,美国哥伦比亚大学珍本和手稿图书馆藏;参见《日蒋谈判的重要资料》,拙著《近代中国史事钩沉——海外访史录》,社会科学文献出版社,2001,第524~525页。
[47] 贾存德:《孔秘书(令侃)转呈孔院长》,1938年6月12日,"蒋档"。
[48] 贾存德:《致孔秘书(令侃)转呈院座》,1938年6月12日,"蒋档"。
[49] 贾存德:《致孔秘书(令侃)转呈院座》,1938年6月13日,"蒋档"。
[50] 转引自《上海贾君来电》,1938年6月21日,"蒋档"。
[51] 孔祥熙:《致介兄》,1938年6月23日,"蒋档"。
[52] 孔祥熙:《致介兄》,1938年6月25日,"蒋档"。
[53] 转引自《上海贾存德来电》,1938年7月5日,"蒋档"。
[54] 转引自《上海贾存德来电》,1938年7月4日,"蒋档"。
[55] 转引自《上海贾存德来电》,1938年7月5日,"蒋档"。
[56] 《香港情报》,1938年7月6日,"蒋档"。
[57] 孔祥熙:《致介兄》,1938年7月6日,"蒋档"。
[58] 居正的女儿是萱野的养女。据贾存德回忆,贾到武汉后,孔邀马伯援与贾相见,对马说:"你明天就和贾存德一同到香港去。"又致函萱野长知:"关于和谈之事,特派马伯援先到香港候教。"见《孔祥熙其人其事》,中国文史出版社,1987,第126页。
[59] 《马伯援呈》,1838年10月8日,"蒋档"。
[60] 《蒋介石日记》(手稿本),1938年5月27日。
[61] 孔祥熙:《致介兄》,1938年8月4日。
[62] 孔祥熙:《致武昌蒋委员长》:"至前马、贾两君与萱野等之接洽,亦系藉私人关系刺探消息,作为情报,更未提及任何条件,不过不能不有所指示,免应付失言。"1938年8月11日,"蒋档"。
[63] 《抄上海贾来电》,1938年8月28日,"蒋档"。
[64] 孔祥熙:《致介兄》(1938年9月7日):"顷奉鱼(6日)机鄂电,遵即转告贾生,令其拒绝。惟前数日尚接有贾生来电三件,虽系过去情报,姑仍照抄奉阅,以备参考。"
[65] 《蒋介石日记》(手稿本),1938年9月10日;参同日《事略稿本》。
[66] 蒋介石:《致重庆孔院长》,1938年9月11日,"蒋档"。
[67] 《小川平吉关系文书》(2),第598页;参阅拙作《抗战前期日本"民间人士"和蒋介石集团的秘密谈判》,《历史研究》1990年第1期,收入拙著《蒋氏秘档与蒋介石真相》,社会科学文献出版社,2002,第410~411页。
[68] 《马伯援呈》,1938年10月8日。
[69] 同[68]。
[70] 孔祥熙:《致介兄》,1938年10月15日。
[71] 孔祥熙:《最近国际形势》,1938年10月15日,"蒋档"。
[72] 同[71]。
[73] 《蒋介石日记》(手稿本),1938年5月30日。
[74] 《褚民谊、樊光致汪精卫、孔祥熙电》,1938年11月7日,"蒋档"。
[75] 《日本外交年表并主要文书》,下卷,《文书》,第400~401页。
[76] 孔祥熙:《致重庆蒋委员长》,1938年11月6日。
[77] 《致重庆孔院长》,1938年11月7日时间。
[78] 孔祥熙:《致重庆蒋委员长》,1938年11月9日。

[79]《事略稿本》,1938年10月23日。
[80] 同[79]。
[81] 何以之:《致彦超(萧振瀛)》,1939年9月31日,"蒋档"。
[82] 何以之:《致彦超》,1939年10月4日。
[83] 孔祥熙:《致介兄》,1939年10月6日。
[84]《蒋介石日记》(手稿本),1939年10月8日。
[85]《革命文献》,1939年10月9日,《蒋中正"总统"档案》。
[86]《蒋介石日记》(手稿本),1939年10月9日。
[87]《冯玉祥日记》(5),1939年5月29日,江苏古籍出版社,1992,第660页。参见高兴亚:《冯玉祥将军》,北京出版社,1982,第187页;施乐渠:《蒋介石在抗战期间的一件投降阴谋活动》,《文史资料选辑》第1辑,中华书局,1960,第67页。
[88]《严斥汪逆卖国降敌》,《先"总统"蒋公思想言论总集·谈话》,〔台北〕中国国民党中央党史委员会,1984,第126页。
[89]《孔令侃为呈再晤何一之给孔祥熙的密电》,《历史档案》1992年第3期,第75页。
[90]《盛升颐为呈评述日方和谈条件给孔祥熙的密电》,《历史档案》1992年第3期,第77页。
[91]《蒋介石日记》(手稿本),1940年6月28日。又8月12日日记云:"约萧交存件。"据此,蒋并未监禁萧,而是要求他交出保存在手中的中日秘密谈判文件。
[92]《敌情报告录呈参考》,"蒋档"。据贾存德回忆,以上五条由板垣以铅笔亲自书写,交王子惠转贾。见《孔祥熙与日本"和谈"的片断》,《孔祥熙其人其事》,中国文史出版社,1987,第128页。
[93] 贾存德:《孔祥熙与日本"和谈"的片断》,《孔祥熙其人其事》,第128页。
[94] 贾存德:《孔祥熙与日本"和谈"的片断》,《孔祥熙其人其事》,第129页,参见孔祥熙《致介兄书》,1940年8月24日。
[95]《敌情报告录呈参考》,1940年7月,"蒋档"。
[96] 孔祥熙:《致介兄书》,1940年8月24日。
[97] 转引自戴笠《报告》,1940年9月10日,"蒋档"。
[98] 戴笠:《报告》,1940年9月10日。
[99] 炽章(张季鸾):《致布雷先生》,1940年9月19日。
[100] 孔祥熙:《致介兄》,1940年9月22日。
[101] 炽章(张季鸾):《致布雷先生》,1940年9月21日晨。
[102]《陈布雷日记》,1940年9月22日,内部排印稿,〔台北〕"国史馆"藏。
[103] 转引自孔祥熙:《致介兄》,1940年9月22日。
[104]《蒋介石日记》(手稿本),1940年9月22日。
[105] 孔祥熙:《致介兄》,1940年9月30日。
[106] 孔祥熙:《致介兄》,1940年9月30日。
[107] 参见本书《蒋介石亲自掌控的对日秘密谈判》。
[108] 贾存德:《孔祥熙与日本"和谈"片断》。
[109] 日本外务省档案,S487号,中译文见《孔祥熙其人其事》,第135~136页。
[110] 戴笠:《报告》(1940年8月12日):"有胡鄂公者,籍隶鄂省,曩为国会议员,嗣与李大钊等加入共党。民国廿三年间,经生处在汉破拘禁,旋奉经准予自首,并交由生处运用。"
[111] 本电及以下各电,均见《蒋中正"总统"档案》,〔台北〕"国史馆"藏光碟,07A,00085。
[112]《近代史研究》1995年第5期,收入拙著《蒋氏秘档与蒋介石真相》,第450~452页。
[113]《蒋介石日记》(手稿本),1928年5月12日。
[114]《蒋介石日记》(手稿本),1928年5月18日。
[115]《陶德曼致德外交部》,《德国外交文件》第1卷,第780页,中译文见中国史学会编《抗日战争》,《外交》(上),第164页。
[116]《蒋介石日记》(手稿本),1937年12月29日。
[117]《事略稿本》,1938年8月18日。

[118]《蒋介石日记》(手稿本),1937年9月8日。
[119]《本月反省录》,《蒋介石日记》(手稿本),1937年10月31日。
[120]《蒋介石日记》(手稿本),1937年11月2日。
[121]《蒋介石日记》(手稿本),1938年1月10日。

◎论"恢复卢沟桥事变前原状"与"抗战到底"之"底"
——兼述蒋介石如何对待被日本侵占的东三省

抗战时期,蒋介石在公开谈话或与日方的秘密谈判中,曾以"恢复卢沟桥事变前原状"作为条件或"抗战到底"之"底"。部分学者对此的解读是,蒋准备放弃、出卖东三省,因此他们对蒋在抗日战争中的作用持严厉批判态度。但是,批判者实际上并不了解这一问题提出的过程及其来龙去脉,往往好从既定观念出发,对之加以解读、引申,因此,有关批判也就很难准确。

历史学应该是一把最公平的秤。人们对某一个历史人物的好恶可能因种种原因而不同,但是历史科学应该力求还原历史本相,并给予正确解释,不离开历史真实去有意拔高或贬低任何人,要做到爱之不增其善,憎之不益其恶,是其所是,非其所非。"恢复卢沟桥事变前原状"是关涉蒋介石和当时国民政府对日抗战的大问题,要重建科学的、真实的中国抗日战争史,必须研究清楚。

一 为《九国公约》布鲁塞尔会议准备的预案

提出"恢复卢沟桥事变前原状"这一问题,有其特殊的历史环境,也有较长时期的发展过程。

1937年7月,日军制造"卢沟桥事件",中国军队奋起抗战。此后,中国政府一面坚决抵抗日本的军事进攻,一面仍对和平解决抱有希望。7月10日,国民政府外交部照会日本驻华大使馆,要求该馆迅速转电华北日军当局:"严令肇事日军撤回原防,恢复该处事变以前状态,静候合理解决。"[1]12日,中国外交部长王宠惠接见日本驻华使馆参事日高信六郎，要求：1.双方出动部队各回原防；2.双方立即停止调兵。[2]15日，外交部再次照会日本使馆，重申12日照会内容，要求日方"将此次增派来华之日军悉数撤回，并将本案肇事日军撤回原防，恢复事件以前之状态，静候合法解决"[3]。至此，恢复"事变以前状态"还只是解决卢沟桥事变中双方军事冲突的方法，尚非解决中日两国战争的外交原则。

7月17日，蒋介石在庐山谈话中提出：在和平根本绝望之前一秒，我们还是希望和平的，希望由和平外交方法，求得卢事的解决。但是，我们的立场有明显的四点：（一）任何解决，不得侵害中国主权与领土完整。（二）冀察行政组织，不容任何不合法之改变。（三）中央政府所派地方官吏，如冀察政务委员会委员长，不能要求任人撤换。（四）第二十九军现在所驻领土，不能受任何约束。蒋称：这四点立场，是弱国外交的最低限度。蒋的这些主张，已经超出卢沟桥这一具体事件的范围，发展为解决中日两国间冲突的一般原则，成为后来提出"恢复卢沟桥事变前原状"的思想基础。

卢沟桥事件后，蒋介石和国民政府一如既往，将问题提交国联，以争取国际的支持和援助。9月13日，国联在日内瓦开会，会议将问题交给国联远东咨询委员会。远东咨询委员会指责日本"诉诸武力"的行为，但拒绝宣布日本为侵略者，建议在比利时的布鲁塞尔召开《九国公约》签字国会议讨论。会前，列强的设想是：通过有关国家的共同帮助，"在中国和日本之间，以斡旋或调停的方法达成一项和平解决的办法"。为此，列强希望在中日两国军队之间达成停战或停火，同时邀请日本参加会议，直接对话，劝导日本接受调解。当时，中国驻法大使顾维钧通过其驻伦敦和华盛顿的同僚们已经了解到，有关国家"把重点放在先实现停止敌对行动，然后通过斡旋或调解取得迅速解决"[4]。但是，现地"停战或停火"对中国并不利。卢沟桥事变发生以后，日军已经迅速占领北平、天津以及河北省的广大地区，上海也正处于日军的包围中。现地"停战或停火"将意

抗日战争时期，蒋介石在做抗战动员演讲。

味着首先承认日本侵略者的这些"战果"。

为准备参加《九国公约》会议，争取对中国最有利的结果，中国政府曾在国内外的少数智囊人士中征求意见，从而形成了一份文件，题为《关于九国公约会议之初步研究》。该文件提出，无条件的"先行停战"对中国不利。文件称：

> 会议之时，或先提出一要求双方停战，留出时间以便接洽……日本方面若不允停战，应付极易，但虑日本方面军事或到利于停战之时，未尝不可允许，果尔，中国方面地位极感困难，因中国方面立足在自卫二字，无拒绝停战之理由……但先行停战，除军事上或有作准备之利益外，皆有害无益。

因此，智囊人士建议，中国外交人员应提早与英、美、法、苏等国暗中接洽，"声明如有先行停战之要求，至少须附有'日本军队应迅速退还卢沟桥事变前原状'一条件，否则事实上无异帮助日本压迫中国也。此点为会议前应暗中请英、美等国谅解之一重要点"[5]。智囊人士的意见是正确的。如果"恢复卢沟桥事变前原状"作为中日两国军队之间"停战或停火"的条件，那就意味着剥夺日军在卢沟桥事变以来所取得的各种"战果"（包括已经占领的土地），是一个有利中国而且易于为国际社会理解和接受的方案。

当时，中日之间的最大问题是日本已经占领了中国东北广大土地，并且建立了一个傀儡政权——伪满洲国。怎样面对这一现实呢？智囊人士在另一份文件中提出：

> 吾人共同最后之希望，固在收复东三省暨其他一切失地，及废除一切不平等条约，但若不先在一强有力中央政府统治之下，完成经济、社会、军事上之新建设，似尚不足以言此，故吾人认为：一、在此会议，不必坚持收复东三省失地及修订条约两问题；二、于日本要求，应慎重考虑，不必一概予以拒绝，且须以具体对策应付之。[6]

智囊人士认为，收回东北三省及其他一切失地，废除一切不平等条约是中国的奋斗目标，但这两个问题的解决有赖于中国的强大，《九国公约》会议作用有限，因此，不应在会上提出它所无法解决的问题。

智囊人士的意见显然得到蒋介石的肯定。10月21日，陈布雷代表蒋介石致电顾维钧，对出席《九国公约》会议的中国代表作出指示：1. 促动苏俄参战决心，并设法减免其未能决心之忧虑。2. 继续运动各参加国政府及社会，加紧对日一致之经济压迫，务使国联谴责日本之决议事实化。3. 向参加各大国请求战费借款及军械贷款。同时，陈布雷要求代表们于会前先向英、美、法、苏等国说明"最要各点"：

1. 调解方案未妥协前，无条件之先行停战，于中国大不利，至少必须有"日本军队应退还卢沟桥事变前原状"一条件。

2. 华北已成为中国国家最后生命线……不能容任日本所谓"特殊化"

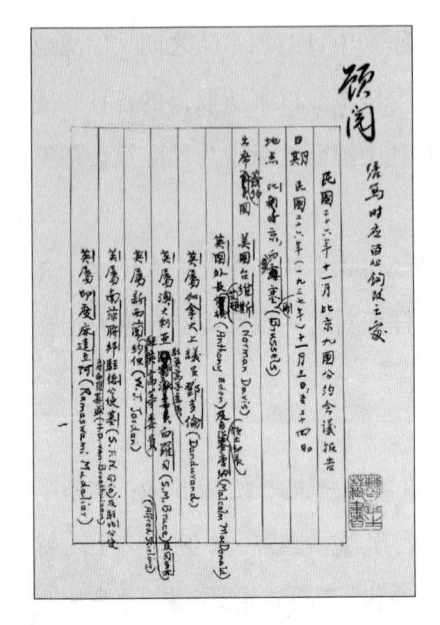

《九国公约》，全称《九国关于中国事件应适用各原则及政策之条约》，是1921年11月12日至1922年2月6日，美国、英国、日本、法国、意大利、荷兰、比利时、葡萄牙、中国等九国在美国首都华盛顿举行的国际会议上签订的公约。1937年11月3日《九国公约》签字国会议在布鲁塞尔召开，讨论中日战争的相关问题。图为《九国公约》会议报告文件。

之组织存在。

3. 必须设法令日本将在中国之驻兵及军事特务机关完全撤退。[7]

这样，"恢复卢沟桥事变前原状"就成为中国代表参加《九国公约》会议的预案。

《九国公约》签字国会议于11月3日在布鲁塞尔会议召开。中国代表不仅会前做了相应的工作，而且也在会上提出了这一问题。11月6日，顾维钧偕中国驻德大使程天放会见美国首席代表戴维斯。此前，日本政府已经向德国驻日大使狄克逊提出，要求德国政府出面斡旋，因此，戴维斯询问程天放：如果德国真想提出愿意为中国调停，中国是否接受调停？什么样的条件中国方面可以接受？程天放当即回答："任何调停应有先决条件，即须恢复7月7日以前之状态。"[8]

根据以上叙述可见，在提出"恢复卢沟桥事变前原状"方案的同时，蒋介石及其智囊人士并未准备放弃东北，而是准备将这一"老大难"的问题留待适当时机，以免干扰当前较易解决问题的解决。此后，蒋介石和国民政府在很长时期内一直采取这一策略。

二 陶德曼的"调停"与苏联的"支持"

1937年10月，日本四相会议决定，以军事和外交双管齐下的办法，迫使中国政府取消抗日政策，放弃抵抗[9]。22日，日本参谋本部派马奈木敬信上校到上海，邀请德国驻华大使出面"调停"中日战争。11月2日，陶德曼会见蒋介石，威胁蒋接受德国在第一次世界大战期间的教训，及时结束战争，不要落到"无条件投降"的悲惨下场。11月3日，德国驻日大使狄克逊致电陶德曼，转述日本外务省提出的7项和平条件：内蒙建立自治政府，与外蒙国际地位相等；沿"满洲国"边境至平津以南一线设立非武装区；扩大上海的非武装地带；停止排日政策；共同反共；降低日华关税税率；尊重外国权益。日方同时声明：如日本被迫延长战事，则条件必数倍苛刻[10]。同日，德国外长牛赖特训示陶德曼，将上述条件转告蒋介石并劝其接受。

11月5日，陶德曼会见蒋介石及孔祥熙，转告日本条件，再次警告蒋："千万不可到了精疲力竭的时候再想主意。"蒋介石当即提出恢复卢沟桥事变前原状问题。他说："只要日本不恢复原状，他就不会接受日本任何条件。至于具体条件当然可以讨论，但首先必须恢复原状。"[11]可见，蒋提出这一问题，目的仍在剥夺日本卢沟桥事变以来的"战果"，抵制日方以其武力胜利为基础所提出的新的侵略要求。蒋自感当天的谈话很强硬，在当日记中自述云："敌托德使传达媾和条件，试探防共协定为主，余严词拒绝。"[12] 12月2日，蒋介石在会见陶德曼时重申："中国在华北之主权与行政必须不变，并须保持其完整。""如德国元首向中日两方建议停战，作为恢复和平之初步办法，则中国准备接受此项建议。"[13]当日，蒋介石决定将谈判情况通知英、美、法、苏四国[14]。12月21日，日本内阁会议提出"基本条件"（新四条），要求中国放弃容共和反抗日、"满"政策，在必要地区设置非武装地带，在日、"满"、华三国间，签订密切的经济协定，对日本赔款[15]。中国政府认为"上项条件无考虑之余地"。28日，蒋介石密嘱杨杰，将上项条件密告苏联政府并听取意见[16]。

当时，中国和苏联在反对日本侵略上有共同利益。10月22日，蒋介石致电正在莫斯科访问的中国军事代表团团长杨杰，命其向苏方询问：如《九国公约》会议失败，中国用军事抵抗到底，苏俄"是否有参战之决心与其时期"[17]。11月，伏罗希洛夫、斯大林在会见杨杰和张冲时都表示，在紧急关头，苏联将参战[18]。但是，苏方的答复不过是一种表态。因此，当南京危急，蒋介石要苏联"仗义兴师"时，苏联却借辞推脱了。12月5日，斯大林、伏罗希洛夫致电蒋介石，声称"假使苏联不因日方挑衅而即刻对日出兵，恐将被认为是侵略行动，日本在国际舆论的地位将马上改善"。斯大林等开出的"参战"条件是：《九国公约》签字国全部或其中主要国家的允许和最高苏维埃会议的批准。电中，斯大林等表示，在上述条件未能满足时，苏联将用种种途径及方法，极力增加对中华民族及其国民政府的技术援助，同时，支持蒋介石在和陶德曼谈判中的立场。电称："日本如撤回其侵华中及华北之军队，并恢复卢沟桥事变以前的状态时，中国为和平利益计，不拒绝与日本实行和平谈判。"[19]这样，将"恢复卢沟桥事变以前原状"作为中日谈判的前提，就不仅是蒋介石和中国政府的主张，而且也成了苏联政府的意见。

三 蒋介石谈判的先决条件："恢复七七以前之原状"

陶德曼的"调停"因中国政府婉拒而失败，但是，日本政府和军方都仍然"战和并用"，一面军事进攻，一面暗中谈判。蒋介石对日本，事实上也采用同样的对策。在公开的声明和演讲中，蒋介石多次批判与日本的谈和、妥协活动，他对孔祥熙通过多种渠道和日方的联系也常持严厉的批评、阻遏态度，但是，在日本多次伸出"和平"触角时，蒋介石也曾"姑妄试之"，小心翼翼地亲自掌控过和日方的几次秘密谈判。在这些谈判中，蒋介石始终坚持非"恢复卢沟桥事变前原状"不可。它既是与日方的谈判条件，也是谈判的前提。

1938年9月，萧振瀛与和知鹰二在香港谈判。9月23日，蒋介石在汉口主持汇报会，决定"倭必先尊重中国领土、行政、主权之完整，与恢复七七事变前之原状，然后方允停战"[20]。27日，萧振瀛在谈判中强调："现在日军进攻武汉，大战方酣，中国方面不能作城下之盟，故目前最要之着，为停止军事，恢复七七前之状态。"[21]当时，和知鹰二以同意"恢复卢沟桥事变前原状"为饵，要求与中国签订军事与经济协定。28日，蒋介石致电萧振瀛，要求萧向日方坚决表明："原状未复，诚信未孚，即未有以平等待我中国之事实证明以前，决不允商谈任何协定。"[22]10月8日，蒋介石在对参加谈判的另一人员雷嗣尚"面训"时再次指示："谈判重点应集中于恢复七七事变前原状。"[23]19日，何应钦又向萧转达蒋介石指示："关于经济合作与军事布置等事，必须待恢复原状后，以能否先订互不侵犯协定为先决问题。又无论何项合作，必以不失我独立自主之立场而不受拘束为法则，请于此特别注意。"[24]萧与和知的香港谈判中，中国方面曾准备了一份宣言，中称："中国所求者，惟为领土、主权、行政之完整，与民族自由平等之实现。日方诚能如其宣言所声明，对中国无领土野心，且愿尊重主权、行政之完整，恢复卢沟桥事变前之原状，并能在事实上表现即日停止军事行动，则中国亦愿与日本共谋东亚永久之和平。"[25]在这段文字下面，蒋介石曾经以红笔加写了一段：

我政府对于和战之方针与其限度，早已屡次声明，即和战之标准全以能否恢复七七以前之原状为断。盖始终以和平为主，认定武力不能解决问题也。

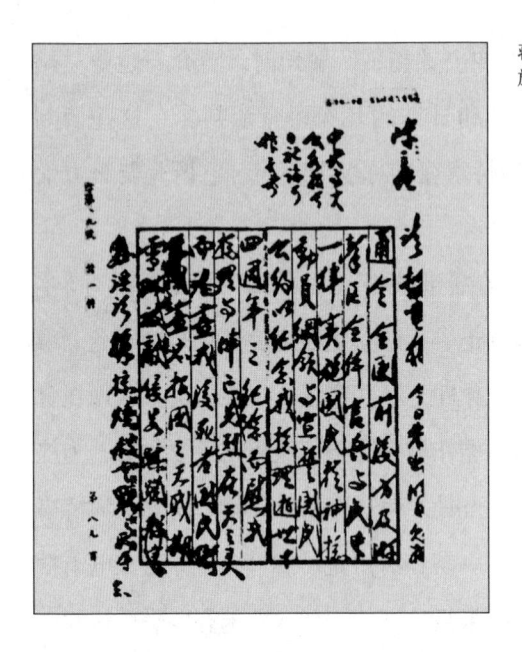

蒋介石抗日期间的手谕，其内容为指示通令全国实施国民精神总动员纲领与宣誓国民公约。

中方草拟的《停战协定》规定："停战协定成立之同时，两国政府即命令各该国陆、海、空军停止一切敌对行动，日本并即撤兵，在本协定签字后三个月内（恢复）七七卢沟桥事变以前之原状。"[26]

关于"满洲国"问题，中方认为，此为"中日间之瘤"，此问题若不能成立谅解，预示未来解决之趋向，以后各项合作协定，均难签订成立，因此，萧振瀛等提出"相机应付"的三条原则：（一）日方自行考虑，以最妥方式及时机，自动取消"满洲国"，日本保留在东北四省一切新旧特权，但承认中国之宗主权。（二）中国承认东四省之自治，而以日本取消在华一切特权为交换条件（如租界、领事裁判权、驻兵、内河航行等等）。（三）暂仍保留，待商订互不侵犯条约时再谈。[27]其中"待商订互不侵犯条约时"为蒋介石亲笔所加，可见，蒋介石主张先为其易，后为其难，将东北问题留待未来解决。

1939年1月9日，蒋介石研究"和平原则"，确定："甲、领土、行政、主权之完整。乙、以《九国公约》与国际联盟为保证有效。丙、非先恢复七七以前原状无恢复和平之可言。（以恢复七七战前原状为恢复和平之先决条件）"[28] 同年，在军统局人员杜石山与萱野长知、小川平吉等人的谈判中，蒋介石仍然坚持"恢复卢沟桥事变前原状"这一原则。当年3月4日，蒋介石致杜石山电云："萱野翁不辞奔劳，至深感佩。惟和平之基础，必须建立于平等与互让之基础之上，尤不能忽视卢沟桥事变前后之中国现实状态。"[29] 17日，柳云龙、杜石山在与萱野长知的会谈中提出七项条件，其中第三条即为"恢复卢沟桥事变前状态"。同年5月，小川平吉通过杜石山致函蒋介石，要求蒋"快刀斩乱麻"，迅速解决中日谈判问题。27日，蒋未拆阅即将原函退回，并且禁止杜石山等与小川往来。小川从辛亥革命时期即和中国革命关系密切，蒋的举动使小川极为生气，宣称将于6月2日回国，但蒋仍不加理会。6月2日，陈布雷致张季鸾函云："如彼果延期回国，可知其前所称欲回国者，全为装腔。请注意。兄函中有休战二字，以后如有接谈时，应特改变，以我方于未恢复七七战前原状之先，决不允其休战也，亦请注意。"[30] 陈布雷当时是蒋介石的侍从室第二处主任，代表蒋指导张季鸾的工作，此函当然代表蒋的主张。

在秘密谈判中，蒋介石虽然提出以"恢复卢沟桥事变前原状"作为先决条件，不过，蒋介石并未对此抱有过大期望。1938年9月，武汉会战正酣，蒋介石分析形势，于3日自述云："倭寇军阀不倒决无和平可言。惟有中国持久抗战，不与言和，乃可使倭阀失败，中国独立，方有和平之道也。"[31] 5日又自述云："敌将于武汉未陷以前，求得一停战协定而罢兵乎？此则无异城下之盟也，应严防。"[32]

四 从谈判先决条件变化为"抗战到底"之"底"

对如何解决东北问题，蒋介石有一个漫长的摇摆、矛盾、反复的过程。

1929年，日本曾向蒋介石提出，希望取得在中国东北的"商租权"，即为了商业和农业需要，日本人可以在东北购买土地。蒋介石觉得可以借此暂时缓和其侵略野心，拟予同意，但受到国民党其他大员反对，未成。1931年12月，蒋介石因丢失东北，在内外各方指责声中下野。次年1月，日本陆相荒木贞夫以支持蒋介石复出为诱饵，要求蒋赞同日本在东三省的"商租权"，并且假意表示中国可以驻兵。蒋介石即明确表示拒绝。日记云：

荒木甚畏共党，亟愿余主持国事，共同防共，而其商租权，是不欲明订驻军，以有限数，不致不能驻兵也等语诱余。倭奴卑劣，亦视余为可欺也，诚不知中国尚有人也。[33]

同年5月16日，蒋勉励自己："对俄外交，当不能放弃外蒙；对日外交，不能放弃东三省。"[34]随后，他并制订对朝鲜和东北的工作计划，指派齐世英联络东北，滕杰、黄绍美联络朝鲜[35]。6月，蒋决定迅速派定东北义勇军指导员，并致函张学良，嘱其出兵热河，一面与东三省各义勇军打成一片，一面威胁山海关日军[36]。同月，他在牯岭听翁文灏谈，东北三省煤矿，几占全国百分之六十以上，铁矿占百分之八十二以上，自悔此前决策错误，日记称："惊骇莫名！东北煤铁如此丰富，倭寇安得不欲强占。中正梦梦，今日始醒，甚恨研究之晚，而对内、对外之政策错误也。"[37]同年9月13日，他自记称："预期十年以内恢复东三省。凡为中华人民血气之伦，当以此奋勉。"18日，蒋介石在汉口，听到日本人在租界鸣炮奏乐，庆祝占领东北。蒋介石受到极大刺激，在日记中表示，期望能于1942年以前，"在中正手中报复国仇，湔雪此无上之耻辱"[38]。这些，都反映了蒋介石思想中确有捍卫东北主权的一面。但是，日本军国主义者一施压，中日两国形势一紧张，他又软弱、动摇。1933年4月3日，他回忆1929年的旧事时写道：

民国十八年，明知应与俄复交，而老朽阻碍。倭寇欲东三省之商租权，余欲以此而暂缓其侵略野心，老朽目短，无识如番人，强持反对。及至苏俄进攻吉林，张氏屈服，则倭寇野心益炽，致成今日内外交迫之局。及至胡朽事出，宋子文弄权，国益纷乱，是皆余自无主宰之所致也，何怨何尤，惟自承当耳。[39]

从这页日记看，蒋在1931年1月拒绝荒木提出的在东三省的"商租权"后，至1933年4月，又有所动摇。不过，应该指出的是，这次动摇为时短暂。蒋介石写下上述日记之后的第22天，他就又"研究对倭战略"，认为"与倭决最后之胜负，惟在时间之持久耳"[40]。

日本侵占东北，特别是扶植溥仪成立所谓"满洲国"后，曾多次向中国政府提出，希望通过谈判解决有关问题，但蒋介石大都拒绝不谈。其原因，在于蒋认为这种谈判只能使中国"丧权辱国"，不如不谈；即使谈判成功了，日本政府并没有控制、约束其军方的能力，谈了也等于白谈[41]。1937年7月，卢沟桥事变爆发，蒋介石认为"牺牲已到最后关头"，决心应战。他预估：再有两年时间，将可恢复卢沟桥事变前原状；十年后，不只收复东北全境，而且可以收回台湾，扶持朝鲜独立，自信必"由我而完成"[42]！8月5日，胡适和陶希圣联名给蒋介石上条陈，主张放弃东三省，承认"满洲国"，以此换得日本让步，从根本上调整两国关系。蒋介石即表示：日本没有信义，"以为局部的解决，就可以永久平安无事，是绝不可能，绝对做不到的"[43]。次年2月2日，他在日记本中写道："如去年乘国内统一，对倭形势较优之时，急谋解决东北问题，或割让，或策封保留宗主权，而不出于承认形式，非特势所不能，即使解决一时，以彼倭少壮派军人之侵略思想，与其政府之不能控制，不能守信，则一二年间仍必向关内侵占，绝非根本解决之道也。"[44]此后，蒋介石在3月22日、23日的日记中都写过类似的话。一言之不足而反复言之，这就说明，在国民党内部，持此说者非止一人。当时，蒋介石正筹备召开临时全

《时代》周刊是美国三大时事性周刊之一，创立于1923年，内容广泛，对国际问题发表主张和对国际重大事件进行跟踪报道，在全球具有很大的影响力。图为1931年《时代》周刊封面上的蒋介石与宋美龄。

国代表大会，蒋在提前写作的演讲要旨中写道："和战问题，降不如战，败不如亡。若我不降，则我无义务，而责任在敌，否则敌得全权，而我全责。民不成民，国不成国，则存不如亡也。"并说："敌国政府，无权失信。若我放弃东北，徒长敌寇侵略之野心，永无和平之一日。"[45]当年9月18日是东北沦陷的第七个年头，蒋介石自我反省云："收复失土，痛雪国耻，全在一身，能不自强乎？"[46]

不过，蒋介石虽然希望收复东北，但在相当长的一段时期内，他又不准备、甚至反对采用战争的手段。在国民党临时全国代表大会的演说中，他说："'兵凶战危'，古人常说'不得已而用之'。凡是真正懂得军事的人，一定不愿轻于作战，尤其自本党当政以来，一向以和平为职志，决不愿轻启战争，这是一定的道理。"话题转回现实之后，蒋介石表示："我们这几年，一方面抱定保持我独立生存的决心，同时对于和平，始终为最大的努力，也不但是东北问题，就是其他中日之间的悬案，我也常常表示，只要经过正当、合法的外交方式，只要无害于中国国家的独立生存，我都可以负责解决。其理由就是保持和平为我们固有的理想，所以百事应着眼于民族久远的利害，而不在乎计较一时的恩怨得失。"[47]国民党临时全国代表大会是一次标示国民党转变政策、确立抗战建国方针的会议。但是，即使在这时，蒋介石对解决东北问题的底牌也仍然是"经过正当、合法的外交方式"。

1939年1月16日，蒋介石在国民党五届五中全会发表演讲《外交趋势与抗战前途》，将这一解决东北问题的"底牌"表达得更明确：一方面，他坚决表示："外蒙有自治之可能，而满洲完全是中国人，绝对不能独立。"接着，他解释"抗战到底"之"底"时说：

> 我们要解释"到底"两字的意义，先要检讨这回抗战起头是在什么地方，才可以得到结论。我们这次抗战是起于卢沟桥事变。凡是一种战争，要有目的，要有限度的。
>
> 如果随便瞎撞，会使国家民族自趋灭亡。我们这次抗战的目的，当然是要恢复卢沟桥事变以前的状态，如果不能达到这个目的，就不能和日本开始谈判，假使能够恢复卢沟桥事变以前的状态，可以开始谈判，以外交的方法，解决东北问题……若在卢沟桥事变以前的状态没有恢复，即与日本谈判，便是我们最大的失败。……这是我抵抗的机会，也是我们不能不抵抗的时候。这时候我们无论如何只有和他拼命。……若恢复了平津，我们再不以外交政治的方法与日本谈判，也是自趋灭亡之道。[48]

在这一段演讲中，"恢复卢沟桥事变前原状"仍然是与日本谈判的条件和前提。如前述，在特定条件下，这一主张有其正确的、策略性的一面，是一个有利于中国而不利于日本的方案。但是，蒋介石将收回东北的希望只寄托在"外交的方法"，说什么"若恢复了平津，我们再不以外交的方法与日本谈判，也是自趋灭亡之道"，这就有问题了。外交的方法，谈判的方法，可以是方法之一，但是，要让日本侵略者将已经进口的肥肉吐出来，在一般的状况下，"外交的办法"难于济事。因此，还必须准备另一手，即武力收复，将日本侵略者赶出东北。然而，在蒋介石看来，这就是"自取灭亡之道"。显然，这是危言耸听。此事说明，自卢沟桥事变起，全面抗战爆发已经一年半，但蒋介石的对日恐惧症仍然很严重，对将抗日武装斗争进行到底，既缺乏信心，也缺乏决心，反映出蒋介石在对日斗争中特殊的软弱性。

五 蒋介石对"抗战到底"之"底"所作的新解释

如前述，将"恢复卢沟桥事变前原状"作为中日谈判的先决条件是可以的，但是，作为"抗战到底"之"底"则不妥。蒋介石不久改正了这一错误。

1939年7月7日，蒋介石发表《抗战建国二周年纪念告日本民众书》，指责日本侵略中国，抢夺中国东北领土，建立伪满洲国等行为："把一大群人看成奴隶了，反要说是给了自由；把中国一部分领土占据了，反要说是建立了独立国。"[49]同日，蒋介石发表《告世界友邦书》，指出"今日国际间一切无法律、无秩序之无政府状态，实由1931年之九一八，日本强占我东北四省始作之俑所造成"。文告表示："在敌人未彻底放弃其侵略政策以前，我国抗战，无论遭受如何牺牲与痛苦，决不有所反顾或中止也。"[50]这里"抗战到底"之"底"就被说成日本"彻底放弃其侵略政策"，较之"恢复卢沟桥事变前原状"前进了。

当年11月18日，蒋介石在国民党五届六中全会上发表讲话，批判国民党内要求变更抗战建国方针、及早结束对日战争的错误思想。他说："如果我们国家民族一天没有得到独立自由平等，抗战就一天不能停止，而我们的牺牲奋斗和努力，也就一刻不容松懈，更丝毫不容有徘徊观望、半途而废的心理，幻想苟且和平！否则抗战失败，国家灭亡，我们就作了中华民族千古的罪人！所以现在如有人以为敌人已无法进犯，他的侵略之技已穷，我们可以乘此机会与他讲和，或者以为友邦都不可靠，不如自己早些设法和平，这就是陷入与汪精卫同样错误危险的心理。"蒋介石主张："一面坚持抗战，一面抓紧建国，再要埋头苦干三五年，非获得彻底的胜利和成功，使敌人根本放弃其侵略政策，决不能停战言和。"

讲话中，蒋介石对对抗战到底之"底"作了新的解释。他说：

所谓"抗战到底"究竟是怎么讲呢？我们抗战的目的，如何乃能达成？我们抗战的目的，率而言之，就是要与欧洲战争、世界战争同时结束，亦即是中日问题要与世界问题同时解决。我在五中全会说明抗战到底，要恢复七七事变以前的原状，是根据以中国为基准的说法。若以整个国际范围来论断中日战争的归趋，就一定要坚持到世界战争同时结束，乃有真正的解决。

他强调："如果哪一个国家想单独调停或想藉此谋他一国的利益，不论出于何种方式，结果都必然失败。"[51] 这里，蒋介石所说中国"抗战到底"的"底"就和世界反法西斯战争结合起来，扩大了视野，提升了要求，因而纠正了前说的错误。

蒋介石的这一变化和国际形势的发展密切相关。蒋介石早就认为，中日战争是国际问题，它的解决也有赖于国际形势的变化。1938年5月26日日记云："不能引起世界大战，恐不易使倭国失败也。"[52] 7月27日自记云："中倭战事问题，实为国际问题，非有国际干涉，共同解决，则决不能了结。否则，直接讲和，则中国危矣。"[53] 当时，蒋介石已在研究，如欧洲战争爆发，则中国将与英、法、俄共同作战。日记云："速谋与英、法、俄进行共同作战之计划，以期中倭问题得到根本解决。"又云："向英、法政府恳切商谈，使国际盟约中之制裁条款为有效条款，藉以号召多数国家共同制裁，且须同样运用于欧亚三洲之战争。"[54] 1939年9月

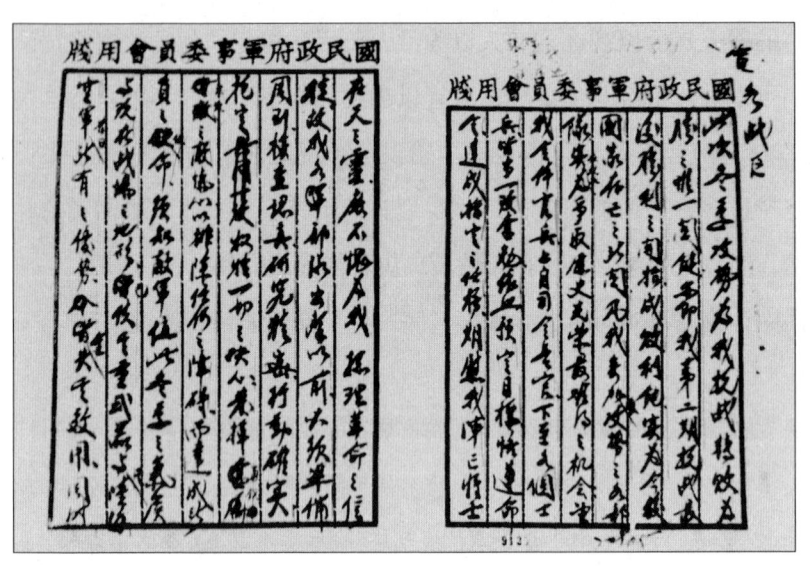

1939年12月，蒋介石给各战区长官发的关于对日作战的通电。

1日，德军进攻波兰。同月3日，英、法对德宣战，第二次世界大战全面爆发。这一形势使蕴藏于蒋介石心中的期待成为现实，因此，他才能在五届六中全会的报告中，将中国的抗日战争和世界战争联系起来，并对中国抗战目标作了修正和提升。

六 "最大之成功"与"最小限度之成功"

欧战的爆发燃起了蒋介石的希望，使他敢于公开倡言，中国"抗战到底"之"底"与世界战争之"底"同步。但是，欧战最初并不顺利，法军和英军相继战败。1940年6月，法国向德国投降，英军撤出欧洲大陆。同月，法国宣布封闭滇越铁路。7月，英日之间达成妥协，宣布封锁滇缅路。中国最重要的对外通道先后断绝。苏俄则因准备对德国作战，拒绝对中国的进一步援助。在此情况下，蒋介石不得不继续对日本采取战与和的两手策略，同时相应地将抗战目标区分为"最大之成功"与"最小限度之成功"两种类型。

1940年8月，日军积极谋划南侵，向东南亚进军，力图结束对华战事。在这一形势下，蒋介石曾准备利用时机，争取与日本实现于中国相对有利的谈判。同月，在蒋介石指导下，张群、张季鸾与陈布雷等起草过一份《处理敌我关系之基本纲领》，中云：

最大之成功为完全战胜，收回被占领掠夺之一切，不惟廓清关内，并收复东北失土；最小限之成功，则为收复七七事变以来被占领之土地，完全规复东北失地以外全国行政之完整，而东北问题，另案解决之。以上两义，前者战胜之表现，后者则为胜败不分，以媾和为利益时之绝对的要求。

关于"最小限度之成功"，《纲领》提出："满洲伪国"的土地，"被日本侵占已久"，"在我国不能用兵力收回之过渡期间"，可以"扶助溥仪之伪政府，第一步使取得满洲内政上自治之政权，使该地汉、满、蒙人民先脱离被占领地人民之境遇，第二步，与溥仪直接协商，先求得一过渡的解决之办法"，最后与蒙古等地一样，作为"联邦之一，完全复归于中国"。

《纲领》又将东北问题的解决分为甲案与乙案：

东北问题：1.甲案。现在不提，战后另作交涉。2.乙案。现时先取得一种谅解，约期交涉。关于此点，我方又分两案：（1）要求日本承认我国在东北之主权，而中国承认东北之自治。我中央派驻满指导长官一人，常驻长春，代表中央，但不干预其通常施政。（2）要求日本先行改革满洲制度，使溥仪之政府确有施政用人之自由，废除日籍官吏制度，还政东北人民。此项改革完成之后，我中央得与溥仪之政府直接协商以求东北悬案之解决。

在此项协商开始以前，中日可订临时办法，以便利关内外人民之交通与经商。我方尤当注意要求日本善遇我东北同胞，废弃九一八以来仇视、贱视我人民之政策。

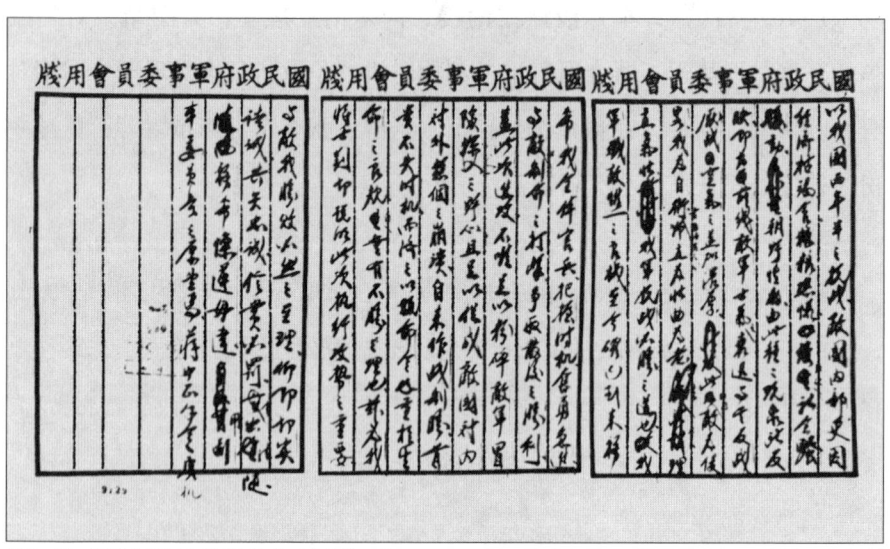

蒋介石就对日作战部署发给中国各战区将领的通电

蒋介石等估计，和日本谈判时，日本可能提出要中国承认"满洲国"，因此《纲领》强调："我国应声明不能承认。""东北问题，须待和平完全恢复后另案交涉，现在不能提议（但热河不在东北范围之内）。"

《纲领》规定："我国为被侵略国家，故和议之发起，必须出自敌方……应深切考查，其条件是否无背于我建国原则，而足以达到我最小限之成功，必须在确认为我作战目的已得最小限之贯彻之时，始允其开始和平之交涉。"张季鸾等还在起草的初稿中提出召开停战会议的原则："1.（日本）凡作战而来之军队，完全撤退；2.凡所占领长城以内及察绥之土地完全交还；3.不平等条约定期取消。"[55]上述原则表明，"恢复卢沟桥事变前原状"仍然是中日谈判的一项前提条件。

该方案先后有几种稿子，名称和内容都不尽相同。《中日恢复和平基本办法》规定："日本政府保证永不将东北各省划入日本领土，或采取其他行动使各该省在名义上或事实上成为日本之保护国。"《中日恢复和平协定要点》规定:"东北问题即满洲问题之悬案,于恢复和平后一年以内特开会议,另案解决。"《对敌策略的几个疑点》规定:"我国既不能收回(东北),又不容放弃,故利在延搁不决。"又称:"实质的收回,在将来为可能,此当在我国防完成,而敌人有求于我之时,或敌人在国际战败之时,因此,我又决不可自弃东北,以失去将来实质收回之根据。"上述资料表明,蒋的抗战方案有"最大之成功"和"最小限度之成功"、"军事"和"外交"两种。当他着眼于"最小限度"时,也没有放弃争取"最大成功"的希望。

9月18日,蒋介石发表《"九一八"九周年纪念告全国同胞书》,明确宣告,将收回东北列为"抗战到底"之"底"。文称:"我们到今天,还不能解放我们东北的同胞,收复我们的失土和主权,这就是没有达到我们抗战的目的,无以安慰已死的英灵。"他明确宣布:"我们九年来忍苦奋斗,三年来奋勇抗战的目的,就为要恢复我们国家的主权和领土,要解救我们三千余万的东北同胞。"又称:"我们四万万同胞和东北三千余万的同胞是一脉相承的黄帝子孙,是手足同气、呼吸相通的兄弟。为了拯救国家,我们大家都负有相同的责任;为要解救我们水深火热中三千余万的东北同胞,我们在关内四万万同胞更觉得牺牲奋斗是自己的责任。""我们今天多抗战一天,就是恢复我们国家独立自由和达到我们雪耻复仇目的日子更接近一天,也就是收回东北和解救东北同胞的日子更接近一天。"[56]9月29日,蒋介石在日记中写道:"东北被侵已足九年,但愿为收回东北开始之日也。"[57]次日,蒋介石检阅旧日记中预期收回东北、台湾等地的文字时写道:"以天意与最近时局之发展及上帝护佑中华,不负苦心人之意与力测之,自有可能。"[58]

七 反对苏、美两国的妥协、错误主张，力保东北主权

欧战爆发，英、法作战不利，原为西方殖民地的东南亚成为"真空地带"。日本眼红该地的富饶资源，叫嚷"不要误了公共汽车"，力谋冒险南进。这种情况，使英、美更多地关心中国战场。1941年3月，美国罗斯福总统发表广播演说，声明一定要"援华到最后胜利为止"。在此情况下，蒋介石的抗战信心日渐增强。日记云："此后只要我能自强奋勉，则十年困难，四年苦斗……不惟恢复失土已得有把握，而太平洋之和平，亦从此奠定，要在我之自力更生耳。"[59]但是，国际风云变幻莫测，一个月之后，就发生苏联与日本签订《中立条约》事件。

当时，德军进攻苏联在即，苏联为全力对德，避免两面作战，力图稳住在东方的日本。1941年4月，苏联与日本在莫斯科缔结《中立条约》。苏联保证尊重"满洲国"的领土完整和不可侵犯性，日本保证尊重"蒙古人民共和国"之领土完整。14日，蒋介石自我检讨云："竟未想到其互认满蒙之领土，此乃余对事理未能究其至极之过也。"[60]15日，国民政府外交部长王宠惠发表声明："东北四省及外蒙之为中华民国之一部，而为中华民国之领土，无待言赘。中国政府与人民对于第三国所为妨害中国领土行政权完整之任何约定，决不能承认。"[61]24日，蒋介石密电各战区将领及各省党部、省政府称："只要我能独立自强，战胜暴敌，则收回失土，恢复主权，势所必至，理亦当然。区区苏、日一纸不法之声明，岂能永为我领土与主权完整之障碍！"[62]同年9月1日，重庆国民政府在被日机炸毁的礼堂废墟上举行"纪念周"，蒋介石自励云："此乃余前年所谓即在瓦砾中，亦在重庆国府原址作纪念周之决心也。安知吾于廿一年立志，欲于卅一年收复东北之志不能贯彻乎？"[63]

这以后接踵而来的消息有如噩梦连连。9月12日，蒋介石得到情报，美日达成妥协，美国已同意日本占领中国的华北与满洲。蒋介石日记

1941年12月,日本偷袭珍珠港,太平洋战争爆发。此为美国在国内发布的战争动员海报。

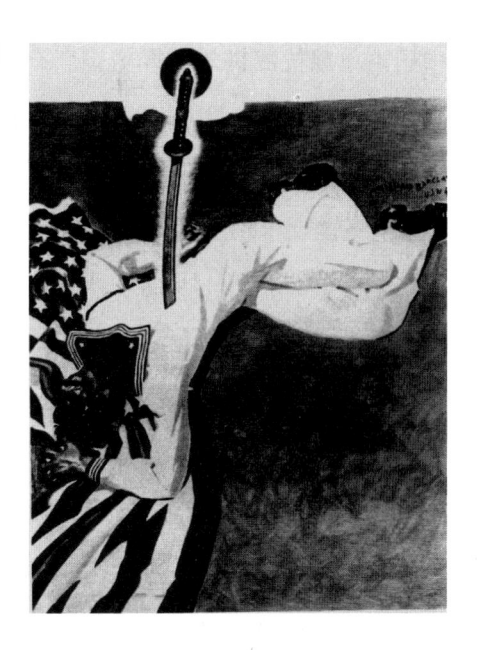

云:"今日问题,权操在我,非美国默认所能解决。今日中国政府绝非甲午战争时之政府可比,在此不惟美国之自杀政策,乃为美国之不利,而于我抗战政策根本不变之下,顾无损也。"[64]18日,蒋借东北沦陷十周年之机,发表《告全国军民书》,文称:"我们非完全驱逐寇军于我们的国境以外,彻底消灭他侵略的野心,我们的抗战,是决不能停止的。我们若非使东北同胞获得真正的自由,东北的失地完全恢复,在我们神圣的抗战,亦决不会停止的。""我们东北同胞与全国同胞的生命是整个的,东北四省的土地与全国的土地,也是完全整个不容有寸土分割的。我们整个民族和整个领土,是存则俱存,亡则俱亡,生则同生,死则同死,这是我们天经地义的道理。"[65]蒋介石的这篇文章,明为"告全国军民",实为对国际的宣告。同年12月6日,蒋介石与拉铁摩尔顾问谈话,嘱其转告罗斯福总统:"中国决不能放弃东北,否则新疆、西藏皆将不保,外蒙亦难收复。"[66]此后,拉铁摩尔即成为蒋介石这一主张在美国的积极宣传者[67]。

1941年12月,日本偷袭珍珠港,太平洋战争爆发,英、美对日宣战,中国由单独抗战进入与同盟国联合作战阶段，国际形势对中国越来越有利，蒋介石保护东北主权的意识也就越来越强烈。

还在太平洋战争初起时，蒋介石就积极研究同盟条约，确定对英、对俄、对各国要求："东四省、旅顺、大连、南满，要求各国承认为中国领土之一部分。"[68]1942年3月，蒋介石设想，在日本"北进"，进攻苏联之时，中国军队乘机与日本决战，"收回失地，恢复旧有领土与民族固有地位，以为解放亚洲各民族之张本"[69]。15日，他甚至乐观地设想，将于1961年之前完成自蒙古库仑至东北满洲里之间的北疆铁路。同年8月3日，蒋介石与罗斯福总统代表居里谈话，得知美国方面有人主张东北由国际共管，作为日本与苏联之间的"缓冲国"。这对蒋介石说来，宛如"青天霹雳"，感到"国际诚无公道与是非可言，实足寒心"[70]，但他立即声明："中国东北为中国领土之一部分，绝无讨论之余地。此实为中国抗战之基本意义。盖我抗战若非为收复东北失地，早可结束矣。"蒋要求居里尽一切可能纠正美国人的上述包含极大危险的错误观念，让他们明白，中国民众之所以甘于忍受重大牺牲与各种困苦，支持抗战，其原因就在于要收复东北。他并进一步向居里透露中日谈判中的许多机密：日本曾表示，只要中国允许日本保留东北，可以接受中方的一切条件；又曾提出，中日共管东北亦可商量。蒋称：这些都遭到中国政府的坚决拒绝。为了让居里记忆明晰，蒋用三句话概括说：

1. 我等已作一切牺牲抵抗日本侵略，唯一目的在收复东北。

2. 我等之所以尚须继续抗战，因尚未收复东北。

3. 东北四省就历史、法律、人种、事实各方面言，五百年来皆为中国不可分之一部。

蒋要求居里转请罗斯福发表声明，重申东北是中国的一部分。蒋强硬表示："倘此问题不解决，则平等、自由以及其他一切悦耳之名词，皆无意义可言。"[71]次日，蒋再次与居里谈话，态度更为强硬，他说："倘和平会议席间，不能返我东北失地，仍为我不可分割领土之一部分，我人仍将继续抗战，即招致国家之毁灭，亦在所不惜。凡不承认东北为我领土之一部分者，皆为我仇。"[72] 5日，蒋介石再与居里谈话，仍然表示"整个东北为中国之一部，望罗总统早日声明"[73]。在蒋介石的一再坚持下，美国政府于9月18日发表声明，承认东三省为中国领土，蒋介石感到欣慰，日记云："此乃由余对居里所提问题之一也。"[74]

同年9月，罗斯福派威尔基作为总统特使访华。30日，蒋介石研究与威尔基谈话要点，其第二条即为："东北为中国领土之一部，必须完全归还中国。"[75] 11月9日，因宋美龄赴美在即，蒋介石研究须与美国商讨事项，其中包括长期同盟；东三省与旅大完全归还中国；台湾归还中国；外蒙归还中国，予以自治等[76]。这以后，蒋介石日记中频繁地出现关于东北问题的记载。1943年3月1日，蒋介石日记云："伪满傀儡组织，至今恰九年矣。"[77] 5月4日日记云："溥仪昨日到安东州，汪奸本日六十一岁生日，皆为国家之羞耻也。"[78] 25日，蒋介石研究美国访苏代表戴维斯谈话，日记云："其提及旅顺为自由港一点，是越出余之主张矣。"[79]

八　在开罗会议上要求明确声明：将东北、台湾等地归还中国

太平洋战争爆发后，形势急转直下。1942年11月，苏军在斯大林格勒战区组织反攻，英、美军队在北非登陆。1943年9月，意大利投降，世界反法西斯战争取得重大胜利。11月22日至26日，美、英、中三国首脑在开罗会议，商讨联合对日作战计划及战后如何处置日本等问题。

为准备参加开罗会议，蒋介石于1943年7月起草拟各项文件。当月9日，蒋介石研究与罗斯福会谈后的共同宣言要旨，提出"必须获得无条件之胜利"，这就将中国抗日战争和世界反法西斯战争目标提到了一个前所未有的高度[80]。8月9日，蒋研究与罗斯福谈话要点，其中第一个问题就

是"东北问题"。15日，蒋介石研究战后中国国防建设，自记云："东北收回后则维持其原有之工业与国防，以其余力充实我本部之建设。"[81] 24日，研究对美策略，认为"战后在台湾与旅顺之海、空军根据地应准与美国共同使用"[82]。11月9日，蒋介石研究与罗斯福、丘吉尔谈话要点，问题之一为"东北"。14日，研究与罗斯福商讨日本无条件投降后的处理方案，确定"日本在九一八以来所侵占中国地区所有之公私产业应完全由中国政府接受"。18日，确定会谈应注意之重大问题，其内容之一为"东北与台湾应归还我国"[83]。22日，再次研究会谈要旨，"东北与台湾、澎湖应归还中国"仍为重点之一。

在蒋介石指导下，军事委员会为开罗会议所准备的文件提出：日本应自其在"九一八"起所占领之中国及其他联合国之地区撤退；将旅顺、大连两地一切公有财产及建设，以及南满铁路与中东铁路无偿交还中国；将台湾与澎湖列岛交还中国；承认朝鲜独立；赔偿中国自"九一八"起一切公私损失。国防委员会所准备的文件提出："收复1894年以来日本所取得及侵占之领土。"11月23日，国防最高委员会秘书长王宠惠在预拟的政府方面提案中提出：日本自"九一八"事变后自侵占之中国领土，包括旅大租界地及台湾、澎湖，应归还中国。

开罗会议开幕后，蒋介石在与罗斯福总统讨论中提出："东北四省、台湾、澎湖群岛应皆归还中国。"[84]讨论确定的原则为：日本攫取中国之土地应归还中国，应使朝鲜获得自由与独立，战后日本在华公私产业完全由中国政府接受等。11月24日，开罗会议公报草案提出，日本由中国攫取之土地，例如满洲、台湾等，当然应归还中国。讨论中，英国代表贾次干企图将中国主权模糊化，提出将草案改为："日本由中国攫去之土地，例如满洲、台湾与澎湖列岛，当然必须由日本放弃。"王宠惠认为，英国的这一修改，"不但中国不赞成，世界各国亦将发生怀疑"。他说："世界人士均知此次大战，由于日本侵略我东北而起，而吾人作战之目的，亦蒋介石、罗斯福、丘吉尔、宋美龄在开罗会议期间愉快地交谈，右一为宋美龄。

即在贯彻反侵略主义。苟其如此含糊，则中国人民乃至世界人民皆将疑惑不解。故中国方面对此段修改文字，碍难接受。"他表示："如不明言归还中国，则吾联合国共同作战，反对侵略之目标，太不明显。"美国代表支持王宠惠的意见，英国草案被否决。26日，草案送请正在讨论的罗斯福、丘吉尔和蒋介石审阅，得到一致赞成。会议定稿的公报宣称："三国之宗旨，在剥夺日本在1914年第一次世界大战开始后在太平洋上所夺得或占领之一切岛屿，在使日本所窃取于中国之领土，例如东北四省、台湾、澎湖列岛等，归还中国。"公报称："我三大盟国将坚韧进行其重大而长期之战争，以获得日本之无条件投降。"

这样，中国对日作战的目标就进一步提升，远远超出"恢复卢沟桥事变以前原状"了。

1938年4月1日，国民党召开临时全国代表大会，蒋介石曾传达孙中山的遗志："恢复高台，巩固中华。"蒋解释说："中国要讲求真正的国防，断不能让高丽和台湾掌握在日本帝国主义者之手。中国几千年来是领袖东亚的国家，保障东亚民族、树立东亚和平是中国义不容辞的责任。为要达成我们国民革命的使命,遏止野心国家扰乱东亚的企图,必须针对着日本积极侵略的阴谋,以解放高丽、台湾的人民为我们的职志。"[85]现在,这些理想都已纳入开罗会议宣言,实现在即,蒋介石很兴奋。于1944年元旦发表《告全国军民同胞书》,内称:"在这次开罗会议中,英、美两国和我们中国一致同意,要剥夺日本第一次大战后所夺得或占领的太平洋上一切岛屿,要将日寇逐出于其以武力贪欲所攫取的土地,要归还东北四省和台湾、澎湖等岛屿与我们中华民国,要使朝鲜自由独立。……这不但使热望归还祖国怀抱的台湾、澎湖同胞闻而兴奋,使我们沦亡十二年以上的东北同胞鼓舞奋发,使不堪日寇奴辱的朝鲜国民闻风兴起,而且也是亚洲所有被日寇欺凌压迫的海上、陆上一切民族,都感到解放之有期,共同为消灭敌人而奋斗。这样一个重大而有力的共同决议,可以说在十年以前我们只是一个志愿,而到了今天已成为事实了。"[86]

九 国民政府为完全收回东北主权所作的斗争、让步与代价

《开罗宣言》虽然明确宣布,将东北、台湾、澎湖列岛归还中国,但是要将纸上的宣言转化为现实并不是容易的事。其关键的关键是要击溃日本的强大军事力量。

依靠国民党的军队吗?1944年3月至1945年1月,中国驻印军和中国远征军虽然在缅北等地的战斗中取得胜利,挫败日军精锐师团,但是,却在豫湘桂战役中溃败。自1944年4月日军渡过黄河、进攻河南始,至当年12月占领贵州独山止,8个月之内,日军长驱两千余公里,占领中国二十多万平方公里土地。这一切,使罗斯福感到,国民党的军队当时还不具备击溃日军的力量。倚靠美国人吗?在太平洋战争中,美国军队和日军实行逐岛争夺与越岛作战,已经付出了惨重的牺牲,罗斯福不愿付出更大的牺牲。为了争取世界反法西斯战争的彻底胜利,罗斯福企图利用苏联红军的力量。1945年2月,

罗斯福、丘吉尔、斯大林在雅尔塔秘密决定，苏联在德国投降和欧洲战事结束时，协助中国对日宣战。但是斯大林提出，必须满足苏方下列要求：1. 外蒙古人民共和国之现状应加以保存。2. 苏联应恢复以前俄罗斯帝国之权利，此权利因1904年日本之诡谲攻击而受破坏者：（1）南库页岛及其毗连各岛应归还苏联。（2）大连商港应辟为国际港，苏联在该港之优越权利应获保障，旅顺仍复为苏联所租用之海军基地。（3）中东铁路以及通往大连之南满铁路，应由中苏双方共组之公司联合经营，苏联之优越权利应获保障，中国对满洲应保持全部主权。3. 千岛群岛应割于苏联。以上各条，除南库页岛及千岛群岛的有关规定外，均严重损害当时中国的主权。蒋介石对斯大林所提条件强烈不满，4月5日日记云：

  关于旅顺问题，宁可被俄国强权占领，而决不能以租借名义承认其权利。此不仅旅顺如此，无论外蒙、新疆、或东三省被其武力占领不退，则我亦惟有以不承认、不签字以应之。盖弱国革命之过程中，既无实力，又无外援，不得不以信义与法纪为基础，而不能稍予以法律之根据。如此则我民族之大，凭借之厚，今日虽不能由余手而收复，深信将来后世之子孙亦必有完成其领土、行政、主权之一日。要在吾人此时坚定革命信心，勿为外物胁诱，签订丧辱卖身契约，以贻害于民族，而得保留我国家独立、自主之光荣也。[87]

  对于与斯大林达成交易的美国总统罗斯福，蒋介石也指斥其"卖华"、"侮华"，"畏强欺弱，以我中国为牺牲品之政策，实为其一生政治难涤之污点"[88]。他担心罗逝世后，"美国对华政策恐将比现在更坏"，于5月23日致电时在美国的代理行政院长宋子文，转告美国新任总统杜鲁门，要求其向斯大林说明："美国必坚持其对远东一贯政策，使中国之领土、主权与行政完整不受损害，凡在华领土之内，不能有任何特权之设置也。"[89] 6月3日，蒋介石在重庆接见苏联驻华大使彼得洛夫，说明

1943年，访苏的宋子文（前排右二）抵达莫斯科时受到苏联外长莫洛托夫（前排右三）的欢迎。

"本人希望苏联早日参加对日作战"，"希望苏联能帮助中国的独立、行政与领土之完整，希望恢复东三省领土主权完整与行政独立"。他一方面表示，如苏联帮助中国恢复东三省领土，中国将在东三省的铁路、商港等方面，给予苏联便利，苏方如有军港需要，亦可与苏方共同使用。但是，蒋又以委婉语气表示："我全国人民咸认不平等条约、领事裁判权及租界等事为国家的耻辱，一致痛恨，吾人为革命党人，自应注意人民之心理与要求，而期其要求之实现。"[90] 这实际上又在提醒苏联，不要将新的不平等条约强加给中方。6月6日，蒋介石指示宋子文，旅顺至少限度必须中俄共同使用，"若俄提归其独占，则我必须反对到底，决不许可也"[91]。11日，蒋介石两电宋子文，表示可以同意与苏联共同使用旅顺，但"租界"地名称"为我国之历史耻辱"，"今后不能再有此污点之发现"，"此点非坚持不可"，"否则所谓东北领土主权与行政仍不完整，仍非独立也"[92]。12日，彼得洛夫向蒋介石提出缔结中苏友谊互助条约的五项先决条件，其第一条即是"恢复旅顺港之租借"，他表示，苏联是一个太平洋沿岸国家，需要有不冻港。蒋介石坚决反对，他从历史角度说明，此例不可开，苏联不应使中国成为"不平等的国家"[93]。

6月30日，蒋介石派宋子文访苏，会见斯大林，斯大林表示旅顺可不用"租借方式"，但坚持中国必须承认"外蒙独立"。宋子文根据蒋介石的指示，企图将这一问题"搁置"。但是，斯大林的态度极为强硬，毫不让步。7月6日，蒋介石指示宋子文："若苏联能协助我对日抗战胜利，对内切实统一，则为苏联与外蒙以及我国之共同利益与永久和平计，我政府或可忍此牺牲。"[94]7月7日，蒋介石两次指示宋子文，在苏联保证中国东三省领土、主权及行政之完整，今后不再支持中共与新疆"匪乱"的条件下，可以同意苏联要求。7月10日，蒋介石接到宋子文转来的苏联方面所提大连、旅顺、中东铁路、南满铁路等多项条件，认为比1898年（光绪二十四年）清政府与沙俄所订条约还要"苛刻"，日记云："明知其为讨价，而寸衷刺激不堪，所受侮辱亦云极矣。"[95]7月19日，蒋介石接见苏联驻华大使彼得洛夫时再次强调："外蒙独立，则于我国牺牲极大"，苏联必须同时"协助我东三省领土、主权与行政权的完整，及解决国内共产党的问题，和新疆变乱的解决。必须这三点做到，我才可排除一切，解决外蒙问题"[96]。他坚持："两条铁路和两个海港的中国主权，一定要完整的。"8月6日，美国向日本广岛投下第一颗原子弹。8月8日，苏联对日宣战，数十万苏军攻入中国东北。8月14日，国民政府外交部长王世杰与苏联外交部长莫洛托夫在莫斯科签订《中苏友好同盟条约》：中国政府承认外蒙古独立、中东铁路及南满铁路改名为中国长春铁路，主权属于中国，由中苏两国共同经营；大连辟为自由港，行政权属于中国；旅顺口由"两国共同使用"，民事、行政权属于中国旅顺政府。在《条约》所附照会中，苏联政府承认"东三省为中国之一部分，对中国在东三省之充分主权重申尊重，并对其领土与行政之完整重申承认"[97]。同日，日本正式宣布投降。

蒋介石并非不懂得，中国的抗日战争必须首先建立在自力更生基础上。1938年8月15日，他就表示过："战事只有自力为可恃耳。"[98]但是，蒋介石在事实上无法做到，他还是只能将希望建立在外力上。当蒋介石决定接受斯大林的条件时，中国虽已跻身"四强"，但是，名强而实不强，外强而内不强。国民政府自身无力全部歼灭日寇，收回东北，争取抗日战争的彻底胜利，不得不仰仗外力，而其结果是付出了巨大代价。

综观抗战八年的历史，蒋介石兑现了自己"抗战到底"的诺言，他为此确定的"底"也逐渐变化，从"恢复卢沟桥事变前原状"，发展为收复包括东北、台湾在内的所有失地，解放朝鲜等东亚被侵略民族，再发展为与盟国共同作战，争取世界反法西斯战争的"无条件之胜利"。这种情况，当然有蒋的个人作用在内。对于这种作用，人们应该承认而不应该抹煞，但是，我们又要看到，这种情况的发生，主要是中国抗战国内外环境的变化，特别是世界反法西斯战争胜利形势日益明朗的结果。

原载《中国文化》第22期，三联书店2006年5月出版，略有修订。

注释

[1]《外交部致日本驻华大使馆》,〔台北〕"中华民国"外交问题研究会编:《卢沟桥事变前后的中日外交关系》,1996,第211页。

[2]《王宠惠与日高信六郎谈话记录》,《卢沟桥事变前后的中日外交关系》,第223页。

[3]《外交部致日本驻华大使馆》,《卢沟桥事变前后的中日外交关系》,第212页。

[4]《顾维钧回忆录》第2卷,中华书局,1985,第589页。

[5]《蒋中正"总统"档案·特交档案·和平酝酿》,〔台北〕"国史馆"藏,以下简称"蒋档"。

[6]《中日两国在九国公约会议所采取之态度及应取之办法》,"蒋档"。

[7]《应令顾大使等注意要点》,"蒋档"。

[8]《顾维钧等致外交部》,1937年11月6日,《卢沟桥事变前后的中日外交关系》,第396~397页。参见《顾维钧回忆录》第2卷,第617页。

[9]《日本四相会议关于处理中国事变的纲要》,《年表及文书》下卷,〔东京〕原书房,1978,第370页。

[10]《德国调停案》,《外交部案卷》,〔东京〕原书房,1978,00062A,0556。

[11] ADAP, Series D (1937—1941), Bd, 1, No.516,中译文参见中国史学会编《抗日战争》,《外交》上,四川大学出版社版,1997,第164页。

[12]《蒋介石日记》(手稿本),1937年11月5日。

[13]《陶德曼12月2日电》,《德国调停案》,《外交部案卷》。

[14]《困勉记》,1937年12月2日。

[15]《日本内阁会议议决的日本外务大臣致德国驻日大使复文》,《年表及文书》,下卷,第380页。

[16]《王宠惠致杨杰电》,《德国调停案》,《外交部案卷》。

[17]《蒋委员长致蒋廷黻转杨杰养电》,《对苏外交》,《蒋中正"总统"档案》,〔台北〕"国史馆"藏,第46页。

[18]《苏中关系(1937-1945)》俄文版,第1册,第111号、121号文件,第138、156页。

[19]《对苏外交》,《蒋中正"总统"档案》。

[20]《蒋介石日记》(手稿本),参见《事略稿本》,未刊稿,〔台北〕"国史馆"藏。本稿正陆续刊行中。本文所引,凡注明册数者为已刊,反之为未刊。

[21]《此次谈判经过》,1938年9月30日,"蒋档"。

[22]《9月28日复萧仙阁电》,"蒋档"。

[23]《面训要点》,"蒋档"。

[24] 何应钦:《致萧振瀛皓午电》,"蒋档"。

[25]《中国宣言原文》,"蒋档"。

[26]《停战协定原文》,"蒋档"。

[27]《关于"满洲国"问题之考虑》,"蒋档"。

[28]《蒋介石日记》(手稿本),1939年1月9日。

[29] 小川平吉文书,抄件,日本国会图书馆宪政资料室藏。

[30]《陈布雷致张季鸾函》,"蒋档"。

[31]《蒋介石日记》(手稿本),1938年9月3日。

[32]《蒋介石日记》(手稿本),1938年9月5日。《事略稿本》引用本日日记时多出数语:"如无国际变化或英美向倭压迫,则中倭决无和议可言。即使敌国承允恢复卢沟桥事变以前状态,亦决无实现之可能。国家存亡,革命成败,皆在于我之能否坚忍不拔,勿为和议之说所摇撼耳。"

[33]《蒋介石日记》,1932年1月7日。

[34]《困勉记》,1932年5月16日。

[35]《蒋介石日记》,1932年5月29日、31日;参见《事略稿本》第14册,第517~520页。

[36]《蒋介石日记》,1932年6月4日、6月15日;参见《事略稿本》第15册,第95页。

[37]《蒋介石日记》,1932年6月17日。

[38]《蒋介石日记》,1932年9月13日、16日。

[39]《蒋介石日记》(手稿本),1933年4月3日。
[40]《蒋介石日记》(手稿本),1933年4月25日。
[41]《对日抗战与本党前途》,《先"总统"蒋公思想言论总集》卷15,〔台北〕中国国民党中央党史委员会1984,第193页。
[42]《蒋介石日记》(手稿本),1937年7月25日。
[43] 参见拙著《杨天石文集》,上海辞书出版社,2005年5月,第467~468页。
[44]《民国二十七年杂感》,《蒋介石日记》(手稿本),1938年。
[45]《蒋介石日记》(手稿本),1938年3月23日。
[46]《省克记》,1938年9月18日,〔台北〕"国史馆"藏。
[47]《先"总统"蒋公思想言论总集》卷15,第198~199页。
[48]《国民党五届五中全会速记录》,〔台北〕中国国民党党史馆藏。
[49]《先"总统"蒋公思想言论总集》卷30,第80页。
[50]《先"总统"蒋公思想言论总集》卷30,第102~103页。
[51]《中国抗战与国际形势——说明抗战到底的意义》,《先"总统"蒋公思想言论总集》卷30,第474~479页。
[52]《蒋介石日记》(手稿本),1938年5月26日。
[53]《困勉记》,1938年7月27日。《事略稿本》系于1938年7月28日条下。
[54]《蒋介石日记》(手稿本),1938年9月18日。
[55] 有下划线的文字为蒋介石所加。
[56]《先"总统"蒋公思想言论总集》卷31,第220~228页。
[57]《蒋介石日记》(手稿本),1940年9月29日。
[58]《蒋介石日记》(手稿本),1940年9月30日。
[59]《蒋介石日记》(手稿本),1941年3月31日。
[60]《蒋介石日记》(手稿本),1941年4月14日。《省克记》引本日日记时尚有二语:"此过不改,必致误国。"
[61]《新华日报》,1941年月15日。
[62] 蒋介石:《苏日中立条约之检讨》,机密。"国防"最高委员会档案,003/2081,〔台北〕中国国民党党史馆藏。
[63]《蒋介石日记》(手稿本),1941年9月1日。
[64]《困勉记》1941年9月12日。此后,蒋介石也曾反对英国的类似态度。其1942年12月21日日记云:"(英国)不仅明示日本在东三省保有其经济权,而且以邻国二字使俄国对我东三省有同等权利。呜呼! 其用心之险恶可谓极矣!"
[65]《先"总统"蒋公思想言论总集》卷31,第268页。
[66]《民国三十年杂录》,《蒋介石日记》,1941年。
[67]《中华民国重要史料初编——对日抗战时期》第三编,《战时外交》(一),〔台北〕中国国民党党史委员会,1981,第680页。
[68]《困勉记》,1941年12月18日。
[69]《困勉记》,1942年3月14日。
[70]《蒋介石日记》(手稿本),1942年8月3日。
[71]《战时外交》(一),第680~682页。
[72]《战时外交》(一),第701页。
[73]《蒋介石日记》(手稿本),1942年8月5日。
[74]《蒋介石日记》(手稿本),1942年9月18日。
[75]《蒋介石日记》(手稿本),1942年9月30日。
[76]《蒋介石日记》(手稿本),1942年11月9日。
[77]《蒋介石日记》(手稿本),1943年3月1日。
[78]《蒋介石日记》(手稿本),1943年5月4日。
[79]《蒋介石日记》(手稿本),1943年5月25日。

[80]《蒋介石日记》(手稿本),1943年7月9日。
[81]《困勉记》,1943年8月15日。
[82]《困勉记》,1943年8月24日,参见《蒋介石日记》(手稿本),1943年8月15日。
[83]《蒋介石日记》(手稿本),1943年11月18日。
[84]《蒋介石日记》(手稿本),1943年11月23日。
[85]《对日抗战与本党前途》,《先"总统"思想言论总集》卷15,第187页。
[86]《先"总统"蒋公思想言论总集》,卷32,第50~51页。
[87]《蒋介石日记》(手稿本),1945年4月5日。
[88]《蒋介石日记》(手稿本),1945年3月15日、4月13日、30日;参见《困勉记》相关记载。
[89]《中华民国重要史料初编——对日抗战时期》第三编,《战时外交》(三),〔台北〕中国国民党中央党史委员会,1981,第547页。
[90]《战时外交》(三),第549~550页。
[91]《战时外交》(三),第554页。
[92]《战时外交》(三),第558页。
[93]《战时外交》(三),第561页。
[94]《战时外交》(三),第594页。
[95]《蒋介石日记》(手稿本),1945年7月10日。
[96]《战时外交》(三),第637页。
[97]《战时外交》(三),第656页。
[98]《事略稿本》,1938年8月15日。

第三辑 国际外交

◎孙逸仙博士代表团团长的苏联之行

——1923年蒋介石访问苏联纪实

一 关心俄国革命，早蓄游俄之愿

俄国十月革命引起世界列强的恐慌与敌视。美、英、法、日等国首先选定在俄国远东、西伯利亚等地区发动进攻。1918年4月5日，日军在海参崴登陆。继之，谢苗诺夫、邓尼金等纷纷起兵，攻城掠地，成立政府。蒋介石很早就关心俄国革命。7月24日，蒋介石日记云：

西比利亚霍尔瓦斯政府与海参崴政府两相分离，皆为日本所利用，而置国家于不问，其不步中国之后尘者几稀矣！[1]

从上引日记可以看出，蒋介石指斥那些投靠日本的白卫军头目，认为他们将走上与中国军阀同样的卖国道路。1919年11月，蒋介石在游历日本期间，得悉反苏维埃力量所组织的"西伯利亚政府"被迫迁离鄂木斯克，攻击彼得格勒的白卫军也已被击退。他高兴地在日记中记下这一消息，并且写了一句："利宁〔列宁〕政府之地位，为此更加巩固矣！"[2]随后他写了一篇题为《列国政府对付俄国劳农政府的手段如何》的稿子，投寄在上海出版的《星期评论》。这是一份新文化运动的刊物。不过，蒋的这一尝试并不成功，文章未被刊出。11月15日，他从神户乘轮回国，在船上阅读《俄国革命记》，在日记中写下"想望靡已"四字[3]。

蒋介石原来羡慕欧美，这一年夏天，还曾有过"筹措费用，游历欧美三年"以及"先赴法国，游历世界"的想法，不过，很快他就决定游历俄

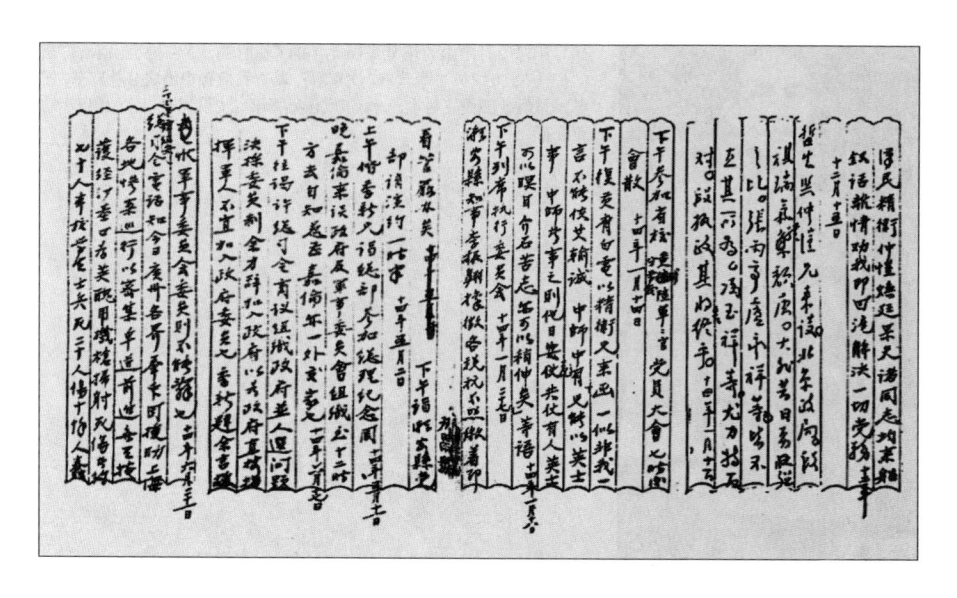

蒋介石日记类抄本（中国第二历史档案馆藏）

国，为此下工夫学习俄文。11月27日，蒋介石日记中开始出现"究俄文"三字。次日，出现"上午，往读俄文；下午，习俄文"的记载。当时，孙中山也已在观察和研究俄国的革命道路，决定派人赴俄留学，特别请了一位俄国教师在廖仲恺家里为革命党人上俄语课。蒋介石"往读"的地方应该就是廖宅。蒋介石学俄文坚持了好几年，一直到1923年底，他的日记不断有类似记载出现。其间，朱执信还为蒋介石讲过一次俄语[4]。

1919年12月3日，蒋介石日记云："复沧白信，研究俄国事情。"沧白，指杨庶堪，四川巴县人，同盟会会员，辛亥革命重庆起义的领导人，1918年被孙中山任命为四川省省长。蒋介石在与杨恕堪通信"研究俄国事情"之后，1920年1月9日日记又云："下午往□□生处议事，命我以代表名义赴□。"很可能这是孙中山派遣蒋介石访问俄国的最早记载，可惜由于日记字迹漫漶，不能确定。1920年3月14日，蒋介石萌生投身"世界革命"的想法，日记云："革命当不分国界，世界各国如有一国革命能真正成功，则其余当可迎刃而解。故中国人不必要在中国革命，亦不必望中国革命先成功。只要此志不懈，则必有成功之一日，当先助其革命成功能最

1917年7月，孙中山为恢复民国元年的《临时约法》和国会，南下广州"护法"，组织护法军政府。次年3月，蒋介石应孙中山之召赴广东，任粤军总司令部作战科主任，半年后任粤军第二支队司令。图为1918年的蒋介石。

速之国而先革之也。"四天以后，戴季陶到蒋介石处，商议赴俄。蒋介石思考之后，觉得广东局面不佳，赴粤只能"为人作嫁"，"不如往俄，自练志识"[5]。几天之后，这种想法更加炽烈，日记云："近日看得国事皆非国内所可解决，极思离国他行。"[6]5月26日晚，蒋介石邀约戴季陶、朱执信、廖仲恺到住处来一起商量，拟于1月内启程，蒋介石和戴季陶各出三千元作为旅费。不过，蒋介石不久即遵孙中山之命，赴福建漳州指挥作战。7月19日，蒋介石再生赴俄之想。同年9月，俄罗斯共产党阿穆尔省中国支部书记刘谦到上海会见孙中山，建议联合中俄革命力量，在新疆集中兵力，打倒中国北方的反动政府。孙中山决定派大元帅府参军李章达使俄，蒋介石同行。22日，孙中山打电话给蒋介石，以俄国、四川、广东三地，让蒋介石选择。蒋觉得：去广东，"则公益大而个人损失不小"；去俄国，"同行者非知交，暂不能行"[7]。蒋选择去四川，但最后听廖仲恺的话，去了广州。

1921年1月1日，蒋介石预定当年应做之事四项：其中第一项即是"学俄语，想到俄国去视察一回，实在做一些事业"。最后一项则是到北京去，"研究北京社会的内容，侦察北京附近的地形。还要借着议员的名义，结交几个新朋友，或者就在北京组织一个新学社，团结狠（很）好同志，否则如有机会，即可以借议员的名义，到俄国去视察一回"[8]。从上述日记可见，蒋介石梦绕魂牵的还是想去俄国考察。

1922年9月，苏俄代表越飞的军事随员格克尔将军到沪，与孙中山会谈。孙中山于8月30日致函蒋介石，要他从溪口赶来上海，参加会谈。9月10日，蒋介石到上海，但第二天就离沪还乡。12日，孙中山再次致函蒋介石，要他到上海住十天，详筹种种。9月21日蒋介石的日记中出现下列八个字："往俄无害，往赣有利。"不过，一直到10月3日，蒋介石才带着蒋纬国再次来沪，直奔孙府，"谈时局"。他是否与格克尔见过面，日记中没有留下任何讯息。

二 机会终于来了，出任孙逸仙博士代表团团长

1923年，机会终于来了。

孙中山一直在努力和苏俄联系，争取苏俄支持。1922年11月21日，孙中山致函蒋介石称，肯定他的访苏之愿。函称："兄前有志于西图，我近日在沪，已代兄行之矣。现已大得其要领。"[9] 12月，孙中山写信给列宁，告诉他，"本人拟派遣全权代表于近期往莫斯科，与你和其他同志磋商合作事宜，以裨俄中两国的合法利益"[10]。同月，孙中山写信给苏俄代表越飞，声称自己可以调动大约1万人从四川经过甘肃到内蒙古去。控制位于北京西北的进攻路线。他询问越飞："贵国政府能否通过库仑支援我？"[11] 同年年底，俄罗斯与乌克兰等组成苏维埃社会主义共和国联盟。1923年年1月，孙中山和苏联代表越飞在上海会谈。孙中山要求苏联给予200万金卢布的援助，同时表示愿意派遣军事代表团访问苏联。5月1日，越飞自日本东京转给孙中山一封苏联政府的电报，同意提供200万金

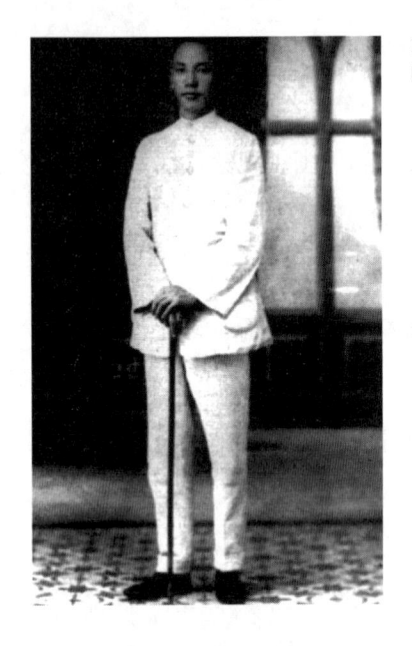

1923年，蒋介石受孙中山委派，作为孙逸仙博士代表团团长访问苏联。图为1923年的蒋介石。

卢布，并且宣称，准备提供军事物资，帮助孙中山在中国北部和西部建立作战单位，开办军校。12日，孙中山复电越飞，感谢苏联的慷慨援助，表示将派代表去莫斯科磋商[12]。5月10日晚，孙中山设宴招待共产国际代表马林，蒋介石应邀作陪，"研究一切"。12日，蒋介石日记有"商议赴欧事宜"一语，可见，在孙中山的"联俄"计划里，蒋介石占有愈来愈重要的位置。不过，孙中山当时想亲自访问莫斯科。6月17日，孙中山任命蒋为大元帅行营参谋长，但蒋介石因对许崇智及西南各军不满，觉得广东事无可为，于7月12日，向孙中山辞职返沪。

7月13日，蒋介石在香港致函时任孙中山大本营秘书长的杨庶堪，自述性格特点，说明"如欲善用弟材，惟有使弟远离中国社会，在军事上独当一方，便宜行事，而无人干预其间，则或有一二成效可收"。函称："为今之计，舍允我赴欧外，则弟以为无一事是我中正所能办者。"[13]

此后，蒋介石日记陆续出现下列记载：

7月23日："接季新（汪精卫）转来（廖）仲恺电。"

7月24日："复季新函。"

7月26日："上午，往访季新、焕廷（林业明）兄，决定赴俄之议，于个人设想，则心甚安乐也。"

廖仲恺电今尚未见，显然，其内容应为通知蒋介石使俄一事。至7月26日，蒋介石和汪精卫以及国民党本部财务部长林业明商量之后，"赴俄之议"就定下来了。多年宿愿，即将实现，蒋介石非常高兴。这以后，进入筹备阶段。蒋介石忙着找人商量，物色成员，阅读资料，其日记载：

7月27日："往访焕廷，致仲恺电。"

7月28日："晚季新、溥泉（张继）诸兄来，商赴欧事。"

7月30日："下午，剑侯（沈定一）、季新、仲辉（邵力子）、焕廷诸同志来谈，共宴于小有天。"

7月31日："上午与玄庐（沈定一）谈天，下午看《新疆游记》。"

8月5日："晚，约会马林及各同志，商决赴俄事。"

马林是共产国际代表，荷兰人，1921年初由共产国际派来中国，推动组织中国共产党，促进国共合作。蒋介石在和马林等商量之后，组织孙逸仙代表团一事最后定案。蒋介石任团长，成员为：

沈定一，浙江萧山人，中国同盟会会员。辛亥革命后曾任浙江省议会议长。1920年参与发起组织中国共产党，成为中共早期党员，但不久即脱党。

张太雷，江苏常州人，代表团中的唯一中共党员。1921年在莫斯科担任共产国际远东书记处中国科书记，时任青年共产国际执委会委员。

邵元冲，浙江绍兴人，中国同盟会会员，曾任孙中山大元帅府机要秘书。1919年留学美国，后受孙中山之命，考察国民党海外组织。

马林(1883年5月~1942年4月)
马林,荷兰共产主义者,原名亨德利库斯·约瑟夫斯·弗朗西乌斯·玛丽·斯内夫利特,笔名"马林"。1921年6月被派往中国,帮助中国共产主义者建立中国共产党,推动了第一次国共合作。

张太雷(1898年6月~1927年12月)
张太雷,中国共产党早期的重要领导人之一,是中国共产主义青年团的创始人之一和青年运动的卓越领导人,1923年作为孙逸仙博士代表团赴苏联考察。1927年12月27日在广州起义的战斗中遭枪击牺牲。

王登云,陕西醴泉人,美国留学生,曾任旧金山华文报纸主笔,代表团的英文秘书,瞿秋白视之为"无赖"。中共方面曾企图阻止王登云参加代表团,未能成功。

次日,蒋介石会见汪精卫。同日,瞿秋白、张太雷来访,"详谈一切"。下午,蒋介石赶制军服。三时后,乘船回乡。到溪口后,整书检衣,预备启程。蒋介石自称其心情悲喜参半。喜的是符合自己尽快脱离"中国污秽社会",根本解决国事的心愿,"前程发轫有望",悲的是"吾党在国内缺少人才,苦我党魁,且对儿女不免恋爱也"[14]。

8月14日,蒋介石回到上海,会见林业明和王登云。其后,蒋介石忙着量衣、照相、看牙。15日一早,蒋介石写信向廖仲恺报告,又给交易所同事周骏彦、夫人毛氏的二兄毛懋卿等人写信,拜托各事。其后,又访问张太雷和瞿秋白。当晚,汪精卫设宴践行。午夜,沈定一从绍兴匆匆赶来。

快要远行了,蒋介石面对经国、纬国两个儿子,自感时有依恋不舍之心,有时甚至背着人流泪,仿佛十二三岁时离开母亲出外读书时一样。蒋介石对自己的这种心情也有点奇怪。

三　起行赴俄，心系纬国

8月16日是预定出发的日子，蒋介石6时起床，首先给许崇智、杨庶堪、胡汉民、廖仲恺及姚冶诚等人写信，然后外出拜会汪精卫、张静江、邵力子诸人。回时已是正午，经国、纬国及陈果夫、陈洁如都到蒋介石的住处大东旅社送行。1时15分，蒋介石、沈定一、张太雷、王登云一行四人登上日轮木神丸。邵元冲当时在欧洲，准备从那里直接赴俄。2时正，轮船启碇。纬国虽不是蒋介石亲生，但最受宠爱。蒋介石在船上听到小儿的声音，就以为纬国在喊父亲，梦中都会惊醒。18日，船抵青岛。入口时，雨雾连连，山色不青，但见港湾污秽，秩序紊乱，除少数苦力外，并不见有一警察及港吏，像似无人管理的自由港。1922年，王正廷代表北京政府与日本交涉，收回青岛，出任青岛商埠督办，被北京政府视为外交重大胜利。如今蒋介石看到其成绩不过如斯，徒负虚名，担心将来收回其他租界时发生困难，深觉可叹。

在船上，蒋介石除写信，想念纬国外，大部分时间用于阅读、抄录《蒙古地志》，为赴苏后的谈判作准备。19日，船抵大连。上岸后，发觉街道颇似日本的横滨。华人在大连约七万人，一切诉讼均听命日人，连会审公堂都没有。整个"关东州"，不能设立一座中国学校，不能派一中国官吏，连租界都比不上。蒋介石觉得"言之可叹，思之伤心，莫甚于此"[15]。当日10时，换乘火车。20日到长春。一路700里，所见所闻，皆是日本势力，好像进入日本国境一样。21日到哈尔滨。24日，由哈尔滨搭车赴莫斯科。25日，到达中俄交界地满洲里。当地居民约有千家，华俄杂处，市况萧条。蒋介石等一行由俄方代表迎接，换乘汽车过境。所谓国界，不过是一条延长的土塍而已，双方皆无人监视，可以自

蒋介石与少时的蒋经国、蒋纬国

由进出。45分钟后,到达孟邱夫斯克,重上火车。

8月26日,车抵赤塔。一路山明水秀,森林浓郁,蒋介石想不到西伯利亚居然有此佳景。27日,车抵上乌金斯克。蒋介石眺望风景,观察形势,觉得地形类似中国南方的山河。他南望蒙古,觉得从此离国日远,颇有"不胜依依"之感。27日,车过贝加尔湖,一望无际,风涛如海,被蒋介石视为"佳景"。29日之后,道路住宅,渐渐整齐,有点欧洲景色了。

曾经和孙中山共同发表宣言的苏俄代表越飞也在这列车上,由于病重,蒋介石等未能与之相叙。

四 抵达莫斯科,称苏联共产党是"姐妹党"

9月2日下午1时,蒋介石等一行经过长途旅行之后,抵达莫斯科车站,随即乘汽车前往招待所。当日,正值莫斯科召开群众大会,22万游行群众高举红旗前往会场,街道上到处挤满了人。蒋介石从未见过如此盛大而沸腾的场面,心情也跟着高昂起来,视为生平一大快事。第二天,蒋介石等拜会外交人民委员部东方部部长，会谈一小时，商量会见苏联人民外交人民委员契切林的日期。蒋介石对会谈和受到的接待很满意，日记云："相见时颇诚恳，皆以同志资格谈话，尚未有失言过语之辞，私心亦安。"[16]9月5日下午2时30分，蒋介石等会见契切林，谈话一时半，由沈定一担任记录。蒋介石觉得契切林"语颇诚挚"，自己的谈话也很"适中"，"无失当之处"，彼此都觉得"甚为投机"[17]。当天蒋介石就致电汪精卫和林业明，向孙中山报告。

9月7日，蒋介石等会见俄共（布）中央书记鲁祖塔克。

"我们是被派到莫斯科来的国民党代表，来这里的目的主要是要了解以其中央委员会为代表的俄国共产党，听取对我们在中国南方的工作的一些建议，并互相通报情况。"蒋称。

"我受俄共中央委托，欢迎代表团来访。国民党按其精神与俄共（布）非常接近。此外，还有另一些重要情况使中国的劳动群众同苏联接近。无论在中国还是在俄国，两国人民都主要从事农业生产；苏联的领土有几千俄里与中国的边界毗连，因此苏联人民同中国劳动人民发生联系是很自然的。遗憾的是，中苏两国劳动人民之间没有任何接触，这有碍于加强这种自然的联系。代表团的到来是向这个方向迈出的第一步。"鲁祖塔克回答。

鲁祖塔克的话使蒋介石听来倍感舒服，他以更为热情的话语回报鲁祖塔克：

"国民党一向认为，苏联共产党是自己的姐妹党。今天，代表团希望听到对俄国革命的一些最重要的阶段、对革命时期所犯的错误以及对共产党在革命进程中的作用和意义的简单介绍，因为俄国革命的经验教训可能对国民党在中国的工作很有教益。"

鲁祖塔克乐于满足蒋介石的要求，他滔滔不绝地讲了两个小时，谈到了俄国实行新经济政策的原因，共产党的民族政策，发展工业和组建红军等多方面的问题。蒋介石很重视，当日日记称："其革命成功之点：一、工人知革命之必要；二、农人要求共产；三、准俄国一百五十民族自治，成联邦制。其革命缺点：一、工厂充公后无人管理；二、集中主义过甚，小工厂不应同样归国有；三、分配困难。"对鲁祖塔克所谈到的苏联当时建设情形，蒋介石记录称："一、儿童教育周密；二、工人皆施军队教育；三、小工厂租给私人。"除了在日记中记下的鲁祖塔克的言论大纲外，蒋介石还表示："详言另录"，可见他对此次谈话的重视。

鲁祖塔克向蒋介石等介绍了俄国革命的成功之点与缺点外，提议国民党代表团和共产国际代表组成专门委员会，讨论一些细节问题，并且协调国民党同俄共（布）中央的行动。鲁祖塔克提议，为了双方的利益，最好有一名国民党代表常驻莫斯科。蒋介石对鲁祖塔克的"盛情的同志式接待"和所介绍的俄国情况表示感谢，声称不反对成立委员会和国民党代表常驻莫斯科。谈话至此结束[18]。当天下午，蒋介石等拜会共产国际东方局局长吴廷康（维经斯基）。这是位"中国通"，1920年被派到中国，推动组织中国共产党，与李大钊、孙中山都有交往。

五 会见红军高级领导人，畅谈进军北京计划

9月9日，蒋介石等再次访问吴廷康。下午3时，访问苏联革命军事委员会副主席斯克良斯基和红军总司令加米涅夫等。此前，孙中山任命的湖南省长兼湘军总司令谭延闿一度占领湖南省会长沙，因此，斯克良斯基首先向代表团祝贺，说："为国民党而高兴，因为我们将国民党视为战友。"在互相问候之后，蒋介石向斯克良斯基提出几项要求：

1. 俄国革命军事委员会尽量向中国南方多派人，去按红军的模式训练中国军队。

2. 向孙逸仙代表团提供了解红军的机会。

3.共同讨论中国的军事作战计划。

斯克良斯基答复说：已经向中国南方派去了一些人，需要等一等，看南方军队怎样使用已经抵达的同志。俄国革命军事委员会并没有多少了解中国并且懂得汉语的干部，不可能向中国南方派出大量军事指挥员。他表示，因为有大约三十名中国人在俄国东方民族共产主义大学学习，所以最好的办法是在俄国为中国人成立专门的军事学校。经过交换意见，双方迅速达成协议：在俄国境内为中国人建立两所军事学校：一所高级学校，培养懂俄语的指挥员（不低于营级）30人，校址设在彼得格勒或莫斯科；一所是中级军校，建在靠近中国的地方，海参崴，或伊尔库茨克，500人。关于代表团了解红军问题，斯克良斯基表示完全可以接受。

谈到军事作战计划，蒋介石声称：代表团拥有孙逸仙授予的全权。他介绍说：孙逸仙几乎没有任何军事工业，香港距离广州只有40里，英国人阻止向广州运输军事物资，因此，南方军队长期装备不足。而且，香港对孙逸仙军队的后方构成严重威胁，一旦南方军队向北挺进，英国人就会收买附近几个省的军队在后方暴动。此外，外国人在长江流域拥有大型内河舰队，南方军队一接近这个地区，英国和美国的炮舰就会立刻阻止。外国人绝对不会允许南方军队打败吴佩孚。因此，南方军队的总参谋部和国民党的代表团在动身来莫斯科前夕决定，将战场转移到中国的西北地区。这是孙中山派出代表团的目的。

蒋介石接着向斯克良斯基和加米涅夫介绍中国的军事形势以及孙中山和吴佩孚的力量对比。他建议：在库仑以南邻近蒙中边境地区建立一支孙逸仙的新军。由招募来的居住在蒙古、满洲和中国交界地区的中国人，以及由满洲西部招募来的一部分中国人组成。在这里按照红军的模式组建军队。从这里，也就是从蒙古南部发起第二纵队的进攻[19]。

斯克良斯基和加米涅夫听完蒋介石的说明，建议蒋介石用书面形式阐明这项计划。这次会谈进行到当晚7时，持续三个多小时。蒋介石觉得斯克良斯基"和蔼可亲",参谋长克姆热夫也热心帮助中国。他在日记中写道:"俄国人民无论上下大小,比我国人民诚实恳切,令人欣慕,此点各国所不及也,其立国基础亦本于此乎!"[20]

从9月10日起,蒋介石开始在招待所起草"作战计划"。11日下午,蒋介石和苏联军事学校管理总部主任彼得罗夫斯基叙谈一小时,彼得答应向代表团提供各种学校教材,同时向代表团详细介绍俄国军队中政治委员制度和共产党组织状况:每个团部都由党部派一政治委员常驻,参与团中主要任务;凡有命令,均须经其签署才能有效;团里的共产党员,不论士兵或将校,在团的活动中担当主干,凡有困难勤务,皆由其党组织负责人担任。12日上午,蒋介石写完"作战计划",加进可能是由沈定一起草的"宣传计划",总名为《中国革命的新前景》。13日,开始起草《致苏俄负责人员意见书》,14日写成。

六 《中国革命的新前景》与《致苏俄负责人员意见书》

《中国革命的新前景》与《致苏俄负责人员意见书》是蒋介石亲自起草的两份文件。

《中国革命的新前景》共18个部分。在《绪论》部分,蒋介石表示:"中国人民不但饱尝中国国内军阀暴政的痛苦,并且还备受外国资本主义和帝国主义列强的压迫,已经下决心要使中国完全彻底革命化,并且实行孙逸仙博士的三民主义:1. 各民族独立自由;2. 人民自由行使各项政治权利;3. 大工业国有化。"接着,蒋介石开宗明义地提出:

从军事观点看,我们暂时还不能在外国资本主义的势力范围内,在中国东南地区奠定永久的基础,所以,我们希望在靠近俄国友邦边境的中国西北地区找一个适当地方,作为我们实行革命计划,与中国军阀和外国资本主义、帝国主义列强进行战斗的军事基地。[21]

还在1921年1月,蒋介石就曾上书孙中山等人,建议"当以西北为第一根据地"[22]。至《中国革命的新前景》,蒋就作了更充分、明确的阐述。《绪论》以下为《中国目前形势》、《敌人》、《军事行动目标》等部分,蒋介石称:"中国的军阀和由他们组成的北京政府已经向外国资本主义和帝国主义列强彻底投降。""他们正在进行同国民党截然相反的活动,因为后者不让他们毁灭中国,正在全力以赴进行公开的或秘密的反对他们的斗争。""中国的内战看起来是内部事务,实际上是国民党和外国资本主义与帝国主义列强之间的战争。"蒋介石接着说明国民党和中国军阀之间的实力对比,提出国民党的敌人是直系军阀,其主义是"做外国资本主义和帝国主义列强赤裸裸的傀儡",其领袖是曹锟和吴佩孚。蒋称:当时有包括奉系和"安福系"在内的十多省正在计划反对曹、吴,学生和工人的运动,平汉铁路工人的罢工,已经戳穿吴佩孚的爱国主义口号,中国人民都非常支持孙博士关于成立"工人队"的意见。国民党的最后目标是北京。

第五部分为《两个拟议中的军事基地》。第一个在蒙古库仑,第二个在新疆的乌鲁木齐。蒋介石从军事根据地和军事目标之间的距离、地理位置、行军时间、国际关系、战略等方面将两者作了详细比较,认为库仑比乌鲁木齐具有"更多的优越性"。蒋介石建议,在库仑,从平汉铁路招募工人和从灾区招募农民,以年轻、有觉悟的中国人做军官,用红军的名义进行训练,两年以后开始进攻。但是,蒋介石又建议,用乌鲁木齐作永久根据地,同俄国合作,帮助东方其他被压迫民族进行反对资本主义和帝国主义的斗争。他说:"我主张在这两个地区同时建立军队,在库仑建立主力部队,在乌鲁木齐建立增援团队。"

第六部分为《中国的自然特点和它的交通情况》。以下依次为《敌

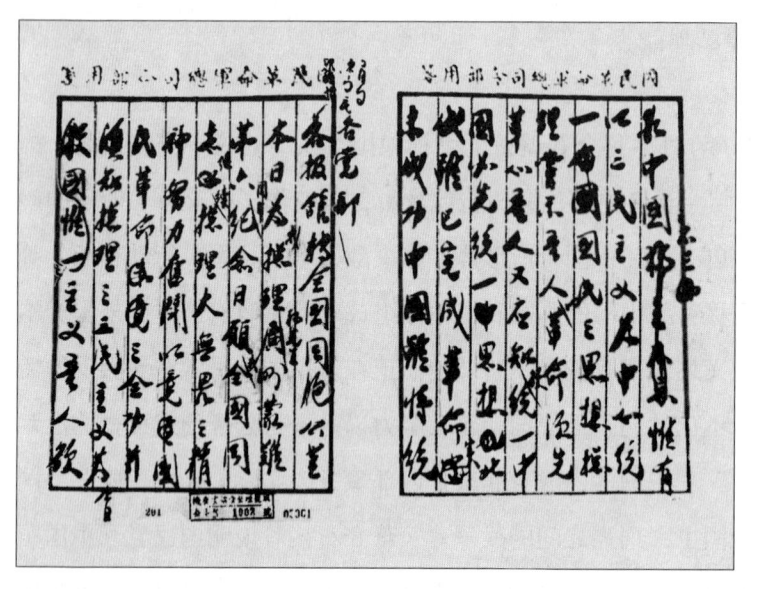

蒋介石呼吁中国人的思想统一到孙中山创立的三民主义之下

人的兵力》、《敌人如何部署部队》、《敌人内部情况》、《国民党的兵力》、《国民党军队情况》、《国民党和它的敌人的军事供应及其财政状况》、《用库仑做根据地和以北京为目标的军事准备时间》、《进军的西翼》、《军事行动阶段》、《拟议中的军事编制和兵力》、《军事预算》、《各种筹备组织工作》。

军事计划之外，可能由沈定一起草的"宣传计划"全名《国民党的宣传工作方案》，共10条。提出建立上海大学，在上海建立大型出版社、更多的通讯社、扩大上海《民国日报》，在广州和北京创办两种大型报纸，出版一种月刊和一种周刊，成立一个委员会，出版各种不定期的小册子等。最后提出，《方案》将在联席会议上讨论。

在《致苏俄负责人员意见书》中，蒋介石对比中俄两国革命，一个"将陷于绝境"，一个"收效之速，一日千里"，自感有愧于心。《意见书》总结辛亥革命失败的教训，认为其原因在于党魁"注全力于外交与政党"，未能直接掌握军事。蒋称：俄国革命之所以成功，在于革命军占领彼得格勒这一政治中心，并且固守不失。辛亥革命之所以失败，在于未能"直捣北京"，反将全国的政治中心袖手让与袁世凯，以致中外结合，使北京成为恶势力中心，根深蒂固。蒋表示："为今之计，中国革命之法，唯有军事与宣传双方工作，同时并进。以实力为铲除现在恶势力之张本，而以宣传事业作主义上之根本培养。"蒋介石批评南方的"革命军队"已经没有革命精神，只在"借革命名义以谋其私人之权利"。他提出："中国恶势力之根据地，反革命派之大本营以及其一切内乱与外侮之策源地，皆在其政治中心地之北京。如望中国革命之奏效，非先打破此万恶政治中心地之北京，则革命绝无成功之望。"蒋介石并且认为，要"对列强作战，打破其在中国的势力范围，亦非打破北京不为功"[23]。

《意见书》中，蒋介石还声称：无论内乱与外侮之压力如何强暴，中国革命党决不当调和派，也决不代表资本阶级，革命精神始终如一，只要变更方法，改善环境，三年之内，必有成效可睹。

蒋介石将这两份文件起草完成后，略感轻松。不过，他没有就此定稿，一直在修改中。

根据鲁祖达克的建议，沈定一于9月15日起草"两党联结文稿"，并且拟于下星期二成立有国民党代表团和共产国际代表组成的专门委员会。16日，沈定一完成"草约"，蒋介石又忙着和沈一起研究"条文"[24]。

七 被热情的红军士兵抬了起来，批评外交人员"下流无赖"

9月16日，俄国陆军学校学生举行毕业典礼，苏联中央执委会主席加里宁及红军各领导人都出席并发表演说。下午，蒋介石等应邀参加，受到与其他各国出席人员不同的特别招待，这使蒋介石等颇感自豪。17日，参观步兵第144团。事先，军事院校管理总局秘书卢果夫斯基向莫斯科军区司令穆拉托夫等人打好招呼，指示说：有中国共青团团员来访，举行欢迎仪式，访问尽量秘密进行。蒋介石本来是准备穿上全套军服的，结果，接受俄国人建议,改穿便服。当时,这个团刚刚演习归来,营房还在修缮,生活尚未进入正轨。蒋介石等参观了连队、营房、红角、号令、修理部、医务室、俱乐部、图书室、机枪小队、厨房、面包房、俄共支部,并且品尝了红军战士的食品,了解了每周的食谱。不过俄国人对蒋介石等还是有点警惕,没有让他们参观武器库。卢果夫斯基在向外交人民委员部的书面汇报时,特别声明:"我也没有介绍特别秘密的资料。"[25]

在有400名红军士兵出席的大会上,蒋介石发表演说,首先称赞"红军是世界上的一支最勇敢、最强大的军队",他接着说:

红军战士和指挥员们!你们战胜了你们国内的帝国主义和资本主义,但你们还没有消灭世界的资本主义和帝国主义。你们要准备同他们决战,因为你们要在其他民族的帮助下完成这一事业。请记住,每一个战士的义务就是牺牲。要时刻准备为你们的事业去牺牲,这就是胜利的保证。

我们是革命者,是革命的国民党党员,我们是军人,我们是战士,我们也准备在同帝国主义和资本主义的斗争中牺牲。

蒋介石表示:"我们来这里学习并与你们联合起来。当我们回到中国人民那里时,要激发他们的战斗力,战胜中国北方的军事势力。"[26]

蒋介石的讲话不时被经久不息的掌声和高昂的《国际歌》乐声打断。讲话结束时,与会者高喊"乌拉"。蒋介石情绪激动。据俄国人记述:"看来,他讲话时充满着强烈而诚挚的感情。他在结束讲话时几乎是在吼,他的双手在颤抖。"离开军营时,蒋介石等被红军战士抬起来,轻轻摇摆,一直抬到汽车前。上车后,蒋介石等仍然非常激动,不断赞美红军战士的"精神"和"热情",认为这是他们在其他任何一支军队中都没有见过的。蒋告诉全程陪同的卢果夫斯基说,此行"印象非常好。他为红军的'精神'所感动。他们所有人——指挥员和战士——并不是首长与部下，而像是农民兄弟"[27]。

蒋介石在参观红军第144团的表现并不是故意造作。当日，他在日记中有同样的记载："其军纪及整理虽不及日本昔日军队，然其上下亲爱，出于自然，毫无专制气象。"对于红军中的"双首长制"，即司令员之外，还有一位党代表，蒋介石也感觉不错，认为两者之间分工恰当，"亦无权限之见"。"大约军事指挥上事务皆归团长，而政治及智识上事皆归政党代表，尤其是精神讲话及平时除军事外之事务，皆归代表也"[28]。

9月19日，蒋介石等参观步兵第二学校。20日，参观研究毒气的军用化学学校。22日，参观高级射击学校，看到了15世纪以来的各种枪支，共约数百种，其中俄造骑兵用机关手枪，可连发35响，轻便非常，给了蒋介石很深印象。他在日记中慨叹道："俄国武器之研究及进步可与欧美各国相等，不比我国之腐败也。"

初到莫斯科，受到热情接待，蒋介石的印象是好的，只是觉得物价高。9月8日晚，蒋介石等往前皇家剧院观剧，听说正厅票价每人约需5个金卢布，感到莫斯科生活程度不低！14日，蒋介石外出买鞋，定价90金卢布，蒋介石惊诧地叫起来："太贵了！"不过，蒋介石对这些均觉得无所谓，并不十分在意。使他在意的是苏联政府工作人员的态度。

9月23日，代表团中唯一的共产党员张太雷和外交人民委员部的工作人员发生争论，蒋介石为张太雷帮腔。事后闷闷不乐，认为"其部员之下流无赖，实使人讨嫌"[29]。24日，蒋介石仍不能释怀，日记云："为外交部员无礼怠慢，使人嫌恶，几欲回国。余之性质，实太狭褊，不能放宽，奈何！"蒋介石早年性格的特点是任性。前些年在孙中山、陈炯明手下工作的时候，常常因与人不合，立刻甩手走人，辞职不干。这次虽因苏联外交人民委员部的工作人员不敬，萌生回国念头，但是，这毕竟是在外交场合，他还是忍住了。

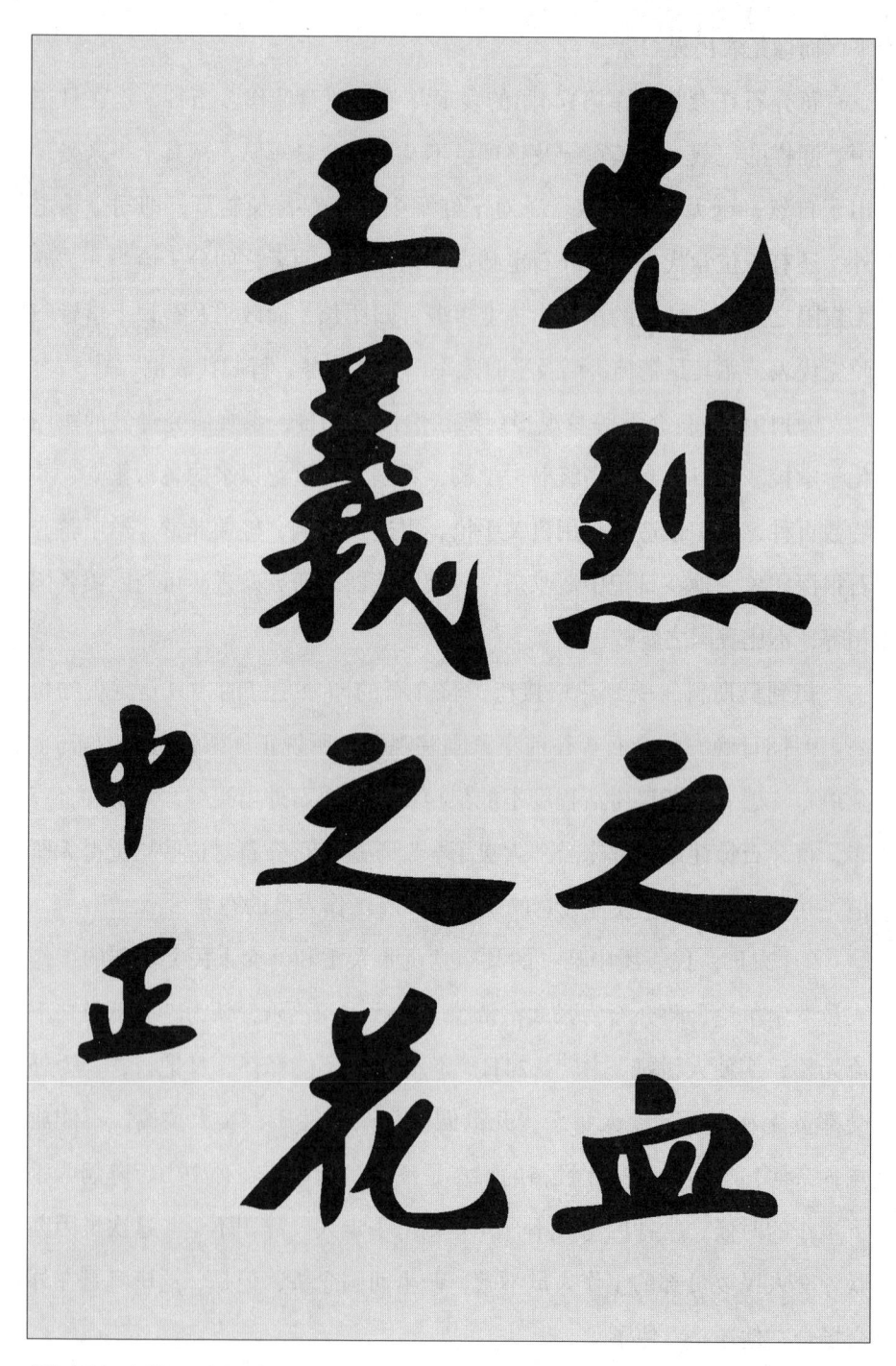

蒋介石手书"先烈之血，主义之花"

八　参观彼得格勒等地，为市况萧条及海军士气担忧

9月25日晚9时，蒋介石等一行乘火车前往彼得格勒等地参观。

9月26日下午，参观冬宫。先参观博物馆，收藏以瓷器、图画为多，宫殿的墙壁、柱子，均用红、白、绿三种大理石为原料。其后参观冬宫的觐见厅、寝室、书房、餐厅、浴室、会议厅、礼堂等处，或称为金间，或称为银间，或称为翡翠间，给蒋介石的印象是"铺陈华丽"。不过，其中最吸引蒋介石的却是展出的俄国革命党历史，特别是革命前的艰苦斗争与巨大牺牲。蒋介石在日记中写道："惟其中新设一层，皆述革命党经过历史之惨状，殊令人兴感也。"

9月27日，参观海军大学及海军学校。

9月28日参观海军博物馆。该馆陈列彼得大帝以来俄国海军的发展史，包括人员及舰船模型等。俄国海军的发展迅速，使蒋介石颇感"惊骇"。同日，乘船游览涅瓦河，一直到海口为止，使蒋介石等充分领略了彼得格勒形势的宏壮。三时后参观制造潜艇的工厂。第二天，再由彼得格勒乘船，参观喀琅施塔得军港，登上"摩拉塔"战舰及第二号潜水艇。9月30日，参观大剧院和"伊晒克"教堂。蒋介石一直登上教堂的最上一层，彼得格勒四郊百余里之内的风景，一一收入眼底。对这一教堂建筑的宏大壮丽，蒋介石叹为"实所罕睹"。

10月1日，参观前皇村，这是历代沙皇居住的宫殿。蒋介石日记称："其建筑之宏大，装饰之华丽，诚所谓穷奢极欲。大理石与翡翠之柱壁、地板，不足奇也。"对沙皇尼古拉的宫殿，则认为远远超过法国的凡尔赛宫，"世无其比"。归途中顺道访问一户人家，受到亲切接待。一位既漂亮又热情的俄罗斯女郎一会儿翩翩起舞，一会儿挥指弹琴，使得一向贪恋女色的蒋介石叹为"诚尤物也"[30]。

从9月26日到10月1日，蒋介石等在彼得格勒参观、访问共6天。当

时，俄国经济还处于困难时期，喀琅施塔得军港两年前还发生过反对苏维埃政府的暴动。蒋介石的总印象是："市况凋零，民气垂丧，皆不如莫斯科之盛，而其海军人员之气象，更不良佳，殊堪为苏俄忧也。"[31]

九 再回莫斯科，向托洛茨基等呈递《备忘录》

10月2日上午11时，蒋介石等回到莫斯科，又因为为外交人民委员部的工作人员"弄鬼"生气，蒋介石觉得自己意志不坚。日记云："宽容大度，包罗万象，方能成伟大事业。器小如此，奈何！"

还在彼得格勒访问期间，蒋介石就在起草一份信稿。9月27日日记云："早起，致函稿成。"28日日记云："早起修正函稿。"30日日记云："上午，缮正函稿。"回到莫斯科的当晚，蒋介石将函稿誊录一遍，大功告成。10月3日，代表团内部为函稿及《中国革命的新前景》发生争论，只是"稍有龃龉"，情况并不严重，但蒋介石却很不高兴，日记云："交友实难，吾自不慎，有何言也。"10月5日，蒋介石修改《中国革命的新前景》，定名为《孙逸仙代表团关于越飞5月1日东京电中所提建议之备忘录》。一直到晚上10点才睡。日记云："同伴参差，萧然寡欣。交友之难，可叹！"10月6日，蒋介石检点《函稿》及《备忘录》，一份送交外交人民委员契切林，一份送交革命军事委员会托洛茨基、斯克良斯基和加米涅夫。《函稿》目前只有英文打字稿留存下来，现翻译如下：

亲爱的同志：

我们受孙逸仙博士委派，为建立中国国民革命的主要军事力量，前来讨论在中国的西北边境建立革命的军事组织的计划细目。5月1日，苏维埃政府通过越飞发自东京的电报，答应给我们的领导者以相关援助，对此，我们首先要充分表达感激之情。5月12日，孙博士复电，接受俄国人的建议并陈述说，他将为此投入很大的精力。该电已自广州电达越飞和达夫谦。有信通知我们,孙博士的回答已经电告莫斯科。

我们受我们党的领导人的委托,前来和你们讨论建议的军事部分。但是,我们也将利用这一机会,讨论建立政治思想战线的方案,作为成功地执行我们计划的基础。俄国同志在此领域有伟大的经验,因此,我们期待关于我党宣传工作的讨论将给予我们许多有价值的情报。这些,我们在不远的将来会需要。

在所附《备忘录》中,我们已经陈述了这一计划的两个方面,但是,我们必须强调,这是我们的特别任务,以达到一项军事组织的明确决定。它将不仅是中国革命成功的绝对需要,而且会在太平洋地区的斗争中有伟大的实际作用。在这一斗争中,俄国和中国的革命军队将抵抗帝国主义的联合力量。这一力量,企图将中国置于他们的控制之下,并且成为苏俄的真正危险。[32]

函末,蒋介石表示希望,尽早与苏方会见,讨论《备忘录》,以便尽快执行计划。可以看出,这封信和前述蒋介石写就的《致苏俄负责人员意见书》已经大不相同了。

《备忘录》分《绪论》、《军事计划》、《宣传》、《结论》四大部分,共八千二百余字[33]。

从笔者见到的部分英文打字稿看,它在篇章结构上作了较大调整,但和《中国革命的新前景》并无很大不同。

十　好坏印象夹杂的苏俄观感

蒋介石递上《备忘录》后,主要任务完成,就等着俄国人回答,因此日子过得并不紧张。俄国人乘机安排蒋介石等人看戏、看芭蕾舞,参观莫斯科的工厂、农村和克里姆林宫等处。

10月8日晚,往莫斯科大剧院观剧。"此剧系俄国各民族各种演剧模型"，大概是一场综合性晚会，教育人民委员卢那卡尔斯基亲自登台演出。蒋介石日记称："台上印刷机器随时印布宣传品，实乃共产主义国之特色也。"[34]

10月25日下午，参观莫斯科的灯泡制造厂及发电厂，考察厂中的工人俱乐部、教室、音乐补习室、贩卖合作社、图书室、阅报室、膳厅、剧场等地，感到"应有尽有"。对工厂为工人配备"专科教师"以备工人业余学习，以及职工会与共青团，蒋介石都表示满意。对工厂举办的展览会，展示厂史及工人状态，列表说明厂中资本盈亏，供工人观览，注重社会科学等做法，蒋介石也都赞成。

10月28日，看芭蕾舞。演员们的精湛舞姿看得蒋介石等人目瞪口呆，叹为观止。蒋介石日记称："演剧妇女之活泼动作，无异机械，吾国优伶万不及也。"

10月30日，参观莫斯科西郊的农村。先进入村苏维埃，蒋介石觉得类似奉化乡间的自治会，但制度不同。继而参观消费合作社和小学校。小学展览的是学生自制的工具和自绘图画，蒋介石感觉较中国教育为新颖。最后参观乡苏维埃。蒋介石觉得规模较大，司法、行政、立法三权皆出于此，乡村警察亦出于此。

11月1日，参观克里姆林宫，正值卫生人民委员报告，蒋介石坐在台下听了约一小时。克里姆林宫留给蒋介石的印象是建筑宏大，但装潢则比不上彼得格勒的冬宫等处。

11月5日，参观俄国共产无政府主义者克鲁泡特金的故居。

11月6日晚，到莫斯科市苏维埃，参加庆祝十月革命节纪念大会，听加米涅夫和布哈林以及当年起义水手、海军士兵等演说。

11月7日为苏维埃联邦共和国6周年纪念日。上午9时，蒋介石等到红场参观阅兵式及群众游行。自11时起至下午6时止，游行尚未完毕。参加者有军队2万，飞机16架，炮车8门，机关枪车1队。炮车和机关枪车，蒋介石都未见过，充分感到俄国军械的先进和军容的威严。典礼让蒋介石看到了俄罗斯人民对政府的拥护。当日，蒋介石在日记中写道："观今日之运动，足知苏维埃政府对于人民已有基础，殊足以破帝国主义之胆。吾于苏俄无所间言。"但是，蒋介石仍然觉得，俄国"中级以下人材缺乏，办事时间延迟不准，缓慢非常，而其高级人员处事或尚感情，是其短处。至于其有否自满之志，则吾尚未敢断言也"。

11月15日下午，参观博物馆。

闲暇时，蒋介石自己参观市场，或者独自沿着美丽的莫斯科河散步。有一次，蒋介石一个人搭船，顺流到莫斯科西南的"不寂之园"去观光。那里是莫斯科的最高处，风景优美，蒋介石感到有些像东京的上野公园，但比上野还要美。公园的最西边是麻雀山，相传拿破仑到莫斯科后，曾先登此山。蒋介石徘徊于山径和森林之间，眺望全城，自觉精神爽畅，称誉此地为"莫斯科第一胜景"。此后，蒋介石又去过三次。

11月16日，拜访苏联中央执行委员会主席加里宁。加里宁给蒋的感觉是"完全一农民"，"言语诚实，行动自在"。蒋介石和他谈起国外大势，不知所答。蒋介石暗自将加里宁和曾任中国总统的黎元洪比较，觉得黎"狡猾馁弱"，因此转而赞美加里宁，"诚不愧为劳农专政国之议长也"[35]。

11月19日晚，参观莫斯科市苏维埃大会。内容为报告一年来的工作成绩：工业已恢复至战前的60%；工资比去年增加一倍；新增工人宿舍可容一万余人；3万失业工人，政府每月津贴每人8元。蒋介石日记称："是其重要报告也。"

11月21日蒋介石访问越飞。下午，访问教育人民委员卢那卡尔斯基。卢称苏联的教育方针为：1. 废除宗教；2. 男女同校；3. 接近实际生涯；4. 学生管理校务；5. 统一教育制度；6. 注重劳工学校；7. 专门学。卢并称：中央与地方合计，现在常年教育经费约占国家总预算的14%，共为一亿四千万元。蒋介石对卢的谈话很重视,将其所谈比较详细地记在日记里,但他还觉得教育预算偏低,"尚不足其预算三分之一也"。

从俄国人那里,蒋介石得知各地都有共青团组织,蒋介石称之为"少年共产党支部"。对"少年共产党支部"注重培植青年,蒋介石赞美其为"第一优良政策"[36]。蒋介石也了解到,当时的苏维埃政府,看不起知识分子和商人,"优待农工而轻士商",这本来是一项"左倾"政策,但蒋介石也赞成,在日记中表示:"吾亦无间言也。"[37]

十一 俄国人拒绝在库仑建立军事基地,蒋介石大失所望

俄国人长期将蒙古视为其势力范围。1911年,中国发生辛亥革命,沙俄乘机派兵进入蒙古,导演"独立"。1921年,苏俄红军为追剿沙俄白卫军,进占库仑,此后即长期不肯撤兵。蒋介石要求在库仑建立军事基地,自然不能为俄国人所接受。10月18日契切林约蒋介石往见,但契切林临时有病,未见。10月21日下午,蒋介石拜会契切林,集中谈"蒙古自治问题及根本计划"。契切林没有正面回答可否,只笼统地强调"蒙古人怕中国人",要蒋介石与苏共领导人商谈。26日,蒋介石致函契切林,反驳说:

要知道蒙古人所怕的是现在中国北京政府的军阀,决不是怕主张民族主义的国民党,蒙古人惟其有怕的心理,所以急急要求离开怕的环境。这种动作,在国民党正想把他能够从自治的途径上,达到相互间亲密协作底目的。如果苏俄有诚意,即应该使蒙古人免除怕的状况。须知国民党所主张的民族主义,不是说各个民族分立,乃是主张在民族精神上做到相互间亲爱的协作。所以西北问题正是包括国民党要做工作的真意,使他们实际解除历史上所遗传笼统的怕。[38]

访苏前,蒋介石没有料到事情会如此不顺利。发出致契切林函后,蒋

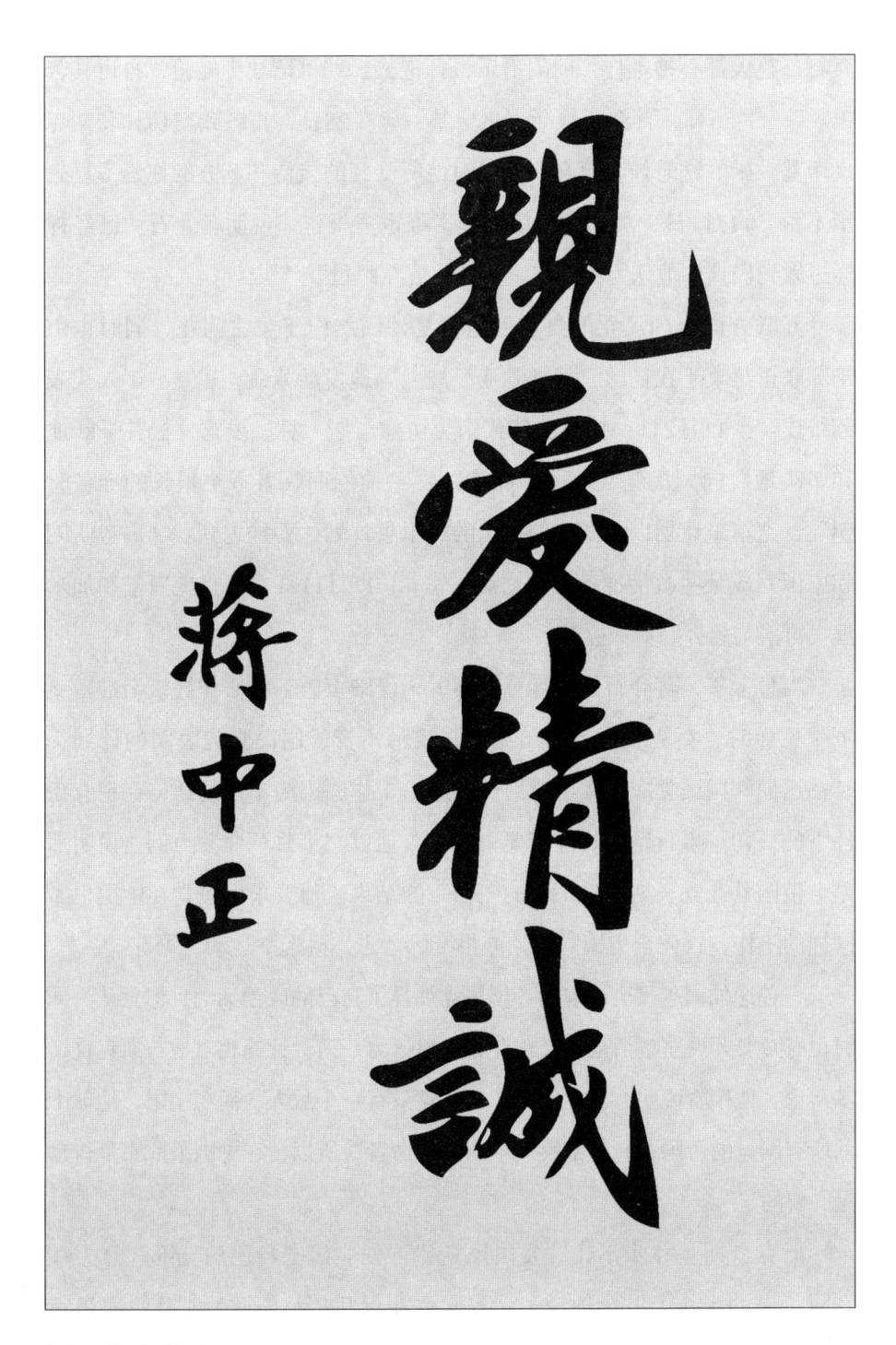

蒋介石手书"亲爱精诚"

介石一整天都心神不佳，闷闷不乐，日记云："可谓缺少经验，自讨其苦也。"[39] 25日，蒋介石致斯克良斯基一函。28日，再各致契切林和斯克良斯基一函。这时候，蒋介石已经对他所受到的接待和苏方的拖延不复表示不耐。11月1日，契切林写信向季诺维也夫报告，说明蒋介石"已经神经过敏到极点，他认为我们完全不把他看在眼里"[40]。

苏联方面对国民党的要求迟迟不复，固然由于蒙古问题，同时也由于苏联正热衷于在德国、保加利亚、波兰等地发动革命，建立"工人代表苏维埃"。11月2日，托洛茨基致函契切林与斯大林，要求"极其果断地和坚决地"向国民党代表团"灌输"："他们面临着一个很长的准备时期"，"军事计划以及向我们提出的纯军事计划，要推迟到欧洲局势明朗和中国完成某些政治准备工作之后。"[41] 11月11日，斯克良斯基和加米涅夫再次与蒋介石等人会谈。

当日上午，蒋介石检出《意见书》，仔细审查，精心作好谈话准备。下午见面时，斯克良斯基开门见山，表示不赞成国民党代表团的计划："孙逸仙和国民党应该集中全力做好政治工作，因为不然的话，在现有条件下的一切军事行动都将注定要失败。"他以"十月革命"为例，说明那是"俄国共产党长期坚持不懈的工作"的结果。他要求国民党在中国也做同样的工作，首先全力搞宣传，办报纸、杂志，搞选举运动，等等。

"孙逸仙同越飞会谈以后，国民党加强了自己的政治活动，但党认为同时也有必要开展军事活动。"蒋介石还想尽力一搏，针锋相对地与斯克良斯基辩论。他接着说明："在俄国，共产党只有一个敌人，而在中国，地球上的所有国家的帝国主义者都反对中国的革命者，所以，在中国采取军事行动是必要的。"[42]

斯克良斯基寸步不让，要国民党"首先应该把自己的全部注意力用在对工农的工作上"。他说："有必要在近几年只做政治工作，军事行动的时机只有当内部条件很有利时才可能出现。"他尖锐地批评蒋介石提出的军事计划："发起你们方案中所说的军事行动，就是事先注定要失败的风险。"为了不让蒋介石完全失望，斯克良斯基提出，可以允许"中国同志"到苏联军事学校学习。参谋部学院可以接受3～7人，军事学校可以接受30～50人。至此，会谈已经进行了两个小时，蒋介石等无话可说了，表示将于11月22日回国，希望再一次会见斯、加二人，并且请他们转交一封信给革命军事委员会主席托洛茨基[43]。

在归途中，张太雷向陪同的俄国人表示："在学习了苏联的经验之后，本代表团应该同意革命军事委员会的意见。"据这名俄国人事后的汇报，会谈前，蒋介石由于神经紧张，过度劳累，一再要求送他去疗养院休养两周，而在与斯克良斯基会谈之后却表示：不要张罗疗养院和医生，自己感觉好多了。这名俄国人由此作出结论说："中国人对同斯克良斯基同志的会见是满意的。"[44]

事实是，俄国人拒绝了蒋介石的库仑军事计划，蒋介石的内心极为愤懑、失望。当日，他在日记中写道：

无论为个人，为国家，求人不如求己。无论亲友、盟人之如何亲密，总不能外乎其本身之利害。而本身之基业，无论大小成败，皆不能轻视恝置。如欲成功，非由本身做起不可。外力则最不可恃之物也。[45]

11月12日，蒋介石给汪精卫发了电报，又给契切林写了封信。整天"心绪沉闷"。他想起了当时国内的状况，更加抑郁，日记云：世人虚伪，本党同志，优秀者或死节，或远离，现在所见者，只有"趋炎附势，争权夺利，吹牛拍马，以公济私，卑陋恶劣，互相利用挑拨之徒"，其他人则"贪似狼，猛似狗，蠢似豕"。想到这里，蒋介石在句末重重地写下了"可叹"二字。

蒋介石又给斯克良斯基和契切林各写了一封信。

十二　批评苏俄政府"无信"，察觉斯大林等人"排斥异己"

蒋介石在俄国时间久了，对俄国社会了解渐多。11月24日日记云："俄国中级人才太少，政府往往为其下所蒙蔽，而其轻信、迟缓、自满，为其切要弊端，遇大事不能深重观察，专尚客气。人而无信，尚不能立，况其国乎！少数人种当国，排斥异己，亦其国之一大弊也。吾为之危。"这一段日记前半段批评苏俄政府"无信"，后半段，批评"少数人种当国，排斥异己"。

1919年7月，苏俄政府曾由副外交人民委员加拉罕发表对华宣言，宣称："苏维埃政府把沙皇政府独自从中国人民那里的掠夺的或与日本人、协约国共同掠夺的一切交还给中国人民。"[46] 1920年9月，加拉罕照会北京政府外交部，声称："以前俄国历届政府同中国订立的一切条约全部无效，放弃以前夺取中国的一切领土和中国境内的俄国租界，并将沙皇政府和俄国资产阶级从中国夺得的一切，都无偿地永久归还中国。"[47]当时，蒙古问题是中苏之间的重大纠纷。1923年1月，越飞与孙中山会谈时，曾向孙表示，俄国现政府从来不想在外蒙实施帝国主义政策，也绝无使其脱离中国的目的[48]。1923年9月16日，加拉罕到北京谈判，专门向报界声明：蒙古应为中国之一部，俄国决无任何侵并计划[49]。现在，苏方坚决拒绝蒋介石在库伦设立军事基地的计划，自然要被蒋视为"无信"。

俄国共产党从1921年起进行"清党"，至1922年3月召开联共（布）第11次代表大会前，已经开除了17万党员，占全体党员的25%左右。第11次党代表大会上，由于列宁已经病重，出生于格鲁吉亚的斯大林当选为总书记，并与季诺维也夫、加米涅夫等人陆续形成"三驾马车"以至"七人小组"，垄断苏联党和国家大权，将托洛茨基排除在外。1923年4月，联共（布）召开第12次代表大会，"清党"仍在进行。同时，斯大林对托洛茨基的斗争也渐次进入火热状态，开始批判托洛茨基本人和他的拥护者越飞（1883.10.10—1927.11.16），苏联无产阶级革命家、政治家、外交家。1923年1月以苏联特使的身份在上海与孙中山会晤，商讨改组国民党、建立革命军以及共产国际援助中国革命问题。1月26日，双方联名发表了《孙文越飞宣言》。

拉狄克和克拉辛等。这些，不能不给蒋介石留下印象。11月24日日记所称"排斥异己"，显指斯大林等人。蒋介石认为这是苏联的"大弊"，并且声称"吾为之危"。

蒋介石晚年回忆说："在苏俄党政各方负责诸人之中，其对我国父表示敬重及对中国国民革命表示诚意合作的，除加密热夫、齐采林（按，即契切林——笔者）是俄罗斯人之外，大抵是犹太人为多，他们都是在帝俄时代亡命欧洲，至一九一七年革命才回俄国的。这一点引起了我特别注意。我以为托洛斯基、季诺维也夫、拉迪克与越飞等，比较关切中国国民党与俄国共产党的合作。可是越飞自中国回俄之后，已经失意了。我并且注意到当时列宁卧病如此沉重，而其俄共党内，以托洛斯基为首要的国际派与史达林（按，即斯大林——笔者）所领导的国内组织派，暗斗如此激烈，我就非常忧虑他们这样斗争，必于列宁逝世之后，对于中俄合作的关系，更将发生严重的影响。"[50] 蒋介石的这一段回忆，可以帮助我们了解他11月24日的日记。

十三　认真攻读马克思著作，但崇拜孙中山，婉拒加入中共

在苏联期间，蒋介石有较多空闲。除了学俄语，读吴承恩的《西游记》，学习拉手风琴，弹琵琶外，不少时间都用在阅读马克思主义著作上。其日记载：

9月21日下午，看《马克思学说》。

9月22日下午，看《马克思学说概要》。

9月24日，看《马克思学说概要》。日记云："颇觉有趣。上半部看不懂，厌弃欲绝者再。看至下半部，则倦不掩卷，拟重看一遍也。"

9月25日下午，看《经济学》。

10月3日晚，看《共产党宣言》。

10月4日上午，看《马克思学说概要》。下午看《概要》。

10月7日，看《马克思学说概要》。

10月9日下午，看《马克思学说概要》。

10月10日下午，看《马克斯〔思〕学说》之《经济主义》。日记云："复习第三遍完，尚不能十分了解，甚叹马克思学说之深奥也。"

10月16日，看《共产党宣言》

10月17日，看《共产党宣言》。

10月18日，上午看《马克思传》，下午看《马克思学说》，"乐而不能悬卷"。

10月20日下午，看《德国社会民主党史》。

11月1日，看《德国社会民主党史》。

从上述日记可见，蒋介石这一时期读马克思主义著作不仅很积极，很认真，一遍、两遍、三遍地读，而且有时还读得很有兴趣，乐不释手。但是，蒋介石仍然高度崇拜孙中山。

蒋介石与孙中山

当蒋介石访问苏联之际，苏联政府也正派其副外交人民委员加拉罕来华和北京政府谈判。9月8日，加拉罕致电孙中山，称孙为"新俄国的老朋友"，表示希望得到孙的帮助[51]。9月16日孙中山复电加拉罕，其中谈到："中俄两国之真实利益使双方采取一种共同政策，俾吾人得与列强平等相处，及脱离国际帝国主义之政治、经济的压迫。"[52] 10月9日，蒋介石从苏联报纸上读到孙中山这一电报，高兴地在日记中写道："今日俄报登载中师复喀拉汉宣言，甚为得体，且有反对帝国资本主义之决心，不胜欣喜。"

10月10日是当时中国的国庆节。从下午起，蒋介石就在预备演讲，题目是中国国民党的历史。当天晚上，在莫斯科的全体中国学生到蒋介石寓所，共同庆祝"双十节"。苏联外交人民委员部、苏联共产党都派代表前来祝贺。蒋介石讲了大概一个半小时，自觉"颇有条理"。接着是演剧、献技，奏《国际歌》，一直到夜12时方散。

大概蒋介石在演说中比较突出地宣扬了孙中山的功绩，第二天，蒋介石就听到批评："有崇拜个人之弊"。当时在俄国的中国学生接受马克思主义教育，在领袖与群众的关系上，在孙中山的个人作用上有某些新看法，本是很自然的事，但蒋介石却不能理解，他联想到中国国民党和俄国共产党内的情况，更增添一层忧虑。日记称："甚笑中国人自大之心及其愿为外人支配而不愿尊重国内英雄，此青年之所以能言难行而无一结果也。党人好尚意气，重妒嫉，而俄党下级人员较吾中国更甚，此实为俄党虑也。"[53]

10月13日，蒋介石到苏联外交人民委员部。在那里读到孙中山致列宁、托洛茨基和契切林的三封信，其中称蒋介石为"我的参谋长和密使"，声称"蒋将军要和贵国政府及军事专家一起提出一项由我的军队在北京西北地区进行军事行动的建议。兹授权蒋将军代表我全权行事"[54]。蒋介石感受到孙中山的"至诚"，心头一热，不觉泪下。孙中山为中国革命奋斗多年，尚未成功，蒋介石颇为孙中山不平，日记称："天何不欲至诚之人成功而使其久屈也！"[55]同日，蒋介石还收到汪精卫、廖仲恺的来信，也都对蒋充满期待，使处在异国他乡的蒋介石感到温暖。10月18日，蒋介石再次接到孙中山手拟长电，又一次受到感动，日记云："中师诚挚之辞，每使人读之泪下，其非比长于文字者故为此笼络之语，此其更可贵也。"

其间，曾有人动员蒋介石加入中国共产党，蒋介石答以"须请命孙先生"。蒋的答复使动员者失望，批评蒋是"个人忠臣"，这一批评又很快为蒋介石得知，大为不满[56]。到当年12月13日，蒋介石离开苏联回国，见到"留俄同志"致孙中山函稿，其中论及孙中山周围"忠臣多而同志少"，更使蒋介石"阅之甚骇"。其实，这本是一句要求加强国民党内民主建设的善意劝告，但蒋介石不能理解。日记云："少年轻躁自满，诋笑道义，殊为可叹！排人利己之徒，诱引青年，自植势力，而不顾党谊，其实决不能自成其势。梦梦之人，惟有一叹而已。"[57]这里所批评的"少年"和"排人利己之徒"，显指当时的部分年轻的共产党员，这是蒋介石对中共发生嫌隙的开始。第二年3月,蒋介石更致函廖仲恺诉苦说:"弟自知个性如此,殊不能免他人之非笑,然而忠臣报君,不失其报国爱民之心,至于汉奸、洋奴,则卖国害民而已也。吾宁愿负忠臣卑鄙之名,而不愿带(戴)洋奴光荣之衔。"[58]

十四　与共产国际领袖争论,主张中国革命"两步走"

蒋介石等到莫斯科后,曾于10月中旬通过吴廷康向共产国际提交过一份《关于中国国民运动和党内状况》的书面报告。该报告认为:辛亥革命以来,中国的政权一直掌握在军阀手中,帝国主义列强对中国的经济剥削日益增强。国民党的任务是"推翻世界资本主义"。中国的国民革命具有国际性质。《报告》对三民主义提出了新解释:民族主义意味着"所有民族一律平等",反对帝国主义,扶助弱小民族。民权主义指每个人都拥有言论、结社、集会、出版等自由,政府必须来自人民,取得人民帮助并为了人民。民生主义就是国家社会主义,所有大工业、所有土地都属于国家,由国家管理,以便避免私人资本主义的危害。但是,由于现时的经济条件,中国不可能立即实行共产主义。民生主义是当前中国"最能接受的经济制度"。《报告》还提出:国民党必须进行改组,目前最重要的任务是为宣传工作寻找政治口号。同时,必须在反帝运动中同苏维埃俄国合作。这种合作不仅为中国革命带来好处,也会为世界革命带来好处[59]。

吴廷康收到国民党代表团的书面报告后,约蒋介石在适当时刻拜会共产国际主席团,但其时间却一再延宕,不能确定,蒋介石觉得很失面子,不大高兴。11月25日,吴廷康再次相约,而又不定具体时间,蒋介石"愤激不堪,婉言拒其约会"。但吴廷康一再要求,蒋介石勉强答应。当晚7时,蒋介石到共产国际主席团参加共产国际执行委员会,首先会见主席季诺维也夫等人,据蒋介石日记称:"各国共产党主席皆履

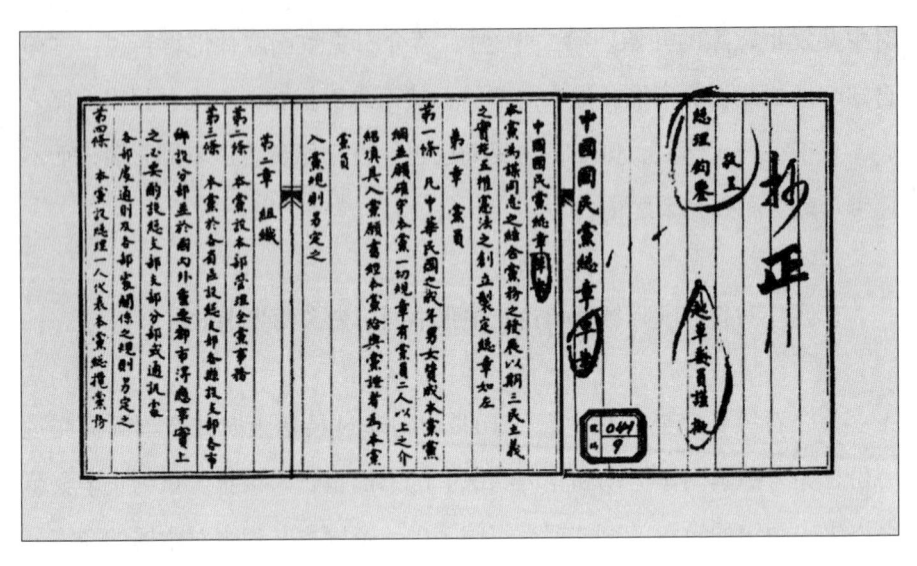

孙中山批改的中国国民党总章草案

会，情形颇佳"。会上，蒋介石发表演说：

> 国民党代表团是奉国民党领袖孙逸仙之命派出的，目的是在这里，在莫斯科这个世界革命的中心，同共产国际的同志们进行坦率的讨论。

演说中，蒋介石重点对孙逸仙的民生主义，特别是"两步走"的设想作了阐释。他说：

> 民生主义是通向共产主义的第一步。我们认为，对中国革命来说。目前最好政策是，作为第一步，使用"（争取）独立的中国"、"人民政府"、"民族主义"之类政治口号。作为第二步，我们将根据共产主义的原则做一些事情。

蒋介石说明，由于当时大多数中国人民不识字，属于小农阶级和小资产阶级，因此中国"目前不能进行无产阶级革命"，不能使用"共产主义口号"，否则，"就会造成小土地所有者对这些口号的错误理解"，"会使他们加入反对派阵营","跟随中国军阀反对我们","会使中国革命不能取得成功"。"所以目前我们的纲领是旨在联合中国人民的所有人士,以便借助于统一战线来取得革命的巨大成功"。接着,蒋介石说明,孙逸仙博士30年前开始革命时,就使用三民主义为口号,人民已经习惯,军阀也不会特别注意,小农阶级和小资产阶级也不会反对。

演说中,蒋介石还阐明了国民党对世界革命的设想:"主要基地在俄国",赞成"俄国同志帮助德国革命取得成功"。他说:

国民党建议,俄国、德国(当然是在德国革命取得成功之后)和中国(在中国革命取得成功之后)组成三大国联盟来同世界资本主义势力作斗争。借助于德国人民的科学知识、中国革命的成功、俄国同志的革命精神和该国的农产品,我们将能轻而易举地取得世界革命的成功,我们将能推翻全世界资本主义制度。

蒋介石展望,三五年之后,中国的国民革命就能成功,一旦取得成功,"我们就开始进行第二阶段,即在共产主义口号下展开工作。我们认为,那时,中国人民将更容易实现共产主义"[60]。

蒋介石对他在共产国际执委会上的报告很满意,日记中自称,访苏以来所作报告、讲话,"亦以今日为最从容而有条理也"[61]。演讲后,蒋介石接受共产国际执委会总书记科拉罗夫等人的提问并作了答复。季诺维也夫在总结中声称,共产国际的中国问题委员会将继续开会,同国民党代表团讨论,作出决议。

季诺维也夫关心中国国民党和中国共产党两党之间已经开始的合作,希望国民党做工作,将两党部分成员之间的可能发生的困难和误解减少到最低程度,要求在中国工人罢工的时候,始终站在工人一边,积极支持工人斗争,并且特别强调,这种支持应该是"认真的和积极的"。季诺维也夫表示,他不能肯定自己得到的消息是否确实——有人对他说,汉口

"二七罢工"时期，国民党的支持不够"强而有力"，其"冷淡态度使人感到很失望"。他希望，国民党注意这一点，在工人的所有冲突和发动中，国民党的支持真正是坚决有力的，以便不给埋怨和抹煞带来口实。

对国民党的"三民主义"，季诺维也夫明确表示，"不是共产主义的口号"，要使这些口号"更具体，更明确"。关于"民族主义"，季诺维也夫说：它应该"不为新的资本家阶级、新的资产阶级在中国的统治提供可能"，"它不应用中国资本家的统治去取代外国帝国主义的统治"，也"不应导致建立中国一部分居民对另一部分居民的霸权地位"，"不应该导致对生活在中国境内的各民族的压迫"。关于"民权主义"，季诺维也夫表示，"民权主义在欧洲已是一个反动的口号，民权主义不赞成革命"。在中国，它能否成为"进步口号"，取决于"它能在多大程度上保障居民中的劳动群众有可能捍卫自己的权利，并把自己的事业推向前进"。关于"民生主义"，季诺维也夫称，未必有必要详细讨论，如果把它理解为"致力于把劳动群众，如耕种土地的庄稼人"从赋税重负等压迫下解放出来，那就不必反对。但是他明确表示，"这完全不是真正的社会主义"，只是"有可能导致真正的社会主义目标的发展"[62]。

蒋介石表示，原则上同意季诺维也夫的讲话，但他强调："我们不是为资产阶级而进行革命工作的。""目前我们希望，小资产阶级和我们建立反对资本主义和帝国主义的统一战线。但是，我们并不为它的利益而斗争。"

季诺维也夫对蒋介石的回答作了有条件的肯定："当然，共产国际并不认为国民党是资产阶级的政党。否则我们就不会同这样的党打任何交道。我们认为，国民党是人民的政党。它代表那些为争取自己的独立而斗争的民族力量。""国民党也是革命的政党。"

会议最后，蒋介石要求共产国际派一些有影响的同志到中国，仔细研孙中山手书的黄埔军校校训,其中明确提出"三民主义,吾党所宗"。

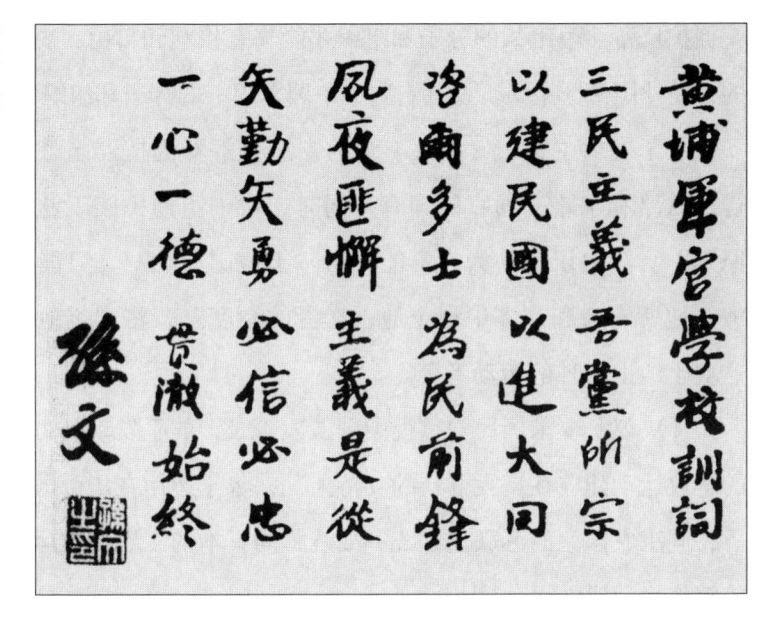

究中国局势,领导国民党,就中国革命的问题提出建议。季诺维也夫接受蒋介石的建议,答应向中国派出一位负责的代表,并请代表团转达对中国国民党,特别是孙逸仙同志的"热烈的兄弟般的问候"[63]。

11月28日,共产国际主席团发布《关于中国民族解放运动和国民党问题的决议》。该决议由布哈林、科拉罗夫、库西宁、阿姆特尔以及吴廷康组成的委员会起草,共8条。它批评国民党"没有吸收城乡广大劳动群众参加斗争",把希望寄托于国内反动派,建议对三民主义作出新解释,使之成为"符合时代精神的民族政党"。

关于民族主义,《决议》认为,它的含义是:"要消灭外国帝国主义的压迫,也要消灭本国军阀制度的压迫";"不仅要消灭外国资本家的残酷剥削,而且也要消灭本国资本的残酷剥削"。决议提出,民族主义对外体现的是"健康的反帝运动的概念";对内和"同受中国帝国主义压迫的各少数民族的革命运动进行合作",公开提出"民族自决"原则,建立"中华联邦共和国"。

关于民权主义,《决议》认为,应使其有利于劳动群众,只有那些真正拥护反帝斗争纲领的分子和组织才能享有权利和自由，决不能为在中国的帮助外国帝国主义者及其走狗（中国军阀）的分子和组织享有。

关于民生主义，《决议》认为，应该解释为把外国工厂、企业、银行、铁路和水路交通收归国有，同时，对中国的民族工业实行"国有化原则"。《决议》认为，不能提出"土地国有化"，只能提出，"消灭大土地所有者和许多中小土地占有者的制度"，将"土地直接分配给在这块土地上耕种的劳动者"。

《决议》要求国民党重视中国工人阶级，放手发动其力量，"把全国的解放运动建立在广大群众的支持上"，善于运用在华帝国主义的内部矛盾，同工农国家的苏联建立统一战线，同日本的工农解放运动和朝鲜的民族解放运动建立联系[64]。

共产国际的这份决议有正确的部分，也有脱离中国革命实际的部分。蒋介石读后，在日记中写道：

普〔浮〕泛不实，其自居为世界革命之中心，骄傲虚浮。其领袖徐诺微夫（按，即季诺维也夫——笔者）似有颓唐不振之气，吾知不久必有第四国际出现，以对待该党不正之举也。[65]

下午，蒋介石赴共产国际会见其秘书，"应酬数语，即辞行"。

十五　蒋介石认为受到托洛茨基的欺骗，和沈定一差点打起来

托洛茨基是列宁的战友，十月革命的重要领导者。此时虽然受到斯大林的批判、排斥，但仍然是革命军事委员会主席。蒋介石到苏联后，一直希望见到他。

10月16日，蒋介石致函托洛茨基。

托洛茨基（1879.10.26—1940.8.20）
俄国无产阶级革命家，20世纪国际共产主义运动的左翼领袖，第三国际和第四国际的主要缔造者。

11月9日，蒋介石草拟致托洛茨基函稿。

11月18日晚，改正致托洛茨基函。

11月19日，发致托洛茨基函，大意云："此次负国民党使命，代表孙先生来此，要求贵政府于本党所主张西北计划，力予赞助。华人怀疑俄国侵略蒙古一点，务望注意避免。并即辞行。"[66]但是，直到11月27日，托洛茨基才接见孙逸仙博士代表团全体。

托洛茨基表示早就想会见代表团，但由于生病，未能这样做。现在健康恢复，有可能同苏联的朋友——孙逸仙的代表们交谈。他说："只要孙逸仙只从事军事行动，他在中国工人、农民、手工业者和小商业人的眼里，就会同北方的军阀张作霖和吴佩孚别无二致。"他建议"国民党的绝大部分注意力应当放到宣传工作上"，说是"一份好的报纸，胜于一个好的师团。在目前情况下，一个严肃的政治纲领比一个不好的军团具有更大的意义"。他要求国民党"把军事活动降到必要的最低限度"，"尽快放弃军事冒险"。对于国民党提交的备忘录，托洛茨基明确表示："国民党可以从自己国家的本土而不是蒙古发起军事行动。"[67]

蒋介石试图作最后的争辩，力图说明各国帝国主义残暴地压制一切革命宣传，国民党政治活动困难。但托洛茨基则表示："政治宣传必须适合于具体情况。报刊上只发表那些根据新闻检查条件可以发表的东西，告示和传单可以宣传自己的观点。应该有合法的工作和地下的工作。"托洛茨基的这些话再次坚决地表明，苏联共产党和政府不支持国民党在蒙古的军事计划。

蒋介石的日记没有记录托洛茨基的上述态度，只有简单的几行字："其人慷慨活泼。其言革命党之要素，忍耐与活动，二者相辅并行而不可一缺也云。余之性质，厌倦与消极，此所以不能成事也。"[68]

会见托洛茨基后，蒋介石很生气，认为托洛茨基在骗他们。他在代表团内部说："如果蒙古想独立，那需要我们承认，需要我们给予他独立，而不是他自己承认自己。"沈定一反对蒋介石的意见，二人发生口角，差一点打起来。苏联外交人民委员部传说："中国代表团内部在打仗！"[69]

十六 在抑郁无聊中归国

会见托洛茨基的当晚，蒋介石向契切林辞行。28日下午3时，赴外交人民委员部之宴。叙谈3小时，"凡想说的话，大略各露其端倪，使其自绎"[70]。6时，送邵元冲登车回德国。在邵元冲到莫斯科以后，蒋、邵已经结为兄弟，交换了兰谱。临别时，蒋介石颇有"不尽依依，良友去之何速"之感。当晚，蒋介石与赵世贤谈话，"略述此次来俄经过情形，并勉其不使为外人所支配而已"[71]。赵大概是留苏学生。11月18日，蒋介石与他有过一次谈话，认为是"青年有为之士，殊可贵也"。29日，蒋介石向越飞夫人辞行。下午二时登车。张太雷留在莫斯科，没有随蒋介石等归国。

此次访苏之行，蒋介石主要的目的没有达到，劳而少功，加之与沈定一吵架之后，两人关系紧张。蒋介石自悔"择友不良"，见沈心烦，在车上也懒得说话。3时正，火车开动，蒋介石感到"抑郁无聊已极"。11月30日，从车上望去，"冰天雪地，一望无际，日色沉沉，惨淡无光"。12月1日，车过一座盛产宝石的城市，蒋介石本想买点宝石玩具，带给经国、纬国，但因钱不多，只得作罢。8日，到中国国境，一片平原，只有由东北至西南一带，有不甚高峻的山脉。蒋介石是军人，立刻想起北方战事适合采取攻势。8时后到满洲里。当地长官前来迎接，颇为殷勤。代表团全体均无护照，因事前有电报通知，一律放行。当日到哈尔滨，地方高级长官来接，蒋介石因用的是假名，回避不见。

12月10日蒋介石到大连，逛老虎滩。12月12日，登"亚拉伯"船。本定下午4时启碇，因装货不足，至第二天早晨方开。蒋介石感叹道："日商信用，远不如前，而船中腐败形状，不堪言尔。吾知东邦帝国资本主义之运命不久将尽矣。"[72]13日，蒋介石开始在船上写作《游俄报告书》。14日续写，时作时辍，不写时便在甲板上与王登云一起跑步。访苏4个月以来，蒋介石至今才感到心地略畅。日记云："风平浪静，船位宽畅，亦一乐事也。"14日，继续写作《游俄报告书》。15日，船入吴淞口。9时登岸回家，陈洁如还未起床。

当天下午，蒋介石往访张静江后，即登上江天轮，赶回奉化。胡汉民、汪精卫、廖仲恺、林业明、陈果夫诸人都到船上与蒋介石相会，详叙别情。蒋介石向廖仲恺等人简要汇报了访苏之行，说明俄国人对代表团"很同情"，"他在一些会议上发表了演说，人们把他抬了起来，音乐打断了他的讲话；人们向他说明了与政治工作有关的各种情况，甚至向他讲了党内在中国问题上存在的意见分歧"。蒋概括说："这一切给他留下了很诚恳的印象。""苏联有给予支援的真诚愿望，问题在于，国民党人是否充分理解自己的任务。"[73]此前二日，孙中山在广州已经启动了在近代中国具有重大意义的国民党的改组工作，重新进行党员登记，委任廖仲恺、谭平山、陈树人、孙科、杨庶堪等人为临时中央执行委员，因此大家都劝蒋介石回沪，参加上海地区的党务改组，但蒋介石执意不从，一心赶回溪口，纪念母亲王太夫人的六十冥诞。他只向孙中山捎去一个建议，任命杨庶堪为广东省省长。回奉化后，蒋介石又将他所写的《游俄报告书》寄给孙中山。不过，这份《报告书》至今尚未发现。

十七　去广州向孙中山报告，孙认为蒋"过虑"

12月16日早7时，蒋介石船抵宁波，雇了座轿子，兼程赶回溪口。2时半到家，没有休息，就赶往母亲墓地参拜。当晚就住在新近落成的慈庵中。24日，又赴祖父母墓地参拜，同时视察亡弟的坟茔。

这边蒋介石在家乡省墓，那边廖仲恺、孙中山急如星火地等待蒋介石汇报。12月20日，在上海的廖仲恺致电蒋介石，告以鲍罗廷有事商量，黄埔军校急待开办，要蒋立即乘轮来沪，共同南下。22日，廖仲恺、汪精卫、胡汉民联名致函蒋介石，说明已将蒋的建议向孙中山提出，"待商之事甚多"，要求蒋介石勿因省长问题未决而拖延来沪时间。26日，胡、廖、汪三人再次致函蒋介石，转抄杨庶堪复电，中称："鲍先生日盼兄至，有如望岁，兄若不来，必致失望。"又称："军官学校由兄负完全责任办理，一切条件不得兄提议，无从进行。"[74] 27日，张静江也致函蒋介石，认为"似不宜再缓"。28日，汪精卫转来孙中山24日电报，中称：

兄此行责任至重，望速来粤报告一切，并详筹中俄合作办法。台意对于时局、政局有所主张，皆非至粤面谈不可，并希约静江、季陶同来，因有要务欲与商酌也。[75]

同日，廖仲恺也致函蒋介石，说明上海诸人最迟将于1924年1月4日搭船

蒋介石之母墓。中间的"蒋母之墓"四字为孙中山所题。两侧为蒋介石所撰对联：祸及贤慈，当日顽梗悔已晚；愧为逆子，终身沉痛恨靡涯。

离沪，要求蒋"万不能再延"。函件以前所未有的语气责备说："否则事近儿戏，党务改组后而可乘此惰气乎！"[76]

尽管众人一再催促，蒋介石还是在1924年1月16日才到达广州。4天后，中国国民党第一次全国代表大会开幕。24日，孙中山任命蒋介石为陆军军官学校筹备委员长。30日，孙中山任命杨庶堪为广东省省长。2月3日，孙中山任命蒋介石为国民党本部军事委员会委员。

到广州后，蒋介石即向孙中山口头报告访苏情形，同时提出对国共合作的意见。孙中山原本支持蒋介石的军事计划。1923年10月9日，他就向苏联派遣来华的顾问鲍罗廷表示："我还等待着我派赴莫斯科的代表所进行的谈判的结果。我期待着在莫斯科的这些谈判能够取得丰硕成果。"[77]苏俄政府拒绝蒋介石的计划，孙中山不能没有失望之感。不过，孙中山认为，"唯一的朋友是苏联"，因此，他批评蒋介石"对于中俄将来的关系，未免顾虑过甚，更不适于当时革命现实的环境"。对国共合作问题，孙中山也认为蒋介石过虑[78]。据蒋介石多年后的回忆，孙说："苏俄对中国革命，只承认本党为唯一领导革命的政党，并力劝其共产党员加入本党，服从领导，何况，苏俄也承认，中国并无实行其共产主义的可能呢！"因此，孙中山决心坚持联俄容共的决策。

国民党第一次全国代表大会期间，蒋介石认为参加大会的共产党员"挟俄自重"，"本党党员盲从共产主义"，于2月21日向孙中山辞去陆军军官学校校长职务，离粤还乡。3月14日，他致函廖仲恺，将共产党区分为"国际共产党"与"俄国共产党"，又将"俄国共产党"的"主义"与"事实"分开，表示"主义"虽可信，而"事实"则不然。信中，蒋介石强烈指责"俄党"对中国的政策，他说："至其对中国之政策，在满、蒙、回、藏诸部，皆为其苏维埃之一，而对中国本部未始无染指之意。""彼之所谓国际主义与世界革命者，皆不外凯撒之帝国主义，不过改易名称，使人迷惑于其间而已。所谓俄与英、法、美、日者，以弟视之，其利于本国而损害他国之心，则五十步与百步之分耳。"[79]苏联支援中国革命，有其真诚的一面，蒋介石将其与英、法、美、日并视，称其为变相的"凯撒之帝国主义"，是错误的。但是，揆诸历史，苏联在其国家发展中，确有其民族利己主义和民族扩张主义的一面，这也是不争的事实。

蒋介石对苏联和中共的批评并没有坚持多久，很快，他就以坚决主张联苏、联共的左派姿态出现在中国的政治舞台上。

原载上海《世纪》，2007年第2—3期

注释

[1]《蒋介石日记》(手稿本),1918年7月24日。
[2]《蒋介石日记》(手稿本),1919年11月5日。
[3] 手稿本残损,此据《蒋介石日记类抄·文事》补。
[4]《蒋介石日记》(手稿本)1920年2月14日云:"下午,执信来教俄语。"
[5]《蒋介石日记》(手稿本),1920年3月18日、19日。
[6]《蒋介石日记》(手稿本),1920年4月26日。
[7]《蒋介石日记》(手稿本),1920年9月22日。
[8]《蒋介石日记》(手稿本),1921年1月1日。
[9]《孙中山全集》第6卷,中华书局,1985,第616页。
[10] 卡尔图诺娃:《加伦在中国》,中国社会科学出版社,1983,第17页。
[11] 中共中央党史研究室:《联共(布)、共产国际与中国民族解放运动》(1),北京图书馆出版社,1997,第166页。
[12] 李玉贞主编:《马林与第一次国共合作》,光明日报出版社,1989,第174页。
[13]《与杨庶堪纵谈粤局与个人行止》,《"总统"蒋公思想言论总集·别录》,〔台北〕中国国民党中央党史委员会,第91页。
[14]《蒋介石日记》(手稿本),1923年8月6日、7日。
[15]《蒋介石日记》(手稿本),1923年8月19日。
[16]《蒋介石日记》(手稿本),1923年9月3日。
[17]《蒋介石日记》(手稿本),1923年9月5日。
[18] 以上对话,见《联共(布)、共产国际与中国民族解放运动》(1),第282~283页。
[19]《联共(布)、共产国际与中国民族解放运动》(1),第287页。
[20]《蒋介石日记》(手稿本),1923年9月9日。
[21] New Prospects of the Chinese Revolution,原存俄罗斯现代历史文献保管与研究中心。
[22] 中国第二历史档案馆:《蒋介石年谱初稿》,档案出版社,1992,第54页。
[23]《致苏俄负责人员意见书》,《筹笔》(一),00001,《蒋中正"总统"档案》,〔台北〕"国史馆"藏。
[24]《蒋介石日记》(手稿本),1923年9月16日。
[25]《联共(布)、共产国际与中国国民革命运动》(1),第291页。
[26]《联共(布)、共产国际与中国国民革命运动》(1),第292页。
[27]《联共(布)、共产国际与中国国民革命运动》(1),第292~293页。
[28]《蒋介石日记》(手稿本),1923年9月17日。
[29]《蒋介石日记》(手稿本),1923年9月23日。
[30]《蒋介石日记》(手稿本),1923年10月1日。
[31]《蒋介石日记》(手稿本),1923年10月2日。
[32] To Comrade Trotzky, Skliansky & Kameneff.中国第二历史档案馆藏。
[33] Memorandum of the Delegation of Dr. Sun Yat Sen with Relation to the Proposal Mentioned in the Telegram of A.A. Joffe Sent from Tokyo May 1. 中国第二历史档案馆藏。
[34]《蒋介石日记》(手稿本),1923年10月8日。
[35]《蒋介石日记》(手稿本),1923年11月16日。
[36]《蒋介石日记》(手稿本),1923年11月4日。
[37]《蒋介石日记》(手稿本),1923年11月4日。
[38]《蒋介石年谱初稿》,第137~138页。
[39]《蒋介石日记》(手稿本),1923年10月26日。
[40]《联共(布)、共产国际与中国国民革命运动》(1),第308页。
[41]《联共(布)、共产国际与中国国民革命运动》(1),第309页。
[42]《联共(布)、共产国际与中国国民革命运动》(1),第311页。原件为俄文,本文引用时对中译文

的口气略有变动。

[43]《联共（布）、共产国际与中国国民革命运动》(1)，第 310~312 页。
[44]《联共（布）、共产国际与中国国民革命运动》(1)，第 312~313 页。
[45]《蒋介石日记》(手稿本)，1923 年 11 月 11 日。
[46]《苏俄政府第一次对华宣言》，《中国近代对外关系史资料选辑》下卷，第一分册，上海人民出版社，1977，第 15~16 页。
[47]《苏俄政府第二次对华宣言》，《中国对外关系史资料选辑》下卷，第一分册，第 18 页。
[48]《孙越宣言全文与国共联合》，《外交月报》第 2 卷第 1 期。
[49]《时报》，1823 年 9 月 19 日。
[50]《苏俄在中国》，《先"总统"蒋公思想言论总集·专著》，第 29~30 页。
[51] 陈锡祺：《孙中山年谱长编》下册，中华书局版，1986，第 1687 页。
[52]《孙中山全集》第 8 卷，中华书局，1986，第 216 页。
[53]《蒋介石日记》(手稿本)，1923 年 10 月 11 日。
[54] Allen Suess Whiting, Soviet Policies in China, Stanford University Press, 1968, p.234.
[55]《蒋介石日记》(手稿本)，1923 年 10 月 13 日。
[56]《蒋介石年谱初稿》第 168 页。
[57]《蒋介石日记》(手稿本)，1923 年 12 月 13 日。
[58]《蒋介石年谱初稿》第 168 页。
[59]《联共（布）、共产国际与中国国民革命运动》(1)，第 297~302 页。
[60]《联共（布）、共产国际与中国国民革命运动》(1)，第 330~331 页。
[61]《蒋介石日记》(手稿本)，1923 年 11 月 25 日。
[62]《联共（布）、共产国际与中国国民革命运动》(1)，第 335~337 页。
[63] 以上对话，见《联共（布）、共产国际与中国国民革命运动》(1)，第 337~338 页。
[64]《联共（布）、共产国际与中国国民革命运动》(1)，第 342~345 页。
[65]《蒋介石日记》(手稿本)，1923 年 11 月 28 日。
[66]《蒋介石年谱初稿》，第 140 页。
[67]《联共（布）、共产国际与中国国民革命运动》(1)，第 340~341 页。
[68]《蒋介石日记》(手稿本)，1923 年 11 月 27 日。
[69]《联共（布）、共产国际与中国国民革命运动》(1)，第 383 页。
[70]《蒋介石日记》(手稿本)，1923 年 11 月 28 日。
[71]《蒋介石日记》(手稿本)，1923 年 11 月 28 日。
[72]《蒋介石日记》(手稿本)，1923 年 12 月 12 日。
[73]《联共（布）、共产国际与中国国民革命运动》(1)，第 384 页。
[74]《蒋介石年谱初稿》，第 144~145 页。
[75]《蒋介石年谱初稿》，第 144 页。
[76]《蒋介石年谱初稿》，第 145 页。
[77] N.Mitarevsky, World Soviet Plots, Tientsin Press, 1927.
[78]《苏俄在中国》，《先"总统"蒋公思想言论总集·专著》，第 32 页。
[79]《蒋介石年谱初稿》，第 167 页。

◎蒋介石与史迪威事件
——战时中美之间的严重冲突

史迪威事件是抗战期间中美关系上的大事,自梁敬錞的《史迪威事件》一书出版以来,研究已多,但是,由于此前的研究者都未能利用蒋介石日记和宋子文档案,甚至,也未能充分利用史迪威本人的日记,因此,就给我们留下了仍可开辟、耕耘的广大空间,可以进一步了解这一事件的全貌、实质、由之激起的中美关系的巨大波澜以及蒋宋关系的曲折变化。

一 蒋批评史"无作战经验",史辱骂蒋为"固执的家伙"

太平洋战争爆发后,蒋介石即谋求与美、英、苏等国结盟,组建国际反法西斯战线。1941年年末,美国总统罗斯福致电蒋介石,建议建立中国战区盟军最高统帅部,以蒋介石为最高统帅。当时,中国抗战正处于艰难时期,蒋介石对盟军的合作自然期望甚殷,但是,美国此后并无重要动作,引起蒋介石严重不满。1942年1月30日,蒋介石日记云:"美英对于整个战局与太平洋战局,仍无具体整个之组织。""彼轻蔑我国,可谓异甚,应严加责问。"[1]3月,史迪威来华,担任中国战区统帅部参谋长,兼美国总统代表、驻华美军司令及美国援华物资监理人。最初,蒋介石持欢迎态度,其后,二人间逐渐发生矛盾,并且不断发展、强化。

日军于1942年初攻入缅甸,英军不堪一击,一再溃败。2月26日,蒋介石命令中国第五、第六两军紧急开进缅甸,协助英军固守缅南海口城市仰光,确保当时中国仅存的滇缅路这一国际通道。3月4日,蒋介石面谕中国远征军副司令长官兼第五军军长杜聿明,要他在史迪威到任之后"绝对服从"其指挥。杜问:如果史的命令不符合你的决策时怎么办?

1941年12月31日,美国总统罗斯福在征得英、荷政府同意后,向蒋介石正式提议建立中国战区,设立统帅部,以便统一指挥中国战区的中国、泰国、越南、缅甸境内作战的联合国军队。1942年1月4日,联合国正式推举蒋介石为中国战区统帅,建立统帅部。1月5日,蒋介石在重庆宣布就任中国战区最高统帅,中国战区由此正式建立。

蒋称:可打电报请示。但蒋回重庆后,又以手书告诉杜聿明,强调"绝对服从"史迪威的重要性[2]。6日,蒋介石在重庆与史迪威第一次见面,就向他表示,准备将缅甸战场的指挥权交给他[3]。同月8日,英军放弃仰光,中国入缅部队失去目标。蒋担心日军乘中国军队入缅之际,自越南进攻中国云南,有调回入缅军,加强云南及长江流域各省防务的念头。日记云:"英军之怯弱,以后我军入缅部队之战略,应特加审慎,重新研讨也。此时必须自固根基为第一,不可以外物〔鹜〕国际不可靠之事物而自误也。"[4] 3月10日,在史迪威赴缅指挥前夕,蒋介石又与史谈话,声称"我军此次入缅作战能胜不能败","苟遭失败,不但在缅甸无反攻之望,即在中国全线再发动反攻,滇省与长江流域后备不坚,亦将势不可能"[5]。他主张保卫当时距离中国后方据点较近的缅甸的首都曼德勒(瓦城),待日军深入,予以痛击后再行反攻。

仰光是美国援华物资的转运站。史迪威视之为"生命线",认为"一旦失去仰光,供应线将被切断",因此,他在入缅后不久,即雄心勃勃地迅速拟定计划,准备推动中国远征军尽量南下,收复仰光。3月18日,史

1942年3月，占领仰光的日军在大卧佛下合影。

迪威飞返重庆，向蒋提出此项建议，但蒋介石认为，仰光濒海，日军具备海陆空三方面的优势，中国军队如无空军和炮兵掩护，很难克复该地。史蒋二人进行了激烈的辩论。蒋每提一个论点，史迪威即加以反驳[6]。当日，蒋在日记中批评史迪威"无作战经验，徒尚情感"，"不顾基本与原则"[7]。3月19日，蒋介石再次与史迪威谈话，分析缅甸战场形势，提出"目前应取守势，切勿轻进以求侥幸"[8]。蒋称：如果再过一个月，防线平安无事，他将考虑进攻的问题。谈话中，蒋要求史迪威保证不要让第五、第六军吃败仗，但史则表示无法办到，要蒋"另外找一个能保证这一点的人来，因为我无法保证做到这一点"[9]。这次谈话，史迪威大为不满，当日即在日记中指责蒋为"固执的家伙"[10]。在此期间，美方发表消息，声称中国第五、第六两军归史迪威指挥，入缅作战，蒋介石认为此属泄密行为，日记云："美国又发表我入缅军之番号，无异详报于敌军，其可虑可危，未有如此事之甚者。故寝为之不安。"[11]

二　远征军初战失利，蒋介石愤恨交加

为了保卫曼德勒，中国远征军第五军第二百师戴安澜部在缅甸南部的同古（东吁）设防。自3月18日起，与日军血战12天，歼敌五千余人。其间，史迪威坚主进攻，杜聿明则认为兵力不足，反对进攻，二人发生争执，以致闹翻。史迪威要求杜"服从命令"，并派人监督杜执行，但杜认为此举关系远征军存亡，中国军队既未能适时集中兵力与敌决战，即应在予敌一定打击之后及时转移，以保存战力[12]。29日晚，戴部奉令突围，安全转移。蒋介石与杜聿明的想法一致，日记云："我第二百师已放弃同古，自动转进至叶莲西之东南地区，与新二师取得联系，心窃自慰。敌军遭此重大打击，而我军并无多大损失，自动撤退，更足寒敌军之胆，彼倭必不敢向缅北轻进。"日记批评史迪威"以为应在同古全力作战，此不知敌军心理与战地实情之谈也。故此次放弃同古，乃达成余一贯之意图也"[13]。

史迪威也对杜聿明的抗命不满，在日记中斥责杜聿明和新编第二十二师师长廖耀湘为"卑怯的杂种"和"十足的懦夫"[14]。3月31日，史迪威愤而返渝，向蒋介石提出：对指挥中国第五、第六军，"深感所得权限未足，未能令出必行，致有三次可以发动反攻之机会，皆蹉跎坐失"[15]。他要求蒋介石免去其本人职务。对史迪威的态度，蒋介石自然感到不快，日记云："以我军师长不听其进攻同古敌军之命令，乃呕〔怄〕气回渝辞职，殊出意外。我出国作战，对敌对友，对当地民心，皆多困难，客卿指挥我军，又不熟悉各方内情，皆须面面顾到，较之在国内作战之单纯者，其难易相去有天壤之别，殊为可虑。而史氏受英方之宣传与运动，更可顾虑。于缅战英军无力，而必欲掌握指挥权，图保其虚名，殊为可羞。明知我虽牺牲而无益，然为全局与美国关系计，又不能不撑持到底，惟有照预定方针进行以待时局之推移而已！"[16]同样，史迪威也感到不快，日

抗日名将戴安澜,陆军第二百师中将师长,1942年3月率部入缅作战,5月26日不幸殉国。

记称:"由于愚蠢、恐惧和态度消极,我们失去了一个在东吁打退敌人的绝好机会,根本原因在于蒋介石的插手。""他身处距前线1600英里的地方,写下一道接一道的指令,要我们去做这做那,其根据是零散不全的情报和一种荒谬的战术概念。他自认为懂得心理,事实上,他自认懂得一切,他反复无常,随着行动中的每一个微小变化而不断改变主意。""其结果是使我本来就很小的权威消失得无影无踪。我没有军队,没有警卫,没有枪毙任何人的权力。"[17]

4月1日的谈话,史迪威有意向蒋"摊牌",自称"发作了一番,言辞激烈","投下的那些炸弹发出了巨大的轰响"[18]。但是,蒋介石仍然极力忍耐。4月2日,蒋介石与史迪威谈话,告以杜聿明"少年气盛"、"过分固执",决定以年事较高、经验丰富的罗卓英为中国远征军司令长官,在史迪威指挥下统率中国入缅部队作战。蒋并决定亲自陪同史迪威回缅[19]。蒋介石《反省录》云:"一、对缅战事,思虑异甚。既忧部下在国外过于牺牲,补充为难。又忧失败时丧失国威与军誉。二、史迪威乃动气请辞,此乃于中美邦交有关。故决定约之同回缅甸,予以全权,表示对彼诚意,使之勿加怀疑也。"[20]

4月5日，蒋介石与史迪威、罗卓英同机飞赴缅甸北部城市腊戍。6日，到美苗（卑谬），与史迪威及英军司令亚历山大商谈。7日，蒋与史讨论后，又与罗卓英、杜聿明、戴安澜各将领谈话，宣称史迪威是"老板"，"有提升、撤职、惩罚中国远征军中任何一名军官的权力"，"他们应无条件服从命令"[21]。蒋的这些做法，可以说给足了史迪威面子，但是，蒋很快又因事对史不满。8日，蒋介石向孙立人师长授以曼德勒五万分之一地图，面示防守要略，并令与史迪威、罗卓英同往实地设防。蒋在视察新筑机场工程时，发觉进度缓慢，日记云："史氏称美苗机场十三天可以完工，是彼受英方之欺，而又欺骗我者也。可痛极矣。"[22]

当时，英国的战略重点在欧洲战场，在亚洲，其战略是"弃缅保印，保存实力"。在缅英军或听任中国远征军独立作战，或利用中国部队掩护自己撤退。4月24日，蒋介石指示："国军今后在缅甸之作战指导，应以不离开缅境，而又不与敌主力决战为原则。依此原则，以机动作战，极力阻止并迟滞敌之发展。"[23]同时，指示远征军守卫腊戍、密支那、八莫等邻近中缅边境的城市。但是，史迪威和罗卓英都还醉心于组织曼德勒会战。5月1日，曼德勒失陷。5日，日军攻占八莫，威胁中国远征军的归国通道。6日，英军决定放弃缅甸，史迪威下令中国远征军向印度撤退，史本人拒绝美方派来接他的飞机，亲率少数人员徒步西行。蒋介石对史迪威未经请示就下令向印度撤退大为不满，日记云："史迪威擅令我第五军赴印度边境之庞炳，而彼且离开队伍，先自赴印，并无一电请示。此种军人，殊非预想所及，岂彼或为战事失败，神经不安之故乎！可叹！"[24]18日，蒋介石要美国驻华军事代表团团长马格鲁德转告史迪威，"中国军队无退入印度之意"[25]。在撤退过程中，远征军一度粮尽药绝，饥病交迫，牺牲惨重，直至7月25日，杜聿明所部直属队等才到达印度。入缅时，远征军兵员约十万人，至此，仅余四万人左右[26]。

6月4日，史迪威自印度德里回到重庆，向蒋介石汇报，严厉批评中国远征军的高级将领："殊令人失望"，"或缺能力，或缺胆略"，声称"彼等居处离前线太远，且无意亲上前线。""因循迁延为各高级将领之通病"。他甚至点名批评杜聿明"个性刚愎，不易应付"。他自称这次汇报为"开门见山，指名道姓"，"那情形就如同在踢一位老妇人的肚子一样"[27]。蒋对这些批评大不以为然，认为史对此次撤退负有重大责任，但却"不知自反，专事毁人利己"[28]。6月5日日记云："我军在缅如此重大牺牲，其责任全在史氏之指挥无方，而彼乃毫不自承过失，反诋毁我高级将领至此。当失败之初，彼乃手足无措，只顾向印度逃命，而置我军于不顾，以致我第五军至今尚未脱险。乌呼！史迪威诚不知耻者也。"[29]由此，蒋介石更进一步指责美国军事代表团，"大半皆自私自大之流"[30]。6月16日，蒋研究对史迪威的处理办法，产生"军法审判"的念头。日记云："彼为推诿责任，掩护罪过，故不得不毁坏他人名誉，诬蔑我国将领。此应提议开军法审判，使美国政府能知史之不法与无礼乎！"[31]至此，蒋介石对史迪威的印象可谓恶劣至极，而史迪威对蒋的印象也同样很糟糕，日记称："中国政府是一个建立在威恩兼施基础上的机构，掌握在一个无知、专横、顽固的人手中。"[32]

三 蒋介石提出对史迪威军事审判，宋子文请蒋"万分忍耐"

为了援助被侵略国家，1941年3月，美国国会通过《进一步促进美国国防和其他目的法案》（租借法案），授权美国总统以出售、转让、交换或租借等方法向对美国国防至关重要的国家提供国防物资。先后受援的国家有英国、苏联、中国、自由法国等。但是，其间的条件并不平等，给英国、苏联的援助物资可直接拨交，而对中国的援助物资，则必须通过监理人史迪威分配。此外，在华盛顿成立的联合参谋长会议（参谋团），也将中国拒之门外。

蒋介石企图改变上述情况。1942年4月19日，蒋致电时在美国争取援助的宋子文，要求宋与罗斯福总统作"肺腑深谈"。电称："在联合参谋会议及军用品供应之主要事项中，中国并非受有英、苏之同等待遇，不过类似一受保护人而已。""将来英美联合参谋会议，如不扩大包括中国，或将中国置于军用品分配董事会之外，则中国势必成为棋中之末卒。"他指示宋子文，"须坚执予等有予等本身之立场，予等须维持本身独立之地位"[33]。5月18日，蒋介石在重庆接见美国军事代表团团长马格鲁德时直率表示："今日之参谋团，惟有英美参加，拥五百万大军与日本作殊死战之中国反不能厕及，实非中国所愿见。""中国军民对此措置，刺激实深。深感中国名为同盟国，实被歧视。战时之待遇已暴露不平等之痕迹，战后如何，未敢想象矣。"[34]6月18日，蒋介石致函中国驻美军事代表团团长熊式辉及宋子文，批评美国方面对中国战区的组织与筹备工作进行不力，电称："中国战区至今并未有何组织与筹备进行，对于维持中国战区至少限度与其可能之方案，亦尚未着手，空军建立与补充以及空运按月之总量，陆空军作战与反攻时期之整个方案，彼等皆视为无足轻重，一若中国战区之成败存亡皆无关其痛痒。"电报不指名批评史迪威："不重视组织与具体方案及整个实施计划。""仍以十五年以前之目光视我国家与军人，故事多格格不入。"在缅战失败撤退过程中，罗卓英与史迪威一度失去联系，史向美国军部报告，罗离开军队，逃往云南保山[35]。蒋介石事后查明，并无其事。对此，蒋极为反感，批评史迪威"谎报"，"完全归罪于我高级将领"，"彼竟自赴印度，并擅令我军入印，而彼亦并未对我有一请示或直接报告（中与史本约有特用密本，平时皆直接通电），于情于理，皆出意外"。他表示：从未见过像史迪威这种"推诿罪过，逃避责任以图自保"的人，提出应按照国际惯例，实行军事审判，查明功过。如果美国政府有意，中国政府可将有关高级将领解送华盛顿接受审判。但

1942年，外交部长宋子文在华盛顿与美国总统罗斯福（左）、美国邮政局长法莱·沃克（中）合影。

是，蒋又表示：中国哲学的原则是厚于责己而薄于责人，为维护中美国交及友邦荣誉计，要严格保密，切不可向外人"略露一点"，使人对中国政府有"以怨报德"之想。可以看出，蒋对史迪威已经不能忍耐，但是顾虑中美关系，因此，在要求宋子文等向罗斯福汇报的时候，显得特别小心、谨慎。电中，蒋介石也表述了中国作为"弱国"参加"国际战争"的心情："不仅利未见而害先入而已，即将来战后是否能获得我所牺牲者相当之代价，实成问题。然而此时我国尚有一块立足之干净土地，而我政府幸亦未托足于外国以寄人篱下，且亦有自立之道耳！"[36]

宋子文对史迪威本具好感。当年4月28日，宋子文曾致电蒋介石，担心缅战不利，将降低中国国际地位，影响美援争取，要求与史迪威合作，联合如实向美方提出报告，电称："史迪威亲历其境，利害相关，所知当更透彻，此事必能与我合作，设法使联合国间明了真相。"[37] 5月6日，宋子文再次致电蒋介石，报告所闻史迪威在撤退过程中拒坐飞机，率领副官步行的表现，称赞史迪威"不失军人本色"。电报提出，史迪威身负如空军援华、中印空运、军货接济等多重任务，要求蒋介石

战时驻美期间，宋子文与美国财政部长摩根索多次会谈援华事宜，并为中国抗战争取了大量的美国援助。图为1942年宋子文（左）与摩根索签署借款协议后的合影。

命其自印回渝[38]。但是，宋子文也亲身感受到史迪威掌握美援物资分配大权所带来的困难。5月19日，宋子文致电蒋介石称："美军部以史梯威有全权，每有所商请，辄以史梯威并未要求，为不负责任推诿之词。"宋子文再次要求蒋将史迪威调到重庆，"常依左右，遇事随时饬报，勿使远驻印度，否则种种计划进行愈感延滞"[39]。

宋子文接到蒋介石向美方提出史迪威问题的指示后，感到相当为难。当时，德国正倾全力进攻苏联南部，苏军情况危急，英美无暇东顾。同年6月，宋子文致电蒋介石提出，应尽力于以下工作：（一）中印空运；（二）美空军多派数大队来华助战；（三）美根据史迪威要求，派陆军二、三师赴印，助我克复缅甸，以利我陆运。根据上述情况，宋子文要求蒋介石"对史迪威万分忍耐"[40]。

滇缅路封闭后，中国对外通道被堵。美方不得已，将已经拨给中国的十余万吨机械大部分收回。此后，美国援华物资只能依赖中国、印度之间的空运。根据中国抗战需要和美国援华计划，最低限度每月必须向中国运输3500吨军械，而中印之间的空运当时实际上只能运输500吨。这种情况,将导致有关援华计划的取消。为此,宋子文多次致电蒋介石,要求蒋与史迪威切实商谈:(甲)中印空运计划;(乙)中美在华空军计划;(丙)国内及赴印陆军计划及附带军械问题等等。但是,始终得不到蒋的回答。宋子文询问美国空军参谋长,美国空军参谋长答称此为史迪威责任;宋子文向罗斯福总统汇报,罗答以史迪威为蒋的参谋长,诸事可由蒋向史下达命令。6月12日,宋子文致电蒋介石,要求蒋明白示知:"文追随钧座二十年,必知其素性憨直,绝非意存推诿,更不愿敷衍因循,事实如此,不得不一再哓渎,即请钧座明白示知,钧座对史梯威感想如何?文各电所列问题,是否已与其商洽?有何困难?美方认定,接济中国必须史梯威商承钧座之后来电证实,始克有济,是以文必须明了钧座对史之感想及史对我之态度,始可设法相机应付也。"[41]

这时,美国陆军部长史汀生已经感到,蒋对史迪威"无十分信任之表示",二人关系中出现了不和谐的因素。6月12日,史汀生约宋子文专谈史迪威问题。宋称:如美国将本国陆军交给苏俄军官指挥,将非常困难,而蒋介石却将中国入缅部队交给史迪威指挥,这是历史上的"空前之举"。史汀生则表示:史为"第一流战将,美军官中无出其右,故特派充蒋公参谋长,但余等崇拜蒋委员长及爱护中国之热切,不能以对史个人感情为比例,如蒋公以为史不适当,务请直言无隐,俾得更换其他将领,决不因此发生丝毫意见"[42]。6月16日,宋子文致电蒋介石,建议蒋将对史的意见向美方和盘托出,同时大胆对史迪威进行指挥,电称:"文意钧座愿顾全大局之苦心,为中外所共见,但如史梯威确不能共事,不妨此时乘机直说。""钧座似可表示,对史梯威固至信任,但对其见解当然不能事事俯从。如此一方面不伤感情,一方面可留他日地步。陆长等既自动有另调之意,且自总统以次,均认史为钧座部属地位,钧座尽可照部属指挥命令之,不必以上宾相待,但善为利用其地位,以推动美军部充量之接济。"[43]可见,宋子文关心的是利用史迪威的地位,推动美援,并不希望蒋、史矛盾激化。然后，一件意想不到的风波发生了。

四 蒋认为史"不法无礼已极"，要求罗斯福表明态度

6月下旬，德国加强了对非洲的攻势。为解救危机，美国军方将全部重型轰炸机和所需运输机调往埃及，其中包括驻扎在印度的第十航空队。26日，史迪威将这一"坏消息"告知蒋介石。蒋认为这是美方"置我中国危急于不顾，心殊愤激"，他在"强忍"之下，仍然责问道："罗斯福总统来电明言已令将美国空军第十军由印度调来中国作战，想令出必行，岂容擅改！""倘英、美以为中国抗战实力尚有保持之必要，绝不应一再无视中国之利益如此。盖中国最近所受之待遇，不啻在英美心目中已失其存在矣。"[44]事后，宋美龄、宋子文都提出质问，史迪威"狠狠地反驳了他们"。同日，史迪威秘密致电美国陆军部，声称"蒋公极为激动，嘱予电呈总统，其大意为：同盟国家未认中国战场为同盟国家战场之一部"，"中国全力抗战已有五年，而同盟国家并未以全力援华。利比亚战事固紧张，但中国战场状况亦属紧张"[45]。

6月29日，蒋介石向史迪威面交"手谕"一件，提出保持中国战区的最低限度的需要三项：1. 8、9月间美国派三个师去印度，与中国军队合作，恢复中缅交通；2. 自8月份起应经常保持第一线飞机500架；3. 每月经过驼峰运送5000吨物资。蒋批评自美国军事代表团抵华以来，在建设中国空军方面，尚无特殊成就；罗斯福对中国战区，尚有未能完全明了之处；太无视中国战区。[46]7月1日，宋美龄与周至柔、陈纳德、史迪威举行会议。宋美龄要求史迪威将蒋的"手谕"转交罗斯福总统，并附上史本人的推荐信。史当场拒绝，对宋称："这是大元帅给总统的最后通牒，超出了我的职权范围。我借此机会阐明自己的身份，一是大元帅的参谋长；二是中缅印战区美军总司令，其职权超出中国之外；三是战争委员会的美方代

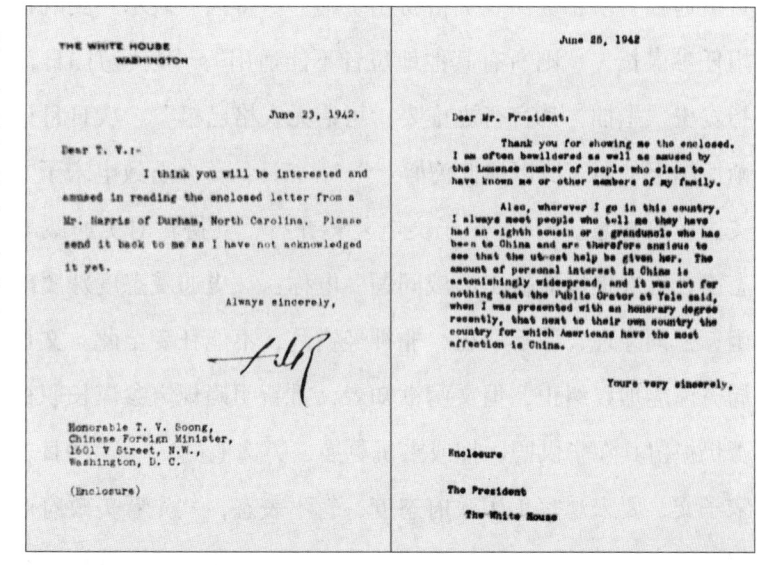

1942年6月美国总统罗斯福致宋子文信（左）及宋子文回信（右）。宋子文在回信中提到宋氏家族与美国的联系以及中美两国之间的良好友谊，并希望美国能够给予中国更多援助。

表，代表和维护美国的政策；四是总统负责租借事务的代表；五是一名宣誓要维护美国利益的美国军官。"史并在当日的日记中写道："如果她不懂得这一点，那她就比我想象的还要愚蠢。"[47]

7月2日，蒋介石拟从美国已经拨给中国航空公司的飞机中转拨两架运输机给中国空军，遭到美员拒绝。史迪威为此向蒋致送备忘录，一面同意此两架飞机可由蒋介石支配应用，但同时声称自己是"出席中国任何军事会议之美国代表"，"在任何上述会议中，本人所有其他地位皆不适用"。又声称自己是美国"总统代表"，"负责监督及管理租借器材，并决定移转其所有权之地点与时间。俟所有权转移之后，委座即具此项器材管理之权"[48]。史迪威的这份备忘录意在告诉蒋介石，自己虽是中国战区的参谋长，但又是"美国总统代表"，可以不接受蒋的命令。美国租借物资只有在经过他同意之后蒋才能调用。蒋介石长期是中国的"最高领导"，令出必行，何曾受过这种对待！

接二连三的类似事件，特别是史迪威的《备忘录》将蒋惹恼了。同日，蒋介石致电宋子文，表示"中国对租借物之受予形同乞怜求施"，指责史迪威"以总统代表资格胁制统帅"。蒋强烈表示：史既在中国战区内担任参谋长，"则所有其他地位皆不能适用"[49]。7月3日，蒋介石日记指责史"愚拙，其言行之虚妄，可谓无人格已极"。次日日记称："自觉惭愧国家贫弱，所以遭此侮辱。"[50] 5日，蒋介石致电宋子文，要他促请美国政府注意。6日，宋子文电复蒋介石，支持蒋对史迪威《备忘录》的态度，首次提出撤换史迪威问题。电称："史迪威态度殊属离奇。阅其原函，强词夺理，谬解职权，非神经错乱，不能狂妄至此。文日内即进谒当局，谅能加以纠正。但文亟欲知者，重新明确规定参谋长职权后，钧座是否仍拟留其在华供职，抑或乘机更换，另选他员？"[51] 9日，蒋介石再电宋子文，要宋观察美国政府态度，暂不表态，"先看美政府对史之来函如何处理，最好能由其自动召回也"[52]。18日，蒋介石与史迪威谈话，产生不再要求美援的想法，日记云："英美对亚洲有色人种观念，根本不易改变，非我国独立奋斗至百年之后，决难平等。"又云："美国对我冷淡接济事，不如不再要求，亦一对策也。"[53]

宋子文受蒋之命后，即与美方接洽，并亲见罗斯福，陈述意见。7月23日，美国军部向宋子文转告罗斯福意见：史为中国区参谋长，当然听命于蒋委员长，同时为美国驻渝租借法案代表，及国际军事会议美国代表，当然听命于美方。如蒋以为不便，可将史的参谋长职务和美国代表职务划开，分由两人担任。美国军部称：总统因史迪威对中国及蒋公一向友好，而且熟悉中国情形，甚盼蒋公能继续任用。宋子文认为美方"语气仍不免袒护"，再次谒见罗斯福，解释内中情形，说明史函的不当。罗斯福称：史的职权中有代表美国出席在渝国际军事会议一项，现在既无此类会议，事实上形同虚设。关于租借法案，此后一切由宋子文代表蒋，霍布金代表我，在华府共同解决。这样史迪威即成为"专属参谋长"。"如蒋公仍以史为未妥，余当更换之，但美国干练适当之军官甚少，另觅妥员，确有相当困难"。27日，美国陆军部代拟罗斯福复蒋介石函，仍取维持史迪

1942年1月，宋子文代表中国政府在签署《联合国家共同宣言》后与罗斯福等外国政要合影。中坐者为罗斯福，后排左五为宋子文。

威《备忘录》态度，要求宋子文转呈蒋介石，宋得悉其内容后，紧急谒见罗斯福，说明理由，告以"未便转呈"。罗斯福对宋子文所言，"极以为然"，决定撤销此电[54]。

为了向蒋介石说明同盟国全盘战略，调解蒋史纠纷，罗斯福于1942年7月派行政助理居里再次访华。7月22日，蒋介石会见居里，批评同盟国战略不当。居里问蒋，是否将史迪威调回美国？蒋答："此由美国政府自定，余不愿参加意见也。"[55] 25日，蒋思考史迪威的《备忘录》，认为应向美方声明四点："甲、史以听命与不能听命，由其自便之意，此为侮辱统帅。乙、租借法案（物资）之发与不发，由史自便，非由我求其不可，此为欺凌。丙、我认史过去之态度、行动，一人而利用其两种职权，实以殖民地总督自居，以参谋长为名而实行太上统帅职权。此必于美国助华平等政策有碍。丁、认史此函太不认识中国，侮辱余革命人格，故不能忍受。"[56] 同日，蒋介石再次与居里谈话，进一步确认西方世界歧视中国，美国与英国并无差别。日记云："更觉西人皆视华为次等民族，无不心存欺侮，进以进一步压迫，乃必压迫不止。美国所谓道义与平等为号召，其实其心理与方法无异于英国之所谓。"[57]他觉得，"对帝国主义，应争则争"。26日，蒋介石分两次与居里长谈三个半小时，痛斥史迪威"来函不敬之过恶与美国军部藐视与侮辱态度"。蒋自觉大义凛然，居里初时"矜持"，最后"乃亦不敢不折服"。蒋介石感到精神上的胜利，日记云："对帝国主义者，无论其为何国，其对被压迫之国家，皆无诚意可言，非利用即高压，皆抱可欺则欺、可侵则侵之心，吾人若一以克己复礼、谦恭自持之道待之，则适中其计谋矣！"[58]同日，蒋介石致电宋子文，声称如罗斯福来电肯定史迪威《备忘录》，则宋可代表自己向罗表明：取消中国战区，辞去中国战区总司令职务[59]。至此，蒋介石已向罗斯福摆出"摊牌"架势。7月30日，宋子文致电蒋介石，要求蒋乘居里在重庆期间，"凡不满史梯威之种种事实，最好向其直言无隐"[60]。同日，蒋介石与居里第五次谈话，居里提出"过渡办法"，声称不可让史迪威太失体面，以免他回美后反华，可令史先赴印度，美国另派一人来华暂代。蒋同意这一办法[61]。

五　杜聿明等指责史迪威"擅权改制"，"毁辱国体"

上文已述，中国远征军第一次入缅援英战争失败后，部分军队退入印度。1942年6月，史迪威向蒋介石提出在印度训练中国军队的计划，得到批准。同月24日，蒋指令史迪威担任这支训练部队的司令。7月16日，蒋进一步任命史迪威为中国驻印军总指挥，罗卓英为副总指挥。8月上旬，史迪威赴印，以蓝姆伽为营地训练中国部队。他提出，"要中国士兵，不要中国军官，尤其不要中国将领"，从美国调来三百多名军官，拟将驻印军营长以上军官均改由美国人担任，这一举措受到中国将士的强烈反对。史遂将这部分美国军官改为联络官，派往各部[62]。但这部分联络官权力很大，可以直接调动营以下部队，而无须通知中国部队长官。同年9月，

接受美式装备训练的中国远征军士兵

史迪威下令将第三十八师改为10个炮兵营,将原师长孙立人及廖耀湘等改任炮兵指挥或步兵指挥。12日,杜聿明致电蒋介石,声称:"国家军制系我政府法定之建制,史将军擅权改制,实属毁辱国体,损害主权。"[63]同年12月,美国政府决定向中国拨济30个师的军械。11日,蒋介石与来重庆参加会议的史迪威谈话,史乘机竭力批评中国军队办事延缓,罗卓英有"十大罪状"。蒋介石虽然不高兴,但尚能"忍耐",决定撤换罗卓英,代之以邱清泉[64]。不久,因担心邱脾气暴躁,不易与史迪威相处,又改为郑洞国[65]。至1944年1月,蓝姆伽营地共训练中国军官2626人,士兵29 667人。这支部队在后来的反攻缅甸战斗中发挥了巨大作用。

除退入印度者外,中国远征军的主力大部分退入云南西部。1943年2月,军事委员会决定重建远征军,以陈诚为司令长官。3月10日,陈诚与史迪威商量,决定在昆明设立训练基地,调集干部分批轮训后空运至蓝姆伽实习。

六　蒋、史矛盾再度激化，彼此恶感发展至极点

日军占领缅甸全境后，史迪威多次提出反攻缅甸计划。1942年7月19日，史迪威向蒋介石提交《反攻缅甸计划》，其要点为"南北缅水陆同时夹击"：1.中、英、美三国联合出兵，自印度攻入缅甸，同时，另一路中国军队则自云南进攻。两路会师曼德勒，会攻仰光。2.在盟军从陆路进攻的同时，英国海军确立在孟加拉国湾的制海权，从仰光登陆。这一计划后来被称为"安纳吉姆"计划。8月1日，计划得到蒋介石的批准。11月3日，史迪威自印度到重庆，向蒋介石汇报和英军统帅韦维尔商谈结果，要求在1943年3月1日前后发动攻势。蒋介石表示，中国可由云南方面出动15师，但胜利关键在于英方是否能调拨足够的海空力量，掌握制海权和制空权。他说："倘海空实力不充，中国实不愿派一卒参加此役。反攻开始以前，余必须知英国用于缅甸海空军之实力，方能下令前进。""此次不反攻则已，一旦反攻，非胜不可，绝不能再受第二次之失败。"[66]

1943年1月，蒋介石致电罗斯福，要求罗敦促英方，调动陆、海空力量，共同克服缅甸[67]。同月，罗斯福、丘吉尔在北非的卡萨布兰卡（卡港）会议，决定实施"安纳吉姆"计划。2月4日，美国陆军航空军司令阿诺尔、空军补给司令萨默维尔（Somervell，或译薛莫维尔、索摩微尔）、英国联合参谋代表团团长迪尔到重庆，向蒋介石通报卡港会议情况及1943年战略。同月7日，双方会谈，蒋介石同意英美方案，但要求英美方面增加空运与空军，切实支持中国。其标准为：空运物资每月1万吨，飞机500架。蒋强调，必须达到这一标准，并有确切日期。史迪威对蒋所提要求不满，当即质问蒋：是否不达到标准，即不对日抗战？史的质问含有明显的轻蔑成分，蒋认为史迪威作为自己的参谋长，提出这一质问，"可恶不敬已极"，但是，他忍着没有发作，只回答说："中国抗战已六年，即使太平洋战争不起，英美不来援助，中国亦可独立抗战。"史迪威再问：所谓

陈纳德（1893.09.06-1958.07.27），英文名Claire Lee Chennault，美国陆军航空队中将，飞行员。曾为第二次世界大战时在中国作战的美国志愿航空队（"飞虎队"）的指挥官，有"飞虎将军"之称。

标准是否为条件？蒋答称："此非条件，乃是余负责作战者最低限度之要求耳！"接着，蒋以温和的语气要求阿诺尔转告罗斯福与丘吉尔："余当尽其所能，不惜牺牲一切，以期不辜负友邦之期望。"[68]8日，蒋介石打电话给宋子文，指责史迪威会议上的"不敬"，要宋转告史，令其以后"戒慎"，限史切实设法，达成蒋在会上所提条件，以赎过失[69]。9日，中、英、美三方印度加尔各答会议，一致同意实施"安纳吉姆"计划，以1943年11月至1945年5月为入缅作战期。会议期间，宋子文向史迪威转达了蒋的批评。据宋致蒋电称："彼极为懊丧，并谓当时谈话有失体统，甚以为歉，但信钧座必谅其忠实及一番热忱。"[70]不过，史自己的日记则是："见他的鬼吧！"[71]

5月初，史迪威与飞虎队的陈纳德之间在对日实施"空中攻击"问题上发生分歧。陈纳德主张，只要中美用500架飞机对日军进行空中攻击，即可消灭日本大部分在华空中力量，阻遏其船运，破坏其交通线，使缅甸和中国本部的陆战易于进行。史迪威则认为，中国军队缺少军械给养补充，也缺乏训练，不足以保护机场。如对日"空中打击"实施过早，引敌来攻，则云南、广西、湖南各地的机场均将丧失，以中国本部为基地空袭日本的计划也将落空。争论虽发生于史、陈二人间，但不久即发生于史迪威与宋子文之间。5月5日，美国海陆空三方会议，邀请史迪威、陈纳德、宋子文参加。宋支持陈，主张当前急务为增强空军力量，史则认为，中国陆军勇敢苦战，损失巨大，"目前实不堪一战"。宋即批评史"对中国陆军未免过于悲观"[72]。同日晚，宋美龄谒见罗斯福，罗表示，拟将反攻缅甸计划缩小为占领缅北[73]。

史迪威早就制订过一份"有限度地进攻北缅的计划"，但遭到蒋介石的否定。蒋的理由是：六年来，中国对日作战得到的经验是"迫使机械优越之敌人，运用恶劣之交通线，使其机械设备失其效用"。而在北缅，日军可以利用伊洛瓦底河及仰光铁路，中国方面可利用的只有正在建造中的两条公路。即使中国军队在北缅成功，日本人仍可利用交通便利，派军增援。他向史迪威一再说明，"不可再蹈覆辙"[74]。5月8日，蒋介石致电宋子文，要他在罗斯福、丘吉尔会谈期间，力争照卡港会议及其后的重庆会谈决议实施，首先以英、美海空军截断日军供应线，占领仰光，然后收复整个缅甸。电称："如果仅仅占领北缅甸至蛮德勒为止，非仅无益于中国战场，而且费力多，牺牲大。结果必不能达成目的，徒然牺牲兵力。"[75] 5月13日，宋子文专访到华盛顿参加太平洋军事会议（三叉戟会议）的丘吉尔，要求英方照卡港、重庆、加尔各答等会议决定，如期攻缅，但丘态度消极。宋问：是否准备放弃攻缅？丘答：英美军事专家正在研究[76]。丘吉尔的回答使宋子文倍感紧张，立即致电蒋介石汇报，蒋也跟着紧张起来。

1943年春，蒋介石为准备进攻缅甸，曾将原来部署在长江两岸的第六战区主力抽调赴云南、贵州，司令长官陈诚也出任中国远征军司令长官随部队入滇，鄂西空虚。同年5月，日军在湖北宜昌集结大军，进攻三峡地区，威胁重庆。当蒋得知太平洋军事会议有放弃攻缅计划的可能后，大为恼怒，致电宋子文称，如此，"则我军民对联合国从前所有各种宣言与决议之信约，不仅完全丧失信用而已"。他觉得，又上了史迪威的当。电称："史迪威始则强催我军集中攻缅，今乃因抽调部队，而使重庆门户大受威胁，而结果则谓可以取消打通仰光与滇缅路计划，则我军上下对美国用意与作为，岂啻视为儿戏，直认为有意陷中国于灭亡之境，不啻协助日本完成其大东亚之新秩序，岂不令人惶栗不已！"[77]他要宋子文将这一看法明告史迪威及罗斯福左右。

5月17日，宋子文应邀出席联合参谋长会议，转述蒋的态度，坚决反对放弃攻缅，也反对史迪威仅攻缅北的计划，阐述其理由说："我如不占领缅南，断其后路，必归失败，徒作无为〔谓〕之牺牲。蒋委员长彼时之决心如此，今日对此之决心益强。"[78]在此前的联合参谋长会议上，史迪威公开批评蒋介石："诸事犹豫，于战略无一定见解。"针对史的批评，宋特别为蒋辩护，声言蒋并非初次与外国军事专家合作。他以蒋曾任用苏联的加伦、崔可夫、德国的塞克特及佛采耳为顾问为例，说明他们在任期内"无一不恪遵蒋委员长意旨"[79]。18日，蒋介石从宋子文电来电中得知有关情况，日记云："英人固毫无进攻缅甸之意，史迪威之言辞对我军污蔑轻侮，忧戚之至！"[80]21日，在太平洋军事会议上，宋子文再次要求，坚决执行卡港会议及加尔各答会议的攻缅决议，丘吉尔辩称，当时"只有计划，并无决议"，"英军事当局如有允诺，实属越权"。他表示："将来当极力设法使印度与中国军队得以连合，或须经缅甸北部。"[81]宋子文担心罗斯福会向英方妥协，于同日谒见罗斯福，重申史迪威的进攻北缅计划，"徒耗军力，蒋委员长绝不能接受"。罗斯福则称："攻复仰光，确有困难，但可先向西南岸进攻，以从后面袭击仰光"，将来拟派新锐部队赴缅。罗要宋子文转告蒋介石："攻缅计划，余有决心进行。"[82]

重庆危急加深了蒋介石对史迪威的恶感。5月22日，蒋介石日记云：

史迪威（右）与孙立人（中）在孙立人的指挥部

"美国史迪威之陷弄乃其总因，此人诚误事不浅矣！"[83] 27日，蒋介石致电正在美国访问的宋美龄云："近日战况确甚紧急，本星期内关系最大，所以致此之故，实由史迪威催促我精兵抽调入滇，准备攻缅，以致前方空虚，为敌所乘。其实去年至今，自缅战至此次战争，皆为史所陷害也。"[84] 6月21日，蒋介石再电宋美龄，要求她在向罗斯福告别时，相机提出史迪威问题："甲、史对余不能合作，余为大局计，均能容忍，惟其对中国军民成见太深，以廿年前之目光看我今日之革命军民。乙、故自史来华，我军队精神因之消沉颓丧，盖史视中国无一好军人，无一好事，而根本不信我军能作战，更不信我胜利，故欲其指挥盟军以求胜利，无异缘木求鱼。而彼对自己所处理之事与计划，以为无一不好，固执不变，毫无商洽余地。丙、故现在我军对史失望，以为如再听其指挥，不惟无胜利，必大受牺牲，非至全败不可。"电末，蒋介石称："彼之态度，是来胁制中国，而非协助抗日，其结果与美国之热忱援助及友爱精神相反。余为史对于一般军官严加劝戒，令与合作。惟长此以往，时时发生误会，则不胜防制之苦。故为作战及大局计，深望罗总统明了此事真相与现状，盖甚恐其对华盛情将来失望，故不敢知而不言也。"[85]但是，蒋介石又叮嘱宋美龄，不必太正式，也不必采取"不可不撤换"的强硬方式，只告以"实情"即可。

在罗斯福的坚持和说服下，原来坚决反对攻缅的丘吉尔同意一致进行，英美参谋团会议随即制订新的攻缅计划。史迪威曾答应向蒋呈阅会议记录，但史迪威第一次交给蒋的并非全文，而且缺乏重要部分。当时，蒋认为，海军是这次行动中的重要组成部分。除非保住孟加拉湾，否则进攻缅甸也就没有用处。因此，他关心英美"将提供多少海军"[86]。6月27日，蒋介石命外事局局长商震催史迪威来见，询问会议关于海军兵力数量等文件是否带来。史称，此件不能交任何人，继而改称，回去后交商震代呈。在商震去史处催索后，交来者仍非蒋所需要的文件[87]。6月28日，史迪威致函蒋介石，说明联合参谋团为取得孟加拉湾制海权所必须派遣的"适当之兵力"。据史自称："列了一长串战舰、重型巡洋舰、航空母舰及驱逐舰等，而且第七次解释了'适当'一词。"[88]史迪威非常不情愿这样做，日记云："这超越了所有界限。这个小人令人厌恶，他十分傲慢地询问我们将能做些什么，谁在妨碍我们帮助他，以供应一切——军队、装备、飞机、医药、通讯、汽车运输、建立他该死的后勤供应部，训练他的劣等军队，甩下他那后娘养的参谋总长和总参谋部，而他却对我们的准备工作挑三拣四，对海军问题支支吾吾。主啊，救救我们吧。这个伟大的独裁者。他让他的部队忍饥挨饿，是世界上最大的傻瓜。"[89]同日，蒋介石召见史迪威，当面加以批评。日记云："此人之无常识、无人格，实难令人想象者。"又云："史之愚拙、顽劣、卑陋，实世所罕有。美国有此军官，而其长官马歇尔且视为一等人才，岂不怪哉！"[90]这说明，彼此之间的恶感都发展到了极点。

美国是强国，史迪威是美国派到中国的将军，因此，蒋介石将他和史迪威的关系看成弱国和强国之间的关系。6月29日，蒋介石日记云："凡弱国参战，无论如何努力与牺牲，强国皆视为不能与彼相比。又以史迪威之指挥我军在缅作战，彼不以我军牺牲为英勇，总以我军怯弱，而一以北洋军阀旧日之军官〔队〕视我也。"[91]

不久，史迪威又有几件事加剧了他和蒋介石的矛盾：

一是擅自撤委中国军官。8月14日，总指挥部副参谋长温剑铭因事与国内军政部通电，被史认为"有违军纪"，下令调温为高参，委美国人博金为副参谋长，引起全军大哗。新编第一军军长郑洞国劝史收回成命，为史拒绝。史的助手参谋长波德诺甚至说："驻印军是由美国装备训练的，因此军中事务，包括人事必须听命于总指挥部，即使中国政府也不得干预过问。"[92]郑及参谋长舒适存、师长孙立人等愤而致电蒋介石。郑电称："今竟有此不幸事件，则人无保障，势必媚外图存，军队纪纲如何维持，国家体制其何以堪！"[93]舒电称："美方一贯政策，为打破中国高级指挥机构。""美方微员僚佐，皆代表史将军，须听其命以驰驱，稍不遂意，责难侮辱随之。"蒋介石批示："为何史于人事，不先请准本委员长，而擅自撤委？"[94]

二是给蒋介石写报告、备忘录时所署职衔和语气。史通常均署"美国陆军中将"，引起中国将领不满[95]。9月21日，史在给蒋介石的意见书末改署"中国战区参谋长"。蒋介石阅后称："书中仍有不逊之言，此种恣睢态度，殊令人难受，隐痛已极！"[96]

三是史迪威对中共的态度。史对蒋失望，自然对中国共产党及其所领导的抗日部队寄以希望。1942年6月至10月，史迪威的政治顾问戴维斯多次在重庆访问周恩来。1943年3月，戴维斯再次访问周恩来，周提议美国派代表常驻延安。6月24日，戴提出报告，主张接受周恩来建议，向延安派驻观察员。9月6日，史迪威向蒋介石提出《备忘录》，建议调动中共领导的第十八集团军及胡宗南、傅作义、邓宝珊等部向山西出击，这些都触犯了蒋的大忌。蒋日记云："此其必受共匪所主使，而且其语其含威胁之意。且名为备忘录，是将来制裁中共时，证明曲在于我之意。

此史实一最卑劣、糊涂之小人！余不屑驳复，乃置之不理，表示拒绝其干涉之意。"[97] 9月10日，蒋介石致电宋子文，指责史迪威"徒听共党之煽惑，助长共党之气焰，殊为可叹！"[98]

七 宋子文与蒋介石发生激烈冲突，蒋怒而命宋"滚蛋"

在罗斯福的推动下，丘吉尔勉强同意实施攻缅计划。其内容为：于1943年雨季结束后自印度对缅甸西北部进行陆空有力攻势作战，同时以海、陆军攻袭缅甸海岸，中国军队则由云南进攻[99]。5月26日，罗斯福将关于此项决定的通知书交给宋子文。29日，蒋介石致电宋子文，要他提醒罗斯福，陆军对北缅进攻与海军对仰光进攻，务须同时行动。8月18日蒋介石致电罗斯福、丘吉尔，告以雨季将过，不能再事迁移。同月，罗、丘等在加拿大的魁北克开会，决定在未来的干燥季节中，反攻缅甸，同时决定成立东南亚战区统帅部，以英国海军中将蒙巴顿为统帅（旋升大将），史迪威为副统帅。

1943年9月，宋子文鉴于英美联军对日攻势渐趋积极，认为有调整与英美军事关系的必要。他设计了两项调整方案：（一）最高级的组织，如华府的联合参谋团及支配军械委员会，均应有中国代表参加。供给中国的军械，由中国直接申请，毋须史迪威或其他驻中国的美国军官过问。（二）史迪威即行撤调，同时改组中国战区。以蒋介石为最高统帅，美国将领为副统帅；以中国将领为参谋长，以美国将领充副参谋长，统帅部各处长、副处长均以中美军官分任。[100] 宋计划先与罗斯福总统作原则上的讨论，在10月偕同美国陆军次长麦克洛来渝时，再与蒋商量决定。

9月16日，宋子文会见美国总统助理霍浦金斯，霍赞成宋所拟调整方案，并称：在参加联合参谋团及改组战区大前提之下，更换史迪威轻而易举，史汀生虽反对亦将无效，马歇尔也不像以前那样绝对维护史迪威[101]。

路易斯·蒙巴顿(1900年6月25日-1979年8月27日)，英国海军元帅。1943年起任东南亚战区盟军总司令，协调史迪威、斯利姆、温盖特的行动。图为"二战"期间担任东南亚盟军总司令的蒙巴顿。

同月29日，宋、罗见面。事后，宋子文电蒋汇报：美方同意撤换史迪威，调整中国战区，在华盛顿另组包括中国在内太平洋军事参谋团。电称：本人将陪同蒙巴顿到重庆，向蒋报告国际情形，并洽商蒋与罗斯福、丘吉尔会晤问题[102]。10月，宋子文偕蒙巴顿及美国后勤部长萨默维尔中将来华。萨默维尔是美方预定的史迪威的接替人，还在途经印度德里时，宋子文就对萨透露说："事情正在成功，他与大元帅（指蒋介石）一同进行了谋划。"[103]他完全没有想到，蒋介石会改变主意。

10月2日，蒙巴顿等向蒋介石转呈丘吉尔致蒋介石密函及魁北克会议决议。同月11日，蒋介石与宋子文谈话，谈史迪威事。其后，蒋又和宋美龄谈论，当日蒋日记云："此史正卑劣之小人，无耻极矣！"15日，蒋开始思考史迪威的去留问题，一是去史之后的代替人选，一是撤换史迪威的可能性。蒋认为：美国人员中无人适合出任东南亚战区副统帅，也无人能出任驻华美军主任。美国参谋总长马歇尔非常袒护史迪威，美国政府未必决心将其撤换[104]。这样，蒋介石原来的决心就动摇了。

10月16日，萨默维尔将蒋介石要求召回史迪威一事告知蒙巴顿，蒙巴顿强烈反对。他说：如果指挥中国军队两年之久的官员（指史迪威——笔者）在军事行动前夕被免职，他无意于使用中国军队。蒙巴顿委托萨默维尔将他的观点转达给蒋介石[105]。同日，蒋介石与萨默维尔谈话称：一年半以来，自己虽然做了很多努力，但总不能使史迪威与我军合作，殊为遗憾[106]。17日下午，蒋介石再次与萨默维尔谈话。两次谈话，都是宋子文担任翻译。蒋虽有意改变对史迪威的态度，但经宋子文翻译之后，仍然是"非去史不可"。萨默维尔辞去之后，蒋介石决定"力图挽救，转弯百八十度"。他嘱咐宋美龄召史迪威来见，"警告其撤职回美，对于其个人之损失程度。如其此时能对余表示悔过，则余或有转回庶宥之可能"。据蒋介石日记称：史迪威"承认其错误"并且表示"彻底改过"，于是，蒋"允宥其过，再予以共事最后之机会"[107]。当日，蒋介石在《反省录》中写道："史迪威去留问题为本星期最重要之一事，子文力主去史，以快其私意。余之既定方针，几为其所摇惑，最后卒能自动补救，允史悔改，重加任用。此乃中美国际关系与战局影响一大转机，乃知安危祸福全在最后五分钟几微之间也。"他觉得，宋子文简直坏极了——"自私与卑劣至此，实不能再为赦宥。如不速去，则党国之祸患将不堪设想矣。"[108]

10月18日一早，蒋介石召宋子文谈话，告以对史迪威的去留政策，应加变更，并告以昨晚史迪威已经表示悔过。宋子文完全没有思想准备，自悔对蒋"太忠"，愤而表示以后不能为蒋"赴美再充代表"。蒋最初沉默不语，及至宋表示今后不能再与蒋"共事"之际，蒋突然爆发，"愤怒难禁，严厉斥责，令其即速滚蛋"[109]。据唐纵日记称："宋部长不知因何使委座见气，委座摔破饭碗，大怒不已，近年来罕睹之事。"[110]上午，萨默维尔再次来见，蒋告诉他，已取消昨日之议，允许史迪威悔过自新。同日下午，宋子文陪同蒙巴顿到黄山见蒋，蒋要宋美龄通知宋子文自动离开，否则宁可不与蒙巴顿相见。宋子文无奈，只能退出，蒋才走下楼梯，与蒙巴顿会谈[111]。

1931年，蒋介石与胡汉民发生冲突，一怒之下，将胡汉民软禁于南京汤山，汪精卫、孙科等因而在广州另立政权，引起国民党内长达五年的宁粤之争。蒋担心撤换史迪威会严重影响中美关系，带来新的巨大灾难。他想起宋子文自20年代以来与自己作对的种种事情，在日记中愤愤地写道："余自十三年起，受其财政之控制与妨碍，甚至其愿受鲍尔廷之驱策，共同打击于余，不知凡几。二十年后复以其财政问题各种要胁，以致不能不拘胡，而致党国遭受空前之祸患。今复欲以其个人私见而欲党国外交政策以为其个人作牺牲，恶乎可！此诚一恶劣小人，不能变化其气质也。"[112]这时候，蒋介石觉得宋子文简直坏透了，无论如何不能再用。

蒋宋关系中曾多次发生矛盾，蒋在日记中指责宋子文也屡见不鲜，但是，严厉至此却并不多见。处于局外的唐纵记载说："日来委座火气甚大，宋子文不知因何碰壁？"[113]

八　史迪威和宋氏姊妹"结盟"，企图以宋美龄出任军政部长

蒋介石对史迪威态度的转变既与他担心影响中美关系，损害抗战大局有关，也是宋蔼龄、宋美龄姊妹共同斡旋的结果。据史迪威自述：他曾经向这一对姊妹谈过当时中国军队的真相，使她们非常震惊；也曾经研究过改革的办法——让宋美龄代替何应钦，出任军政部长。于是，史与这一对姊妹"订了攻守同盟"[114]。10月17日晨，宋美龄打电话给史迪威，声称宋蔼龄认为"仍有个转败为胜的机会"。史表示"不想待在不受欢迎的地方"。于是宋氏姊妹就向史"谈起'中国'和职责来"，要史"大度一些，坚持一下"。宋蔼龄对史称："你的星正在升起"，闯过这件事，你的地位就会比从前更为稳固。姊妹二人表示，将代史见蒋，对他说，史只有一个目标，即中国的利益，假如史犯了错误，那也是由于误解而非有意，史准备好了要充分合作。在二人的坚持下，史点头同意，宋美龄表示

"那我们马上就去做"。其后，史迪威见蒋，其情况，据史自述：蒋"改变了立场，演起了戏，竭力显得态度和解。他说了两点：1. 我应该明白总司令和参谋长的职责。2. 我应该避免任何优越感。这全是废话，但我有礼貌地听着。蒋介石说，在此条件下我们可以和谐地再次继续合作。"[115] 20日，宋蔼龄向史解释说："她只能在'她的血肉'（子文）和中国的利益之间作出选择。""我们已经完全控制了'花生米'（指蒋介石），并让他来了个180度的大转弯。她认为这是一个大胜利。"宋蔼龄保证，史的地位"得到了很大的加强，将来不会再有进一步的进攻"。

九 宋子文向蒋介石递交"悔过书"，蒋介石答应与宋相见

蒋介石改变主意，史迪威留任使宋子文"挨了一下猛击"[116]。但是，蒋自感对宋的态度也有不妥之处。10月24日，蒋介石日记云："本周以宋子文横暴、愚诈，触余愤怒，实为近年来所未有之现象，亦乃修养毫无成效之征象也，未免有惭！然子文奸诈卑鄙之情态不能不有此一举。如果再事容忍，则养痈遗患，公私两败矣！"11月6日，日记又云："宋子文野〔夜〕郎自大，长恶不悛。二十年来，屡戒屡恕，终不能使之觉悟改过。野心难驯固矣，然余无感化之力，不能不自愧也。"这一段时期，蒋介石始终不见宋。11月16日，宋子安出面调解，要求蒋召见宋子文一次，遭到蒋的拒绝。日记云："彼诚幼稚天真之人也。"[117]最后，宋子文不得不自己出面打破僵局。

12月23日，宋子文致函蒋介石，自称两月以来，独居深念，自感"咎戾诚多，痛悔何及"。接着，阐述与蒋的关系"在义虽为僚属，而恩实逾骨肉，平日所以兢兢自励者，惟知效忠钧座，以求在革命大业中略尽涓埃之报"。信件着重说明抗战以来，自己"无论在国内、国外，惟知埋头苦干，秉承钧座指导，为争取胜利，竭其绵薄"，但因"个性愚憨，任事

蒋介石、宋美龄与史迪威合影。从照片看三人均面带笑容，其乐融融，这是蒋介石、史迪威相处时少有的景象。

勇锐，对于环境配合之考虑，任事每欠周详；甚或夙恃爱护过深，指事陈情，不免偏执而流于激切"。信件自承在蒋前无礼、"粗谬"、"顽钝"，要求蒋"曲予宽容"。函称："此诚文之粗谬，必赖钧座之督教振发，而后始足以化其顽钝，亦即文于奉教之后，所以猛省痛悔、愈感钧座琢磨之厚。今文以待罪之身，诚不敢妄有任何渎请，一切进退行藏，均惟钧命是听。伏乞俯鉴愚诚，赐以明示，俾能择善自处，稍解钧座烦忧，则文此身虽蒙严谴，此心转可略安而曲予宽容。文无论处何地位，所以图报钧座之志始终不渝，尤必与青天白日，同其贞恒。"[118]宋子文的这份"悔过书"打动了蒋介石。12月24日，蒋介石自思："自十月痛斥宋子文以后，始终未准其相见，昨日来函表示悔悟，求见迫切，余乃从亲戚与内子之恳切要求，并为慰岳父母之灵，允于孔寓与之相见，当观其以后事实如何，如果能真诚觉悟，则公私皆蒙其福矣。"[119]26日，蒋介石日记云："对子文训斥以后，拒而不理者已逾两月。本周得其悔书，乃于圣诞前夕，为其西安共同患难之关系，准予相见，以示宽容。"[120]31日，蒋介石年末反省，日记云："本年修身之道进步较多，然暴戾傲慢之气未能减除，是为最大之羞污。对道抗战期间，宋子文是对日强硬派的代表人物之一。1940年宋子文出使美国寻求援助，获得价值2500万美元的租借物资。1942年与美国签署租借协定，获得美援超过8亿美元。1944年12月任代行政院院长，兼任外长。图为抗战时期蒋介石在自己的书房与宋子文合影。

藩、文白、哲生、辞修、子文、显光各种行态，尤为粗暴失态。而子文与辞修之骄横跋扈，自应斥责，而其他同志不过愚拙无能，实为无心之过，是余指导无门之所致也。乃不责己而责人，是为本年最大之惭。"[121]

十 史迪威计划暗杀蒋介石，掌握中国军权

蒋介石留用史迪威，双方和解，固然与史迪威模模糊糊地承认错误有关，但关键原因还在于缅北雨季即将结束，中国军队计划反攻缅北，不能临阵换将。

10月19日，蒋介石在重庆黄山官邸召集会议，蒙巴顿、史迪威及何应钦等出席。史迪威对中国军队参与反攻缅甸的计划作了介绍，给蒋介石留下了深刻的印象。史迪威日记云："'花生米'现在又讨人喜欢了。"[122]与之相应，蒋对史的印象也有改变。11月24日，蒋日记云："史迪威态度改变甚速，表现颇好，是亦感召之力乎？幸未为子文所胁制，否则，必得相反之恶果。"[123]不过，蒋介石看到的只是一时的现象。

美国军部早就密令史迪威"应利用一切机会，统率中国军队"[124]。11月22日，史迪威随蒋介石参加开罗会议。期间，史迪威准备了一份与罗斯福的谈话资料，中云："无论蒋介石作何承诺，我们如不将掌握中国军队之权，早获明文规定，所有努力均将成为废纸。"[125]但当日史、罗见面时，史未获提出机会。12月6日，史迪威会见罗斯福，罗问史："你以为蒋能维持多长时间？"史答："局势很严重，日本人再来一次5月份的那种进攻就会把他推翻。"罗斯福称："好吧。那我们就该找另外一个人或一群人继续干下去。"[126]12月12日史迪威自开罗回重庆，途经昆明，与其助手多恩（Frank Dorn，或译窦恩）上校谈话[127]。其内容，据多恩回忆：史迪威声称，在开罗时奉口头密令，准备一份暗杀蒋介石的计划。事后，多恩拟具办法三种：用毒、兵变、堕机。史迪威选择最后一种，令其准备，候令实行[128]。此后，暗杀计划始终没有付诸实施。但是，史迪威愈来愈明确地认为："中国问题的药方是除掉蒋介石。"[129]"他们所应该做的是打死大元帅和何（应钦）以及这帮人中的其他人。"[130]

十一　蒋介石同意局部攻缅，史迪威欣喜若狂

开罗会议中，蒙巴顿提出了一项在北缅作战的计划，蒋介石向罗斯福及丘吉尔陈述：攻缅胜利关键在于海军与陆军配合作战，同时发动，掌握制海权，阻绝日本的海上补给线[131]。24日，丘吉尔向蒋表示，英国海军须至明年5月，才能在南缅登陆，这使蒋大为失望[132]。次日，罗斯福向蒋介石保证，北缅作战时，英海军必提早在南缅登陆[133]。蒋介石对丘吉尔已完全失去信任，认为"开罗会议之经验，无论军事、经济与政治，英国决不肯牺牲丝毫之利益以济他人"，"英国之自私与害人，诚不愧为帝国主义之楷模矣"，但他为了不给英方今后提供推诿借口，勉强表示同意蒙巴顿的北缅作战计划[134]。30日，蒋介石在归途经过印度蓝姆伽，视察

中国远征军将领廖耀湘和史迪威将军在一起

史迪威指挥部与郑洞国军部。郑早就感到，史迪威及其美国同事不愿他过问军事，不允许中国师级将领行使前线指挥权，事事要由美国人决定，因此向蒋诉苦，称史迪威视之如傀儡，不给他丝毫指挥权[135]。同日，蒋与廖耀湘、孙立人谈话，认为蒙巴顿、史迪威对中国军队的批评"皆非事实"，而且史迪威的指挥战略也"甚不当"。蒋并立即召见史迪威的参谋长白克，"据实用地图指正其误，并嘱转告史氏改之"[136]。

开罗会议结束后，罗斯福、丘吉尔与斯大林于11月28日又在德黑兰会集会。斯大林表示，在打败德国后，将对日作战。英国对在缅甸作战本来就没有多大兴趣，便借此机会企图取消原来在缅甸作战的承诺。12月7日，罗斯福致电蒋介石，说明德黑兰会议希望在1944年末结束对德战争，需要大量巨型登陆舰艇，询问可否将对缅甸的总反攻计划推迟到1944年11月[137]。蒋介石觉得此为罗斯福与斯大林的决定，已无法更改，只能表示同意，但提出中国经济危机较军事尤为紧急，要求美国贷款10亿美元，用以支持中国继续抗战。

罗斯福虽然有将总攻缅甸延期的打算，但并未最后决定，因此，史迪

史迪威巡视中国远征军

威仍在作及早攻缅的努力。12月14日,史迪威到重庆,企图说服蒋介石,谈话很不愉快。蒋介石日记云:"以史迪威之神态与见解,引人不快。凡事靠己,必须我能加强本军为第一义也。"[138]15日、16日两日,蒋、史二人反复讨论攻缅战略。据史迪威日记,史向蒋反复说明"放弃进攻缅甸的可能后果",蒋则表示,"我们不能冒在缅甸失败的危险,那对中国人所产生的后果将极为严重",以致史在日记中怒骂:"这个小畜牲根本不想打。"[139]据史迪威称,宋蔼龄和宋美龄也同时出面劝说,宋美龄甚至向史宣称:"昨天夜里她祈求了他","做了一切努力","就差杀了他"。16日,再次开会讨论,蒋称:"我们只有1%的获胜希望。""除非举行一次大规模的两栖行动,一切都是不可能的。"又称:"如果我们采取守势而让日本人进攻的话,我们获胜的机会就会多一点。"[140]据蒋介石日记,史"竭力怂恿如期攻缅",但蒋"决心展期至明秋为止"。日记称:"此人既无军事常识,更无政治常识,余表示展期之决心,勿使其再为我害也。"[141]此际,1942年远征军初战失败仍像梦魇一样压在蒋的心头。蒋日记云:"为攻缅展期问题,内外阻力甚大,如无坚定决心,则此举必被根本动摇，将蹈去年失败覆辙矣。"[142]他担心如攻缅再败，则昆明不保，空运根据地全失，国际通道断绝，国内军心，民心动摇，将更为美、英、苏所轻侮。蒋估计，最多不过两年，太平洋大战必将爆发，"届时，中国兵额未足，毫无精强部队参加决战，则我国地位绝无矣。故此仅有之资本，决不愿再作浪费，而被英国之欺弄，致我国于万劫不复矣"[143]。17日，蒋介石复电罗斯福，声称如登陆部队所需战舰及运输舰不能按原计划集中，则陆海的全面攻势延期至明年11月，一举歼灭在缅日敌，较为妥适[144]。不过，蒋介石并不反对局部攻缅。

10月18日，蒋介石在重庆召见史迪威，布置自印度东北的列多（力多、立多）向北缅进攻的作战方针。19日，蒋介石与蒙巴顿、史迪威开会，确定以12月中旬为期，攻取缅北。蒋并且表示同意由蒙巴顿指挥全部在缅作战的中国部队，史迪威为副[145]。会议结果使史迪威欣喜若狂。他在日记中写道："有史以来头一次。大元帅授予我指挥使用（中国驻印军）部队的全权，没有绳索——他说没有干预，那是'我的部队'，给了我解除任何一名军官职务的全权。"在给史迪威夫人的信中，他也表达了同样的欣喜，甚至哼起了歌曲："叮叮当，叮叮当，铃儿响叮当，圣诞节多快乐，我们坐在吉普上。"[146]第二天，史迪威即飞返缅甸，转赴列多，与新编第三十八师师长孙立人研究作战计划。其后，驻印军在胡冈河谷、孟拱河谷等地迭获胜利。

十二　罗斯福要求蒋将指挥全部中国军队的权力交给史迪威

蒋介石所同意动用的只是中国驻印军，但是，在云南，还有另一支待命进攻缅北的远征军。12月21日，罗斯福又致电蒋介石，要求中国驻滇部队向北缅作战，以支持英、美部队由印度向北缅的进攻。蒋介石仍然觉得没有海军从缅南配合，并登陆协助，乃是自取灭亡之道。12月23日，蒋介石复电罗斯福，重申开罗会议南北海陆军同时发动的意见，批评"盟军战略置中国战区于不顾"，声称中国驻印远征军已交给蒙巴顿、史迪威指挥，不能同意驻滇远征军再行出动[147]。1944年1月15日，罗斯福再电蒋介石，要求出动滇西部队，尽力进逼，配合蒙巴顿。3月20日，罗斯福致电蒋介石，说明缅甸形势已经发展到一个重要阶段，要求滇西远征军前进至腾冲及龙陵地区，以配合驻印远征军夺取缅北重镇密支那[148]。当时，苏联空军与外蒙军队入侵新疆，正在与中国军队对峙。27日，蒋介石复电罗斯福，说明中国已抗战七年，国力、兵力均极疲惫，在新疆未安定，中国正面战场对日军的防线未有把握之时，中国主力军不可能由云南发动攻势。他重申在开罗时对罗的诺言，一旦英军发动对缅甸的海陆两栖作战，中国主力军必全力攻缅。但是，蒋仍然表示，将尽量抽调云南部队空运西线，增强列多方面的作战力量[149]。当日，史迪威飞到重庆，蒋介石即批准由滇西空运第十四师、第五十师赴印作战。4月4日，罗斯福再次要求滇西远征军占领云南边陲要地腾冲与龙陵。在电报中，罗斯福不无牢骚地向蒋表示："去年吾人装备并训练阁下之远征军，现正当利用此机会。如彼等不能用之于共同作战，则吾人尽其最大之努力，空运武器与供给教官，为无意义矣。"[150]此函语含谴责与批评，此前还不曾出现过。5日，蒋介石日记云："其措辞傲慢，为其自直接通电以来第一次也。"他认为，现在尚非驳斥之时，应暂时忍耐，也不回答，以观其后[151]。6日，宋美龄特约史迪威助手贺恩（Hearn）参谋来谈，告以"此种压迫的行动，实非中国所能忍受"[152]。7日，宋美龄致电史迪威，声称罗斯福致蒋电，"如此措辞，余恐其将使吾人共同企求之目的未克达成"，希望史设法向华府拟稿人说明，"当此紧要之际，应竭尽全力，以促使吾人共同胜利之早日来临"[153]。10日，马歇尔下令暂时停拨援华军事物资，至滇西远征军出动时再予恢复。蒋介石认为是可忍，孰不可忍，嘱何应钦答复美方："中国抗战与出击，自有一定计划，决不为美国武器之接济与否所

蒋介石与陈纳德

转移"。[154]

在美国的压力下,蒋介石决定调整对缅作战方针。4月13日,军事委员会电令滇西中国远征军于月底前完成作战准备,相机攻占腾冲,策应西线驻印军攻击缅北重镇密支那。17日,拟定怒江作战计划。5月11日,反攻怒江作战开始。

然而,就在中国远征军东西两路同时出动之际,日军的"1号作战"却在节节进展。1944年4月,日军为打通大陆交通线,扫荡美军在中国的空军基地,首先向河南进攻。5月25日,攻陷洛阳。5月底,日军开始向粤汉路进攻,蒋介石致电中国驻美军事代表团团长商震,要他提请美国军事当局注意其严重性,将成都存油、配件及飞机全部交陈纳德作为粤汉路空战之用。同时,蒋介石两电召史迪威回渝商量,史迪威均置而不答,蒋深感痛愤,在日记中批评史"诚非以情义所能感"[155]。6月初,蒋介石自我反省,深悔"去年既已决心解除其职务,而复留用"的"失计",批评自己用人办事尚为环境所转移,有关重要问题皆不能主动自决[156]。史迪威早就认为,蒋介石过于重视陈纳德的空中打击力量,忽视陆军的建设与改造，因此他对中国部队在河南的失败并不惊讶，日记称："中国的局势相当糟糕。我相信'花生米'将要为他的愚蠢迟钝付出重大代价。这个傻瓜蛋，救世军主动来拯救他，而他却不接受。现在一切都太晚了，他却大叫了起来。"[157] 6月5日，史迪威到重庆，如他所料，蒋的目的在于要求史迪威同意，为陈纳德的第14航空队增加汽油供应。这使史迪威很不屑，在日记中批评蒋说："他想要整个世界，但又什么都不想吐出来"[158]。自然，史迪威拒不加拨[159]。6月18日，日军攻陷长沙，向粤汉、湘桂两路交叉点和战略基地衡阳逼近，情势更为危急。史迪威于7月2日致夫人函云："如果危机到了足以摆脱掉'花生米'而又不致毁了整艘船的程度，那就值了。"7月4日，史迪威致电马歇尔，报告中国战场危机，要求罗斯福致电蒋介石，"以剧变形势应采剧烈手段"为理由，迫使蒋将对中国军队的指挥权交给自己。电中，史迪威并称："出兵晋豫以攻汉口，应是扭转中国局势之方法，此须使用中共部队。两年以前彼等愿听我指挥，今或仍能听命。"[160] 其实，中共长于敌后游击战争，不会轻易"听命"于史迪威，匆促去进攻汉口这样的大城市。

马歇尔同意史迪威的意见。7月6日，马备妥电稿，由李海签呈罗斯福，声称"中国局势近已颓落至可惊之程度"，"目下已到须将中国军权交与一个人物指挥抗日，使生效果之时，环顾中国政府与其军队之中，尚无一人能够综持军力以应日方之威胁，有之即是史迪威"[161]。7月7日，罗斯福按拟稿致电蒋介石，提出日军进攻华中，局势严重，"应责任一人，授以调节盟国在华资力之全权，并包括共产军在内"，同时告以已升史迪威为上将，建议蒋将其从缅甸战场召回，"置彼于阁下直属之下，以统率全部华军及美军，并予以全部责任与权力，以调节与指挥作战"[162]。这一电报虽宣称将史迪威置于蒋介石"直属之下"，但实质上是架空蒋介石，赋予史迪威以指挥全部中国军队的权力。7月8日，史迪威日记云："罗斯福给蒋介石去电，乔治·马歇尔给我来电。

他们在我的事情上一直在向他施加压力。罗斯福要蒋介石给予我指挥的全权。"[163]

十三　蒋介石拒不放权，不惜与美绝交、独立抗日

宋子文最先得知美国人要蒋介石向史迪威交出全部军权的消息，因而最先致电霍浦金斯反对，电称："今天华盛顿又作出了一项错误的决定，陆军部要强迫蒋接受史迪威将军"，"我个人可以无保留地向你担保，蒋委员长在这个问题上决不会而且也不能屈服"[164]。蒋介石觉得难以硬抗，企图拖延。7月8日蒋介石致电在美代表孔祥熙，要他转呈罗斯福，声称"原则"赞成关于史迪威的建议，但中国军队及政治情况复杂，"必须有一准备时期"，建议罗派私人代表来华，调整蒋与史迪威之间的关系，增进中美合作[165]。罗斯福看出了蒋意在拖延，于15日复电蒋介石催促，表示形势"需要有一迅速之处置"，尽早向史迪威交权[166]。7月16日，蒋介石甚至在日记中大骂"美帝国主义"，声称"抗战局势，至今受美国如此之威胁，实为梦想所不及。而美帝国主义之凶横，竟有如此之甚者，更为意料所不及。彼既不允我有一犹豫之时间，必欲强派史迪威为中国战区之统帅，以统制我国。此何等事如余不从其意，则将断绝我接济，或撤退其空军与驻华之总部，不惟使我孤立，而且诱敌深入，以图中国之速亡，其计甚毒"[167]。8月6日，蒋日记再云："最近内外形势之压力日甚一日。尤以美国在精神上无形之压迫更甚。彼必欲强余无条件与共党妥协，又欲余接受其以史迪威为总司令，此皆于情于理不能忍受之事。"[168]可见，蒋对罗虽表面顺从，而内心却充满强烈的对抗情绪。但是，蒋介石一时还不敢得罪罗斯福，与戴季陶、陈布雷研究后，决定暂用妥协政策为宜。7月23日，蒋介石两电孔祥熙，要他当面向罗斯福陈述：蒋对罗的主张"原则上表示接受而毫不踌躇"，但实行

上不可无"程序"，"须有一相当之准备时期"；罗所称指挥全部华军，应指在国民政府统辖下在前线的作战部队，其指挥范围与办法，应另行规定。要孔特别说明："抗战七年，而中国全国国民之所以百折不挠者"，"全为求得国家之独立与自由，保障国家之尊严"，意在含蓄地指出罗斯福主张之不当。关于租借物资支配权，蒋提出：应完全归于中国政府或最高统帅，但可授予史迪威"考核监督之权"[169]。

罗斯福不容蒋介石拖延，于8月10日致电蒋介石，声称中国战场形势危急，授予史迪威全部指挥权一事"必须立即行动"，同时提出，将派曾任陆军部长、中东特使的赫尔利为私人代表来华，调整蒋、史关系。至此，蒋介石已不能闪躲。同月14日，蒋拟任命史迪威为"中国战区统帅部参谋长兼中美联军前敌总司令"，并拟在复罗电中表示"余已积极准备，甚望其能于短期内可以顺利实现"[170]。蒋既松动，罗斯福也不想使中美关系弄得很僵。于8月23日致电蒋介石，继续催蒋尽早采取必要的措置，让史迪威指挥中国军队，电称："稽延之思考及审慎之部署，于此军事严重之时，容有严重之后果。"同时，罗斯福也表示，正拟订新程序，使史迪威不再负责拨发租借物资[171]。这通电报，意在进一步催逼，但也有所让步。

9月6日，罗斯福特使赫尔利与纳尔逊抵达重庆。9月9日至11日，宋子文、何应钦与赫尔利、史迪威、纳尔逊谈话。其间，宋子文根据蒋介石指示，坚持美国租借物资到达中国后应交中国政府处理，声称"必须记住一个大国的尊严"，但史迪威、赫尔利均反对[172]。赫尔利指斥宋子文"胡说"，对宋称："记住，宋先生，那是我们的财产，我们生产的，我们拥有他们，我们愿意给谁就给谁。"[173]史迪威在日记中写道："如果大元帅控制了分配权，我就完了。共产党人将什么也得不到，只有大元帅的亲信才能得到物资，我的部队（远征军）将只能去舔别人的屁股。"[174]12日宋子文向蒋介石报告，赫尔利、史迪威不愿交出租借物资支配权，蒋称："此事非坚持不可。"[175]同日，赫尔利与纳尔逊拜会蒋介石，给蒋的印象是"言辞虽婉而意甚严"。他认为，抗战以来，举凡军事失败、经济疲弱、"共匪猖獗"、政治恶化等各种问题，都是美国的"粗疏盲昧、无端诋毁"的结果。对于谈判再三而美国仍不愿将援华物资交给自己支配，以及不愿就史迪威指挥中国军队一事订立协定，蒋介石尤感恼怒，再次萌生"独立应战"的想法，日记云："对余污辱欺妄，竟至于此。决与之据理力争，不能再事谦让，并须预作独立作战之准备，以防万一也。"[176] 9月16日，美国大使高斯对蒋介石称："希望中国将来在和会中能代表中国与亚洲，不失为四强之一之资格。"蒋自称听了这段话以后，有如"利刃刺心"，在《上星期反省录》写道："若不自力更生，何以立国？何以雪耻，而史迪威之刁难轻侮，更令人难堪无已。"[177]

史迪威所指挥的中国驻印军迭获胜利。8月5日，驻印军攻克密支那。但是，日军打通大陆交通线的作战也进展迅速。9月12日，日军攻占广西全州，威胁桂林、柳州。滇西方面，远征军于9月14日克服腾冲，与盘踞龙陵的日军则陷于苦战状态。9月15日，蒋介石要求史迪威命令驻印军乘胜进攻缅北的另一要地八莫，以此策应滇西远征军，否则，即拟将远征军撤回怒江以东，保卫昆明。史迪威声称，在密支那的中国远征军需要休息，建议蒋调在陕西监视陕北的胡宗南部来援，同时反对滇西远征军撤回怒江以东。他在日记中斥责蒋介石为"疯狂的小杂种"，"一如既往的荒诞理由和愚蠢的战略战术观念。他很难对付而又令人讨厌"[178]。事后，史迪威紧急电告马歇尔，声称"长江以南的灾难主要是由于缺乏适当的指挥和照例的远在重庆的遥控。麻烦仍然来自最高当局"[179]。18日，罗斯福致电蒋介石，认为日军进攻中国东部是"诡计"，要求蒋介石立即补充缅北部队并且立即派遣生力军，协助怒江方面的中国军队。该电同时严厉批评蒋延搁委任史迪威指挥中国所有之军队，以致损失中国东部的重要土地。罗斯福以威胁的口吻称："务希立采行动，方能保存阁下数年来英勇抗战所得之果实，及吾人援助中国之计划。""不然，则在政治上及军事上种种之计划，将因军事之崩溃而完全消失"[180]。这通电报有如最后通牒。史称赞说："这一枪打中了这个小东西的太阳神经丛，然后穿透了他。这是彻底的一击。"[181] 19日，史迪威向蒋面交此电，蒋只说了一句话："我知道了。"但内心愤怒异常，日记云："实我余平生最大之污点，亦为最近之国耻。""今年七七接美罗侮辱我国之电以后，余再三忍辱茹痛，至今已有三四次之多，然尚可忍也。今日接其九一八来电，其态度与精神之恶劣及措辞之荒谬，可谓极矣。"[182] 20日，蒋介石对赫尔利、纳尔逊说："中国军民恐不能长此忍受史迪威等之侮辱，此殊足为中美两国合作之障碍也。"[183]

赫尔利来华后，曾与史迪威长谈。史称：自己与蒋之间，两人个性均极强硬，工作上不免发生困难。今后愿意接受蒋之命令。关于援华租借物资，赫批评史全面操控的做法，史同意今后全部交蒋支配。关于中共问题，史提出由彼提出调整方案，国共两党彼此谅解，将中共以及中央用以防共的部队，均调出抗战。赫称此为中国内政，吾人虽盼中国统一，但只能以"纯客观之立场赞助中国政府解决中共问题"，使所有中国抗日部队均听命于蒋的指挥。24日，赫尔利会见蒋介石，汇报与史晤谈情况。蒋称：罗斯福关于将中国军队交史迪威指挥提议，出于好意，有利中国，但"军队乃国家命脉，而军队之指挥权，乃操国家生死存亡之大事"，自己不能不慎重处理。蒋要赫尔利转告罗斯福："有三点不能稍事迁就：1. 三民主义不能有所动摇，故不能任共产主义之赤化中国。2. 国家主权与尊严不能有所损失。3. 国家与个人人格不能污辱，即不能接受强制式之合作也。"[184] 蒋称：已对史迪威"失去最后一分之希望与信心"，希望美国另派人员来华。宋子文当即配合，声称美国派任东南亚的盟军总部某参谋长，即可胜任[185]。25日，蒋介石命宋起草致赫尔利备忘录，表示同意美方遴选将领一员为中美联军前敌总司令，兼任中国战区参谋长。备忘录

1944年11月，中国远征军在经过惨烈的激战攻克龙陵后，与盟国军队会师。

称，自赫尔利来华后，本人曾不顾以前之感觉与判断，考虑以史迪威为前敌总司令，但"史将军非但无意与余合作，且以为受任新职后，余将反为彼所指挥，故此事因而中止"[186]。

蒋介石拒绝罗斯福的意见，自知事关重大，中美关系有破裂的危险，准备恢复"独立抗战"。9月26日，蒋介石致电在美国的孔祥熙与宋美龄，声称罗斯福来电"其措辞实不堪忍受，余对其来电决置之不复"。"吾人如再恢复独立抗战之态势，则对内政与军事情势，决不能比现在更坏。只要内容简单，无外力牵制，则国内一切措施方能自如，决不如今日皆受人束缚之苦也。史决难再留，如有人来说情，应严正拒绝，并请其从速撤换，以免阻碍今后之合作也。"[187] 27日蒋介石日记云："自史迪威由印回渝，半月以来，彼即作有计划有系统之威胁宣传：一曰，史已离渝回美。二曰，共党要求其赴延安。三曰，彼拟飞延安。四则曰，第十四航空大队将完全撤退。五曰，驻渝美军总部人员全部撤退等荒谬言论，散布于渝市，使唤吾恐怖，可将华军指挥权无条件交彼也。另一方面，美国之内对华军之拙劣、纷乱等种种不堪之妄报，使其国人对华侮蔑，以为中国真绝望矣。……尤以罗于上周五在记者席上对华军事不满之表示，更见其险恶用心，非达其统制中国之目的不可也。若不与之决斗，何以遏制其野心与暴露其阴谋也！"[188]28日蒋介石致电在华盛顿的孔祥熙，嘱咐他今后不可再向美国要求任何物品，以免为人轻视，并要求他迅速离美回国。这时候，蒋已经作了和美国断绝外交关系的准备。30日，他在《本星期反省录》中写道："美国态度之恶劣已至极点乎！过此惟有绝交之一途。""万不料联盟战争，得此逆报与窘境。"[189]

十四　罗斯福向蒋让步，同意撤回史迪威

在反法西斯战争中，中国虽是弱国，但是，中国毕竟是大国，是抗击日本帝国主义者的主要力量。蒋介石既然寸步不让，美国不愿丢掉中国这个战略伙伴，就只有向蒋让步了。10月6日，罗斯福致电蒋介石，表示接受蒋的建议，解除史迪威的参谋长职务，命他不再负责租借物资。但罗坚持，为保证中印空运，仍须史负责指挥在缅甸及云南的中国军队[190]。10月7日，蒋介石接见赫尔利，拒绝罗斯福建议，声称史迪威既不能服从命令，又缺乏与中国合作精神，故不能再委以指挥中国战区任何军队之名义与职务，要求美方另派人员。蒋并拟就致赫尔利的说明文稿和答复罗斯福电稿，当场由宋子文口译[191]。8日，蒋介石约陈布雷谈话。陈认为应适可而止。蒋不赞成，表示："应以要求撤回为唯一目的。"同日，孔祥熙也致电蒋介石，说明罗斯福召集美国陆海军首脑商谈，军方对撤换史迪威颇多顾虑，马歇尔又对史极为支持，史现升四星上将，与麦克阿瑟、艾森豪威尔权位相等，如另派他人，至为难得等为理由，要求蒋令史辞去中国战区参谋长职务，专心负责滇缅路联军军事[192]。但是，蒋也不为所动。9日，蒋介石致电罗斯福，要求调回史迪威，另换他人[193]。

此际，蒋介石认为对美交涉已至最后关头，做了最坏准备。他在日

1930年代史迪威与本宁堡步兵同学合影。前排左为史迪威，前排中为马歇尔，后排中为布莱德雷。

记中表示，如罗斯福不改变其现在态度，则不能不准备决裂。在历史上，蒋在碰到困境时，曾经有过两次下野的记录。这次，蒋自称："非至万不得已时，决不可为内外形势恶劣之故而灰心下野，以放弃我革命之责任也。"[194] 10月13日，美国驻华大使高斯会见宋子文，希望留住史迪威，声称撤换史将损害罗斯福的威信。宋向蒋汇报，蒋虽感到形势的"危险与恶劣"，但是，也还是不准备收回决定[195]。

赫尔利来华，本负有劝说蒋介石接受罗斯福决定的任务，但是，他在与蒋的接触中，却逐渐被蒋说服。10月13日，他致电罗斯福，声称"中国以劣势装备之弱国对其强大敌寇，抗战至七年以上，尚不能使之屈服，则美国对华交涉，决非用压力与威胁所能奏效"。他力劝罗斯福改变决定，另派能与蒋合作的年轻将领来华。电称："如我总统支持史迪威将军，则将失去蒋委员长，甚至还可能失了中国。"[196] 自然，罗斯福不愿失去中国，只能向蒋妥协。10月15日，赫尔利向蒋介石出示罗斯福来电，要求蒋从美国将领中圈选三人，交罗决定[197]。10月19日，罗斯福致电蒋介石，声称现正颁发命令，即将史迪威回国。在一场比赛智慧、比赛意志的较量

美国参加"二战"后，史迪威被派到中国，先后担任中国战区参谋长、中缅印战区美军总司令、东南亚盟军司令部副司令、中国驻印军司令。但因与蒋介石之间的矛盾不可调和，1944年10月，史迪威奉调回国。图为回到美国后的史迪威与爱犬加利在海滩上散步。

中，罗斯福败在蒋介石手下了。蒋介石志得意满，10月22日，蒋介石日记云："如果此次撤史不成，则美在东方必演成其帝国主义之祸首。""此举不仅救国，抑且救美国矣。"[198] 28日，美国正式发布调史迪威回国命令。10月31日，蒋在日记中自夸云："此实我中国解放之开始。"[199]

宋子文最早提出撤换史迪威，在蒋改变主意后又因坚持己见而受到蒋的斥责，这时，自然很高兴。10月30日，宋子文致宋子安电云："此次史迪威撤调回国，兄助回合（暗指蒋介石——笔者），出力不少。盖为纠正一年前历史上之错误也。"[200]

1945年1月5日，美国政府自动撤回史迪威的助手多恩，蒋介石日记云："此人为史迪威手下第一骄横侮华之人，美竟撤去，则其援华之诚意又进一步矣。"[201] 蒋介石当然不可能得知，就是这个多恩，曾经受命制订过一份暗杀计划，要让他在高空的飞机上摔下来。同年7月7日，蒋介石想起一年前罗斯福强制自己交出军权的情况，认为"几等于宣判中国之死刑，为抗战以来所未有之耻辱"[202]。6月23日，史迪威出任美国第十集团军司令，与日军在冲绳岛作战。8月2日，蒋介石得知，马歇尔决定由史率领第十军由琉球来华登陆，史则倡言"必先倒蒋以报去年之恨"[203]。当晚，赫尔利拜会蒋介石，蒋将《史迪威事备忘录》交赫，嘱其转交杜鲁门总统，拒绝史迪威再次来华[204]。史迪威和中国的关系自此结束。

十五　史迪威真心帮助中国抗日，但不应图谋全面操控中国军权

　　史迪威是个优缺点都很突出的人物。他是中国通，真心诚意地帮助中国抗日，对中国社会、中国军队与蒋介石其人有许多敏锐的认识。远征军第一次缅北作战失败后，他在印度训练中国军队，增强了中国军队的作战力。远征军第二次缅北作战胜利，显然与他的训练、指挥有关。郑洞国曾回忆说：史迪威"是一位正直的、很有才华的军事将领。在对日作战问题上，他的态度不仅始终是认真、积极的，而且颇具战略眼光，在指挥上很有一套办法。最难得的是，他身为异国高级将领，却毫无官架子，待士兵们十分友善，喜欢同他们交朋友，慢慢赢得了不少中国将士对他的钦敬"[205]。应该承认，史迪威是对中国抗日战争作出重大贡献的国际友人之一。但是，史迪威的性格中也有一些突出的缺点，例如傲慢、主观、急躁、偏激，特别是，作为美国将领，他身上不可避免地存在某些大国主义的思想和作风。

　　蒋史矛盾，开始于战略分歧。史迪威就任中国战区参谋长之际，中国远征军刚刚入缅，人地生疏，英国在缅军队则根本没有斗志，在这种情况下，就急于要求中国军队对日军发起强力进攻，是其不妥之一。蒋介石和中国将领与日军作战多年，熟悉日军的优势和特点，反对贸然进攻，后来又反对在缺乏盟国有力的支持和协同下由中国军队孤立作战，求稳防败，有其合理性，但史迪威却视之为"卑怯"，由此对蒋介石和中国将领的抗日积极性作了过低的估计，是其不妥之二。中国入缅军初战失利，史迪威擅作主张，未经请示就决定向印度退却，途中环境恶劣，给养困难，造成部队非战斗减员过大，史迪威完全缺乏自责，是其不妥之三。

1944年，美国任命魏德迈为中国战区最高参谋长，史迪威奉调回国。图为宋子文、魏德迈、蒋介石、赫尔利合影。（左起）

　　中国与美国、英国等共同抗击日本侵略，是同盟国之间的相互配合、相互支持的关系。蒋介石、宋子文等人期望尽可能多地得到美国的援助，但是，同时又不能容忍对中国的任何歧视，要求待遇平等，能和英国、苏联等受援国一样，自己掌握租借物资分配权，也有其合理性。当时，中国有关机构腐败严重，蒋介石又歧视和排斥中共所领导的抗日部队，因此，史迪威等应该也完全可以坚持对援华物资分配的建议权和监督权，但是，史迪威等却坚持援华物资是美国人生产的，必须由美国人分配，中国人无权过问，这就是大国主义的作风了。史迪威批评蒋介石是"一条贪婪、偏执、忘恩负义的小响尾蛇"。其中所说"偏执"姑置不论；说蒋"贪婪"，无非是指蒋对美援的不断争取；说他"忘恩负义"，则是典型的"施主"的"恩赐"心态。

　　抗战时期国民党领导的军队确实存在着较多问题，需要训练和改造，蒋介石对军队的指挥也确实有不少问题，需要改进、改革，但是，史迪威作为外国人，不应越俎代庖，大量任用美国军官来控制和操纵中国军队，更不应图谋全面掌握中国军队的指挥权，甚至制订暗杀计划，企图除去当时还是中国政府和抗日领导人的蒋介石。1943年10月之后，中国军队两面作战，既需要迎击日军旨在打通大陆交通线的"1号作战"，又需要开辟缅北、滇西战场，应付为难。在这一情况下，罗斯福听信史迪威、马歇尔等人的意见，利用中国军队在河南、湖南等地的失败，要求蒋介石将中国军队、中国战场的全部指挥权交给史迪威，自然是侵犯中国主权的行为。军权是国家权力的核心部分，也是蒋介石集团赖以维持其统治的命根子。蒋介石坚决抵制罗斯福的要求，甚至不惜为此与美国决裂，独立抗日，既反映出蒋介石思想中的民族主义成分和他性格中的倔犟一面，也反映出他充分懂得，维护军权对维护其统治的重要性。

在抗日战争中，中国共产党所领导的敌后战场愈来愈显示其重要性。史迪威于对蒋介石集团失望之余，寄希望于中共，主张国共两党联合抗日，援华物资中应有中共抗日部队的份额，并且建议将胡宗南的部队调往抗战前线。这些主张都是正确的。蒋介石对此采取疑忌和反对态度，是其反共思想和立场的必然表现。

宋子文是史迪威来华的促成者，但又是撤回史迪威的最早提议者，为此，他在美国斡旋疏通，一旦撤回有望，而蒋介石却临事而惧，改变主意，由此引起两人间的巨大冲突。在相当长的时间内，蒋介石有意冷落宋子文，甚至连开罗会议也不让作为外交部长的宋子文参加。但是，蒋宋之间毕竟基本观点一致，利害一致，在宋子文上书"悔过"之后，蒋介石就原谅了他。此后，蒋宋合作，共同促使罗斯福作出了召回史迪威的决定。

2006年10月1日完稿，原载拙著《抗战与战后中国》，中国人民大学出版社2007年7月出版。

注释

[1] 《困勉记》卷70,1942年1月30日,〔台北〕"国史馆"藏。
[2] 杜聿明:《中国远征军入缅对日作战述略》,《中华文史资料文库》,第4卷,文史资料出版社,1996,第871页。
[3] 黄加林等译:《史迪威日记》,世界知识出版社,1992,第50页。
[4] 《蒋介石日记》(手稿本),1942年3月9日。
[5] 秦孝仪主编:《中华民国重要史料初编——对日作战时期》第二编《作战经过》(三),〔台北〕中国国民党中央党史委员会,1981,第238页,以下简称《作战经过》(三)。史迪威当日日记称:"蒋大谈中国人的气质和他们所受到的局限,他们不能去进攻的理由……在缅甸失败对于士气将是灾难性的一击。第五军和第六军(是)'军队中的精华'必须慎重。"见《史迪威日记》,第54页。
[6] 《史迪威日记》,1942年3月18日,第60页。
[7] 《蒋介石日记》(手稿本),1942年3月18日。
[8] 《作战经过》(三),第257页。
[9] 《史迪威日记》,第61页。
[10] 原文为Stubborn bugger,瞿同祖译作"顽固的畜牲",见《史迪威资料》,中华书局,1978,第19页;黄加林等《史迪威日记》译作"顽固的家伙",第61页,此从黄译。
[11] 《蒋介石日记》(手稿本),1942年3月20日。
[12] 杜聿明:《中国远征军入缅对日作战述略》,第875页。
[13] 《蒋介石日记》(手稿本),1942年3月31日。
[14] 《史迪威日记》,1942年3月30日,第71页。
[15] 《作战经过》(三),第271页。
[16] 《蒋介石日记》(手稿本),1942年4月1日。
[17] 《史迪威日记》,1942年4月1日,第72~73页。
[18] 《史迪威日记》,1942年4月1日,第73页。
[19] 《作战经过》(三),第274页。
[20] 《蒋介石日记》(手稿本),1942年4月4日。
[21] 《史迪威日记》,1942年4月7日,第77页;参见《作战经过》(三)第290页。
[22] 《蒋介石日记》(手稿本),1942年4月8日。
[23] 《作战经过》(三),第299页;参见罗卓英《报告》,1942年6月25日。《宋子文文件》,第64盒,〔美国〕胡佛研究院藏。
[24] 《上星期反省录》,《蒋介石日记》(手稿本)1942年5月9日。
[25] 秦孝仪主编:《中华民国重要史料初编——对日抗战时期》第三编,《战时外交》(三),〔台北〕中国国民党中央党史委员会,1981,第146页,以下简称《战时外交》(三)。
[26] 杜聿明:《中国远征军入缅对日作战述略》,第882页。
[27] 《史迪威日记》,1942年6月4、7日,第103、104页。
[28] 《上星期反省录》,《蒋介石日记》(手稿本),1942年6月6日。
[29] 《困勉记》卷72,1942年6月5日。
[30] 《上星期反省录》,《蒋介石日记》(手稿本),1942年6月6日。
[31] 《上星期反省录》,《蒋介石日记》(手稿本),1942年6月16日。
[32] 《史迪威日记》,1942年6月19日,第105页。
[33] 熊式辉文件,美国哥伦比亚大学珍本和手稿图书馆藏。
[34] 《战时外交》(三),第145页。
[35] 《宋子文致蒋介石电》(1942年5月9日):"军部密告,接史梯威电,罗卓英离军遁宝〔保〕山。"见林孝庭等编:《胡佛研究所所藏蒋介石、宋子文往来电稿》,初稿,未刊。
[36] 熊式辉文件,哥伦比亚大学珍本和手稿图书馆藏。《战时外交》(三),第603~604页,所载文字有小异,此据熊式辉文件引。

[37]《宋子文文件》，第60盒。
[38] 同[37]。
[39] 宋子文《加码呈委员长电》，1942年5月19日，林孝庭等编：《胡佛研究所所藏蒋介石、宋子文往来电稿》，初稿，未刊。
[40]《宋子文致蒋介石电》，1942年6月。
[41]《宋子文致蒋介石电》，1942年6月12日。
[42]《作战经过》(三)，第514~515页。
[43]《作战经过》(三)，第514~515页。
[44]《战时外交》(三)，第168页；参见《史迪威日记》，1942年6月26日，第109页。
[45]《战时外交》(三)，第613页
[46]《战时外交》(三)，第171~175页。
[47]《史迪威日记》，1942年7月1日，第110~111页。
[48]《战时外交》(三)，第608~609页。
[49]《战时外交》(三)，第609~610页。
[50]《蒋介石日记》(手稿本)，1942年7月3日。
[51]《战时外交》(三)，第611页。
[52] 同[51]。
[53]《蒋介石日记》(手稿本)，1942年7月18日，参见同日《困勉记》。
[54]《战时外交》(三)，第615页。
[55]《蒋介石日记》(手稿本)，1942年7月22日。
[56]《蒋介石日记》(手稿本)，1942年7月25日。
[57]《上星期反省录》，《蒋介石日记》(手稿本)，1942年7月25日。
[58]《蒋介石日记》(手稿本)，1942年7月27日。
[59]《战时外交》(三)，第614页。
[60]《宋子文致蒋介石电》，1942年7月30日。
[61]《蒋介石日记》(手稿本)，1942年7月30日
[62] 郑洞国：《我的戎马生涯》，团结出版社，1992，第295~296页。
[63]《作战经过》(三)，第515页。
[64]《蒋介石日记》(手稿本)卷75，1942年12月11日。
[65] 郑洞国：《我的戎马生涯》，第272~273页。
[66]《作战经过》(三)，第355、357页。
[67]《战时外交》(三)，第211页。
[68]《蒋介石日记》(手稿本)，1943年2月7日。
[69]《蒋介石日记》(手稿本)，1943年2月8日。
[70]《宋子文致蒋介石电》，1943年2月。
[71]《史迪威日记》，未注明日期，第175页。
[72]《战时外交》(三)，第224~226页。
[73]《战时外交》(三)，第226页。
[74]《战时外交》(三)，第236页。
[75]《战时外交》(三)，第227页。
[76]《战时外交》(三)，第228页
[77]《战时外交》(三)，第229~230页。
[78]《战时外交》(三)，第231页。
[79]《战时外交》(三)，第232页。
[80]《蒋介石日记》(手稿本)，1943年5月18日。
[81]《战时外交》(三)，第234页。
[82]《战时外交》(三)，第236页。

[83]《蒋介石日记》(手稿本),1943年5月22日。
[84]转引自《古达程渝来电》,1943年5月27日,《宋子文文件》,第58盒。
[85]转引自《古达程渝来电》,1943年6月21日,《宋子文文件》,第58盒。
[86]《史迪威日记》,1943年6月28日,第187页。
[87]《蒋介石日记》(手稿本),1943年6月28日。
[88]《史迪威日记》,1943年6月28日,第187页;《战时外交》(三),第628页。
[89]《史迪威日记》,1943年6月28日。
[90]《蒋介石日记》(手稿本),1943年6月28日。
[91]《本月反省录》,《蒋介石日记》(手稿本),1943年6月30日。
[92]郑洞国:《我的戎马生涯》,第301页。
[93]《作战经过》(三),第516~517页。
[94]《战时外交》(三),第630~631页。
[95]《史迪威日记》,1943年9月18日,第200页。
[96]《蒋介石日记》(手稿本),1943年9月21日。
[97]《上星期反省录》,《蒋介石日记》(手稿本),1943年9月12日。
[98]《战时外交》(三),第632页。
[99]《战时外交》(三),第243~244页。
[100]《战时外交》(三),第262~263页。
[101]《战时外交》(三),第265页。
[102]《战时外交》(三),第267页。
[103]《史迪威日记》,1943年10月21日。
[104]《蒋介石日记》(手稿本),1943年10月15日。
[105]Stilwell's Mission to China, pp.376~377.
[106]《蒋介石日记》(手稿本),1943年10月16日。
[107]《蒋介石日记》(手稿本),1943年10月17日。
[108]《上星期反省录》,《蒋介石日记》(手稿本),1943年10月17日。
[109]《蒋介石日记》(手稿本),1943年10月18日。
[110]唐纵:《在蒋介石身边八年》,群众出版社,1991,第386页。
[111]《蒋介石日记》(手稿本),1943年10月18日。
[112]同[111]。
[113]唐纵:《在蒋介石身边八年》,1943年10月21日,第387页。直到11月5日,唐纵才弄明白所以,见该书第389页。
[114]《史迪威日记》,1943年9月13日,第199页。
[115]《史迪威日记》,第205~206页。
[116]《史迪威日记》,1943年10月21日,第207页。
[117]《蒋介石日记》(手稿本),1943年11月16日。
[118]《宋子文文件》,第64盒。
[119]《蒋介石日记》(手稿本),1943年12月24日。
[120]《上星期反省录》,《蒋介石日记》(手稿本),1943年12月26日。
[121]《三十二年感想反省录》,《蒋介石日记》(手稿本),1943年12月31日。
[122]《史迪威日记》,1943年10月21日。第207页。
[123]《爱记》,1943年11月24日〔台北〕"国史馆"藏。
[124]史迪威政治顾问(美国国务院所派)戴维斯告友人语,见《宋子文致蒋介石电》,1943年6月8日。
[125]转引自梁敬錞:《史迪威事件》,〔台湾〕商务印书馆,1972,第194页。
[126]《史迪威日记》,第220页。
[127]《史迪威日记》,第228页。
[128]Frank Dorn: Walkout with Stilwell in Burma, New York, Y. Crowell, 1971, pp.75~79.

[129]《史迪威日记》,时间不明,第279页。
[130]《史迪威日记》,1944年9月9日,第284页。
[131]《战时外交》(三),第537页。
[132]《蒋介石日记》(手稿本),1943年11月25日。
[133]《蒋介石日记》(手稿本),1943年11月26日。
[134]《本月反省录》,《蒋介石日记》(手稿本)1943年11月30日。
[135]《蒋介石日记》(手稿本),1943年11月30日;参见郑洞国:《我的戎马生涯》,第296~297页。
[136]《困勉记》,1943年11月30日。
[137]《战时外交》(三),第286页。
[138]《蒋介石日记》(手稿本),1943年12月14日。
[139]《史迪威日记》,1943年12月15日。第230页。
[140]《史迪威日记》,1943年12月16日,第231~232页。
[141]《蒋介石日记》(手稿本),1943年12月15日。
[142]《蒋介石日记》(手稿本),1943年12月16日。
[143]《蒋介石日记》(手稿本),1943年12月17日。
[144]《战时外交》(三),第289页。
[145]《作战经过》(三),第385~394页。
[146]《史迪威日记》,1943年12月19日,第233页。
[147]《战时外交》(三),第291页。
[148]《战时外交》(三),第296页。
[149]《战时外交》(三),第297~298页。
[150]《战时外交》(三),第299页。
[151]《蒋介石日记》(手稿本),1944年4月5日。
[152]《蒋介石日记》(手稿本),1944年4月6日。
[153]《事略稿本》1944年4月7日,〔台北〕"国史馆"藏。
[154]《蒋介石日记》(手稿本),1944年4月13日,参见同日《事略稿本》。
[155]《蒋介石日记》(手稿本),1944年6月1日。
[156]《蒋介石日记》(手稿本),1944年6月3日。
[157]《史迪威日记》,1844年6月2日,第262页。
[158]《史迪威日记》,1944年6月5日,第262页。
[159] 史迪威的助手贺恩称:"史迪威正想令华东机场失去,以证明其在华府会议中预测之证实",见 Way of a fighter, p294. 转引自《史迪威事件》,第307页。
[160] Stilwell's Command Problems, pp.380~381.
[161]《史迪威事件》,第265~266页。
[162]《战时外交》(三),第634~635页。
[163]《史迪威日记》,1944年7月8日,第267页。
[164] 巴巴拉:《史迪威与美国在华经验》,重庆出版社,1994,第622页。
[165]《战时外交》(三),第637页。
[166]《战时外交》(三),第642页。
[167]《事略稿本》,1944年7月16日。
[168]《事略稿本》,1944年8月6日。
[169]《战时外交》(三),第645~648页。
[170]《战时外交》(三),第651页。
[171]《战时外交》(三),第655页。
[172]《史迪威事件》,第278页。
[173]《史迪威日记》,1944年9月16日。第287页。
[174] 同[173]。

[175]《事略稿本》,1944年9月12日。
[176]《蒋介石日记》(手稿本),1944年9月15日。
[177]《蒋介石日记》(手稿本),1944年9月16日。
[178]《史迪威日记》,1944年9月15日,第287页。引文参考了瞿同祖所译《史迪威资料》,中华书局,1978,第121页。
[179]Stilwell's Command Problems, pp.435-436.
[180]《战时外交》(三),第658~659页。
[181]《史迪威日记》,1944年9月18日,第289页。
[182]《蒋介石日记》(手稿本),1944年9月19日。
[183]《蒋介石日记》(手稿本),1944年9月20日。
[184]《战时外交》(三),第675页。
[185]《战时外交》(三),第667~671页。
[186]《战时外交》(三),第673~674页。
[187]《战时外交》(三),第675页。
[188]《蒋介石日记》(手稿本),1943年9月27日。
[189]《蒋介石日记》(手稿本),1943年9月30日。
[190]《战时外交》(三),第677~678页。
[191]《战时外交》(三),第678~679页。
[192]《战时外交》(三),第683页。
[193]《战时外交》(三),第684页。
[194]《蒋介石日记》(手稿本),1944年10月11日,参见同日《事略稿本》。
[195]《蒋介石日记》(手稿本),1944年10月13日,参见同日《事略稿本》。
[196]Foreign Relations of the United State,1944,Vol.6. p.726.参见《事略稿本》,1944年10月21日。
[197]《蒋介石日记》(手稿本),1944年10月15日。
[198]《蒋介石日记》(手稿本),1944年10月22日。
[199]《本月反省录》,《蒋介石日记》(手稿本),1944年10月31日。
[200]《宋子文文件》,第47盒。
[201]《蒋介石日记》(手稿本),1945年1月5日。
[202]《蒋介石日记》(手稿本),1945年7月7日。
[203]《蒋介石日记》(手稿本),1945年8月2日。
[204]《蒋介石日记》(手稿本),1945年8月3日。
[205]郑洞国:《我的戎马生涯》,第302页。

◎史迪威假传罗斯福指示，策划暗杀蒋介石
——开罗会议前后侧记

史迪威是"二战"期间，罗斯福派到蒋介石身边担任中国战区参谋长的美国将军。最早提出史迪威曾策划暗杀蒋介石的是梁敬錞先生。他在《史迪威事件》一书中写道：

据迪威助手多恩（Frank Dorn）上校述称，史迪威自开罗会议归过昆明，曾召密语，谓伊曾奉上官口头密令，欲以暗杀手段谋害蒋委员长，命其于一周内拟具暗杀方案数种密呈候择，伊虽惊诧失常，但仍如期拟具三种方法，一、用毒；二、兵变；三、堕机。

呈经史迪威选择堕机一种，令其准备，候令施行，其后令终不至，案遂搁置云云。信如此说，史迪威谋害长官未遂之罪，固堪发指，然伊究奉何人命令而竟出此，则尤耐人寻味也。[1]

梁氏此书，初版于1971年7月，增订于1982年9月。他比较谨慎，"信如此说"云云，语气有某种保留。"究奉何人命令而竟出此，则尤耐人寻味也"，梁先生并没有明确指出"指使者"。但是，近年来，某些网络写手为了吸引读者眼球，胡编乱造，除了沿袭史迪威的谎言，确指罗斯福为指使者外，甚至将丘吉尔及英国特务机关也牵连在内，这就迫使人们不可不将有关过程考察清楚。

一 史迪威称暗杀蒋介石的命令来自"最高"，暗指罗斯福

梁先生关于史迪威策划谋杀蒋介石之说出于多恩本人的回忆《和史迪

威一起走出缅甸》，查该书，多恩是这样写的：

史迪威回到中缅印战区之后不久，他访问了我在昆明的司令部。在仅有我们两人的私人会谈中，他告诉我，他在开罗接到使他震撼的一条口头命令。有一阵子，他似乎不愿继续说，注视我，黑眼睛中闪耀着不寻常的穿透力。然后他耸了耸肩头，叹息说："命令就是命令，除了传达它，我没有别的选择。你会大吃一惊吗？"

"我想我能承受得起。"我回答，"无论它是什么命令。"

"好。那就接着说。我被命令准备一份暗杀蒋介石的计划。"

"暗杀他？"我怀疑地问。

"命令没有说杀死他，"史迪威断然说，"命令说准备一份计划，这意味着仅仅是一份计划。永远不能根据它指责美国政府，或者包括你在内的任何美国人。"

"那是一个重大的命令。"

"我非常清楚这一点。仔细想想。记住：绝对不能留下任何记录。不需要我告诉你，整件事必须高度保密。战争正在进行，如有任何泄露，我们将陷入混乱的地狱。"

"为什么选择我？"

"从我离开开罗，我就一直在想。我决定将此事交给你有两个理由：你了解中国机构以及任何一个人，知道在中国什么不能做，在现在的情况下，这与知道什么能做几乎一样重要。"

"如果我制订了一份可行的计划，我是否必须去执行？"

"我们要过桥，就必须走上去。我可以告诉你：如果你被指令执行任何这样一份计划，最好预见它成功。执行命令的计划将自上头下达到我，我将转达到你个人。不通过消息。记住：在这件事上，除了我，你将不接受来自其他人的命令。直到我接到这样一道命令前，我都将怀疑它是否会下达。我将什么都不做，你除了制订这份计划外，也什么都不必做。"

关于这位给史迪威下令制订暗杀蒋介石的人，史迪威只说是一位"大人物"（The Big Boy），但是，当多恩询问，是谁指令制订这样一份暗杀计划时，史迪威回答说："这不是我的主意，它来自最高。"显然，这个处于"最高"的"大人物"，只能是参加开罗会议的美国总统罗斯福。

据多恩回忆，史迪威要求他挑选一或两位官员一起仔细研究，在史下一次路过昆明的时候，提出自己的计划。史告诉多恩：今天上午，自己就将回重庆去处理一些经常发生的争论，"当我和蒋一起喝完一杯茶的时候，就会感到极端恶心"。

多恩接受任务后，否定了一个又一个方案，看上去似乎不可能施行暗杀，几乎要放弃了。经过和两个最可信赖的同事的反复研究，他们提出了几个方案。

枪杀——将会卷入一个美国人。如果蒋被卫兵所杀，责备可能指向美国政府。

下毒——没有办法改变蒋的食物。

爆炸——秘密警察可能发现炸弹并且循迹追踪。

"宫廷政变"——需要许多参加者严格保密，而且蒋经常有许多受过高级训练、可靠的武装卫兵保护。

最后，某位官员提出：可以劝蒋视察在印度蓝伽训练中心的中国部队。当飞机飞越驼峰的时候制造撞山事件，在蒋使用的降落伞上做手脚……

在多恩等商定之后两周，史迪威来到昆明，多恩向史报告了计划大要。史表示计划可行，并且提醒多恩，他将是在这架飞机上向驾驶员下达命令的人，他要多恩等待消息，此前什么也不说，什么也别做。史说："我已经告诉过你，我必须等待来自高层的命令。"

此后，史迪威再也没有提起这件事。

多恩的回忆梗概如上[2]。

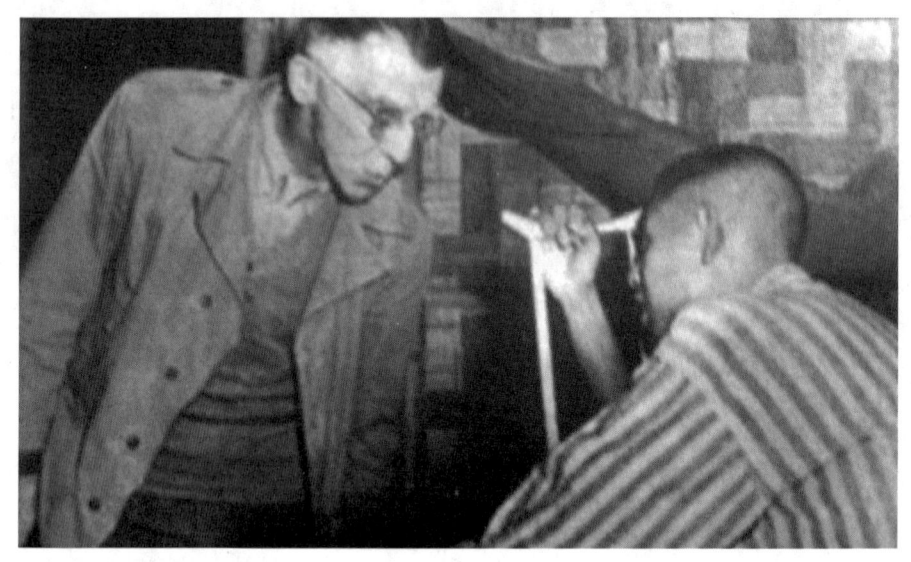

史迪威将军在前线慰问中国伤兵

开罗会议召开于1943年11月22日至26日。史迪威自开罗到昆明，时在12月11日晚6点30分。12月12日，史迪威日记载："见到格伦。同多恩谈话。11点30分起飞。2点到达重庆。"因此，史迪威要求多恩制订暗杀蒋介石的计划应在12月12日。多恩是史迪威的部属，他没有必要也不可能编造关于他的老长官的谣言，其有关回忆应是真实的。

是罗斯福在开罗指示史迪威制订暗杀蒋介石的计划吗？绝对不是。中、英文史料都可以强有力地证明，史迪威在假传"圣旨"。

二　在开罗会议上，蒋介石与罗斯福关系密切，互动良好

开罗会议早有酝酿。1942年11月，宋美龄访美，蒋介石交给宋一份与罗斯福的《谈话要点》，其内容共八条：

1. 东三省、旅顺、大连、台湾、琉球归还中国，当地之海空军根据地准许美国共同使用。

2. 越南由中美两国共同扶助，十五年以内独立。

3. 朝鲜应即独立。

4. 泰国保持其独立。

5. 印度在战后必须使之独立。为使英国不丧失体面,可以有过渡时期与过渡办法,缅甸亦然。

6. 明白宣布南洋各民族训政年限,二十年内扶助其独立。

7. 外蒙古归还中国,是否自治,由中国自定。

8. 中俄问题与中共问题立场之说明。[3]

宋美龄抵达美国后,受到罗斯福夫妇的热情接待。可能蒋介石交给宋的《谈话要点》符合罗斯福的战后理想,因此开罗会议之前,罗斯福即提议先与蒋介石"畅谈"。1943年7月4日,罗斯福致电蒋介石,表示与蒋的相见"殊为重要",建议选择重庆与华盛顿的中途地点晤面[4]。10月28日,罗斯福再次致电蒋介石,表示自己正在促成中、英、苏、美同盟之团结,有许多问题,只有与蒋见面,才能得到"圆满之解决"[5]。会议期间,蒋罗互动良好。根据蒋介石日记,二人见面及会谈中涉及罗斯福的记载如下:

11月22日,罗斯福到开罗。正午,罗斯福的助手霍普金斯约蒋于下午5时与罗见面。届时,二人"一见如故"。蒋感觉罗是"阴沉深刻之政治家","自有一种风度"[6]。当晚,蒋介石等待关于次日会议程序的通告,未到。此前,蒋从丘吉尔处得知,会议程序由英美参谋团安排,未考虑中国地位及提案。蒋介石特命间接通知罗斯福注意此点。当日深夜,罗斯福指示,会议为中、美、英共同会议,重新安排程序。

11月23日11时,罗斯福主持三国首长会议,讨论蒙巴顿北缅作战方案。蒋介石提出,盟军进攻缅甸,海军应与陆军同时发动。丘吉尔表示不能同意,但会中全体人员均默认蒋的意见是"不二之理","无不为之动容"。

当晚7时半,蒋介石应罗斯福之宴,二人直谈到深夜11时,蒋介石告

开罗会议期间,蒋介石、罗斯福、丘吉尔、宋美龄在罗斯福寓所合影。

辞,相约明日续谈。当晚所谈问题共10点:1. 日本未来国体。2. 共产主义与帝国主义问题。蒋表示赞同罗斯福对俄国共产主义的政策,祝贺其已取得初步效果,希望罗对"英帝国主义之政策亦能运用成功,以解放世界被压迫之人类"。3. 领土问题,东北四省、台湾、澎湖群岛皆应归还中国,琉球由国际机构委托中、美共管。4. 日本对华赔偿问题。5. 新疆及其投资问题。6. 俄国对日参战问题,7. 朝鲜独立问题。蒋特别要求罗赞助这一主张。8. 中美联合参谋会议。9. 安南问题。蒋介石强烈主张战后由中、美扶持其独立,并要求英国赞成。10. 日本投降后其三岛驻兵监视问题。蒋首先提出,此事应由美国主持,如需中国协助亦可,但罗则坚决主张,以中国为主体,蒋认为罗"有深意",没有明白表示可否。

11月24日傍晚,霍普金斯将罗斯福所拟会议公报草案交宋美龄,征求蒋的意见。蒋阅后,觉得罗稿完全依照昨晚自己所提"要旨",对罗更为敬佩,"甚觉其对华之诚挚精神,决非泛泛政治家所能及也"。当晚,蒋介石赴丘吉尔寓所参加晚宴,宴前,丘吉尔引蒋至地图室,讨论进攻缅甸日军问题。蒋的感觉是丘吉尔的思想、精神、气魄、人格,决不能与罗斯福同日而语，"狭隘浮滑，自私顽固八字尽之矣"。

11月25日，往罗斯福寓所照相。罗一再要蒋坐于中位，蒋坚持不就，自动坐于罗的右侧，丘吉尔坐于罗的左侧。最后，约宋美龄同坐。照相完毕后，蒋留在罗寓续谈，蒋称，前晚所提政治方案乃是个人意见，仅供参考，罗"神态诚挚"。

下午4时，蒋介石再次与罗斯福谈话，提出中美联合参谋会议、中美政治委员会、发表公报之手续、第三个卅师武器之供给等问题。讨论完毕，罗斯福叹息说："令人痛苦者亦是丘的问题"，"英国总不愿中国成为强国"。蒋介石察觉，当时罗"颇有忧色"，"其情态比上次谈话时更增亲切也"。一小时半之后，蒋回寓，与宋美龄商量，如何向罗斯福提出贷款及经济援助的方式，研究再三，决定由宋于明晨单独见罗试谈，观察其态度，再定进退多寡方案。

11月26日晨，蒋介石在别墅召集中美空运会议。蒋发现美方主管人员"较前恭顺"。蒋听说，其故在于罗昨晚召见部属时，曾称道蒋"伟大"。

上午，宋美龄会见罗斯福，提出美国给予中国经济援助的大纲，罗表示同意。

正午，蒋介石设宴招待美国海军金上将，密交日本今年造船计划，与金上将讨论太平洋今后作战方略，金称，以先接近中国海口为惟一要务，蒋颇感安慰，称：此来所见者除罗之精诚可佩以外，惟金对余为最诚实、最有益之一人。

下午3时，蒋介石访问罗斯福，谈：1. 对罗斯福应允给予中国经济援助及贷款的好意表示感谢。2. 外蒙古。3. 西藏。4.（英国）海军登陆（缅甸）日期。罗保证提前，声称仅丘吉尔一人尚未同意。

4时半，丘吉尔、艾登、王宠惠等到会，讨论公报。罗、丘、蒋三人均同意，待德黑兰会议与斯大林会谈后再行公布。蒋向罗斯福恳辞、告别。

晚8时，蒋介石约霍普金斯晚餐，谈至9点半。蒋称："此次世界大战，如非罗（斯福）之政策与精神，决不能有今日之优势，英与俄皆无法挽救，故余惟佩其人格之伟大也。"

开罗会议期间，蒋介石与罗斯福的互动情况如上。可见二人意见一致，关系良好。蒋对罗恭敬有加，罗对蒋诚挚亲切。特别值得提出的是：美英关系虽密切，但罗斯福却看重蒋介石，而不喜欢丘吉尔。上引罗斯福"令人痛苦者亦是丘的问题"，"英国总不愿中国成为强国"等语，虽系实话，但有"挑拨"中英及蒋与丘吉尔关系之嫌。如果罗不看好蒋介石，他是不会在蒋的面前掏出这种"心窝"里的"私房话"的。

在印度问题上，罗斯福向蒋讲的也是这种"私房话"。蒋介石一贯支持印度独立。开罗会议期间，蒋曾向罗表示，拟在会上提出印度独立问题，但罗斯福却直言不讳地告诉蒋："现在不要提，等战后再来提。因为现在的丘吉尔是一个守旧的人，同他商量，不会有结果的。到了战后，英国换过一个新的政府，一定可以解决的。"在蒋介石面前直斥丘吉尔是"守旧的人"[7]，说明罗此时对蒋是信任而亲昵的。

开罗会议期间，蒋罗关系既如此，蒋也并无任何触犯美国利益的言行，罗斯福怎么会起意杀蒋呢？

三　罗斯福认为，蒋介石虽有"短处"，但只能依靠他

罗斯福没有留下日记，但是，开罗会议期间，他的儿子小罗斯福随从在侧。从他们父子的私下谈话中，人们不难看出罗斯福对蒋介石的真实态度。

罗斯福高度重视中国在世界反法西斯战争中的地位。在开罗会议之前，他就对小罗斯福指出：假如没有中国，假如中国被打垮了，将会有大

"二战"中,罗斯福为了"维持住中国"成为一个有效的盟国,采取了一系列措施对中国进行军事援助及财政援助,并力主承认中国的大国地位、放弃其本国在中国的治外法权等。图为"二战"期间的罗斯福。

量日军调到其他战场作战。"他们可以马上打下欧洲,打下印度","并且可以一直冲向中东","可以和德国配合起来,举行一个大规模的夹攻,在近东会师,把俄国完全隔离起来,割吞埃及,斩断通过地中海的一切交通线"[8]。正因为罗斯福如此重视中国的战略地位,因此,他也就特别重视支援中国坚持抗战,特别重视作为当时中国抗战领袖的蒋介石。

罗斯福知道中国的情况,知道中国的战争"陷于停滞状态",知道蒋介石将"大部最精锐的部队屯在西北——红色中国的边境上"。他也知道,中缅印战区的困难和史迪威工作的不易,他对小罗斯福说:"事实上,在中国的工作只有一个要点:我们必须使中国能够继续抗战,以牵制日本的军队。"[9] 11月24日下午,蒋介石夫妇举行鸡尾酒会,小罗斯福代表父亲参加。会后,罗斯福向儿子了解对蒋氏夫妇的印象,当小罗斯福对宋美龄"恭维与魅惑的功夫之熟练到家"表示强烈不满时,罗斯福"皱着眉头,带着思索的神情"听儿子讲完,然后委婉地表达了不同看法。他说:"可是目前在中国有谁能代替蒋的地位呢?根本就没有其他的领袖。蒋氏夫妇固然有很多短处,可是我们却不得不依靠他们。"[10]罗斯福和儿子的谈话属于"私房话"，应是其内心真实思想的表现。

11月25日下午，蒋介石夫妇到罗斯福处茶叙。宋美龄"很动听地说她预备在战后扫除中国文盲的计划"，"同时还讲到其他改革中国的将来的计划"，小罗斯福发现当宋滔滔不绝地一个人在说话时，父亲"很热心地听着"。他写道："父亲一向对中国的人民有崇高的敬意，并且对他们的问题以及开发他们的资源的可能性有浓厚的兴趣。""想到昨天他所说的中国目前没有其他足以使中国抗战的领袖，我怀疑他是不是也在考虑蒋夫人所描绘的这些改革，似乎不一定要等待旁人来替代蒋氏以后才能进行。"[11]

罗斯福关心国共两党之间的关系。他坦率地向蒋表示，对他的政府的性质表示不满。罗称：这种政府决不能代表现代的民主，必须在战争还在进行时与延安方面握手，组织联合政府。蒋介石当时答应，只要美国保证苏联应允尊重中国的满州边境，他同意成立"民主政府"[12]。这天下午，继续谈到国共关系，小罗斯福写道："蒋夫人为他的丈夫翻译，提到他与我父亲已经双方同意的关于增强国内团结的初步协定，特别是关于中国共产党这一点。我尖起我的耳朵，可是他们并没有对这个话题加以任何讨论，显然地，他们早就比较详细地讨论过这个问题。蒋与我父亲似乎对这一种团结的看法是完全一致的。"

开罗会议期间，罗斯福曾在参谋长会议上见到史迪威，约他留出时间，私下谈一谈[13]。感恩节的当天晚上，罗斯福与史迪威作了开罗会议期间唯一的一次单独谈话，在场的有小罗斯福、妹夫鲍梯格和霍普金斯。据记载：

史迪威将军很流畅地、直率地、安静地谈着。他从不提高声浪，而也很少发什么牢骚，虽然我们不难想象他是的确有理由可以那样做，从头到尾都是困难，这似乎是他的命运。他叙述他与蒋及蒋的总长何应钦将军之间的困难；而回答我父亲

在缅北前线的史迪威

的询问，他很干脆地判断他是有办法来处理与对付这些困难的。

当晚，史迪威与罗斯福汇报的问题很多，如租借物资分配、列多公路、中国军队训练等。小罗斯福记载说："很明显地，父亲对史迪威有很大的好感；他留他坐在他的旁边谈了一个多钟头；最后当他辞去的时候，父亲对他在远东方面所面临的荆棘的道路表示深切的同情。"[14]

当罗斯福参加德黑兰会议完毕，重新回到开罗，史迪威曾于一天中午来看罗斯福，这是史、罗二人在开罗的最后一面，小罗斯福仍然在场。他记载说："他们在一起谈了二十多分钟。在这时期内，史迪威对蒋委员长的政策表示不满，并且说蒋是在养精蓄锐，预备在战后以全力对付共产党。父亲因为心中在想他与蒋的协定，以及后来与史〔斯〕大林的协定，很少说话，只劝史迪威尽他的力量把事情对付过去。很显明地，父亲在与史迪威谈话的时候，心中是在想着些旁的事情；我个人的想法是他在心里盘算着先行粉碎纳粹的必要，而唯有在纳粹消灭之后，他才能容许他自己考虑怎么样去解决美国统帅部在中国所遇到的许多问题。"[15]很明显，罗斯福和史迪威的这两次谈话，并无任何谋杀蒋介石的指示。

罗斯福回到美国以后，于12月24日发表谈话，介绍开罗会议与德黑兰会议。在谈到蒋介石和斯大林时，罗称："我们原本打算隔桌交谈，但很快我们就发现我们坐到了同一边。怀着对彼此的信任，我们来参加这场会议。但我们需要个人之间的接触。如今我们彼此之间的信任日渐加深。"他特别赞扬蒋介石："我看出他是一位有远见卓识和英勇无畏精神的人，他对眼前及将来的诸多问题见解独到。"[16]这虽是向公众谈话，但所述并非违心之言。

显然，从小罗斯福和罗斯福本人的资料考察，他在开罗会议前后，都不会起意谋杀蒋介石。

四　"厌烦"蒋介石并伪造"最高"口头命令的是史迪威

根据史迪威本人日记，开罗会议期间，史迪威共见过罗斯福两次。第一次在1943年11月25日4时30分，和马歇尔同去，听罗斯福谈法属印度支那（越南）问题。当日，史迪威准备了一份谈话资料，但是，没有得到进言的机会。第二次在12月6日，在座者除罗斯福、史迪威，还有霍普金斯，共四人。这应该就是上文提到的罗斯福从德黑兰回到开罗以后的那次见面。其中有一段谈话，涉及蒋介石：

罗：你以为蒋能维持多长时间？
史：局势很严重，日本人再来一次5月份的那种进攻就会把他推翻。
罗：好吧。那么我们就该找另外一个人或一群人继续干下去。
史：他们也许正在找我们。
罗：是的。他们会来找我们的。他们确实喜欢我们。这话只限于我们几人之间，他们不喜欢英国人。你看，英国人在那里的目的不同。譬如说，香港，我倒是有个让香港成为自由港的打算：向所有国家贸易开放——对全世界。但先让我们在那儿升起中国旗。

蒋紧接着就会作出一个友好的姿态，让它成为自由港。这就是处理这件事的方法！和大连一样，我确信蒋乐于使它成为自由港，货物也就可以不经海关检查，未经完税就通过西伯利亚。[17]

1942年5月，日军以十万兵力，战机一百余架，向守卫鄂西的中国军队进攻，企图夺取川江第一门户石牌要塞，威逼重庆。中国军队奋起还击，歼敌二万五千余人，粉碎了日军的进攻。谈话中史迪威所称"5月份的那种进攻"，指此。谈话可见，史迪威完全无视中国军在鄂西战役中所取得的胜利，认为日本人再举行一次"那种进攻"，蒋介石及其政府即将被"推翻"。罗斯福只是接着史迪威的话说，表示在蒋及其政府被日本人"推翻"之后，美国仍应和中国的"另外一个人或一群人继续干下去"，并无指示史迪威"暗杀"蒋介石之意。所以罗斯福接着就表示，要和蒋继续合作，让香港升起中国旗帜，以便蒋对美作出"友好姿态"，将香港和大连都辟为"自由港"。倘使罗当时即指示史设法暗杀蒋介石，就不会有上述关于"自由港"的谈话了。

多恩在回忆录中记述史迪威指示他制订暗杀计划时还有一段话：

将军注视窗外云南清澈的天空片刻，转身对我说："我很担心这样的事件不断发生。大人物对蒋和他的脾气已经厌烦。"并且事实上，他用他一贯的奥林匹克的方式说："如果你不能和蒋相处，又不能将他撤换，那就一劳永逸地将他除掉。你知道我的意思。将这件事交给你管得住的人。"[18]

这段记述值得注意，特别是"大人物对蒋和他的脾气已经厌烦"这句话，它可以帮助我们确定：起意暗杀蒋介石的是史迪威本人，而不是

1942年1月3日，反法西斯同盟国宣布，盟军建立了中国战区，蒋介石出任中国战区盟军最高统帅，美国中将史迪威来华任中国战区参谋长。但蒋、史二人的合作并不融洽，一直冲突不断，直至史迪威最后黯然回国。图为蒋介石与史迪威的合影。

罗斯福。

众所周知，在开罗会议之前，罗斯福和蒋介石素未谋面，双方只有电报往来。这些电报，由于是外交文书，礼尚往来，从无半句任情使性、粗暴无礼的语言。如上述，开罗会议期间，蒋介石对罗斯福崇敬备至、彬彬有礼，"大人物"（罗斯福）何从对"蒋和他的脾气"感到"厌烦"？

其实，这是史迪威本人的感受。

史迪威受命到中国不久，即主张乘日军"集结起来之前就动手"，迅速指挥中国远征军南下，进攻缅甸南方海口城市仰光，而蒋介石则主张"等待"，在日军不再增援时再进攻。他认为，仰光濒海，日军拥有海陆空立体作战的优势，中国军队只有在空军和炮兵掩护下，才有取胜可能。二人之间因此发生激烈争辩。史迪威即在日记中辱骂蒋为"顽固的家伙"[19]。此后，史迪威对蒋介石的恶感日深。如：

6月18日日记称"蒋仍同以前一样"，是"一条贪婪、偏执、忘恩负义的小响尾蛇"[20]。

7月12日日记指责蒋"如此顽固、无知和极度忘恩负义"[21]。

1944年蒋介石夫妇与史迪威等人合影

7月13日日记指责蒋"顽固、愚蠢、无知、不容他人、专横、不讲道理，无法说通而又贪婪无比。"[22]

9月2日日记称："很难想象一名军人会蠢到这种程度。"[23]

9月25日日记称：'"花生米'要比我所想的更加反复无常和怪诞。"史迪威因为藐视蒋，所以在日记中通称蒋为"花生米"。

至于蒋的所谓"脾气"，据史迪威日记载，9月28日，宋美龄曾向他透露："与'花生米'过日子十分痛苦：没有别人对他讲真话，于是她只得不断地向他讲述不合意的消息。和这个爱发脾气的小畜牲一起生活，眼见一切事情被搞得乱七八糟不可能是件轻松的事。"[24]很难想象，宋美龄会在一个外国将军面前辱骂自己的丈夫是"爱发脾气的小畜牲"，显然，这是经过史迪威扭曲、改造的。

至于对蒋的所谓"厌烦感"，则完全来源于史迪威本人的感受。1943年11月26日，史迪威日记称："路易斯11点来，谈了计划。他对'花生米'产生了厌烦感，谁又不是呢？"[25]

以上资料可以证明，史迪威对多恩所称"大人物对蒋和他的脾气已经厌烦"，实际上是史迪威在阐述自己的感受，只不过假借"大人物"罗斯福的名义罢了。至于史迪威所称"大人物"指示："如果你不能和蒋相处，又不能将他撤换，那就一劳永逸地将他除掉。"云云，既不符合罗斯福开罗会议前后的思想感情，也在小罗斯福的会议及史迪威本人的日记中找不到相关影子，只能认为，这是史迪威的有意编造。

因此，我们有理由相信，企图暗杀蒋介石的是史迪威，而不是罗斯福，史迪威向多恩所说，完全是假传"圣旨"。

五 早在开罗会议之前，史迪威即已起意谋杀蒋介石

早在开罗会议之前，史迪威即已起意谋杀蒋介石。

根据美国战略情报局资深官员艾夫勒（Carl F. Eifler）上校本人参加写作的The Deadliest Colonel一书记载，1943年8月初至10月末期间，他在中缅印战区工作期间，曾被史迪威召到新德里，要求他准备一份暗杀蒋介石的计划，过程如下：

史迪威直截了当地对艾夫勒说，如果美国想要按照逻辑顺序有条不紊地推进战争，那么就必须除掉蒋介石。摆在史迪威面前最大的问题是：艾夫勒是否同意承担此重任？他能否神鬼不知地完成使命？

对于这个要求，艾夫勒既不感到震惊，也未感到受宠若惊或不知所措。

他点了点头回答说，他能找到除掉蒋介石的办法。随后，史迪威又强调说，整个暗杀事件不能使人怀疑到艾夫勒本人及他的随从的头上来。艾夫勒起身，向史迪威行过军礼后，与其握手告别后便匆匆离开了。

艾夫勒没有提供他被召到新德里的时间，但其时在开罗会议之前则是确定无疑的。在史迪威向他布置任务时，并没有说明此令来自"大人物"或最高，可见谋杀蒋介石的起意出自史迪威本人。

艾夫勒接受任务之后，最初考虑派狙击手暗杀，他自己或其随从"都可以成为扣动扳机实施暗杀的人选"。但是，该办法不能确保狙击手不被擒获。后来，他决定实施投毒，并且在回到印度东北部阿萨姆省纳济拉之后，初步勾勒出一个暗杀计划。这个计划需要包括他自己在内的四个人来实施。艾夫勒分别将其他三人找到自己的办公室谈话，开门见山地说："我需要你执行一个任务，该任务还没有名字，我想就称它为'无名'任务吧。不到我们开始行动的时候，我不能向你透露计划的内容。此时，我需要你绝对保密，并心甘情愿地服从我的命令。这个任务不但令人反感，而且极为危险，但是却必须执行。如果你想回答'不'，那么就赶紧说，我不会耿耿于怀的。"三个人都很快回答说，自己将始终与艾夫勒站在一起共进退。此后的近两个月内，并没有进一步的行动指示。

后来，艾夫勒到华盛顿，访问美国战略情报局实验室的间谍用品发明专家斯坦利·拉维尔（Stanley Lovell）后，确定使用"肉毒菌素素"。它能麻痹并损害中毒者的肺功能，使之迅速衰竭并最终致人死亡，死后的尸体剖检也不会发现任何中毒的痕迹。

据艾夫勒回忆，此后史迪威没有再催问此事。直到1944年5月，艾夫勒在史迪威的缅甸司令部与史相见，艾告诉史，已经找到一种方法，可以执行暗杀计划，但史摇头说，他对此已另有想法，并且决定，在目前反对这样做[26]。

史迪威有了什么新的想法呢？这可以从后来的形势发展考察。

六 史迪威利用中国战场失败，逼迫蒋介石交出军权

1944年4月，日军发动1号作战，首先进攻河南，中国军队大败。接着，日军进攻粤汉路。蒋介石急命史迪威将成都所存汽油、配件及全部飞机交给陈纳德的航空队，供粤汉路空战之用。他召史回渝商量，史置

而不答。6月5日，史迪威到重庆，蒋介石当面要求史迪威增加对陈纳德航空队的汽油供应，史内心不屑，但表面应允。此后，中国守军在衡阳与日军苦战，陈纳德航空队的最大困难是缺油，陈本人多次要求史迪威增加空运吨位，多给军火，支援衡阳守军，史均不答应。史迪威和陈纳德在支援中国抗日的战略上有分歧，陈强调空军的作用，史认为必须首先充实陆军力量。1943年5月，美方在华盛顿召开参谋本部会议，陈、史二人之间为此发生争论。对于史迪威拒不加拨汽油的行为，史的另一个助手贺恩透露说："史迪威正想令华东机场失去，以证明其在华府会议中预测之证实。"陈纳德则认为，史迪威是在故意扣留军用物资，以待局势恶化，迫使蒋介石让出最高统帅之指挥权[27]。此时，马歇尔正因史迪威与英国统帅蒙巴顿不和，准备应英方要求，将史调离东南亚战区，授以上将衔，改调中国国内，使之统率中国全国军队。7月1日，马歇尔电询史迪威本人意见，正中史的下怀。7月2日，史迪威在致夫人函中透露，他的希望是"摆脱掉'花生米'而又不致毁了整艘船"[28]。同时，他明确写道："中国问题的药方是除掉蒋介石。""如果我们现在不采取行动，我们的在华特权将受到严重损害。中国也将无助于我们的抗日努力，还会种下战后中国大乱的种子。"[29]他觉得，采取行动的机会来了。

　　7月3日，史迪威致电马歇尔，要求罗斯福致电蒋介石，指出蒋过去轻视陆军倚重空军的错误，告以"剧变情势应采剧烈手段"。史称，在此情况下，蒋介石有可能将中国军队交给自己指挥。他向马歇尔明确表示："如我无实权，则不能担任。"[30]6日，马歇尔备妥电稿及签呈，上呈罗斯福，声称中国战局已经到了"须将中国军权交与一个人物指挥抗日"的时候，而此人，则非史迪威莫属。在马歇尔等人的"压力"下。罗斯福第二天即照马所拟电稿签发，宣称已升史为四星上将，要蒋从缅甸战场召回史，让他"统率全部华军与美军"，并予以全部责任与权力。

　　掌握中国军权是美国军方的长期目标，也是交给史迪威的任务。1943

抗日战争爆发后，陈纳德先后参加了淞沪会战、南京保卫战和武汉会战，与中国和苏联空军司令官共同指挥战斗。1941年8月1日，陈纳德任中国空军美国航空志愿队上校队长；1942年7月4日任美国驻华空军特遣队准将司令，1943年3月10日，美国驻华空军特遣队转变为美国陆军第14航空队，陈纳德任少将司令。图为蒋介石、宋美龄与陈纳德合影。

年6月，宋子文向蒋介石报告说，美国国务院派到史迪威处担任政治顾问的约翰·戴维斯（John Davis）曾向友人透露："美军方曾令史梯威，应利用一切机会统率中国军队。"[31] 同年开罗会议期间，史迪威准备了一份与罗斯福的谈话资料，直言不讳地表示，要"掌握中国军队之权"。该资料云：

无论蒋介石作何承诺，我们如不将掌握中国军队之权，早获明文规定，所有努力均将成为废纸……统率之权，如不能扩及华军之全部，亦必须包括于中美之联军。我们如缺控制蒋介石之权力，则伊将使其干部跟我们作梗。我以为中国军政部应改组，何应钦应去职，第一批卅师应由美军官统率之。[32]

可见史迪威不仅要求实际上掌控中国军权，而且要有"明文规定"。

罗斯福将马歇尔所拟致蒋介石的电稿一字不改地照样发出，至此，史迪威掌控中国军权的任务接近完成了。然而，史迪威没有想到的是，蒋介石不仅拒不接受，而且绝地反击，坚决要求罗斯福召回史迪威，其结果不是蒋介石屈服，而是罗斯福屈服。史迪威当然更不会想到，1945年初，西起印度东北，经过缅北、滇西，东至云南昆明的中印公路通车，蒋介石为了纪念史迪威对此路修建及中国抗战的功绩，居然将这条公路命名为"史迪威路"，"以志其劳绩"，"决不以过掩其功也"[33]。

注释

[1]《史迪威事件》,〔台北〕商务印书馆 1988 年 5 月增订 2 版,第 196~197 页。在梁著之后,陆续论述此一暗杀事件的著作有迈克尔·沙勒(Michael Schaller)1979 年出版于美国哥伦比亚大学的《美国十字军在中国》;杨天石《史迪威事件中的蒋介石与宋子文》,载《中国社会科学院学术咨询委员会集刊》第 3 辑,2007 年 9 月。陶涵(Jay Taylor) The Generalissimo, the belknap press of Harvard University, 2009.

[2] Frank Dorn: Walk out with stilwell in Burma, New york. Thomas Y. Growell, 1971, p. 79.

[3]《蒋介石日记》(手稿本),1943 年《杂录》。

[4]《战时外交》(三),第 492 页。

[5]《战时外交》,第 494 页。

[6] 以下引文,均见蒋介石日记,不一一注明。

[7]《委员长报告开罗会议情形》,《国防最高委员会第 126 次常务会议记录》,1943 年 12 月 20 日。〔台北〕中国国民党党史馆藏。按,此报告曾收入影印本《国防最高委员常务会议记录》第 5 册,第 825 页,但删节已多。

[8] 李嘉译,小罗斯福著《罗斯福见闻秘录》,第 42 页。

[9] 李嘉译,小罗斯福著《罗斯福见闻秘录》,第 136 页。

[10] 李嘉译,小罗斯福著《罗斯福见闻秘录》,第 146 页。

[11] 李嘉译,小罗斯福著《罗斯福见闻秘录》,第 149~150 页。

[12] 李嘉译,小罗斯福著《罗斯福见闻秘录》,第 155 页。

[13] 李嘉译,小罗斯福著《罗斯福见闻秘录》,第 126 页。

[14] 李嘉译,小罗斯福著《罗斯福见闻秘录》,第 152~153 页。

[15] 李嘉译,小罗斯福著《罗斯福见闻秘录》,第 193~194 页。

[16] 张爱民、马飞译,罗斯福著《炉边谈话》,中国社会科学出版社 2009 年 7 月版,第 218~219 页。

[17] 黄加林等译《史迪威日记》,世界知识出版社 1992 年版,第 221~222 页。

[18] Frank Dorn: Walk out with Stilwell in Burma, p. 76.

[19]《史迪威日记》,1942 年 3 月 9 日、19 日,第 52、61 页。

[20]《史迪威日记》,第 185 页。

[21]《史迪威日记》,第 189 页。

[22]《史迪威日记》,第 191 页。

[23]《史迪威日记》,第 197 页。

[24]《史迪威日记》,第 202 页。

[25]《史迪威日记》,第 217 页。

[26] 参见 Jay Taylor, The Generalissimo, The Belknap Press of Harvard University Press, pp.258~259.

[27] Clarie Lee Chennault, Wary of a Fighter, p. 29;参见梁敬錞《史迪威事件》,第 264、307 页。

[28]《史迪威日记》,第 267 页。

[29]《史迪威日记》,第 279~280 页。

[30] Stiwell's Command Problems, pp.380~381.参见《史迪威事件》,第 265 页;杰克·萨克森:《陈纳德》,东方出版社 1980 年版,第 226 页。.

[31] 宋子文文件,66-12。

[32] 转引自梁敬錞《史迪威事件》,第 194 页。

[33]《蒋介石日记》(手稿本),1945 年 1 月 26 日。

◎蒋介石正告丘吉尔："藏事为中国内政"
——抗战期间的中英关系

一 宋子文舌战丘吉尔

1943年5月20日，美国总统罗斯福与英国首相丘吉尔等人在华盛顿举行太平洋会议。中国外交部长宋子文应邀参加。会议的主题是讨论对日作战，特别是讨论同盟国对在缅日军的协同作战问题。不料，丘吉尔在发言中突然说：

最近听说，中国有集中队伍进攻西藏之说，使该独立国家大为恐慌，希望中国政府能保证，不致有不幸事件发生。[1]

为了侵略西藏，英国长期在"主权"（sovereignty）和宗主权（suzerainty）两个概念上玩弄花招。但是，英国官方仍然不得不长期承认"中国对西藏拥有宗主权"。现在丘吉尔以首相身份，在太平洋会议这样的国际场合公然声称西藏是"独立国家"，是一件十分严重的事情。因此，宋子文立即反驳：

并未听说有此项消息。西藏并非首相所谓独立国家。中英间历次所订条约，都承认西藏为中国主权所有，当早在洞鉴之中。

在宋子文的严词反驳下，丘吉尔不得不表示："西藏为不毛之地，英国对之并无野心，只希望吾人此时集中精力，对付共同敌人，万勿分耗力

1943年5月的太平洋军事会议，右一为宋子文，中坐者为罗斯福，左一为罗斯福助理霍普金斯。

量而已。"

会后，宋子文立即致电蒋介石汇报。蒋于23日回电：

邱吉尔称西藏为独立国家，将我领土与主权完全抹煞，侮辱实甚，英国竟有如此言动，殊为联合国共同之羞辱，应向罗总统问其对于邱言作何感想，及如何处置。西藏为中国领土，藏事为中国内政，今邱相如此出言，无异于干涉中国内政，是即首先破坏大西洋宪章，中国对此不能视为普通常事，必坚决反对并难忽视。[2]

1941年8月，美国总统罗斯福与英国首相丘吉尔在大西洋北部的一艘军舰上签署了《大西洋宪章》。该文件宣称：美、英两国不寻求领土和其他方面的扩张，不承认法西斯通过侵略造成的领土变更。它促成了国际反法西斯统一战线的形成，成为后来联合国宪章的基础。丘吉尔的发言是对《大西洋宪章》的赤裸裸的破坏。由于《宪章》是罗丘二人共同签署的，因此，蒋介石要宋子文询问罗斯福，"对于丘言作何感想"，"如何处置"。"西藏为中国领土，藏事为中国内政。"蒋介石的这通电报，义正辞严，表达了中国人民对丘吉尔谰言的强烈愤怒。

同日，蒋介石再次致电宋子文，说明"我政府只有对藏开辟公路，以利运输，而决无集中十一个师进攻西藏之事，此说完全为英国所捏造。"他指示宋子文，"除照前电之意应向罗总统严重表示，英国在事实上已首先破坏大西洋宪章矣。"他特别关照宋，在与罗斯福谈话时，"此首先二字应特别注重"[3]。

一日之内，连发两电，说明蒋介石对这一问题的极端重视。

二 事件原委

英国早就觊觎西藏。自19世纪始，英国即积极拉拢西藏政教界的上层人士，力谋侵略西藏；在西藏政教界的上层人士中，也有人投靠英国及其在印度的殖民政府，希冀将西藏分裂出去。抗战期间，中国忙于抵抗日本帝国主义，英国却乘机加紧侵略西藏。1940年6月，英国屈服于日本压力，一度封闭中国的对外通道——滇缅公路，中国政府计划另建由印度经由西藏通往中国内地的中印公路，用以运输国外援华的抗战物资，但是，英印政府却授意西藏地方政府——噶厦反对，不准勘测人员入境。1942年初，英印政府为了保住"将来的利益"，提议美国援华物资可以从印度经西藏运往中国，但噶厦仍然拒绝，声称"在这场战争中保持中立"，"不能够同意为了把货物运往中国而利用西藏的土地"。[4] 同年5月，英国政府提议用驼运的办法将援华物资经拉萨运往青海的巴塘或玉树，但噶厦却提出"只有在西藏、中国和印度三方达成协定的情况下，他们才同意开辟通道"。1943年4月，更下令停止所有从印度经西藏运往中国内地的货物（驿运）。7月，噶厦擅自成立"外交局"，为进一步和中央政府分裂作准备。

对于西藏噶厦的行为，蒋介石最初持"暂时隐忍"态度。1942年8

月，蒋介石偕宋美龄视察甘肃、青海等与西藏接壤地区，其预定工作科目中有"抚慰蒙、藏、回各民族"的安排[5]。同月23日日记云："文化团体应以喇嘛为中心"。28日日记云："只要藏政归中央统治，不受外国牵制足矣。中央之所以必须统制西藏者，其宗旨全在解放藏民痛苦，保障其宗教与生活自由，而不被外国所愚弄与束缚而已。"[6]可见，蒋介石这时的治藏方针主要在控制西藏分裂主义者的活动，防止外国侵略。同年10月，国民政府研拟与列强谈判，解除鸦片战争以来的不平等条约。蒋介石决定乘机要求英国政府"取消西藏关系之不平等特权"，在日记中表示"应积极与坚决进行"[7]。同时，蒋决定，在次年10月前，派兵进驻西藏东北部的昌都，在保持军事压力的前提下，"用政治方法解决西藏问题"[8]。1943年4月，噶厦下令停止汉藏之间的"驿运"后，青海马步芳的军队奉命开向青藏边界。同年5月12日，蒋介石在重庆召见西藏驻京办事处主任阿旺坚赞。阿旺坚赞要求蒋"制止军事行动"。蒋介石答称："调动军事，乃一方防止日寇勾结西藏，一方保护修筑中印路及驿运。"他提出五项要求，希望藏方遵照办理：1. 协助修筑中印公路；2. 协助办理驿运；3. （中央政府）驻藏办事处商办事件直接与噶厦商量，不经"外交局"；4. 中央人员入藏，凡持有蒙藏委员会护照者，须照例支应乌拉（差役）；5. 在印华侨必要时须经西藏内撤。蒋称："如西藏能对此五事遵照办到，并愿对修路、驿运负保护之责，中央军队当不前往，否则，中央只有自派军队完成之。"蒋并称："中央绝对尊重西藏宗教，信任西藏政府，爱护西藏同胞。但西藏必须服从中央命令，如发现西藏有勾结日本情事，当视同日本，立派机飞藏轰炸。"[9]蒋介石觉得，他的这一谈话是对西藏上层某些人物的警告，在日记中写道："对西藏代表严正态度，使西藏政府夜郎自大者有所觉悟，非此不可也。"[10]

蒋介石调动军队，是在噶厦一再抗拒援华物资经西藏内运的情况下作出的决定，目的是施加压力，以达到修筑中印公路、恢复驿运的目的，

1943年1月11日，宋子文代表中国政府用毛笔在《中英平等新约》上签字。

并不真想动武。但是噶厦却慌了手脚。1943年4月，噶厦致函英国驻西藏代表："请求我们最大的盟友英国政府，通过印度政府给与我们尽可能的援助，以支持和维护我们的独立地位。"5月4日，英国大使薛穆拜会中国外交部次长吴国桢，声称中国军队已由西宁开至青海南边，西藏当局深感不安，希望中国政府能表示无此事实，以便转告西藏当局，令其安心。吴国桢答称，对此不甚明了，他坚定地表示：一国内部军队的调遣，实与另一国无关。至于一国之中央政府与地方接洽事件，无论其友国如何友好，亦无友国代为转达之必要。吴国桢提醒薛穆，希望阁下不提此事。薛穆在吴处碰了钉子后，英国外交部仍于5月17日指示薛穆"驳斥"吴国桢，并且告诉中国政府，这个问题已经提交英国政府，并将在太平洋会议上提出讨论。事后，蒋介石指示吴国桢，退回薛穆照会，蒋称："西藏为中国领土，我国内政决不允许任何国家预问。英国如为希望增进中英友义，则勿可再干涉我西藏之事。如其不再提时，则我方亦可不提；如其再提此事，应请其勿遭干预我国内政之嫌，以保全中英友义。"[11]与此同时，王世杰则请杭立武以私人关系会见薛穆，劝他勿再提此事[12]。

丘吉尔在太平洋会议上的发言，正是英国政府一系列动作的重要一环。当时，罗斯福表示，正在采取步骤，增进援华空军的战斗力量及运输力量，空运数量将大大增加，陈纳德的空军力量将增加三倍。英国首相丘吉尔也表示，愿派遣驱逐机三队赴华。但是，话锋一转，丘吉尔却谈起西藏问题，目的是要挟中国。

三 蒋介石大为动怒，指责丘吉尔"帝国主义真面目暴露"

蒋介石接到宋子文的电报后，大为动怒，在日记中写道：

昨日傍晚，接宋电称：华会廿一日会议中，丘吉尔突称"西藏独立国，中国在此获得空军接济之时，不宜对藏用兵"，并将其对中英美一月间加尔各答会共同进攻缅甸决议完全推翻、否认，此诚帝国主义真面目暴露，不仅为流氓、市侩所不为，而亦为轴心、倭寇所不齿。[13]

缅甸自19世纪80年代沦为英国殖民地。1942年初，日军入侵缅甸。同年2月，中国远征军入缅，支援英军作战，同时打通国际通道，但是，英国却态度消极。1943年1月，罗斯福、丘吉尔在北非的卡萨布兰卡（卡港）会议，决定对缅作战计划。同年2月，中、英、美三方在印度加尔各答会议，进一步达成攻缅协议。但是，到了太平洋会议上，丘吉尔却力图否认，声称加尔各答会议，"只有计划，并无决议"，"英军事当局如有允诺，实属越权"[14]。对丘吉尔的背信言论，蒋介石自然十分恼怒。再加上丘吉尔声言西藏是"独立国家"，蒋介石自然更加愤怒了。多年来，蒋介石对英国政府和丘吉尔向无好感，这一则日记，将蒋介石对英国政府的不满倾泻无遗。在蒋看来，丘吉尔不仅是"帝国主义"，而且是"流

开罗会议期间,蒋介石与罗斯福进行非正式会谈。

氓、市侩",所干的事,连德、意、日这样的轴心国家也不会干。

蒋介石寄希望于罗斯福出面主持公道,但是,他又担心罗斯福和稀泥,当和事佬。5月25日,他在日记"预定"栏中写道:"复子文电,对藏事应坚决表示"。果然,在再次致电宋子文时,蒋称:

关于西藏问题,不能轻忽,应照前电对罗总统严重表示,使其注意。如罗总统有勿因此发生意外之语,则我更应申明立场、主权为要,否则其他军事要求与我之主张更被轻视,以后一切交涉皆必从此失败矣。切盼遵令执行,勿误。[15]

此电语气确实很"坚决","切盼遵令执行,勿误"云云,不允许有任何犹豫。

宋子文接电后,于25日复电蒋介石,告以丘吉尔提及西藏问题的第二天,罗斯福已经表态:丘吉尔所言,"殊不得体"。他说:自己准备下次会见罗斯福时"遵令重复声明我国立场与主权"。但是,他不希望矛盾进一步发展,要求蒋介石饬令军队,"千万不可发生冲突"。电称:

英美反对我者,已谓中国一旦成为强国,必为侵略者。西藏为我国土,即系用兵,固绝非侵略可比,但不明真象者,必多误解。且将谓中国生死关头,一发千钧之际,不以之对敌,反分散兵力于和平之边境。在法律上英国总无干涉我内政之权。万一中藏间稍有冲突,事实上英国势必藉题发挥,至少可能阻碍中印国际交通,破坏攻缅计划。钧座烛照无遗,无须哓渎。[16]

宋子文此电,将中国政府对内用兵和对外侵略严格区分,认为英国"无干涉我国内政之权",但是,从当时复杂的国际局势考虑,宋子文强烈希望和平解决中央政府和西藏地方政府之间的矛盾。5月25日,宋子文再致蒋介石一电,提出三点理由:1. 中国当时的国际运输线经过英属印度,中国海上运输全靠英国海军保护;2. 中国正在强迫英方出全力执行进攻缅甸方案。3. 日军正企图进攻重庆,中国正在要求美方空军参战。因此,宋子文再次要求蒋介饬令军队千万不可发生冲突,他要求蒋思考,"目前解决西藏问题与中国存亡问题孰轻孰重",劝蒋审慎行事。

四 罗斯福质问丘吉尔;蒋介石批评罗斯福

宋子文遵照蒋介石的意旨向罗斯福说明西藏问题,表示中国不能接受英方对西藏任何提议。罗斯福向宋叙述了他和丘吉尔的一段对话。当时,太平洋会议结束,丘吉尔即将离开华盛顿。

"阁下在会上何以提出西藏问题?"罗斯福问。

"英国并无占领西藏之意图。"丘吉尔答。

"帝制时代,西藏就是中国的一部分,现在则是中华民国的一部分,与英国无涉。"罗斯福表明立场。

"中国政府在西藏没有实权。"丘吉尔答非所问。

"中国政府有无实权,与英国何涉?"

太平洋战争爆发后,作为外交部长的宋子文频繁活动欧美各大国寻求支持和帮助,促使有关国家对日本侵略扩张的后果有了较全面的认识。

丘吉尔无词以对[17]。

罗斯福介绍的这段对话再清楚不过地表明了美国对中国的支持立场。宋子文对罗说:"邱相所云,中国集中十一师攻藏,实属荒谬。"他承认,中国确在开辟公路,但记得总统以前曾多次向宋子文提议"中印间修路以利运输"。宋子文的话,有理有据,罗斯福答称:"此类事余亟盼早日与蒋委员长、史丹林、丘相四人会面,但丘不忘英国独霸世界之传统观念,最好余与蒋委员长两人,在四人会面前早二三日畅谈。"[18]

罗斯福思想比较开明,他对丘吉尔的霸权主义早有不满,这次在不经意间向宋子文流露了。

尽管罗斯福批评丘吉尔,支持中国,不过,他不希望中英因此发生冲突。当时,宋美龄正在白宫访问,他对宋说,西藏问题,如中国"不进占",则英国亦不致有此动作。他劝中国将西藏问题"暂时搁置"。蒋介石认为罗斯福的这一意见属于"各打五十大板"性质,仍然在干涉中国内政,在日记中激愤地写道:

此诚欺人太甚。如余与之面晤，彼必不敢出此愚弄之谈。否则彼必与丘吉尔狼狈为好，自食其不干涉各国内政之宣言与首要违反其大西洋宪章，彼将无以见世人矣。[19]

这一时期，罗斯福一直在张罗召开美、英、苏、中领袖参加的"四头会议"，尤其希望先与蒋介石举行"双头"会谈，但蒋介石认为他的参加，只是做罗斯福的"陪衬"，"为人作嫁"，因此，态度消极[20]。

五　蒋介石决定"隐忍"，等待西藏当局觉悟

蒋介石对西藏当局提出五项要求，西藏当局基本上采取拒绝态度。关于"外交局"，西藏地方当局表示可以"让步"，将另设机关与中央驻藏办事处往还。同时，西藏当局还表示，将与"中央保持感情，不应与中央西藏办事处断绝关系"。但是，在关键的修筑中印公路这一问题上，西藏当局声称："神意反对测修。"[21]西藏当局的这一答复使蒋介石极为不满。7月13日，他在日记中指斥西藏当局的答复为"卑劣可痛"。第二日，他考虑四项对策：甲、以飞机示威，不再作答。乙、以飞机投函昌都，令早日遵办五条件；丙、中央军进驻西康；丁、派格桑入拉萨宣传。[22]

蒋介石认为，西藏问题复杂，外有英国在背后操纵，内有四川军阀刘文辉支持，少数藏族上层分子，"任人作弄，且准备抵抗中央，为虎作伥，认贼作父，而反以中央爱护与恩德，视为仇恨"。蒋介石称此种言行为"自戕自残"[23]。7月16日，他约集干部商量。18日，蒋介石在重庆曾家岩官邸举行军事汇报。特邀曾入藏主持第十四代达赖喇嘛坐床大典的吴忠信参加。吴主张军事、政治两方面同时并进，建议由驻滇第十一集团军派一部进驻云南西北部的德钦，加以威慑，使之"不至过

在缅甸并肩对日作战的中英部队

于猖獗",同时,命令刘文辉接济马步芳军队的粮食。徐永昌主张"重新检讨"既往的对藏政策,否则将逼迫西藏当局"结纳英人",他建议"派妥员入藏,与之敷衍,藉使我情势稍转",待康青路筑成,问题自然解决。吴忠信反对徐永昌的意见,仍主增加滇军[24]。蒋介石当场没有发表意见。会后,几经思考,决定暂时"隐忍",等待西藏地方当局的觉悟。他在日记中写道:

此时惟有暂时置之,以待补救。只要西康问题解决,道路开通,则英国决不敢张明以助藏,则藏事自然解决,故决隐忍一年,让此蠢物骄恣跋扈,不加计较,以待其觉悟为上也。[25]

同日,他在《上星期反省录》中写道:"对西藏问题研究甚切,决定暂时隐忍,以稽其自觉,此乃放宽一步,擒纵自如,尚有操之在我之权。"这样,他就决定,不向西藏派兵,不派飞机侦察,也不刺激英国。7月24日日记云:

对西藏决定放宽一步,不加虚声威胁,故不派飞机侦察昌都,勿使刺激投英,亦勿刺激英国。此时唯一要旨,为使英国无口可藉,而能共图履约,打通英缅路交通,一切的一切,皆应集中于此一点也。

当时,中英是世界反法西斯战争的同盟国,有共同的战略利益,蒋介石决定,将主要努力集中于联合英军,共同抗击在缅日军,打通"英缅路交通"。7月31日,蒋介石再次在《本月反省录》中写道:对"西藏之愚妄,皆一意隐忍,不予计较。此对内政策之决定,自信必有效果也"[26]。

西藏地方当局曾于1943年7月要求英印政府提供枪械弹药。英印政府内部意见分歧。一种意见认为这种举动将"鼓动西藏方面抵抗中国",建议暂不提供,但是,英国政府不愿失去"我们在西藏的影响",于同年11月决定售予西藏当局步枪子弹500万发、山炮弹1000发。1944年2月,西藏地方当局又向英国订购高射炮等物。3月6日,西藏代表阿旺坚赞、罗桑札喜、土登参烈等携带藏产重礼,晋见蒋介石,祝贺蒋就任国民政府主席。蒋在谈话中严厉批评西藏当局私自向印度购买武器的行为。事后,蒋介石自感批评场合不妥,语言过重,特别设宴招待,以图补救,"并赐给机关枪与迫击炮,示以中央对边区之信任,令其觉悟向外私购武器之愚拙也"[27]。

不过,蒋介石始终没有放松英国侵略西藏的警惕。1943年9月19日,蒋介石在日记中提醒自己:"英国侵略我藏之野心,丝毫未有变更。"同年11月22日,蒋介石参加开罗会议,准备与丘吉尔会谈,其草拟的《对英要旨》,第一条就是:"西藏问题勿再干涉"[28]。

注释

[1]《战时外交》(三),第233页。
[2]《委员长来电》,宋子文文件,61—2。
[3]《委员长渝来电》,1943年5月23日,宋子文文件,61—2。
[4] H. E. Richardson, Tibetan Precis, Government of India Press, 1945, p.71. 转引自陈谦平《抗战前后之中英西藏交涉》,三联书店2003年版,第151页。
[5]《蒋介石日记》(手稿本),1942年8月22日。
[6]《蒋介石日记》(手稿本),1942年8月28日。
[7]《蒋介石日记》(手稿本),1942年10月25日。
[8] 唐纵:《在蒋介石身边八年》,第314页。
[9]《西藏地方历史资料选辑》,三联书店1963年版,第157页。
[10]《上星期反省录》,《蒋介石日记》(手稿本),1943年5月16日。
[11] 军事委员会委员长侍从室档案,中国第二历史档案馆。
[12]《委员长来电》,1943年5月23日,宋子文文件,61—2。
[13]《蒋介石日记》(手稿本),1943年5月23日。
[14]《战时外交》(三),第234页。
[15]《委员长渝来电》,1943年5月25日。宋子文文件,61—2。
[16]《呈委员长电》,1923年5月25日。宋子文文件,61—2。
[17]《呈委员长电》,宋子文文件,61—2。
[18]《呈委员长电》,宋子文文件,61—2。
[19]《蒋介石日记》(手稿本),1943年7月17日。
[20]《蒋介石日记》(手稿本),1943年6月6日。
[21]《元以来西藏与中央政府关系档案资料选编》第7册,第2851页;唐纵:《在蒋介石身边八年》,第368页。
[22]《蒋介石日记》(手稿本),1943年7月14日。
[23]《蒋介石日记》(手稿本),1943年7月18日。
[24]《徐永昌日记》,1943年7月18日。
[25]《蒋介石日记》(手稿本),1943年7月18日。
[26]《蒋介石日记》(手稿本),1943年7月31日。
[27]《蒋介石日记》(手稿本),1943年3月6日。
[28]《蒋介石日记》(手稿本),1943年11月21日。

第四辑 蒋孔恩怨

◎ "飞机抢运洋狗"事件与打倒孔祥熙运动
——一份不实报道引起的学潮

一 从抢救"要员"的飞机上走下来几条"洋狗"

1941年12月7日，日军偷袭珍珠港，太平洋战争爆发。同日，日军向香港发动闪电式的进攻，形势危急。当时，香港是英国殖民地，不少民国要人，包括国民党中央委员在内的军政大员、银行家、文化人，如宋庆龄、何香凝、柳亚子、邹韬奋、茅盾、陈寅恪、陈济棠等都寄居当地。为了避免这些人成为日军俘虏，重庆国民政府应各方要求，加派航班，力争在日军占领之前将这些要人抢运到内地来。由于《大公报》社长胡霖（政之）也在香港，该社总编辑王芸生向蒋介石的秘书陈布雷提出要求，得到蒋的同意，将胡列入抢救名单。

12月10日，从香港最后起飞的一架飞机到达重庆机场，《大公报》编辑部派人到机场迎接自己的社长，出人意料的是，不仅未见胡霖和其他要人的身影，相反，见到的却是孔祥熙的夫人宋蔼龄、二女儿孔令伟、老妈子、大批箱笼和几条洋狗。次日，《新民报》日刊刊出采访部主任浦熙修所写现场报道，标题是：《伫候天外飞机来——喝牛奶的洋狗又增多七八头》，但在四条相关新闻中夹杂着两行文字：

△日来伫候于飞机场遥望飞机自天外飞来者大有人在，昨日王云五先生亦三次前迎，三次失望。

△昨日陪都洋狗又增多七八头，系为真正喝牛奶之外国种。

1941年12月23日，北平《晨报》关于日军进攻香港英军情况的报道。

为什么写得如此简略呢？主要是为了逃避重庆当局的新闻检查，是一种不得已的办法。

王芸生当日未去机场，但他听到派出接机人员的汇报后，十分气愤，也想将此事捅到报纸上。恰好，当时国民党正在重庆召开五届九中全会，12月20日，会议通过了一份《增进行政效能，厉行法治制度以修明政治案》，其中提到"年来行政虽尚有进步，而仍不无疲玩迟滞之感"，推研其因，在于未能认真贯彻1938年《抗战建国纲领》中的"严惩贪官污吏并没收其财产"的有关条文。议案提出，今后要"厉行监察、检察职权，修明政治，首重整肃官方"[1]。王芸生读到这份议案后，当日写成一篇社评《拥护修明政治案》，表示对国民党中央全会议案的支持，中称：

最要紧的一点，就是肃官箴，儆官邪。譬如最近太平洋战事爆发，逃难的飞机竟装来了箱笼、老妈与洋狗，而多少应该内渡的人尚危悬海外。善于持盈保泰者，本应该敛锋谦退，现竟这样不识大体。又如某部长在重庆已有几处住宅，最近竟用六十五万元公款买了一所公馆。现在九中全会既有修明政治之决议，我们舆论界若再忍默不言，那是溺职；新闻管理当局若不准我们发表，更是违背中央励精图治之旨。

文中提到的两个例子，一个指向当时的行政院副院长孔祥熙，一个指向当时的外交部长郭泰祺。自然，送审时检查机关通不过，下令"删扣"，但王芸生无视禁令，将被删部分照发[2]。于是，12月10日重庆机场上的那一幕就广为人知了。

二 昆明学生上街游行，大喊"打倒孔祥熙！""枪毙孔祥熙！"

国民参政会是抗战期间国民政府成立的包含各党派成员的咨询机构。会上，联大教授张奚若、罗隆基对孔祥熙常有质询。会议结束后，张、罗回到昆明，也将消息带到当地。12月24日，昆明《朝报》转载王芸生所写社评，将标题改为《从修明政治说到飞机运狗》，"洋狗"事件遂被更加突出。吴晗当时在西南联大任教，他在一年级的中国通史课上愤怒地说："南宋亡国时有蟋蟀宰相，今天有飞狗院长，可以媲美。"[3]他的话，像是在一堆干柴上点燃了火焰，不同政治倾向的学生都被动员起来。

1942年1月5日，西南联大新校舍的"民主墙"上出现"打倒孔祥熙"的标语。学生迅速编辑并出版壁报《呐喊》，发表《铲除孔祥熙》、《重燃五四烈火》、《告国民党员书》、《告三民主义青年团团员书》等文章。留校中共党员刘平御组织的平社继起响应。《呼声》、《正义》等壁报陆续出现。学生自治会主席郝纯治和副主席竹淑贞等暗暗发动群众。三民主义青年团团员邹文靖、钟正等找到教育系教授、三青团直属分团部书记长陈雪屏，要求以联大三青团的名义表示抗议，陈拒绝，邹等即起草《讨孔宣言》，宣称"孔贼不除，誓不罢休"，签名者共26人。

1月6日下午1时，西南联大学生鸣锣号召，迅速聚集六七百人上街游行。云南大学、中法大学、英语专科学校、同济附中、昆华师范等校的学生纷纷赶来参加，共约三千人。联大一年级新生中的共产党员齐亮、王世堂、高彤生（高志远）以及原中共鄂西特委副书记马千禾（马识途）等都参加了游行。学生举着自制的"倒孔"、"讨孔"、"铲孔"的小旗子，在闹市游行，高呼"打倒孔祥熙"的口号。土木系学生叶传华用床单画了一个大铜钱，肥头胖脑的孔祥熙的头钻在四方的钱孔里。该画原来张挂在校内，也被抬进游行队伍作为前导，倍加引人注目。

学生们一边游行，一边遍贴标语。根据国民党当局收集的情报，标语计24条：

1. 党国要员不如孔贼的一条狗。
2. 拥护政府修明政治！
3. 打倒以飞机运洋狗的孔祥熙。
4. 孔贼不死，贪污不止！
5. 打倒祸国害民的孔贼！
6. 打倒国贼孔祥熙！
7. 请新闻检查所勿扣倒孔之消息！
8. 各界参加，打倒贪官污吏孔祥熙！
9. 屈杀留港官员者是谁？
10. 香港危急，飞机不救要人，而运狼犬，孔祥熙罪恶滔天！
11. 请报界发表舆论！
12. 争取民主自由，打倒孔祥熙！
13. 孔存款十七万万元在美国！
14. 打倒操纵物价的孔祥熙！
15. 打倒操纵外汇的孔祥熙！
16. 打倒发国难财的孔祥熙！
17. 要修明政治，必先铲除孔祥熙！

抗战前期的孔祥熙

18. 打倒囤积居奇的孔祥熙！

19. 拥护龙主席，打倒孔祥熙！

20. 孔祥熙为一国的财政部长，不好好管理财政，专做囤积居奇生意，简直是汉奸，我们非杀死他不可！

21. 香港危险时，政府派飞机去救党国要人，带转来的是孔祥熙夫人及七只洋狗、四十二只箱子！

22. 枪毙孔祥熙！

23. 欲求抗战胜利，先从倒孔做起！

24. 前方抗战流血，后方民众吃苦，发财的是孔祥熙。[4]

上述标语反映了学生的抗议焦点和政治诉求：集中于孔祥熙的贪污、操纵物价与外汇、发国难财、囤积居奇等方面，但其中最强烈的则是不积极抢救"党国要人"，却以飞机抢运"洋狗"。"要人不如狗"，这自然是一个易于激动人心、引起公愤的题目。

当夜，联大学生回到宿舍，连夜编出名为《四十年代》的壁报，称此次游行为"一六运动"。同晚，召开全市学生代表大会，每校推出代表三人，马千禾被推选为联大倒孔代表会负责人。8日，联大学生自治会倒孔运动委员会邀集校内明社等23个团体组成倒孔运动后援会，请教授及参政员将倒孔运动情况报告国民参政会驻会委员，要求撤去孔祥熙职务，没收其财产。同日，昆明市学生联合会发表讨孔通电。

1月中旬，内迁贵州遵义的浙江大学学生继起"讨孔"，其情况与西南联大相似。

三　原来是一篇不实报道

事实上，飞机抢运"洋狗"是一篇貌似确凿而严重违离真相的报道。

《大公报》社评发表的当日，蒋介石听说孔祥熙生病，曾前往探视[5]。同日，蒋介石严令交通部彻查真相，同时向《大公报》询问消息来源，要求报社负责查明内容，穷究虚实。次日，《大公报》复函，说明"事属子虚，自认疏失"[6]。12月29日，重庆国民政府交通部部长张嘉璈向报社寄来一封信，说明向中国航空公司调查结果：当日香港交通断绝，电话不通，无法一一通知需抢救人员；因有空余座位，故有航空公司人员搭机，并尽量装载中央银行已运到机场的公物，"决无私人携带大宗箱笼老妈之事"；至于四只"洋狗"，则系两位美国驾驶员见仍有余位，顺便携带到渝云云。函称：

> 本年12月22日贵报社评《拥护修明政治案》文内，涉及此次香港来渝逃难飞机装载箱笼、老妈、洋狗，致多少应内渡之人尚危悬海外等语，当以此事为社会视听所系，经饬中国航空公司彻查具报，据称……是日香港与九龙间交通断绝，电话亦因轰炸不通，其未来公司接洽之乘客，无法通知。在起飞前，时已拂晓，因敌机来侦之故，不能再待，惟飞机尚有余位，故本公司留港人员因此亦有搭机回渝，并将在站之中央银行公物尽量装载填空，随即起飞，决无私人携带大量箱笼、老妈之事，亦无到站不能搭机之乘客。至美机师两人，因有空位，顺便将洋狗四只，计

三十公斤，携带到渝，确有其事等情。查所称各节，确属实在情形，贵报社所述殊与事实不符，除美籍机师携带洋狗，殊属不合，已由本部严予申饬外，相应函请查照，即予更正，以正观听，是所至盼。

函末盖有"张嘉璈"本人印章。王芸生收到此信后，标上"交通部来函"五字，刊于12月30日报末[7]。

国民党、国民政府本来就缺乏公信力。此函刊出后，人们大都视之为文过饰非的官样文章，不予采信，有关消息继续流布。但是，也有人相信。例如黄炎培。他在12月13日的日记中写道：

九龙失守，诸友好多未他迁。最后一批飞机两架，一载航空公司职员，一载孔庸之夫人，携家具五十六件，狗九条，而许多待乘之客均不得乘，如蒋公开单指令离港之陶希圣、陈济棠、蒋伯诚等以及中委十余人均不得乘（后知狗非孔氏物，乃机师所有）。[8]

括弧中的话显系后来所加。黄炎培当时是国民参政会参政员，不喜欢蒋介石和国民党，也为蒋介石和国民党所不喜。如果不是情况属实，他是不会随意加上这一句话的。

王芸生后来也采信了张嘉璈的解释。1942年1月22日，他在社评《青年与政治》中写道：

（本报）立言之意，全本爱国热忱，阐明修明政治的必要，偶凭所闻，列举一二事例，并非立论之中心，且关于飞机载狗之事，已经交通部张部长来函声述，据确切查明系外籍机师所为，已严予申饬，箱笼等件是中央银行的公物。本报既于上月三十日揭载于报，而此函又为中央政府主管官吏的负责文件，则社会自能明察真相之所在。

宋子文转宋美龄至宋庆龄的电文，其内容为请宋庆龄搭乘最后一班飞机撤离香港。

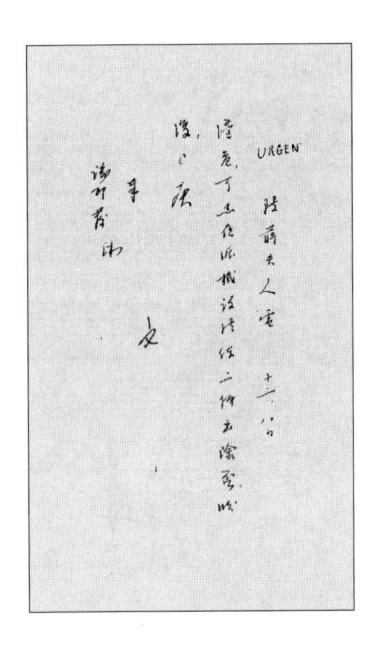

王芸生不是一个屈服于压力的人。当初，他敢于冒犯新闻检查机关的"删扣"，照原文发表社评；事后，他自然也不会轻易违心地承认官方的掩饰。

更重要的证据是宋庆龄1942年1月12日写给宋子文的信件，中云：

《大公报》发表了一篇言语中伤的社论来欢迎我们，指责我们带了大批行李和七只喂牛奶的洋狗，以及一批仆从。事实是当时飞机上共有二十三人，你可以想象每个人能带几件行李。这篇社论虽然用词巧妙，没有点名，但指的就是我们。我想对社论作出回应，但别人劝我应保持尊严和沉默。与此同时，谣言传得很广，也很快。蔼龄姐说，指控她的事很多，但现在她已不在乎去澄清这些谣言了。

我没能带上我的很多文件和其他无价文章，更别说我的狗和衣服了。当我到这里来的时候，我发现我只带了几件旧衣服，那还是女仆灯火管制时黑底里为我随手抓来的。对一个每天写东西的人来说，我甚至连一支笔都没有。[9]

抗战期间，孔祥熙一家在重庆上清寺范庄、南温泉及化龙桥几处均有

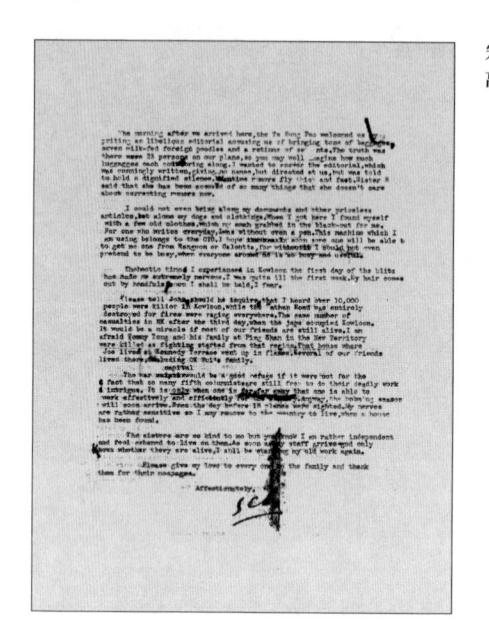

宋庆龄于1942年1月12日致宋子文的信，信中叙述了撤离香港和在重庆工作的情况。

公馆，包括夫人宋蔼龄、长女孔令仪、次女孔令伟等都住在重庆，但是，孔祥熙在香港沙逊街有房产，因此宋蔼龄有时也住在香港。宋蔼龄有心脏病。1941年12月上旬，宋蔼龄带着孔令仪和管家赵惠芳自重庆到香港看病、治牙，适逢香港危急，便在匆忙中又逃离香港。12月9日中午12点，宋庆龄和宋蔼龄同在香港机场候机，直到10日凌晨5点才同机离港。事前，宋庆龄靠了女仆的帮助，临时抓了几件衣服，同样，宋蔼龄等也不可能携带大量行李，更不可能携带几条"洋狗"。宋庆龄到达重庆后又和宋蔼龄等同时离开机场，暂住孔家。如果有大批行李和几条"洋狗"运回孔府，她不会不了解。在致宋子文函中，她认为《大公报》"带了大批行李和七只喂牛奶的洋狗"的指责是一种"言语中伤"，自然有力地说明，有关报道并不可靠，半是接机者的目击，半是揣度。

关于"飞机运洋狗"一事，2006年，宋氏家族的曹琍璇女士和胡佛研究院的郭岱君研究员曾询问当时还健在的孔令仪。孔也是同机离港者之一。据她说："当时情况危急，香港到处风声鹤唳，她们是最后一班飞机离港，连位子都没有，行李也来不及拿。"关于那几条"洋狗"，孔称：

384

"狗是属于外国人的。是令伟在机场等她们时，和老外聊天，逗他们的狗玩。三只狗都不是令伟的。"[10]虽然事隔多年，孔令仪的回忆可能有不准确的地方，但上述回忆和宋庆龄事后给宋子文函所述大体一致。关于"狗"的主人是"外国人"，这一回忆也和张嘉璈的更正函一致。当日，孔二小姐的角色虽是接机，但人们熟知她平时爱狗，"和老外聊天，逗他们的狗玩"，自然会被误认为是从香港运狗的主人了。

以上说明，当年张嘉璈的更正函所述是事实，然而，可惜的是，当时大部分人都不予采信。多年来，几乎所有相关的历史著作都在继续宣扬：香港危急之时，孔家抢运"洋狗"。以讹传讹，相沿至今。有些著作甚至绘声绘色地描写孔二小姐如何在机上持枪强迫其他"要人"为"洋狗"让出位子，似乎作者当时在场一般。

新闻报道与历史著作的共性都是必须高度真实，所述各事均需严谨地加以核查和考证。誉人之善，恰如其分；斥人之恶，也不增不减。不能因为某某是正面人物，就无根据地粉饰、溢美；也不能因为某某是反面人物，就不加分析，任意抹黑、抹丑。多年以来，人们从某种预设立场出发，对于揭露国民党的资料常常未经核实就加以引用，因此错讹就在所难免了。

四　昆明学潮平息，蒋介石和国民党加强政治控制

飞机运洋狗事件发生时，正是中国抗战发生重大转机之际。

1941年12月9日，中国政府正式对日宣战。次日，蒋介石在重庆邀请英、美驻华大使及武官，讨论中、美、英、荷、澳五国联合对日作战计划，建议美国总统罗斯福召集同盟国首脑会议，讨论全球反法西斯作战战略、设立联合军事参谋机构等重大问题。他雄心勃勃地梦想，在1942年年内击败日本。12月30日，罗斯福提议组织中国战区。1942年1月初，蒋介

石就任中国战区统帅，负责指挥中国、安南、泰国等地的联合国部队。当时，中国军队正在与进攻长沙的日军鏖战，远征军正在准备自云南进入缅甸，支援英缅军对日作战。在这样的时刻，昆明发生学生运动自然是不很相宜的。

1月5日，当联大学生还在出版壁报，酝酿行动之际，联大国民党区分部书记、历史系教授姚从吾即向国民党云南省党部书记长赵澍报告，赵命调统室人员注意。6日晚，赵澍致电国民党中央组织部部长朱家骅报告，声称学生行为，"显系有组织策动"，要求朱转告教育部长陈立夫，请示方针[11]。朱于次日晚电复赵澍："缅甸军事重要，望速设法平息为要。"同时，由组织部人员致电联大教授中的国民党与三青团负责人姚从吾及陈雪屏，声称"校中学生对报载事件有所酝酿，系出误会，请速劝导，万勿扩大。"[12]10日，朱家骅再电赵澍称："大敌当前，胜利第一。且南洋风云日亟，滇省正在出击之时，不容再有任何纷争"。他要赵澍与姚从吾等商量，"尅速设法使之平息"[13]。陈立夫在接到朱家骅转来的赵澍函电后，也急电联大、云大、中法、同济四校负责人，要求他们"迅即制止"，同时要求朱家骅分电省党部及各校党部，共同防范制止，勿使扩大[14]。

赵澍的对策之一是严密封锁消息。学生游行后，赵即命警察在全市范围内撕去或涂去学生标语，禁止各报登载相关报道。对策之二是辟谣。香港失守后，昆明传言很多。如：吴稚晖全家在港被困自杀，郭泰祺、王宠惠、王正廷等在港，或被俘或自杀，陶希圣被日寇抓到后剥皮，等等[15]。这些传言，自然更加强了学生对孔祥熙以飞机运送"洋狗"一事的不满。赵澍针对传言，命党部所属云南通讯社发表消息，说明吴稚晖、郭泰祺、王宠惠、王正廷等人"均安居重庆"。该消息发表后，部分学生的情绪趋于缓和。对策之三是宣扬湘北大捷，转移学生视线。当时，中国军队在长沙地区顽强抗击日军，日军被迫退却，中国军队乘势追击，堵截，取得重大胜利。昆明学生准备以庆祝湘北大捷为名，继续发动反孔游行，赵澍即命省党部于10日召集各界祝捷大会，转移学生情绪。9日，昆明警备司令宋希濂到联大报告。下午，学生从国民党五届九中的会议录等资料中证实，吴稚晖、郭泰祺果在重庆，形势更趋缓和。10日，讨孔运动委员会贴出布告，宣布解散。此前，部分学生曾指责赵澍及云南社发布消息，为孔祥熙辩护，"别有作用"，"收孔祥熙贿赂15万元"，甚至准备到云南省党部责问赵澍。至此，学生派出代表向云南社记者致歉，倒孔运动平息[16]。

《大公报》社评对郭泰祺的揭露，大体属实。第二天，蒋介石即在九中全会上宣布其"另有任用"，以宋子文继任外交部长[17]。昆明学生掀起倒孔高潮后，蒋介石曾考虑令孔辞职，但他又不愿向学潮低头。1月9日日记云："昆明联大学生反对庸之，此事已成为普遍之风气，不能不令辞去，但此时因有人反对而去，则甚不宜也。"[18]在蒋介石看来，学潮的背后一定有复杂的政治背景，也一定有人挑动。10日日记云："政客又想借《大公报》整顿政治一文，在各处运动风潮，推倒庸之，应以澹定处之。"这样一想，令孔祥熙辞职的打算又打消了。11日，蒋介石反复思考，字斟句酌，在头脑作痛中起草致昆明行营主任龙云的电文，声称根据所得确切情报，日本军阀及纳粹国社党，"在北平、南京、上海、香港等地，收买无聊政客，阴谋以群众运动，损害我国家威信，动摇我抗战意志，已非一日"。电报严厉指责昆明学生，"甘为卖国反动派利用，实为民族莫大之耻辱"，要求龙云恺切晓谕，使之明了幕后阴谋者的用心所在，切勿供人愚弄，破坏抗战。电报最后严厉宣称："当地军政当局，有维持后方治安之现任，应依照野战治安法令，切实执行纪律，勿稍宽假。"[19]

关于挑动风潮的幕后人物，蒋介石最初认为是国家社会党的张君劢等人，其《上星期反省录》云："反动派鼓动昆明各大学学生游行示威，以庸之为其目标。文人政客之卑劣污陋，如张君劢之流可谓丧心病狂极矣。"[20]1939年9月，国民参政会一届四次会议在重庆召开，张君劢领衔提出《请结束党治实施宪政，以安定人心，发扬民力而利抗战案》和《改革政治以应付非常局面案》，严厉批评孔祥熙所主管的行政院效率低下，要求更张人事。自此，张君劢即成为民主宪政运动的积极倡导者。昆明"倒孔"学潮发生，蒋介石怀疑张君劢在其中的作用，甚至怀疑张君劢有敌伪、日寇、纳粹德国的背景[21]。其间，蒋介石曾考虑过动用"权力"，为此思考过三天，但认为尚非其时，决定通过张嘉璈与张君劢的兄弟关系对张进行劝说："勿再作无聊举动"[22]。当张君劢否认自己是昆明学潮的主使人时，蒋介石又怀疑张在昆明的"政治朋友"、国社党成员罗隆基是主使者。1月12日日记云："对国社党之处治办法须彻底，否则不如暂缓。"这段日记表明，只要时机合适，蒋介石是准备动用"权力"对付其他"异己"党派的。不久，蒋介石下令封闭张君劢在云南大理的民族文化书院，并利用张君劢到重庆参加国民参政会的机会，将其软禁于重庆汪山，处于特务的严密监视中[23]。事后，蒋介石派康泽到昆明调查，证明学潮和国社党无关[24]。当时的中共云南省工委贯彻"隐蔽精干，长期埋伏，积蓄力量，以待时机"的方针，也没有在背后领导这次运动[25]。

昆明学潮和孔祥熙以"飞机运洋狗"的不实报道有关，但抗战期间孔祥熙确有种种劣迹，受到各界人士的广泛反对。连军统骨干唐纵都认为"孔之为人，莫不痛恨"[26]。学潮反映出当时社会公众对孔祥熙和国民党官僚阶层的普遍不满。这一点，蒋介石有认识。他在日记和《反省录》中写道：

骄矜自满而不自知者是为政治者之大忌。不能齐家，何能治国，人皆由于自侮也，可不戒乎？[27]

戚属恃势凌人，骄矜自大，不知公私，不明地位，亦时令人愤闷。[28]

滇黔各校反对庸之夫妇之运动已酝酿普遍之风潮，此乃政客、官僚争夺政权之阴谋，可谓丧心极矣。然而平时之不加自检，骄矜无忌，亦为之主因也。[29]

蒋介石、林森、孔祥熙（右起）

这些地方，说明蒋介石不是没有看到孔祥熙家族，特别是孔祥熙本人的问题，但是，他并没有对孔祥熙和行政院采取任何措施，仍然怪罪于"国人"，特别是学生。日记云："国人与青年皆无辨别之智能，故任人煽惑，以致是非不彰，黑白颠倒，自古皆然。"[30] 其实，昆明学潮虽有幼稚、轻率的一面，但更多地反映出的却是学生们爱国热忱和嫉恶如仇的积极一面。蒋介石完全看不到这后一面，他就站到爱国学生的对立面去了。

当时，西南联大既有国民党，也有三青团的基层组织。风潮中，蒋介石感到这些组织都未能发挥作用，深感"无人已甚"之苦。学潮中，部分三青团员成为"倒孔"积极分子，国民党云南省党部为了掌握"领导权"，也有意识鼓励三青团员参加。关于此点，当时人回忆说："游行回来，同学们又讨论成立组织继续搞下去，但跳上台最卖劲的是几个三青团员，一些进步同学看到这情况，便纷纷退出，这个'讨孔'运动也就偃旗息鼓了。"[31] 国民党省党部的这一招虽有效，但蒋介石却极为恼火。1月24日日记云："本周最使人忧愤者仍为西南联大所鼓动之学潮，我青年团干部糊涂散漫，一任反动派从中利用与主使而昏昧不悟，事事几乎非余亲自设计与拟稿不可，实足为本党前途忧也。"25日日记云："青年团干部幼稚昏昧，是皆余不能善教之道，愤激悲伤何为耶！"26日上午，蒋介石觉得三青团干部"投机、官僚"，为此大发雷霆。下午，痛斥三青团书记长张治中"投机无智"。所谓"投机"，指的就是部分三青团员投入学潮。据张治中回忆：他当时曾草拟了一份改进和加强三青团的工作意见书，呈交蒋介石：

> 这时候，正好昆明发生"倒孔"运动，有人报告蒋，说这是青年团发动的。蒋非常气愤，只在我的意见上打了许多圈、点、杠和问号，不加批复，但另写一张手条，大发脾气，指责青年团干的是反革命的工作。[32]

昆明学潮发端于不实报道，纯粹自发，一哄而起，自然有缺点，有不足，但本质上仍然是爱国运动和反贪腐运动。对有缺点、有不足的学潮，只能引导、教育，而不应敌视、镇压。蒋介石这里指斥联大的三青团员参加"倒孔"是"反革命的工作"，其矛头所指当然是整个的昆明学潮。其1月23日日记云："对各大学共党恶化分子应作肃清之整备；各大学校长与教授应彻底整顿。"这就为国民党今后镇压学潮预埋了伏笔。1月25日，他认为"事实真相，早已大白"，但有些城市还在因此发生学潮，怀疑背后有"汉奸、反动派"挑动，因此通令各省省主席、省党部主任委员、书记长等，"切实制止学生之越轨行动"，"切实戒备，洞瞩内幕，严防煽动"[33]。以1942年年初的昆明学潮为标志，国民党和三青团的学校工作逐渐向以防共、反共为主转化。

昆明学潮反对孔祥熙个人，并不反对正在抵抗日本侵略的国民政府。这本来是一个敦促国民党进行彻底改革的警讯，但是，蒋介石却主要视之为敌对势力挑动，对内政危机漠然不觉。他处理郭泰祺虽然坚决、明快，素有"民国第一假小子"之称的孔二小姐（令伟）与其姨母宋美龄合影。孔令伟深得宋美龄喜爱，常随侍左右。她即是讹传的"飞机抢运洋狗"事件的亲历者及重要当事人。

但处理孔祥熙却长期优柔寡断。1月26日，蒋介石召集国民党和国民政府高级主管官员训话，大讲其"于安定中求改正"，"于宽大中求核实"，不得互相讥刺、攻讦，不得旁观冷视，不得造谣生事，不准姑息腐朽，不得以中立态度自居，以及"成败荣辱皆不能分离"等道理，然而，并无改革内政的任何实质性措施[34]。27日，重庆报载，"孔副院长病愈视事"，这使对国民党和国民政府仍抱有希望的人大失所望。自此，国民党的腐朽程度日益加深，逐渐步入膏肓。

附记：

本文写出初稿后，承闻黎明教授赐示重要资料，得以修订完善，谨此致谢。

注释

[1] 《中国国民党历次代表大会及中央全会资料》(下),光明日报出版社1985年版,第749~752页。
[2] 《王世杰日记》,1942年12月22日。〔台北〕"中研院"近史所影印本,第3册,第215页。
[3] 西南联大党史编写组《中共西南联大地下组织和群众革命活动简史》,云南人民出版社1994年版,第40页。
[4] 朱家骅档案。〔台北〕"中研院"近代史研究所藏,301-01-06-050。
[5] 《蒋介石日记》(手稿本),1941年12月22日。
[6] 蒋介石《致龙云电》,《事略稿本》,1942年1月12日,〔台北〕"国史馆",002—0601—00160—012;参见秦孝仪等编纂的《"总统"蒋公大事长编初稿》,第1849页。
[7] 今《大公报》仅影印第一张4版,未影印第二张2版。此据王芸生、曹冰谷《〈大公报〉评论飞机洋狗事件》,《孔祥熙其人其事》,中国文史出版社1987年版,第363~364页。
[8] 《黄炎培日记》,第7卷,华文出版社2008年版,第193页。
[9] 宋子文文件,胡佛档案馆藏。此函多年来不为人所知,北京中国社会科学院近代史研究所学者张俊义第一个发现,并全文翻译,见《百年潮》2004年第12期,第53页。
[10] 曹珥璇致本文作者函,2009年12月5日。
[11] 赵澍:《致中央党部组织部朱部长》,朱家骅档案,〔台北〕"中研院"近史所档案馆藏,301-01-06-050。
[12] 一鹤、培林《致云南省党部赵公望兄译转》,朱家骅档案。
[13] 朱家骅:《复赵澍》,朱家骅档案。
[14] 陈立夫:《致骝先吾兄函》,1942年1月8日。朱家骅档案。
[15] 赵澍:《致骝公部长》,1942年1月7日,朱家骅档案。
[16] 赵澍:《致骝公部长》1942年1月12日。朱家骅档案。
[17] 参见《王世杰日记》,1941年12月22日、23日,蒋介石曾在23日日记中,指斥郭"真是小人之尤者"。
[18] 《蒋介石日记》,手稿本。
[19] 《事略稿本》,〔台北〕"国史馆",002—0601—00160—012。
[20] 《蒋介石日记》(手稿本),1942年1月17日。
[21] 蒋介石:《致龙云电》,《事略稿本》,〔台北〕"国史馆",002—0601—00160—012。参见唐纵:《在蒋介石身边八年》,第250页。
[22] 《蒋介石日记》(手稿本),1942年1月13日。
[23] 参见杨永乾:《张君劢传》,(唐山出版社)1993年版,第253页。
[24] 唐纵:《在蒋介石身边八年》,第253页。
[25] 参阅李群杰《抗日战争时期党的建设和在党领导下的云南抗日救亡运动》,《云南文史资料》第30辑,第9页;熊德基《我在联大从事党的地下工作的回忆》,《云南文史资料》,第34辑,第375~378页。
[26] 唐纵:《在蒋介石身边八年》,第253页。
[27] 《蒋介石日记》(手稿本),1942年1月10日。
[28] 《上星期反省录》,《蒋介石日记》(手稿本),1942年1月17日。
[29] 《蒋介石日记》(手稿本),1942年1月21日。
[30] 《蒋介石日记》(手稿本),1942年1月9日。
[31] 熊德基《我在联大从事党的地下工作的回忆》,《云南文史资料》第34辑,第376页。
[32] 《张治中回忆录》(上册),文史资料出版社1985年版,第356页。
[33] 《事略稿本》,"国史馆",002—060—100160—025。
[34] 《蒋介石日记》(手稿本),1942年1月26日。

◎蒋介石亲自查处孔祥熙等人的美金公债舞弊案
——且看蒋介石如何反腐败

一　孔祥熙等贪污巨款

发行公债是吸收社会资金、解决国家财政急需的重要办法。1942年，抗日战争进入第五个年头。国民政府为解决日益膨胀的财政需要，用美国对华五亿贷款中的一亿元作为基金，在西南、西北地区发行"同盟胜利美金公债"，每元折合国币20元。人民以国币购买，待抗战胜利后兑还美元。当时宣传称："公债以美元为基金，本固息厚，稳如泰山；国人踊跃认购，功在国家，利在自己。"其手续是，蒋介石以全国节约建国储蓄劝储委员会主席名义，致函各省分会主任委员（省主席兼）、副主任委员（财政厅长兼），转令各市县劝储支会正副主委，按规定指标向各阶层摊派，照比率折缴国币，上解省劝储分会，向中央银行分行兑换美金公债券。实际上，由国民政府财政部交中央银行国库局分发各地银行销售。

同盟胜利美金公债虽有美金作底，但各地人民均采取多购不如少购，少购不如不购的消极态度，发行情况并不很好。至1943年秋末，全国实际售出还不到预定计划之半，约4300万美元。已购之人，也不很相信将来会兑还美金，因此大多在购得后即转手求脱。在黑市上，美金公债券一元仅值国币17～18元。但是，其后由于通货膨胀，国币贬值，美金公债券的价值逐渐提升，由美券一元可值国币30元发展至可值273元。

由于美金公债券价格持续上涨，身为行政院副院长、财政部长和中央银行总裁的孔祥熙，于1943年10月9日致函蒋介石，以"顾全政府之信誉"，"如不筹维办法，将来再请援助恐有妨碍"为由，申请于10月15日结束美金公债的发售。他向蒋表示，"当督促行局主管人员妥为办理，以期早日完成"[1]。届期，财政部密函国库局，命令立即停止销售美券，各地尚未售出的美券，全数由中央银行业务局购进，上缴国库。

按道理，美金公债在销售了一段时期后停止销售，并无不可。但是，当时的国库局局长吕咸却从中看到机会，企图乘机舞弊，损公肥己。他于1944年1月命债券科科长熊国清代拟了一个签呈，中称："查该项美券销售余额，为数不赀，拟请特准所属职员，按照官价购进，用副国家吸收游资原旨，并以调剂同人战时生活。"这份签呈写得冠冕堂皇，似乎既符合国家发行公债的目的，而且照顾到国库局员工的利益。但是，当时美券一元的最高市价已经飞涨到国币250元，而国库局的同人却可仍以20元的低价购得；尚未售出的美券五千余万元，其市价将达125亿国币。按照吕咸的办法，这一笔天文数字的巨款就可以成为国库局少数"同人"的囊中财富。对于这样一个损公肥私的签呈，身为中央银行总裁的孔祥熙居然批了一个"可"字，并且加盖了"中央银行总裁"的官章[2]。

事实上，"调剂同人战时生活"也仍然是一句掩人耳目的官话。据后来在国民参政会上提案揭发的参政员陈赓雅说：吕咸取得合法手续后，于1944年2月首先孝敬孔祥熙美金公债券350万元，其后，又用以票换票，买空卖空的办法贪污美券近800万元。两项合计，共1150余万元，折合国币约26.47亿元[3]。

二 国库局同人检举，蒋介石开始密查

俗话说："若要人不知，除非己莫为。"孔祥熙、吕咸等人如此明目张胆地舞弊、贪污，自然不能做得天衣无缝，船过无痕。1945年春，国库局的几个知情的年轻人开始向重庆国民政府秘密检举。3月19日，蒋介石日记云："研究中央银行舞弊案。"[4]这一天的日记说明，几个年轻人

蒋介石夫妇在重庆款待战时公债劝募委员

的检举已经为蒋介石知悉,他开始注意美金公债的舞弊案了。此后,蒋介石日记中连续出现相关记载:

3月29日:"昨晚约侍从第二处组长与俞财政部长聚餐。与俞谈中央银行美金公债不清之数,责成其彻底追究。"

3月31日《本月大事预定表》:"彻查美金公债案。"

4月3日:"追究美金公债。""处理战务以及中央银行美金公债案彻查计划。""督促俞鸿钧办案。"

上述日记表明,蒋介石发现中央银行美金公债账目不请,开始重视,并且决定交财政部长俞鸿钧彻底查究。

俞鸿钧(1898~1960),广东新会人。1919年毕业于上海圣约翰大学。1937年7月,任上海市长。1941年6月任财政部政务次长,步入财界。同年,兼任中央信托局局长。1944年11月,孔祥熙卸任财政部长,俞鸿钧继任。

1942年发布的"同盟胜利美金公债"债券

俞鸿钧虽然和孔家渊源甚深，但是，查究美金公债案出于蒋介石的"钦命"，自然不敢怠慢。从蒋介石的下列日记可见，调查有进展，蒋介石逐渐发现问题所在。

4月7日蒋介石《上星期反省录》云："美金公债与黄金舞弊案正在彻查中。""黄金舞弊案"是差不多与美金公债案同时发生的另一案件。1944年3月，重庆国民政府宣称出售黄金，收缩通货。28日，财政部预定自当晚起，每两黄金售价由2万元增加至3.5万元。但财政部官员高秉坊等事先走漏消息，预知内情的达官贵人投机抢购，致使当日重庆出售黄金数字剧增，成为轰动一时的"黄金加价舞弊案"。4月20日，财政部将该案移送重庆实验地方法院审理。

俞鸿钧接手美金公债案后，于4月8日向蒋介石提交了一份查账报告，其情况是："美金公债自停止出售以后，所剩五千万左右也几乎售完。买主用的都是一些堂名、别名，地址含糊不清，有的甚至是南京、上海等沦陷区的地址。"[5]蒋阅后认为"其中显有弊窦，应彻查"。当晚，蒋介石约陈布雷等人谈话，"指示查账手续"[6]。陈布雷当时担任军事委员会侍从室第二处主任，是蒋介石的亲信。蒋介石向陈布雷等"指示查账手续"，说明蒋进一步重视此事并且加强了调查力量。4月10日，蒋介石满有把握地在日记中写道："考虑彻查美金公债案已得要领，不难追究也。"

要查，蒋介石碰到的第一个困难是，孔祥熙不在国内。1944年6月，孔祥熙被派赴美，出席国际货币基金世界银行会议。他患有膀胱结石病，会后即留在美国治病。1945年4月10日，蒋介石致电在纽约的孔祥熙，指出在停售美金公债后，仍有1100万余债券在继续交易，应予追缴。电称："拟查美金公债剩余部分有壹千壹百余万元，预定户在停售后，付价给券，不合手续，应即将此壹千壹百余万元之债券，饬令该行经管人员负责，全数追缴归还国库，不得贻误，并将追缴之确数呈报。"4月11日，孔祥熙复电称："此事当时经过实情为何，弟不详悉，已将钧电转主管局长迅尅遵办，并严令责成负责，追缴齐全。俟弟病稍愈，即当回国亲自处理。"[7] 说"不详悉"，不是不清楚，也不是很清楚，可进可退；至于"迅尅遵办"，"严令责成"等语，都是老于官场的说法。

通过追查，蒋介石已经初步掌握案情，但是，孔祥熙不回国，调查难以深入。4月14日，蒋介石日记云："美金公债舞弊案已有头绪，须待庸之病痊回国也。"接到孔的复电后，蒋介石很失望，4月30日日记又云："接庸之电，令人烦闷，痛苦不知所止。""中央银行问题甚难解决也。"中央银行长期掌控在孔祥熙手中，其势力盘根错节，蒋介石已经感到，美金公债舞弊案和中央银行的问题比较棘手。

后来，蒋介石逐渐发现，有大量债券去向不明，曾经在《日记》"杂录"栏中记下了一组数字："美金公债案：甲、各省市售出四千三百万元。乙、国库局交业务局五千四百万。丙、预售户有收据者只四千二百万。丁，尚差数一千六百六十余万元。"这1660余万美金公债的差额就是蒋介石要追查的地方。5月22日，蒋介石因中央银行业务局的黄金舞弊案发现重大嫌疑,电召孔祥熙速回[8]。

同年5月5日,国民党在重庆召开国民党第六次全国代表大会。19日,选举国民党新一届中央委员。长期以来,孔祥熙的贪渎名声早已流传在外,口碑甚坏,但是,孔是蒋的姻亲,宋蔼龄、宋美龄都"护孔",蒋在财政上也要依赖孔,因此,外间虽反孔,而蒋介石却常加维护。选举中,孔祥熙和粮食部长徐堪的票数都很低。后来选举常委时,孔祥熙竟至于落选。蒋介石感叹地在日记中写道:"其信望坠落至此,犹不知余往日维持之艰难也。可叹。"[9]同月28日,六届一中全会开幕,任务之一是解决行政院的改组问题。1938年1月,孔祥熙任行政院长,至1939年11月,蒋介石自兼行政院长,孔祥熙改任副院长。此后,社会"反孔"情绪更趋强烈,蒋介石不能不考虑"换马"。六届一中全会期间,蒋介石日记云:"为庸之兄副院长职务亦甚烦恼,但为党国计,不能不以公忘私也,苦痛极矣。"[10]从这一页日记不难看出,蒋介石既想甩开孔祥熙而又难于决断的矛盾心理。次日,蒋介石宣布,他本人和孔祥熙分别辞去行政院正副院长职务,改以宋子文、翁文灏充任。6月1日,蒋介石考察干部状况,在日记中写下了他对孔祥熙的考语:"(庸之)不能为党国与革命前途着想,而徒为本身毁誉与名位是图。"[11]至此,孔祥熙不仅在政治上失势,在蒋介石心目中的地位也很不堪了。

三 陈赓雅、傅斯年联合,向国民参政会提案揭发

国库局的知情年轻人除了向国民政府秘密检举外,有些人又将所掌的舞弊情况提供给国民参政会参政员陈赓雅。陈原任云南劝储分会委员,兼主任干事,负责云南全省的美金公债推销工作,熟悉情况。同年7月7日,国民参政会第四届大会在重庆开会,陈赓雅根据所掌握的资料写成提案,题为《请政府彻查三十一年度同盟胜利美金公债发行余额大舞弊嫌疑

孔祥熙像

案》，该案揭发：国库局局长吕咸"利用职权，公然将该项未售出之债票，一方逢迎上司，一方自图私利，以致不可究诘，构成侵蚀公款至美金一千一百五十万余元巨额之舞弊行为嫌疑。该项债票市价因之狂涨，由二十元递涨至数百元，刺激物价，扰乱金融，莫此为甚。"[12]该案共提出三笔可疑账款。其中最重要的一笔就是：吕咸"借推销公债之名，签呈中央银行当局，怂恿购买美债余额三百五十万零四千二百六十美元。"这里所说的"中央银行当局"，指的就是孔祥熙。陈赓雅等提出，"如果舞弊属实，国库损失之巨，与官吏胆大妄为，可云罕见"，要求国民参政会送请政府"迅予彻查明确，依法惩处"。

7月10日，司法行政部部长谢冠生到参政会报告。此前，参政员傅斯年也多次听到该局美金公债的舞弊情况，即在谢冠生报告后提出口头质询。他说："中央银行国库局同人分购成都没卖完的两百多万美金公债，因为分赃不均，便向主管当局告发，已经在查了。这比黄金透漏消息还要严重，因为国库局事先呈请该行核准了'可'字。"他要求法院、检察官"自动检察"。傅斯年的发言引起大会震动，被称为当天七个口头询问中

傅斯年（1896年3月26日—1950年12月20日），字孟真，山东聊城人，著名历史学家，古典文学研究专家，教育家。抗日战争爆发后，任国民参政会参政员，兼任西南联大教授，主张抗战，抨击贪官污吏。抗战胜利后，一度代理北京大学校长。

最响的"一炮"[13]。会后，陈赓雅向傅出示所拟提案，原原本本，既有数字，又有证据。傅为之大惊，立即签名联署。这一提案也得到其他几位参政员的支持，签名者共九人。

王世杰时任参政会主席团主席，他得知陈赓雅等人的提案情况后，便出面做工作。王称："此案提出，恐被人借为口实，攻击政府，影响抗战前途，使仇者快意，亲者痛心。同时，案情性质尚属嫌疑，若政府调查事实有所出入，恐怕对于提案人、联署人以及大会的信誉都会有损的。为此，拟请自动撤销，另行设法处理。"陈答以证据确凿，请不必代为顾虑。接着，陈布雷又以新闻前辈的身份访问陈赓雅，对陈说："这提案资料的搜集，可谓煞费苦心，准备在大会上提出，当然也很有价值。不过，有个投鼠忌器问题，就怕一经大会讨论，公诸社会，恐使英、美、苏等友邦更认为我们真是一个贪污舞弊的国家，对抗战不继续予以支持，那么，影响之大，将不堪设想。"陈布雷建议陈赓雅将议案改为书面检举，由参政会主席团负责人亲交蒋介石，认真查办。当年5月，美国财政部长毛根韬曾严厉指责中国在抗战期间的各种经济失策与舞弊，国民政府的国际信

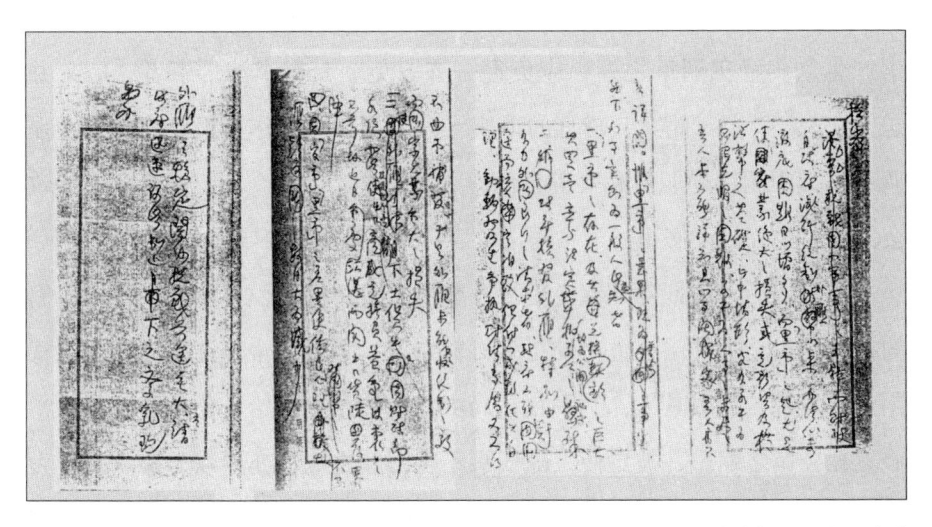

抗战期间，傅斯年为轰击行政院长兼财政部长孔祥熙以权谋私的贪腐行为，曾十几次上书蒋介石，同时利用各种方式揭露和抨击孔氏以权谋私、任人唯亲、祸国殃民的劣迹。图为傅斯年揭发孔祥熙贪腐的发言稿手迹。

誉大受影响。陈赓雅觉得王世杰、陈布雷的说法有道理，便同意了。该项提案因此未提交大会讨论。

傅斯年性情刚烈，嫉恶如仇。除了在陈赓雅的提案上联署外，7月15日，他在陈案的基础上又草拟了一份提案，题为《彻查中央银行、中央信托局历年积弊，严加整顿，惩罚罪人，以重国家之要务而肃官常案》。这份提案已经超出美金公债这一个案，而是要求对孔祥熙所掌握的财政金融系统进行一次总清算。联署者达21人[14]。该案称：

> 中央银行实为一切银行之银行，关系国家之命脉。然其组织直隶国府，不属于财政部或行政院。历年以来，以主持者特具权势，道路虽啧啧烦言，政府并无人查问……其中层层黑幕，正不知几许。

这里所指"特具权势"的主持者，当然就是孔祥熙。傅斯年等提议：1. 由政府派定大员，会同专家、监察院委员、参政会公推的代表，彻查其积年账目与事项，有涉及犯罪嫌疑者，一律移送法院。2. 改组。使中央银行改隶财政部或行政院，取消中央信托局。两者历年主持之人，在其主持下产生众多触犯刑章之事，应负责一齐罢免。其有牵涉刑事者，应一并送交法院[15]。对此案，17日的重庆《大公报》立即作了报道，还特别强调："其中国库局职员私购美金储券一案，情节重大。"[16]该案经参政会大会讨论，决议修正通过，送请政府迅速切实办理。

17日以后，傅斯年几次会见揭发弊案人员中的两位青年人，得知他们的揭发动机至为纯洁，也得知更多舞弊情况，并拿到全部证据。这两位青年人揭发说：吕咸其人，"平日在局中，一切用度取给于公，其所行为，俨然孔公馆之缩影，彼更使人随便写不合手续之账，亦不以为讳。因习为故常，更恃靠山也。"他们也将此案发现经过向傅作了倾诉："局中青年爱国之士久感不安，并因记账等事与吕氏心腹冲突者。""故有七八人常在商议，并有债券科科长熊国清之亲笔信稿为其中一青年所拾得（此人今已出洋）。彼辈见之，大为骇异，遂星夜另托一人抄出最重要之账两纸，共推一人向政府密告。"他们还告诉傅斯年，其中有人已多次受到警告、恫吓。为了预防可能出现的危险状况，已立下遗嘱。傅斯年听了这几位年轻人的叙述，深为感动，安慰他们说："诸君爱国热情，不避险难，至可佩。我虽前已同意不在大会提，但此事总当使之发生效力。"[17]

傅斯年在参政会上慷慨陈词，坚决揭发贪污腐败分子，使他获得很大声誉。有些人特意到参政会旁听，就是为了看傅斯年一眼。还有素不相识的人打听："傅先生今天发言不？"7月20日下午5时，国民参政会闭幕式，傅斯年"唱了最精彩的压轴戏"。他向会议主席团提交了一份书面报告，交由副秘书长雷震在会上宣读。内容有三点："1. 国库局舞弊证据已有一部分蒐集在手，已以之呈交主席团。2. 请法院提出公诉，傅自愿为证人，并已得提供证据之友人之同意，愿同为证人。3. 傅愿绝对负法律责任，如无其事，亦愿受反坐之罪。"[18]傅斯年的书面报告使全场激动、兴奋。傅的好友罗家伦为傅捏了一把汗，会后问他说话何以如此肯定。傅称："我若没有根据，那能说这话。"[19]

四 蒋介石的质问与孔祥熙的答辩

陈布雷劝止陈赓雅在国民参政会上捅出美金公债舞弊案，但他不能不向蒋介石汇报，蒋介石也不能不及时处理这一问题。7月8日，孔祥熙回到重庆。7月11日，陈布雷告诉蒋介石，已有人在参政会提出美金公债舞弊案，蒋于是立即召见孔祥熙，将此案调查经过、事实、人证、物证，一一告诉他，"嘱其好自为之"。蒋这时的态度还是要保护孔祥熙，不料孔却"不肯全部承认"，以致蒋在日记中写下"可叹"二字[20]。次日，蒋介石审读陈赓雅等揭发舞弊案的提案，研究有关情节，决定"全数追缴，全归国库"，同时决定或亲自"负责解决"，或"任由参政会要求彻查"。日记云："此固于政府国际信誉大损，然为革命与党国计，不能不如此也。"[21]13日下午，蒋介石再次召见孔祥熙。这一次，蒋就不只是空口白说，而是向孔展示证据了："直将其人证、物证与各种实据交彼自阅。"但是，孔仍然坚决否认舞弊，甚至赌咒发誓。蒋介石看在眼里，大不以为然，觉得孔不配做一名"基督徒"。面对这位与自己多年共事的老姻亲，蒋介石不得不拉下脸来，"严正申戒"，孔这才"默认"。蒋介石见孔祥熙不再强辩，态度又转为温和，"嘱其设法自全"，将主动权交给孔，要他自己寻找解脱办法。当日蒋介石日记云："见庸之，彼总想口辩掩饰为事，而不知此事之证据与事实俱在，决难逃避其责任也。余以如此精诚待彼，为其负责补救，而彼仍一意狡赖，可耻之至！"[22]蒋孔关系一向良好，认为孔"可耻之至"，这是很少有的现象。14日上午，蒋介石再次与孔祥熙谈话，据蒋介石日记记载："彼承认余之证据，并愿追缴其无收据之美金公债，全归国库也。"[23]15日，蒋介石反省上周各事，非常感慨，在日记中写道："傅斯年等突提中国银行美金公债舞弊案，而庸之又不愿开诚见告，令人忧愤不置。内外人心陷溺，人欲横流，道德沦亡，是非倒置，一至于此！"[24]

孔祥熙一面在蒋介石面前承认有问题，但同时紧急布置国库局采取应付措施，据传，傅斯年在国民参政会提出舞弊案的当夜，孔祥熙审问吕咸。盛怒之下，打了吕咸两记耳光[25]。其后，就组织18个人连夜造账，对付审查[26]。孔祥熙甚至向审查者出示蒋介石交给他阅看的检举资料。7月16日，蒋介石审读中央银行的审查报告，再次召见孔祥熙。当日日记云："彼将余所交阅之审查与控案而反示审查人，其心诚不可问矣！"[27]17日，蒋介石约见俞鸿钧及侍从室秘书、中央监察委员陈方，指示对舞弊案的"批驳要点"[28]。17日，蒋介石接阅国民参政会通过的傅斯年等21人对中央银行，实为对孔祥熙的"弹劾案"，蒋介石自称"苦痛无已"[29]。

停售后的剩余的美金公债既由孔祥熙、吕咸等人私分，自然交代不出购券人的真实姓名等资料。7月13日，孔祥熙曾向蒋介石递交《关于美金公债销售情形之折呈及节略》各一份，以购券人"无可查考"相推诿。孔称"人民购买均系款债对交，至各户户名均系来人自报，按照售债向例，无须详细记载"。7月19日，蒋介石连致孔祥熙三函。其中第一函驳斥孔祥熙的购券人"无须详细记载"的说法。蒋称：

> 门市现款购债自可如此办理，但既称为认购户或预售户，而认购之户一不缴纳分文定金，二不填具认购单据，中央银行亦不给予准许认购若干之证件，三无确实姓名住址之记录，则停售之后，各认购户究竟凭何证据向中央银行交款取券？行方人员又凭何根据付给其债券？是否仅凭该认购户口头申报或人面熟悉，即行付给债券？此种情形，即一普通商号对私人定购些微货物，亦决无此理，何况政府机关之国家银行！办理巨额外汇债票之收付，乃竟如此草率，何能认为合法有效？

蒋函进一步向孔祥熙提出质问：各有关购券人购券均在停售命令公布之后，美债价格均已高涨，何能尚按最初的低价出售？函称：

蒋介石夫妇与孔祥熙合影

查认购各户取券时期皆在三十二年十一月二十三日以后至三十三年六月一段时间，距三十二年十月十五日停售之期少则月余，多则六七个月。其时美债价格高涨一倍至十余倍之多，而认购各户仍按国币二十元折合美债一元之原价交款取券。以在法理上毫无拘束之认购，此时何得享此意外之特殊利益，而损失国家宝贵外汇？

蒋函最后严厉提出："此一期间，认购各户所领去一千六百六十万余元之美金公债，必须由兄责成经办人员，负责全数缴还中央银行，限期严密办妥。"在这段话之后，蒋又转变语气，特意写了一段："此纯为稍减当前情势之应付困难，决非故意苛求。想兄当能深谅，务盼兄迅速处理，即日具报勿延为要。"

蒋介石的第三函则就孔祥熙所报账目进一步查问。函云："查美金公债除去售出4310万余元及国库局缴交业务局5401万余元外，尚短287万4千余元，此款着落如何？应即详细查明具报。又据报三十三年八月十九日，国库局曾收进美债35万5千元，账上仅列国币710万。该项债券下落如何，并盼查报。"[30] 7月21日，蒋介石在《上星期反省录》中写道："庸之对一六六零万美金公债总不愿承认也。"[31]

21日，孔令仪携孔祥熙复函来见蒋介石，报告对陈赓雅等九人检举提案的调查情况，内称：美金公债券一千一百五十余万元，系由各地分销处分三次解缴而来，其销售情况为：

第一次，三百五十余万元（3,504,260元），已由国库局交业务局，并经业务局将债款国币七千余万元（70,085,200元）送交国库。其中二百零二万余元（2,024,760元）系以前认购各户交款交割，余数一百四十七万余元（1,479,500元）系由中央银行自购。

第二次，七百六十五万元（7,650,660元），由国库局交业务局，当经业务局将应行缴库债款国币一亿五千余万（153,013,200元）送交国库。

第三次，三十五万五千元（355,000元），由中央银行同仁认购，共收债款七百十万元。[32]

孔祥熙的这份复函对陈赓雅等人检举的一千一百五十余万元美券的下落作了交代，仍然不肯承认这一过程中有任何舞弊不端行为。

孔令仪是孔祥熙的长女，自幼即深得蒋介石的喜爱。孔祥熙让令仪来递送报告，自有其考虑，但是，对令仪的喜爱和对舞弊案的查究是两回事。当日蒋介石日记云："庸之图赖如前，此人无可理喻矣！"[33]面对如此棘手的美金公债案以及孔祥熙的强词辩解，蒋介石深感苦恼，整夜"为庸之事不胜苦痛忧惶，未得安睡"[34]。22日下午，陈布雷向蒋介石汇报：孔祥熙曾表示，"恐此美金公债或落于外人手中"。蒋介石听后，觉得到了此时，孔还不肯承认自己舞弊，深为痛愤。日记云："更觉此人之贪劣不可救药，因之未能午睡。"[35]

蒋介石19日函中的两个问题很尖锐，何以在决定停售以后继续出售？何以在美券市值高涨后仍按最初所定低价出售？7月24日，孔祥熙致函蒋

孔祥熙夫妇与长女孔令仪

介石，试图回答：

（一）关于认购户。孔函说明，发行美金公债历时年余，债券分散各地，不能预计何时到渝，故主管局对于认购各户只能请其待券到后缴款交割，不能责其预缴价款，或交纳一部分定金。后来各地陆续缴到债券，黑市市价虽然略涨，但认购在先，自不应以黑市价涨而不交割，致失国家银行信用。孔称："以今视之，手续诚不无可议，而证以当时情形，实非故意草率可比。"

（二）关于损及国家。孔函说明：当初发行美债，原意在于协助民生经济、生产建设，战后据以购进机器材料，藏富于民。因此，就整个国家言，并无损失。抗战中，中国为美方在华人员垫付过大量经费，需要美方用外汇归还，因此，"必须尽力设法压制外汇黑市之上涨，方属于国有利"。

（三）关于购户。孔函说明：债券发行本属无记名交易，向无记录账册，仅记债券面额款项即可。券款交割之后，承购人在此战时迁徙无常，自难寻找。

（四）关于缴回停售后的余额债券。孔函称：钧命虽限期缴回，但据主管陈复，限于事实，无法奉行。经再三筹虑，反复研讨，都认为"此事处理设有不慎，影响国家信誉过巨"。孔建议，以"停付冻结"的办法"秘密取消"，请蒋考虑决夺[36]。

孔祥熙的这封信，强词夺理，不仅不承认有任何舞弊行为和任何不当之处，而且还企图证明，以每券二十元的低价出售是为了"压制外汇黑市"，"于国有利"云云。美金公债券由重庆中央银行发往各地销售。因此，孔函所称"债券分散各地，不能预计何时到渝"的情况，只能发生在宣布停售，命令各地将销售余额解送重庆之后。这时，既已停售，何能再次广泛发行，接受认购？此外，孔函并以"限于事实"为理由，拒绝缴回停售后的余额债券。蒋介石接读此函后，决定不能让孔继续担任中央银行总裁了。他在日记中写道："正午，发孔庸之辞中央银行总裁职照准，其遗缺由俞鸿钧补之命令。"以下蒋自涂约16字，当系对孔祥熙的极度愤怒谴责之词。可能事后蒋觉得过于粗鲁，所以又涂掉了。

五 蒋介石止步停损

7月24日，蒋介石发布命令，准予孔祥熙辞去中央银行总裁一职。同日，又手谕孔祥熙：

该行经办人员办事颟顸，本应严惩。姑念抗战以来努力金融，苦心维持，不无微劳足录。兹既将其经办不合手续之款如数缴还国库，特予从宽议处。准将国库局局长吕咸、业务局局长郭锦坤免职，以示惩戒为要。"[37]

国库局美金公债舞弊案不是"办事颟顸"的问题，蒋介石这样写，是一种大事化小的提法，旨在为以后的进一步调查规定基调。

抗战期间，孔祥熙长期兼任财政部长和中央银行总裁，为从财政上支持抗战做了许多工作,"苦心维持"云云,则是对孔祥熙的抚慰。当时,宋子文很想安排自己的亲信担任中央银行总裁,曾向蒋表示,中央银行总裁必须由自己推荐,否则将不担负行政责任,暗示将不出任行政院长[38]。但是,蒋介石毫不为之所动。7月25日,蒋介石召宋子文谈话,告以"中央银行总裁人选,非绝对服从余命令,而为余所信任者不可,以此二十年来所的得之痛苦经验,因此不能施展我建军、建政,而且阻碍我外交政策莫大也。"孔祥熙在其兼任财政部长和中央银行总裁任内,始终不肯将中央银行的实际存款数字告诉蒋介石,致使蒋在1944年向美方"强制要求"援助,导致中美关系紧张,"几至绝境"。蒋介石想起这一段历史,对孔祥熙更加不满,深悔撤孔不早。日记云:"庸人不可与之再共国事矣。撤孔之举,犹嫌太晚矣。"[39]

与俞鸿钧接任中央银行总裁的同时,宋子文则接任孔的"四联总处"副主席。至此,孔祥熙在国民党党政系统中的重要职务,几乎全部失去。7月28日,蒋介石日记云:"免除孔庸之中央银行总裁之职,实为公私兼全与政治经济之成败最大关键也。"所谓"公",指的是当时国民党和国民政府的统治;所谓"私",指的是蒋介石本人和孔祥熙之间以及和宋蔼龄、宋美龄的关系。蒋介石要"公私兼全",自然不可能有彻底的调查和公正的处理。31日,蒋介石日记再云:"免除庸之中央银行总裁与改组行政院实为内政重大之改革也。"

傅斯年于1938年3月上书蒋介石,认为孔祥熙担任行政院长"作来一切若不相似"。此后,傅斯年一直走在"反孔"前列。1938年7月,1939年2月、4月,1944年6月、9月、11月、12月,傅斯年多次致函蒋介石,揭发孔的腐败、贪污等问题,并且在国民参政会上大声疾呼:"办贪污首先从最大的开刀。"[40]至此,傅斯年算是大获全胜,功德圆满了。7月30日,傅斯年会见蒋介石,蒋肯定傅的揭发,表示"极好"。8月1日,傅斯年致函夫人俞大彩,高兴地写道:"老孔可谓连根拔去(根是中央银

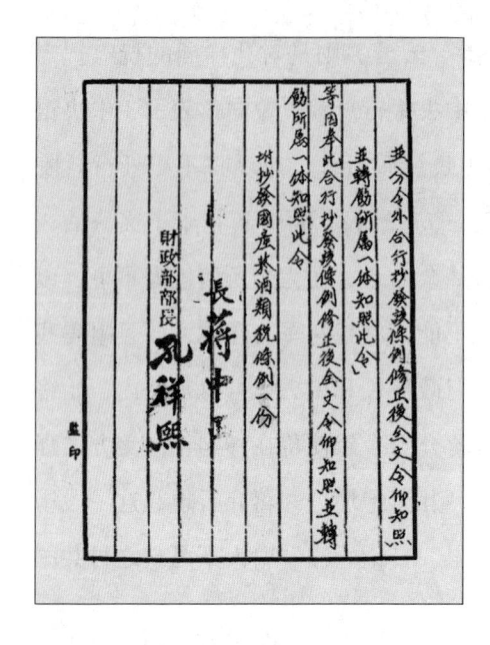

抗战期间，孔祥熙长期担任财政部长和中央银行总裁。此为蒋介石与孔祥熙共同签署的财政部文件。

行）。""老孔这次弄得真狼狈。闹老孔闹了八年，不大生效，这次算被我击中了，国家已如此了，可叹可叹。"[41]

陈赓雅等九人的提案虽然没有提交国民参政会大会讨论，但是参政会主席团决议"径请政府严查，依法办理"。7月31日，参政会秘书处正式将提案签呈蒋介石，建议密送国民政府，指派人员查明办理[42]。同时，司法界对此案也关注起来。重庆地方法院向中央银行发函询问，最高法院总检察署发公函向傅斯年要材料，"以凭参考"。检察长郑烈在报上发表通告，号召各界揭发腐败、贪污分子。8月2日，郑烈致函傅斯年，告以"此事以鄙意度之，决可成案，已交本署叶、李检察官侦办，弟亲自主持"。郑烈要求得到傅斯年的支持，函称："满腔热血，不知洒向何地。此事如得公助，巨憝就擒，国法获申，当泥首雷门以谢也。"[43] 8月8日，傅斯年撰写《在本届参政大会中提案及询问有涉及中央银行国库局舞弊事说明书》，叙述他了解的有关情况及提案经过，保证所述各节，"经斯年详核，确信其为真，故可在参政会会外，负法律之责任"。末称："深望政府严办，以警官邪焉。"[44]

蒋介石不仅再次接到了国民参政会转呈的陈赓雅等人提案，而且也了解到郑烈主张彻底查究态度[45]。8月4日，他在《本星期预定工作课目》中列入"美金舞弊案之根究"一项。8月6日，他决定将此案交由国民政府主计长陈其采与中央银行新总裁俞鸿钧密查具报。同日，以孔祥熙官邸秘书处原秘书夏晋熊接替吕咸，出任国库局局长。9日、10日，他在日记中两次记载"处理美金公债案"、"处理美金券案"等字。但是事实上，他并不想彻底查清。8月16日日记云："晚检讨中央银行美债案，处置全案，即令速了，以免夜长梦多，授人口实。惟庸之不法失德，令人不能想象也。"为了维护自己的统治，提高其行政效率，蒋介石愿意在一定程度上和一定范围内反对贪污、腐化现象，但是，彻底查下去，反下去，就会"夜长梦多，授人口实"，发生影响、危害自己统治，所以他要下令"速了"。17日，他约请司法部长谢冠生、俞鸿钧及陈其采会商办法。8月26日，陈、俞二人向蒋书面报告，将此案的性质轻描淡写地定性为："未按通常手续办理，容有未合"，"亦有未妥"，而且，债票已经追缴，吕咸、郭锦坤亦已免职，云云[46]。蒋接到报告后，未有新的指示，一场轰动一时的舞弊案件就此划上休止符。

一个腐败的政权是不能真正反腐败的。

1945年年末，国民党元老张继偕夫人到昆明举办书法展览。他告诉陈赓雅说：监察院长于右任对此案也有弹劾，从孔祥熙等承认吐出款项多寡中，可以了解到，其分肥比例是：孔祥熙最多，占七成，吕咸二成半，其余所谓应行调剂战时生活的经办人，仅得微乎其微的半成[47]。

附记：

本文收集资料过程中，承汪朝光教授、杨雨青副教授协助，特此致谢。

注释

[1] 《孔祥熙致蒋介石函》，1943年10月9日，〔台北〕"国史馆"藏档案，特交档案／财政／第2卷／金融，财政2-3，3/48098-1。

[2] 据曾任孔祥熙官邸秘书处秘书，后任国库局局长的夏晋熊称："国库局长吕咸看到郭（景琨）被捕，坐立不安，因为发给国库局职员这笔美金公债，孔只是口头同意，没有证据，等孔一回国，吕咸写了个倒填年月的签呈，恳求孔补批。孔居然也照补。"见夏晋熊：《在孔祥熙官邸的见闻》，《孔祥熙其人其事》，中国文史出版社，1987，第23页。

[3] 陈赓雅：《孔祥熙鲸吞美金公债的内幕》，《中华文史资料文库》第14卷，中国文史出版社版，第383页。

[4] 《蒋介石日记》（手稿本），1945年3月19日。

[5] 夏晋熊：《在孔祥熙官邸的见闻》，《孔祥熙其人其事》，第22页~23页。

[6] 《蒋介石日记》（手稿本），1945年4月8日。

[7] 《央行发行美金公债舞弊案抄件》，1945年4月，〔台北〕"国史馆"馆藏档案，特交档案／财政／第2卷／金融，财政2-3，3/48099。

[8] 《蒋介石日记》（手稿本），1945年5月22日。

[9] 《蒋介石日记》（手稿本），1945年5月31日。

[10] 《蒋介石日记》（手稿本），1945年5月30日。

[11] 《蒋介石日记》（手稿本），1945年6月1日。

[12] "国防"最高委员会档案，003/3202/7215。〔台北〕中国国民党党史馆藏。又，〔美国〕胡佛研究院藏微卷，Reel 29.6。

[13] 子冈：《疲劳的参政会》，重庆《大公报》，1945年7月11日，第2版。

[14] "国防"最高委员会档案，003/3578/7609。〔台北〕中国国民党党史馆藏。

[15] 《国民参政会第四届第一次大会纪录》，国民参政会秘书处，1946年编印，第183~184页。

[16] 《傅斯年等提案》，重庆《大公报》，1945年7月17日，第2版。

[17] 《傅斯年在本届参政会大会中提案及询问有涉中央银行国库局舞弊事说明书》，影印件，《傅斯年文物资料选辑》，第123~124页。

[18] 高集：《参政会闭幕日速写》，重庆《大公报》，1945年7月21日，第2版。

[19] 傅乐成：《傅孟真先生年谱》，〔台北〕传记文学出版社，1979，第55页。

[20] 《蒋介石日记》（手稿本），1945年7月11日。

[21] 《蒋介石日记》（手稿本），1945年7月13日。

[22] 《蒋介石日记》（手稿本），1945年7月15日。

[23] 《蒋介石日记》（手稿本），1945年7月14日。

[24] 《蒋介石日记》（手稿本），1945年7月15日。

[25] 《国库局同人致傅斯年函》，影印件，1945年8月8日，见《傅斯年文物资料选集》，傅斯年先生百龄纪念筹备会，1995，第126页。

[26] 《傅斯年在本届参政会大会中提案及询问有涉中央银行国库局舞弊事说明书》，影印件，《傅斯年文物资料选辑》，第123~124页。

[27] 《蒋介石日记》（手稿本），1945年7月16日。"其心诚不可问矣"以下被蒋介石涂去约半行，必有更激愤的语言。

[28] 《蒋介石日记》（手稿本），1945年7月17日。

[29] 《蒋介石日记》（手稿本），1945年7月18日。

[30] 《事略稿本》，1945年7月19日，〔台北〕"国史馆"馆藏。

[31] 《蒋介石日记》（手稿本），1945年7月21日。

[32] 《释略稿本》，1945年7月22日。

[33] 《蒋介石日记》（手稿本），1945年7月21日。

[34] 《蒋介石日记》（手稿本），1945年7月22日。

[35]《蒋介石日记》(手稿本),1945年7月22日。
[36]《事略稿本》,1945年7月19日。
[37]《事略稿本》,1945年7月24日。
[38]《蒋介石日记》(手稿本),1945年7月19日。
[39]《蒋介石日记》(手稿本),1945年7月25日。
[40]参见拙作《傅斯年攻倒孔祥熙》,《抗战与战后中国》,中国人民大学出版社,2007,第515页。
[41]影印件,《傅斯年文物资料选辑》,第120页。
[42]《函送陈参政员等提案一件,请查照转陈办理由》,"国防"最高委员会档案,003/3202/7215。
[43]影印件,《傅斯年文物资料选辑》,第121页。
[44]影印件,《傅斯年文物资料选辑》,第124页。
[45]《蒋介石日记》(手稿本),1945年8月2日:"最高检察官陈某力主彻究中央银行美金公债舞弊案。"其中"陈"字,应为"郑"字之误。
[46]《关于追缴同盟胜利美金公债发行余额撤惩主管人员之经过及现据查复情形报告表》,"国防"最高委员会档案,003/3202/7215。
[47]陈赓雅《孔祥熙鲸吞美金公债的内幕》《中华文史资料文库》第14卷,第384页。

◎蒋介石与蒋经国的上海"打虎"

1948年8月,蒋介石为挽救因内战而急剧发展的巨大经济危机,将蒋经国派到上海"打虎",实行经济管制。蒋经国到上海后,采取群众运动和铁腕手段,强行"限价",打击投机倒把、囤积居奇的"奸商",在一段时期内颇见成效。但是,在查封以孔令侃为董事长和总经理的扬子公司时碰到巨大阻力。宋美龄、蒋介石先后赶到上海,加以阻挠,蒋介石并公然下令,封闭敢言报纸,抗拒监察院的调查。蒋经国虽有法办孔令侃和扬子公司之意,但父母之命难违。此际,由于物资严重匮乏,行政院不得不明令停止经济管制和"限价"政策,蒋经国辞去职务,黯然离开上海。各地物价扶摇直上,刚刚发行的金圆券迅速如同废纸,国民党和政府陷入更大、更严重的社会危机中。

蒋介石、宋美龄徇私包庇孔令侃和扬子公司的情节迅速在社会和国民党内流传。人们不仅对蒋介石失望,也对最后希望所在的蒋经国失去信任,国民党和政府人心尽失,连国民党的机关报《中央日报》都在指责"豪门"为"人民公敌",说着和中共大体相同的语言。

蒋介石自奉俭约,廉洁自守,对孔氏家族的贪渎、腐败有过调查和制裁,但是,顾虑重重,下不了狠心,终于因宋美龄关系,在孔令侃和扬子公司问题上失足,失去治理"豪门"和权贵资本的一次重要机会。

一 蒋经国奉命到上海"打虎",豪气干云,决心大干

1948年8月,蒋介石为挽救因内战而迅速加剧的巨大经济危机,颁布《财政经济紧急处分令》等几项法令和办法,宣布发行金圆券,实行限

价，规定各地物价必需冻结在8月19日的水准上，不得提高，同时限期收兑民间所藏金银、外币。8月20日，行政院特设经济管制委员会，下设上海、天津、广州三个督导区。上海区以曾任财政部长、中央银行总裁的俞鸿钧为经济管制督导员，蒋经国为助理，其任务是到上海实行"经济管制"。蒋经国虽名为助理，实际上负全责。9月9日，行政院颁布《实施取缔日用重要物品囤积居奇办法补充要点》，规定个人和商家购买物品，其用量不得超过三个月，否则以囤积论。

蒋经国深知在上海前台活动的商界大佬们的后台就是南京的党国要人，任务艰难，赴任之前，就对乃父说："上海金融投机机关无不与党政军要人有密切关系，且作后盾，故将来阻力必大，非有破除情面，快刀斩乱麻之精神贯彻到底不可也。"[1]到上海后，蒋经国即在中央银行设置经济管制督导员办公室，调来1948年成立的国防部戡乱建国总队作为基本干部，以亲信王升少将指挥，企图雷厉风行，大刀阔斧，以铁腕手段实行经济管制，打击囤积居奇、投机倒把等行为。蒋经国声称，这是一种"社会性质的革命运动"，要"发动广大的民众来参加这伟大的工作"[2]。戡建队宣称：将"以伸张正义的作法，严惩囤积居奇的奸商、污吏，稳定民生必需品的供应"，同时希望"以群众运动的方式，获得广大民众的共鸣和支持"[3]。7月下旬，王升从戡建队员中选拔精明成员立"经济管理工作队"与新成立的经济警察大队联合办公，拥有检查仓库、货栈，账目，直接带走违纪人员，查抄货物等各种权力。8月29日，成立"人民服务站"，设立检举箱，鼓励各界检举。其后，蒋经国先后扣押上海申新纺织公司总经理荣鸿元及杜月笙之子、鸿兴证券号负责人杜维屏等"老虎"，转交法庭审理。

蒋介石支持蒋经国的铁腕做法。9月4日，蒋介石召见上海市长吴国桢，吴担心蒋经国的做法有问题，蒋介石不以为然，日记称："经儿将沪上最大纱商鸿元与杜月笙之子拿办，移交法庭，可谓雷厉风行，竭其全力以赴之。惟忌者亦必益甚,此为民之事,只有牺牲我父子,不能再有所顾忌,惟天父必能尽察也。"9月7日,蒋经国亲自回南京向蒋介石报告,蒋介石对上海官商勾结的严重状况虽感到痛心,但对蒋经国的"战果"却听得眉开眼笑,"兴奋非常"[4]。当日,蒋介石日记云:"经儿由上海来报告经济管制情形。往日所有黑市与囤积等弊多有我党政当局为首,言之痛心。但由此澈查,所有上海黑幕皆得发见,实堪欣幸。"11日,蒋介石得悉上海"物价平稳,黑市几乎消灭",认为蒋经国克服了经济上的"滔天大祸",为"戡乱"奠定基业,高兴地感谢上帝的"保佑",在日记中表示"不胜感祷之至"![5]14日,蒋经国奉命再次回南京报告。蒋介石告以"食鼠之猫不威"的古训,要他"多做实事,少发议论",以免他人指责[6]。后来,行政院长翁文灏转告蒋介石,美国有人认为蒋经国在上海的作风,"全为俄共产主义之思想,而其行动真是打到大小资本家之力行者","美国人必强力反对,并将正式警告",蒋介石得悉后,一笑置之[7]。

由于满意蒋经国的工作。9月19日晚,蒋介石在和宋美龄乘车到南京东郊兜风时,特别和妻子相约,支持蒋经国在上海的举措,"同为经儿前途打算,使之有成而无败也"[8]。

二 啃到了硬骨头——孔令侃的扬子公司

自9月12日起,戡建大队号召上海年满18岁至35岁的青年参加大上海青年服务总队,与奸商、污吏斗争。报名者25428人,获批准者12339人。9月25日,大上海青年服务总队成立,举行入队宣誓,誓词为:"绝对拥护政府,服从领袖,遵守队章,服从队的命令,推行新经济政策,力行三民主义,为人民服务,为国家尽忠,绝不妥协,绝不欺诈,如违誓言,愿受最严厉的处分。"蒋经国为监誓人,他要求队员"协助政府肃清上海的

1948年，蒋介石派蒋经国到上海"打虎"。此为蒋介石父子与经济管制督导员俞鸿钧合影。

奸商"，声称："青年人大都很穷，在既无所有，亦无所求的环境中，才能真正同情穷人，而拿出勇气来拚命的干。"[9] 同日，蒋经国决定在上海实行物资总登记，限令各工厂及商家，于当月30日前将所存原料及制造品向同业公会登记，报告社会局，逾期即在全市普查，凡未经登记的商品、原料，一概没收。

当时，上海最大的"老虎"是孔祥熙、宋蔼龄的儿子孔令侃所开设的扬子建业公司（简称扬子公司）。9月29日，卢家湾警察局向上海警察总局报告，茂名南路、长乐路口的英商利喊公司汽车行囤有大量物资，当由经济警察大队会同该局前往检查。经检查发现该处存有大量物资，均系扬子公司所有；另在大通路277号及虹桥路仓库中也发现该公司储存的大量物资。30日，奉命查封所有物资。10月2日，上海《正言报》发表消息，标题为：《豪门惊人囤积案，扬子公司仓库被封》，副标题有《新型汽车数近百辆，零件数百箱，西药、呢绒，价值连城，何来巨额外汇，有关当局查究中》、《货主孔令侃昨晚传已赴京》等。中云：

417

1948年蒋经国在上海"打虎"期间正在听取业主的陈述

本报讯：我国"首席豪富"所设扬子公司蒲石路仓库为经检当局查获大批日用必需品，其中包括西药、呢绒、汽车以及汽车零件材料。本报记者曾至该地调查该扬子公司，仓库位于蒲石路，迈尔西爱路兰心大戏院对面西首转角外商"利喊汽车公司"楼上。汽车公司有彪形之罗宋人两名看守大门。据看仓库员某畏首畏尾的谈称，渠虽负责看管仓库之职，却不知内中所堆大木箱确数究有若干，因楼上所堆有半年以上或一二年以上者，其囤积居奇，由此可见一斑。又闻其中所囤物资，除已装配之新型汽车近百辆外，另汽车零件数百箱，其余西药约二百余箱，英美货呢绒达五百余箱，其价值无法估计。据该库及邻近住居者语记者，经警曾于前日至该库检查，并查封该项物资。后因为数过多，乃续于昨日完成查封手续。

该报未说明消息来源，但据其中"该库及邻近住居者语记者"一语，可知该消息出自该报记者自身的采访。《正言报》创刊于1946年，创办者为曾任上海市副市长、市党部主任委员、社会局局长的吴绍澍。吴早年参加反帝、反军阀运动，思想进步，后因与军统和杜月笙矛盾，被撤销职务，创办《正言报》，批评国民党和政府。该报在上海各报中率先刊登扬

1948蒋经国上海"打虎"期间公开处决不法分子

子公司被查的消息，正是吴绍澍和国民党当局矛盾的体现。

同日《正言报》所发消息中，还根据接近孔令侃的扬子公司职员谈话，披露了公司被查封的后续情况。

孔于该公司大批物资遭主管当局查封后，昨日致书经济管制督导员蒋经国氏，对上项物资有所解释，并说明扬子公司营业，远不如外间传言之盛，仅不过勉强维持同人生活而已。所查封之物资，均已向社会局登记，种类仅西药及汽车零件等而已。又讯：警局方面，至今尚未承办此案。记者提出若干明确之问题及孔氏致函蒋督导员一事之证明时，亦讳莫如深，不愿透露片言只字。据探测，警局方面或为是项囤货之物主，刻仍逍遥法外，在未就逮之前，未便直言，或深恐远扬他遁也。同时有关当局对该公司巨量外汇之来源，亦正在查究中。又据交通机关悉，孔令侃已于昨夜车离沪赴京云。

这些消息说明，在扬子公司被查封后，孔令侃曾致函蒋经国交涉，说明扬子公司营业额不大，查封之物，已向社会局登记，孔令侃并已于事发后乘夜车离沪赴京。

扬子公司的被查封,《正言报》和当时上海各报都未说明缘由,但是,根据当事人程义宽事后透露,这是杜月笙在儿子被捕后对蒋经国的"将军"。

程义宽隶属军统,时任经济检察大队长,每天都需要会见蒋经国,汇报情况。据他后来对同属军统的郭晖说,蒋经国决定召集上海巨商开会,坚要杜月笙出席。杜在会上说:"我的小儿子囤积了六千多元的物资,违犯国家的规定,是我的管教不好,我叫他把物资登记交出,而且把他交给蒋先生依法惩办。不过我有一个要求,也可以说是今天到会的各位大家的要求,就是请蒋先生派人到上海扬子公司的仓库去检查检查。扬子公司囤积的东西,尽人皆知是上海首屈一指的。今天我们的亲友的物资登记封存交给国家处理,也希望蒋先生一视同仁,把扬子公司所囤积的物资,同样予以查封处理,这样才服人心。我的身体有病,在这里不能多待,叫我的儿子维屏留在这里听候处理。"杜月笙的话,合情合理,无懈可击,蒋经国不无尴尬地表示:"扬子公司如有违法行为,我也一定绳之以法。"在送走杜月笙之后,蒋经国立即派程义宽赴扬子公司执行[10]。

孔令侃不仅是孔祥熙、宋蔼龄的大儿子,而且和宋美龄关系密切。宋由于早年小产,后来一直没有生育,非常疼爱她这个外甥,视同己出,精心培植、呵护。杜月笙要求蒋经国去检查扬子公司,这就等于在他的嘴里硬塞了一块硬骨头。

三 宋美龄突飞上海,上海报纸的报道发生微妙变化

继《正言报》之后,10月3日,上海三家大报《申报》、《新闻报》和《大公报》陆续报道扬子公司被查封的有关消息,但其态度却出现了微妙的变化。《申报》的标题是《抄获扬子建业物资,呈候经管局候示》,

杜月笙(1888-1951)，近代上海青帮中的一员。1937年上海沦陷后拒绝日本人的拉拢，于11月迁居香港。1945年9月抗日战争胜利后，返回上海。1946年12月当选上海参议会议长，但当选后马上辞职。此后，他向工商、金融、交通、文化、教育、新闻等各业中发展势力。1949年后赴香港居住，直至去世。

内容称：

本报讯：市警局据9月29日，卢家湾分局报告，茂名南路长乐路口（即13层楼对面）英商利喊汽车行内，囤有大量物资，当经派经管会同该分局前往调查，在该处一楼发现颜料、西药、凡士林、油墨、香烟、纸、自由车、玻璃、电木、钢铁等物资，均系杨子建业公司所储存。旋复在大通路277号及虹桥路该公司仓库中查获大批钢铁、白腊等工业原料。惟据该公司声称，上项物资均已向主管机关呈报有案，故警局方面已将调查经过及抄获物资之数字，呈报督导员办公室核示中。至外传查获大批新汽车及呢绒等，则并非事实。

这篇报道不仅标题较《正言报》平淡，其内容则一是强调"上项物资均已向主管机关呈报有案；二是强调外传相关报道不确，声称"至外传查获大批新汽车及呢绒等，则并非事实。"《新闻报》的报道根据上海警察局特别刑事处的官方文书，其内容大体与《申报》相仿，但其标题则为《扬子公司物资呈报当局有案》，说明该批查封物资"呈报"过，有案可查，意在告诉读者，并不是什么大不了的事情。报道称：

> 局特别刑事处昨发表扬子公司仓库被查经过，据称上月29日卢家湾警局向警察总局报告茂名南路、长乐路口英商利喊汽车行囤有大量物资，当由总局经济警察大队，会同该分局前往调查，结果在该处二楼发现颜料、西药、凡士林油、香烟、纸、自由车、玻璃、电木、钢铁等物资，系属本市扬子建业公司所储存。另有大通路277号及虹桥路仓库中亦查出有该公司储存之钢铁、白蜡等物，但该项物品扬子公司曾向主管机关呈报有案。现经警大队已将办案经过签报督导员办公室核示中，关于外传警局抄获大批汽车零件、呢绒等物，并非事实。

《大公报》的标题为《扬子建业公司查获一批囤货》，内容亦与《申报》、《新闻报》相近，完全未提查获汽车问题。

仅仅相隔一天，但三报与《正言报》的报道却相差很大。其故安在？推其原，当和孔令侃的紧急赴宁与宋美龄的紧急上海之行有关。

据程义宽回忆，孔令侃在扬子公司被查封的当天，曾飞往南京，向宋美龄求救。《正言报》的报道则说，孔令侃系乘夜车赴宁。两说在孔令侃赴宁所用交通工具上虽不同，但9月30日确有南京之行则一致[11]。另据中央社消息：宋美龄于10月1日晨9时乘美龄号专机抵沪[12]。《申报》、《新闻报》、《大公报》的低调处理显然和孔令侃、宋美龄抵沪之间的紧急互动相关。

四 蒋经国的困难与矛盾

按蒋经国的脾气和一贯作风，在扬子公司查获了如此巨额的囤积物资，自然只有一个办法——审查、扣押、查办其主人孔令侃，然而，蒋经国感到，抓不得。

《正言报》、《申报》、《新闻报》的报道都提到了一个共同的情节，这就是被查封的扬子公司物资在事前已向上海社会局呈报登记。据后来监察院的调查，在蒋经国发布"物资总登记"的命令后，扬子公司确曾向经济管制督导员办公室递交过一份英文货单，虽然手续上略有未合，应该以中文向上海社会局报告，但是，人家总是报告、登记过的呀！

10月2日，蒋经国日记云："前天发现的扬子公司仓库里面所囤积的货物，都非日用品，而外面则扩大其事，使得此事不易处理，真是头痛。"

10月9日，蒋经国《反省录》云："本星期的工作环境，是工作以来最困难的一段，希望这是一个转机。除了物价不易管制以外，再加上扬子公司的案子，弄得满城风雨。在法律上讲，扬子公司是站得住的。倘使此案发现在物资总登记以前，那我一定要将其移送特种刑庭。总之，我必秉公办理，问心无愧。但是，四处所造成的空气，确实可怕。凡是不沉着的人，是挡不住的。"[13]

扬子公司以孔令侃为董事长兼总经理，属于权贵资本（当时称为"豪门资本"）。成立于1946年4月，注册资本1亿元，1947年资本增加为10亿元，分为100万股，孔令侃占24万9千股。该公司长期名声极糟。1947年7月，已因套用大量外汇事引起广泛的社会反感，此次囤积大量物资一事被发现，自然更加激起各阶层人士的不满，甚至愤怒，不少人主张立即逮捕孔令侃。据蒋经国当时的亲信贾亦斌回忆，某日，他问蒋经国："孔令侃案办不办？"蒋经国装作没有听见，不回答。贾亦斌再问："孔令侃案你准备办不办？"蒋经国便说："塔斯社发表了一篇文章，评论上海'打老虎'，说用政治手段去解决经济问题是危险的。"说完便不再吭声。贾亦斌当时对蒋经国仍怀有希望，过了几天，再到蒋经国的住处，对他提出："你对孔令侃一案究竟办不办？如果不办，那岂不真像报纸上所说'只拍苍蝇，不打老虎'了吗？"蒋经国本来情绪就不好，听了贾亦斌的话，便将沙哑的喉咙放得特别大，嚷道："孔令侃又没犯法，你叫我怎么办？"这时，一种从未有过的失望和愤怒从贾亦斌胸中涌起，一拳击在桌上，大声反驳说："孔令侃没有犯法，谁犯法？……你这个话不仅骗不了上海人民，首先就骗不了我！"[14]

犯法还是不犯法，需要通过法律程序，以证据说话，孔令侃按蒋经国的规定，将扬子公司的囤积物资事先办理了登记手续，这就让蒋经国感到为难了。

五　蒋介石自北平赶到上海，痛骂警备司令宣铁吾

东北战局逐渐转向有利于中共。林彪实行"关门打狗"方针，先围锦州，企图卡断东北国民党军退往关内的通道。由于锦州危急，蒋介石于9月30日自南京飞北平。10月2日，自北平飞沈阳，召开军事会议，决定由廖耀湘指挥西进兵团，与自葫芦岛北上的东进兵团汇合，增援锦州。10月3日，蒋介石自北平致电上海市长吴国桢，请其转致已到上海的宋美龄，告以"兄已由沈阳返平，约数日后回京"，可见，当时蒋介石原无自北平直飞上海的计划[15]。此后，蒋介石逛颐和园，参观卢沟桥，听谭富英的戏，好整以暇，显得并不十分紧迫。10月5日，蒋介石和傅作义同赴天津，至塘沽，登上重庆号军舰，至葫芦岛视察，部署、指挥。10月7日，返回塘沽，重回北平。10月8日上午，蒋介石先后与侯镜如、陈铁、傅作义等将领研究东北作战计划。但是，当日下午，蒋介石却突然乘中美号专机，飞抵上海，住进东平路官邸。

蒋介石突然飞抵上海，是蒋经国、孔令侃之间矛盾激化的结果。

据贾亦斌回忆，宋美龄到上海后，即乘中秋节之机召见蒋经国、孔令侃，企图调解这两个表兄弟之间的矛盾，蒋要孔"顾全大局"，孔则大吼："什么！你把我的公司都查封了，还要我顾全大局！"两人大吵起

1948蒋经国上海"打虎"期间，上海的报纸刊出文章《蒋经国走出了办公厅》。

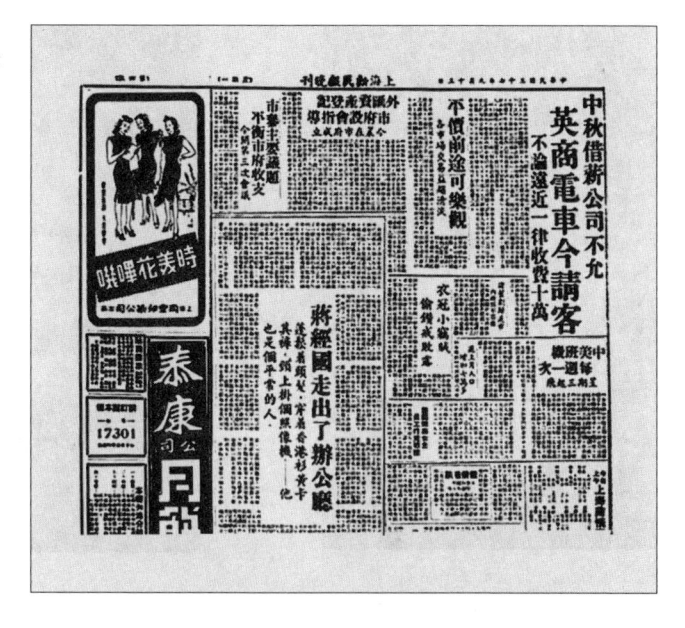

来。蒋经国临走时表示："我蒋某一定依法办事！"孔则回答："你不要逼人太甚，狗急了也要跳墙！假如你要搞我的扬子公司，我就把一切都掀出来，向新闻界公布我们两家包括宋家在美国的财产。"当即气得宋美龄面色煞白，手脚发抖，急忙打电话给在北平的蒋介石，说是上海出了大事，要蒋介石火速乘飞机南下[16]。

蒋介石到上海后，当夜与宋美龄"月下谈心"。同晚见到上海出版的《大众夜报》，其第1版报道为《扬子囤货案，监委进行彻查，必要时并将传讯孔令侃》。报道称：

兹据苏浙区监委行署喻培厚对记者称：法律之前，人人平等，如扬子企业公司及孔令侃确有囤积大批物资情事，其罪名较若干被捕老虎更重，监署在调查工作方面，亦将参加，且已着手搜集资料。监院对扬子建业公司，早已予以注意。去年为彻查该公司结汇问题，亦曾从事调查，所获资料已极丰富，均有案卷可调阅，此次再度彻查，决贯彻到底，不予丝毫放松。

蒋经国　　　　　　　　　　　　孔令侃

该报称：监察院为彻查该案真相，特派监委两人来沪。该报并配发一篇社评：《请蒋督导为政府立信，为人民请命》，中云：

轰动一时的沪上豪门大囤积案似有烟消云散之势，方在人民心中栽下了的对政府的一点"信仰"之幼芽，恐将因此而连根拔去，同时亦可能给当前的经管工作以致命的打击，瞻望前途，不胜忧惶。

总理当初所梦想不到的，在革命的阵营中，竟有若干人因缘际会，形成了所谓"豪门资本家"……在国内藉其政治上特殊的关系，经营一切戕贼民生之买卖，如攫取大量外汇以输入口红、尼龙丝袜等奢侈品，获取暴利；囤积操纵，掀动经济风潮；从事投机，扰乱金融等等，不一而足，从不见将其资本投向生产事业，做一丝一毫有益于国家人民之事。而政府一切经济上的政策措施，往往被若辈略施小技，便已破坏无余。人所共知，其中最著名者为孔氏豪门，此次利喊公司孔令侃大囤积案，不过是许多事件中被发现的一件。政府究竟是要豪门呢？还是要人民？将此处决定。

社评表示："吾人盼望蒋先生贯彻'法律面前，人人平等'的主张'大义灭亲'，毫无顾忌的对孔令侃大囤积案迅予彻查，铁面无私，惩以应得之罪。"《大众夜报》原名《大英夜报》，创刊于1946年8月，其后台是当时担任上海警备司令的宣铁吾。宣铁吾和蒋经国关系密切，支持蒋经国实行"经济管制"，报纸上的报道和社评，很可能反映蒋经国的态度。

蒋介石读了《大众夜报》的两篇文章后，非常生气，不过当晚还无法发作。

蒋介石到上海的时候，蒋经国正在无锡参加十一个县的经济管制会议，受到群众的包围欢呼。在参观工厂的时候，工人伫立桥头静候，见到蒋经国经过，再次以欢呼送行。蒋经国见到此情此景，"内心十分难受，而且惭愧，眼泪亦想流出来"[17]。当晚9时，蒋经国离锡，12时到达上海。第二天5点30分，天色破晓，蒋经国就急不可耐地拜见蒋介石。其日记称："清晨拜见父亲，报告上海情况。目前有许多问题，尚未解决，但亦不忍报告。盖不愿烦父之心也。"[18] 蒋介石的日记则记载说："经儿自锡来见，在美亭中叙谈，听取其上海经济管制经过之报告。经济本为复杂难理之事，而上海之难，更为全国一切万恶鬼诈荟萃之地，其处理不易，可想而知。"二人的日记都没有记载双方讨论孔令侃和扬子公司的情况，显然是一种有意的省略。

蒋介石会见蒋经国之后，先后接见薛岳、宣铁吾、吴国桢、吴开先等人，所谈均为有关沪市"经济管制"事项。接见情况，上海报纸的报道一片祥和，不见半丝风雨，说是"总统先后接见吴国桢、蒋经国、宣铁吾、吴开先、方治、薛岳、俞鸿钧等，对于本市物价及最近经管工作进展状况，垂询颇详，并面谕必须稳定物价，安定民生"[19]。但是，当日蒋介石日记所记却完全相反：

对于孔令侃问题，反动派更借题发挥，强令为难，必欲陷其于罪，否则即谓经

蒋经国"打虎"期间，上海市民游行要求惩办奸商。

〈国〉之包蔽，尤以宣铁吾机关报专事攻讦为甚。余声斥其妄，令其自动停刊。

"声斥其妄"云云，虽仅四字，但不难想见当时蒋介石怒火中烧，严厉斥责的状况。

宣铁吾，浙江诸暨人，黄埔军校第一期的毕业生。在军校时就被蒋介石选为贴身侍卫，因忠诚和才干，被提升为办公室侍卫长。抗战期间任浙江省保安副司令，并因蒋经国力荐，兼任三青团浙江省筹备主任。抗战胜利后，被蒋介石亲自提名，出任上海市警察局局长，接着兼任淞沪警备司令。他积极支持蒋经国，曾亲自下令逮捕杜月笙的管家万墨林，又曾带队抓捕杜维屏[20]。对于这样一个忠心耿耿，和蒋氏父子都有长远而深厚关系的人，蒋介石一时激愤，居然将之归入"反动派"之列，显然不当。

值得注意的是，蒋经国、宣铁吾等辞出后，宋美龄却于当日上午10时亲自驾车将孔令侃带进官邸，引见蒋介石。据报道："夫人御黑色旗袍，孔御灰色西装，神态怡然"[21]。这无异在向上海各界示威了。

10月12日，《大众夜报》发表《紧急启事》，声称："本报为改变组织,整理内部,自本月13日起,暂行停刊,敬希亲爱读者,赐以鉴谅。"一直到10月20日,该报才得以复刊,整整停办了一个星期。

《正言报》最早报道扬子公司被查消息,但是,其后并未发表相关激烈言论。9月30日,地下共产党员王孝和因领导杨树浦发电厂工人运动,被国民党当局杀害,《正言报》发表消息,指责国民党"特刑庭乱杀人!王孝和口眼不闭,一路喊冤。"第二天,在吴绍澍指示下,又发表社论《不要再制造第二个王孝和了》。10月13日,国民党举行"宣传会报",蒋介石日记云:

对《正言报》吴绍澍等不法言行,气愤不堪,暴怒峻斥,事后自觉无谓,而且吴本人并不在座,轻忽狂言,不惟伤神,且亦自鄙人格。

大概蒋介石的脾气发得太大,言词过于粗鲁,所以蒋介石自觉不当。但是,有关当局还是下令《正言报》停刊。不过,其主因是该报对王孝和事件所发言论,而扬子公司案则可能只是次因。两因并发,所以惩处分外严厉。前此相关著作将其与《大众夜报》视为同受扬子公司案件之殃,显然失之于简单。

六　蒋介石阻止监察院调查

扬子公司案件发生后,在南京的监察院迅速注意到此案,决议派员调查。院长于右任将这一任务指派给了监察委员熊在渭与金越光。二人于10月7日抵沪,自12日起,先后访问上海市政府、上海市经济督导员办公处、上海警察局、社会局等处,会见蒋经国,并且询问了孔令侃本人。

10月18日,蒋介石自北平致电上海市长吴国桢云:

上海市市长吴国桢与家人合影

关于扬子公司事，闻监察委员要将其开办以来业务全部检查，中以为依法而论，殊不合理，以该公司为商营而非政府机关，该院不应对商营事业无理取闹。如果属实，可嘱令倪聘请律师进行法律解决，先详讨其监察委员此举是否合法，是否有权，一面由律师正式宣告其不法行动，拒绝其检查。并以此意约经国切商，勿使任何商民无辜受屈也。中正手启。[22]

按照1946年通过的《中华民国宪法》，监察院的主要职责在于防范政府机构与官员贪赃枉法，侵害人民权益，蒋介石此电，以保护"商民"和"商营事业"为盾牌，批评监察院超出其职责范围，理由似乎并无不当。然而，孔令侃并非一般商民，而是权贵子弟，扬子公司也并非一般商业机构，而是权贵资本，在当时为社会所指，民怨所归，理应加以处理；而且，即使是普通的商民和商业机构，违反国法，即使不是监察院，其他相应机构也完全可以查究，转交司法机关处理。蒋介石派蒋经国到上海，不就是要他来调查并处理各类经济问题或案件的吗？蒋介石此电，对于如何处理孔令侃及扬子公司，无一语涉及，相反，却严厉批评监察院"对商营事业无理取闹"，要吴国桢转嘱孔令侃"聘请律师进行法律解决"，实际上是在鼓励孔令侃抗拒调查。

扬子公司的囤积物资履行过"登记"，不好随意逮捕，但是封存、查核，以便判明其罪或非罪，不仅是可以的，而且是应该的、必需的，蒋介石反对、制止监察委员的调查，而又不下令其他机构调查，其包庇行为就十分明显了。

10月20日，吴国桢复电蒋介石云：

查此案前系由督导员办事处径饬警局办理，奉钧座电后，经与经国兄洽定三项办法：（一）警局即日通知监察委员，检查该公司业务全部超越警局只能根据违反取缔日用品囤积居奇条例之职权，警局前派会同查勘人员即日撤回；（二）该公司可以无当地行政人员在场为理由，拒绝查账，不必正面与该委员等发生争执；（三）监察委员熊在渭与天翼先生关系极深，职定访天翼先生，请其转达不作超越法律范围之检查。是否有当，敬请示遵。[23]

从此电可以看出，吴国桢受到蒋介石10月18日的电报后，和蒋经国商量后定出三项办法，其中最重要的一项便是以超越职权为理由，撤出警察局"会同查勘人员"，同时指示扬子建业公司"拒绝查账"，并企图利用熊式辉（天翼）和熊在渭的"极深"关系，劝熊在渭"不作超越法律范围之检查"。根据这三项办法，徇私、包庇尽在其中，而又一切合法，没有丝毫破绽。

次日，蒋介石复电云："号电悉，可照来电之意进行，如至不得已时，仍应照中前电办理。"[24]可见，蒋介石批准了三项办法，而将自己18日电所述作为最终办法。

关于蒋、吴之间为扬子建业公司案往来通电情况，后来吴国桢回忆说：

过了两星期，什么也没发生，蒋经国无能为力。此后我突然接到蒋介石从北平发来的电报，电报里说他已下令应由我处理此案。我回电说，从一开始我就向阁下说明过，我对此事不负责任，而且所有其他的案件也是别人处理的，我认为此案不应由我处理。三天后蒋夫人给我来长途电话，说委员长正在打另一份电报，命我直接处理此案，因此我最好还是照办。[25]

此回忆的特殊价值在于，它提供了宋美龄介入孔令侃案的直接证据。

11月4日，蒋经国将孔令侃的囤积清单交给蒋介石，蒋介石阅后，很生气，日记云："本日经国报告，孔令侃囤积居奇，见其货单，痛愤之至，故今日情绪更觉抑郁矣。"然而，蒋介石也仅止于"痛愤"而已。

扬子公司案激起了监察委员们对宋子文、孔祥熙家族的声讨热情，蒋介石本来认为，中国国情和西方不同，"未至民主程度而硬行民主"，只能"自讨苦痛"[26]。早在10月16日，他就在日记中批评立法院、监察院的委员们不守纪律，和党，和政府，包括他这个"领袖"矛盾、对立，日记说：

数月以来，战事不利，经济拮据，外交艰窘，因之立法、监察各院之党员更形无法无天，不仅事事违反纪律，与中央党政处处立于反对地位，而且一人一党，每一党员皆欲自作领导，自有主张，直接领袖，而其对领袖意旨与命令阳奉阴违，口是心非，并对余之言论吹毛求疵，恶意曲解，不但丧失领袖威信在所不顾，而且无形中间接协助共匪，以摧毁党政，亦所不恤，几乎令余无所措手足。

批评有两种，一种是自己人的批评，目的在纠缺补失，谋求匡正，一种是敌对者的批评，目的在打倒自己，进而自立。明智、宽宏的统治者励精图治，只重视批评的事实，而不去追究批评者的立场和动机，更不计较其言辞的尖锐与激烈。刚愎、狭隘的统治者与此相反，一人为刚，万夫为

蒋经国与蒋介石

柔,喜欢己言方出,立即万众欢呼、拥戴,听不得不同意见,更容不得别人批评、反对。这种人,热衷于追究批评者的动机与立场,计较其言辞的尖锐与激烈,常常将自己人的批评视为敌对者的攻击。蒋介石的上述日记指责立法院、监察院的委员们"无形中间协助共匪",就部分地表现了后一种情况。

10月23日,立法院举行时局谈话会,有立委激烈地批判政府,发言说:

人事破坏法统,贪污无法惩办。如宋子文套购外汇,扬子公司的囤积嫌疑,至今也莫奈何。其次,例如豪门问题,至今没有办法。试问现在政府的权贵哪个不是豪门?哪个不是老虎?号称打虎的蒋经国,又有什么办法!

该立委责问当时的翁文灏内阁:"是否能将政情澄清,否则请他下台!"[27]

立法委员的情绪如此,监察委员的情绪自然更不在其下。10月24日,蒋介石日记云:"尤以监察委员对宋、孔之攻评,纠缠诬蔑,不顾大局,为匪作伥,此种卑劣无智之民意机构,更令人悲痛灰心也。"其实,民国时代的立法院大体上相当于西方的议会,监察院更是孙中山设计的具有中国特色的机构,其制衡、质询、批评甚至抨击政府的各级机构和成员乃是职责所在,蒋介石不能容忍其监督,不仅说明他对这种民主方式不习惯,也在某种程度上显示出,尽管他有时候虽然高唱"民主",而其实有类于叶公好龙。不过,应该指出的是,他还有一定的度量,没有对这些放言高论者采取惩罚措施,报纸上也还可以将他们的言论登出来。

七 行政院取消"限价",蒋经国辞职离沪

蒋介石阻止调查,扬子公司的案子办不下去,其他事情自然也难于推动。10月16日,蒋经国在《反省录》中承认:"扬子公司的案子,未能彻底处理,因为限于法令,不能严办,引起外界的误会。同时自从此事发生之后,所有的工作,都不能如意的推动了,抵抗的力量亦甚大。"蒋介石下令阻止监察院调查的当日,蒋经国约吴国桢、宣铁吾等讨论目前经济问题,"可以说没有一个是支持政府政策的"。蒋经国在日记中自称:"今日在精神上受到极严重的压迫,未安睡。"[28]

此后的一段时期内,蒋经国既感到行政院方面的动摇,也感到自己的话越来越没有人听。10月27日日记云:"在前半个月我的话是不会打折扣的,而现在则不如前了。"

经济问题只能用经济办法解决。国民党用高压手段"限价",严禁物价上涨,这就逼得上海和各地商界用"拒售"的办法来对付,从而形成更大的经济危机和社会危机。10月24日,蒋介石和行政院长翁文灏长时间讨论经济问题,日记云:"情形日非,商铺空室藏货,人民排队挤购,尤以粮食缺乏为可虑耳!"同日,蒋经国早起到理发店理发,听到的都是"排

队买不到东西"这许多话[29]。这种"买不到东西"的情况不仅严重影响到上海、南京的市民生活，而且影响到了蒋介石。10月31日是蒋介石的62岁生日，蒋纬国夫妇和蒋介石的侄女蒋华秀夫妇前来祝寿，蒋介石居然办不出一席稍微像样的饭菜来，日记云：

晚课后纬儿及华秀等夫妻来祝寿，聚餐便饭，以买不到食物也。

连为蒋介石服务的侍从们都不能为蒋买到食物，市场上严重的物资匮乏情况可想而知。

10月28日，蒋经国到南京参加经济管制会议，"大家都主张让步"。会议决定粮食可以自由买卖，工资可以调整，百物都可以照成本定价。11月1日，行政院宣布取消限价，粮食按市价交易，自由运销，纱布、煤、糖、盐，由中央主管机关核本定价，统筹调节。蒋经国原来主张坚决守住"八一九"的限价防线，至此，彻底崩溃。当日，蒋经国发表《告上海人民书》，承认自己未能尽责完成任务，在若干地方，增加了人民的痛苦，应向政府自请处分。11月6日，正式发布消息，辞去督导员职务。从即日起，蒋经国可以不再到中央银行办公。他到督导员办公室走了一圈，"心中实有无限的感慨，几欲流泪"[30]。此后，他情绪消极，借酒浇愁，一边喝酒，一边焚烧文件，甚至连印好的请柬也在焚烧之列，贾亦斌问故，蒋答："亡国了，还请什么客？"[31]

蒋经国以铁腕手段控制物价，在一段时期内有效，并且得到一般平民百姓的拥护，但是，一旦"限价"令取消，物价立即如断线风筝，扶摇直上，平民百姓受到更大的痛苦。11月8日，蒋介石日记云："自限价取消，经国辞去管制督导员后，上海物价已日渐实涨四五倍。"蒋介石派蒋经国到上海，本意在解决经济危机，不料却陷入更大的危机中。

11月15日，上海经济督导员办公室发表声明：

关于扬子建业公司囤货事件，兹已将该案调查处理经过，连同警局检查报告及该公司囤货一并呈报行政院，督导处并规定该公司所囤工业原料及日用必需品由主管机关按照限价配给各厂家、商号，已转饬市府及主管当局办理。[32]

这份声明无异提前宣告，孔令侃和扬子公司无罪。

八　监察院公布对扬子公司的《纠举书》

尽管蒋介石禁止监察院对扬子公司进行调查，但是，他当时还不拥有"一句顶一万句"的无上的绝对权力，因此，熊在渭、金越光的调查一直在持续进行。孔令侃方面，由于有姨丈蒋介石和姨母宋美龄的撑腰，有恃无恐，拒不交出货物进出总账、分户账及结汇等重要账册，与熊、金二人接谈过一次后即避不见面，仅由财务处副处长出面敷衍，声称："公司创设未久，账项不全，且全盘账目清查颇为繁复，未便交出。"同时，上海市政府等有关方面也不能积极配合。尽管如此，熊、金两位监察委员仍然完成调查，写出长达1万2千字的《纠举书》。

《纠举书》提出：扬子公司囤有西药、颜料、化妆品、玻璃质日用品等，共三四千箱；另有与扬子公司关系密切之利喊所存新小汽车75辆、卡车10辆。以现货从低估计，约合金圆券二千万元以上，折合法币六十万亿元，约合其第二年注册资本的6万倍，"要非该公司总经理孔令侃具有特殊权势，巧取豪夺，谁能相信？"

《纠举书》列举扬子公司1947年以来的营业额，计算该公司应向国家交纳的巨大税款数字，指出该公司实际所交，仅及千分之五、六，特种营业税只交了金圆券132元4角7分。"其中与税务机关有无勾结，固不可知，然该公司仗势逃税，则实为明显"。

《纠举书》还提出：该公司存货，大多为民国三十五年、三十六年购进，迄今尚未抛售应市，其中食糖、煤油，均在一年以上，"自难谓为非囤积居奇之行为"。又指出：在这些存货中，属于禁止进口或暂时禁止进口者达二十余种，"其破坏法令，图谋私利，殆无疑义"。

《纠举书》并将矛头指向孔祥熙，指出孔祥熙、孔令侃父子进口的"卡地洛克"汽车与扬子公司另一批6吨以上的"飞爱特"汽车，输出入管理委员会都表示未发进口许可证，那么，"江海关何以准其进口？"如非"与该江海关主管人员勾结，何能登岸？"

《纠举书》认为，孔令侃"仗势违法、逃税走私、囤积牟利各罪俱全，自应予以严惩"，建议函请行政院转饬工商部，吊销扬子公司的营业执照，停止其营业，"至其侵犯司法部分，并应移送法院，依法究办"。

此外，《纠举书》并提出，上海市长吴国桢、警察局长俞叔平、经警大队长程义宽，及上海市直接税局局长黄祖培、输出入管理委员会主委霍宝树、江海关税务司张勇年等，均"有玩忽职务之处"，一并纠举[33]。

该《纠举书》经监察委员刘延涛、王向辰、王澍临三人审查成立，于12月21日送交行政院处理。

《纠举书》送交行政院之日，离蒋介石宣布下野，将总统职务交由李宗仁代理的日子已经不远。自然，此后《纠举书》即进入国民党内习以为常的"公文旅行"流程。

九 国民党和政府陷入人心尽失的危机

俗话说："好事不出门，坏事传千里。"蒋介石、宋美龄包庇孔令侃的情节迅速在社会流传、发酵，蒋介石父子和宋美龄都受到社会，包括国民党内部的广泛批评，它使国民党和政府陷入人心尽失的严重危机。当时守卫北平的将领傅作义就曾为此事对杜聿明说："蒋介石要美人不要江山，我们还给他干什么！"此事成为傅对蒋"失去信仰"的重要原因[34]。贾亦斌在向蒋经国劝谏不成后也对他最后失望,"决心同蒋家王朝决裂,同蒋经国分道扬镳,去寻找新的道路"[35]。1949年4月,在浙江嘉兴起义,投向中共。

1948年11月4日,《中央日报》曾发表殷海光执笔写作的社论《赶快收拾人心》,批判"豪门"贪财横行,"享有特权的人享有特权,人民莫可如何。靠着私人政治关系而发横财的豪门之辈,不是逍遥海外,即是依势豪强如故"。孔祥熙当时在美国,孔令侃在扬子公司被查封后不久也经香港去了美国。社论指认"豪门"为"人民公敌",斥责国民党和政府"甚至不曾用指甲轻轻弹他们一下"。社论说:

革命与反革命的试金石,就看是走多数派的路线,还是走少数派的路线。如果走少数派的路线,只顾全少数人的利益权势,那末尽管口里喊革命,事实上是反革命。

《中央日报》是国民党的机关报。人们已经很难分清,这些言论和当时中共批判国民党的言论有多大区别了。

国民党和社会上普遍弥漫的这种不满、怨愤,蒋介石自然是清楚的。不妨看他这一时期的日记:

11月3日:"宣传会报,为孔令侃牵累非浅也。"

11月5日:"党报社论,亦攻讦我父子,无所顾忌,此全为孔令侃父子所累,人心动摇,怨恨,未有如今日之甚者。"

11月9日:"本日谣诼更甚,牵涉妻事。"

11月10日:"为孔家事,全体党员皆起疑窦,牵累不少。"

11月11日:"本日为孔庸之事及社会对宋、孔豪门资本之攻讦,几乎成为全国一致之目标。"

11月12日："今日谣诼繁兴，甚于卅三年之时，并对孔、宋攻讦，牵涉内人。"

这些传言、攻讦、谣诼的内容，今天已难一一阐述清楚。徐永昌日记云："闻蒋先生日前亟亟到沪，十之八九因孔大少爷不法囤积等问题，蒋夫人速其访沪解围云云。"[36]蒋介石的秘书周宏涛则回忆说："我风闻这天蒋公为了扬子公司囤积居奇案，在夫人的要求下召见经国先生，垂询上海金融管制执行情形，经国先生本要法办经营扬子公司的负责人孔令侃，因而搁置。"[37]徐的日记、周的回忆，都说明蒋介石、宋美龄干预扬子公司案一事流传之迅速和广泛。至于贾亦斌在回忆录中所说，蒋介石曾在10月9日痛骂蒋经国："你在上海怎么搞的，都搞到自己家中来了！"要他立即打消查抄扬子公司一事。又曾召见上海文武官员说："人人都有亲戚，总不能叫亲戚丢脸，谁又能真正铁面无私呢？我看这个案子打消了吧！"贾亦斌并非在现场目击耳闻的当事人，他的这些回忆和蒋介石的身份、性格与语言风格不合，显然属于传言、谣诼之类。

既然是传言、谣诼，自然不可能很准确，模糊失真，甚至夸大、扭曲都在所难免。传言中可能有同情蒋经国，指责宋美龄的内容，因此，宋美龄觉得很委屈。11月27日夜，国民党和政府已经风雨飘摇，宋美龄赴美乞援，行前之夜，蒋介石发现宋美龄突然啼泣不止，日记记载说：

午夜醒时，妻又悲切不置。彼称国家为何陷入今日之悲境，又称彼对经儿之爱护，虽其亲母亦决无此真挚，但恐经儿未能了解深知耳！惜别凄语，感慨无穷，彼为余与国家以及宋、孔之家庭受枉被屈，实有不能言之隐痛，故其悲痛之切，乃非言词所能表达其万一。

可能宋美龄当时对蒋经国确有真挚"爱护"之意，也可能在蒋、宋、孔三家的关系中，传言中宋美龄的作用有不完全准确之处，但是，衡以本文所举上述例证，蒋介石、宋美龄夫妇徇私包庇孔令侃及其扬子公司的基本事实应无疑义。

传言、谣诼有很大的杀伤力，基本符合事实的传言，其杀伤力就更大。在扬子公司问题上，人们对蒋介石、宋美龄、孔祥熙、孔令侃以及蒋经国的批评实际上就是对掌控当时社会、国家的"豪门"的批评。这种批评是很容易转化为打倒"豪门"，推翻"豪门"的革命情绪的。

平心而论，蒋介石自奉俭约，大体清廉，对孔氏家族的贪渎、腐败也有过制裁。例如：1942年12月，枪毙与孔祥熙家族关系密切的林世良[38]。1945年，亲自审查孔祥熙涉案的美金公债舞弊事件，迫使孔祥熙辞去行政院长、财政部长、中央银行总裁等多项职务。但是，蒋介石顾全国民政府和孔氏家族的体面，担心"夜长梦多，授人口实"，最终还是只能以大事化小，后台结案的方式了断[39]。到了扬子公司问题上，蒋介石碍于宋美龄和孔令侃之间的关系，压制调查，窒息言论，徇私包庇，终于毁灭了国民党和政府拥戴者的最后一点希望，陷入人心尽失的严重局面。

豪门越"豪"，处理其贪腐，就应该越坚决、果断、及时，这就是历史的教训。

十　尾　声

熊在渭、金越光在《纠举书》中提出，扬子建业公司的"侵犯司法部分，并应移送法院，依法究办"。其后，该案交上海地检处侦查，由游鸿翔检察官承办。1949年1月9日，地检处传孔令侃及扬子建业公司副总经理于钟声到庭说明。二人不到。1月18日，再传，28日，三传，仍然不到。其间，上海社会局拟定对该公司查封货品处理办法，建议将其中工业原料及日用品两部分由政府收购出售，其盈余之数，半供全市公教人员福利基金，半充救济难民之用，12日。上海市政府第158次会议讨论，通过这一

蒋介石（后排左二）、孔祥熙（后排右二）与宋氏家族合影

办法。15日，孔令侃呈文反对，声称"所存货品并无违法，不服处理，声明异议，请予取消原处理办法，发还货品"。上海社会局审核后，于2月24日报告吴国桢，认为该公司存货大多系1946、1947年购进，储存均在一年以上，当限价期内工业原料恐慌之时，该公司仍不应市，实属囤积居奇之作为[40]。2月26日，吴国桢批交上海参事室核议。4月12日，孔令侃再次递状。声称现因病在穗，不能来沪，一俟病愈，即行投案[41]。4月30日，参事室复核，认为扬子公司"违法囤积"一案，经监察院金、熊二委员调查属实，孔令侃所称毫无囤积居奇意图之说，"自难采信"，原经济督导员办公室"将其货物予以查封，以利处理，于法尚非无据"，按照限价，供应市场的决定"亦无不合"。参事室并提出，将扬子建业公司的货品分为三类：日用品部分，待法院判决后再行处理；无关法令部分，带征自卫捐后发还；工业原料部分则收购出售[42]。

同年5月27日，中共领导的解放军攻入上海，实行军管，扬子建业公司案件结束。据此，吴国桢的下述回忆就不完全准确了。吴称：

我组建了个委员会，包括市商会、审计业同业公会、市议员代表、一个来自俞鸿钧和蒋经国方面的代表，当然还有一个市府代表，以及上海律师公会的律师们。大家一起研究此案，结果是律师公会认为一切均属合法。不管怎样，在金圆券垮台后，调查结果也公开了，由于那时一切都处于混乱之中，再也没人去想这件事了。[43]

所谓"组建了个委员会"，可能在交参事室核议过程中，有过类似事情，但是"一切均属合法"则并非一致结论，除了熊在渭、金越光二位监察委员的《纠举书》之外，并无其他"调查结果"公布。

附记：

本文写作和修改过程中，得到上海档案馆陈正卿、香港中文大学郑会欣、台北"国史馆"侯坤宏、北京国家图书馆李丹等教授、先生、女士的帮助，特此致谢。

注释

[1]　《蒋介石日记》，1948年7月2日，美国胡佛档案馆藏，以下均同，不一一注明。
[2]　《申报》，1848年9月13日-16日。
[3]　王章陵《蒋经国上海打虎记》，台北正中书局1999年版，第20页。
[4]　蒋经国《沪滨日记》，《蒋经国自述》，湖南人民出版社1988年版，第174页。
[5]　《蒋介石日记》，1948年9月11日。
[6]　《蒋介石日记》，1948年9月14日。
[7]　《蒋介石日记》，1948年10月31日。
[8]　《蒋介石日记》，1948年9月19日。
[9]　王章陵《蒋经国上海打虎记》，第38页。
[10]　郭旭《扬子公司查而未抄的内幕》，《中华文史资料文库》第6卷，中国文史出版社版第203页。
[11]　参见郭旭《扬子公司查而未抄的内幕》，《中国文史资料文库》第6卷，第203页。
[12]　《大公报》，1948年10月2日。
[13]　蒋经国《沪滨日记》，《蒋经国自述》，第184、188页。
[14]　《贾亦斌回忆录》，中国文史出版社2011年版，第161~162页。
[15]　《事略稿本》，1948年10月3日。
[16]　《贾亦斌回忆录》，第163页。
[17]　《沪滨日记》，《蒋经国自述》，第187~188页。
[18]　《沪滨日记》，《蒋经国自述》，第188页。
[19]　《正言报》，1948年10月10日。
[20]　《宣铁吾：国民党内的好人》，www.eeloves.com/memorials-show/id/312324
[21]　《大众夜报》，1948年10月9日。
[22]　《蒋介石致吴国桢电》，《档案与史学》，1989年第2期。
[23]　《吴国桢致蒋介石电》，"国史馆"藏，002-080108-00002-015。
[24]　"国史馆"藏，002-080200-00334-079。
[25]　《从上海市长到台湾省主席——吴国桢口述回忆》，上海人民出版社1999版，第70页。
[26]　《蒋介石日记》，1948年9月17日。
[27]　《立委昨检讨时局》，《大公报》（上海版），1948年10月24日。
[28]　《沪滨日记》，《蒋经国自述》，第192页。
[29]　《沪滨日记》，《蒋经国自述》，第194页。
[30]　《沪滨日记》，《蒋经国自述》，第200页。
[31]　《贾亦斌回忆录》，第165页。
[32]　《中央日报》（上海版），1948年11月16日。
[33]　《监委对扬子公司纠举书》，《申报》，1948年12月22日~26日。
[34]　杜聿明《辽沈战役概述》，《辽沈战役亲历记》，中国文史出版社1985年版，第17~18页。
[35]　《贾亦斌回忆录》，第165页。
[36]　《徐永昌日记》，1948年9月13日，台北"中研院"影印版第9册，第139页。
[37]　《蒋公与我》，台北天下远见出版公司2003年版，第54页。
[38]　笔者当另文阐述。
[39]　参见本书中的《蒋介石亲自查处孔祥熙等人的美金公债舞弊案》。
[40]　《上海社会局呈》，上海市档案馆藏，Q1全宗-7-335（市府机要室存扬子公司案卷）。
[41]　《扬子案将再传讯》，《申报》，1949年4月12日。
[42]　《上海市参事室所拟答复函稿》，上海市档案馆藏，Q1全宗-7-335（市府机要室存扬子公司案卷）。
[43]　《从上海市长到台湾省主席——吴国桢口述回忆》，上海人民出版社1999版，第70页。

第五辑　婚姻家庭

◎蒋介石、宋美龄的恋爱与婚姻

关于蒋介石与宋美龄的恋爱与婚姻，坊间作品很多，但大都含混模糊，真实成分少，而揣度想象多，个别作品甚至有意作伪，胡编乱造。本文将根据蒋介石日记和其他可靠的资料，力求为读者还原比较确切、真实的历史。

一 蒋宋的相识与相爱

蒋介石与宋美龄初次相见在何时？何地？董显光的《蒋总统传》将时间定在在陈炯明兵变之后，地点则定在上海孙中山寓所。该书说：

> 陈炯明在粤叛变国父后，政治纷乱异常，蒋总统力挽狂澜，遂投身于其漩涡中。一日，在国父宅中邂逅宋美龄女士。[1]

董书初版于1937年，经过多次增订，是国民党的官书。其书对蒋虽多阿谀之词，但关于蒋、宋见面的时间、地点一类说法应该比较可靠。1927年10月9日，日本《大阪每日新闻》的记者访问宋美龄，问："蒋先生谓初认女士为理想之伴侣，但不知当时女士作何感想？"宋美龄答道："此乃五年前事，当时余未注意之。"[2]"五年前"，应即1922年。

陈炯明兵变后，孙中山在广东无法立足，于1922年8月14日到达上海，积极联络苏俄和中共，开始改组国民党。蒋介石随孙中山同船到沪，襄助孙中山处理各项事务。8月22日，离沪返甬。此后，来往于奉化、上海之间多次，但是，日记中并无任何与宋美龄相见的记载。相反，倒有

> 陳逆之變介石赴難來粵入艦日侍余側而等策多中樂與余及海軍將士共死生狃始為實錄亦直其犖犖大者其詳乃未逮夏慣數余非有取於其濫詞僅冀摅誠與國人相見而已余之知人之鑒不及豫於寢逆謀而卒以長亂貽禍賊踐至今為烈則茲編之紀亦聊以志吾過且以於吾海軍及北伐軍諸將士之能為國不顧其私其視於世功罪何如也民國十一年雙十節孫文序於上海

1922年6月16日陈炯明发动叛乱，孙中山避难永丰舰。6月29日蒋介石登上永丰舰护侍孙中山。事后，蒋介石写《孙大总统广州蒙难记》。此为孙中山为《孙大总统广州蒙难记》所作的序文。

"与洁如观剧"、"洁如来陪"、"洁如送我上船"等记载，可见，蒋介石与陈洁如正处于情热中[3]。正像宋美龄没有"注意"蒋介石一样，蒋介石也还没有"注意"宋美龄。有些著作描写二人第一次见面，蒋介石"看着宋三小姐翩然而至"，"立刻被她的美国式的教养和气质吸引住了"，纯粹是想象之词。

蒋介石对宋美龄产生爱慕之情是在第二次广州见面。1926年6月30日，蒋介石日记出现"往访大、三姊妹"的记载，"大"，指大姐宋蔼龄；"三"，指的就是宋美龄。7月2日，宋美龄将回上海，蒋介石日记云："美龄将回沪，心甚依依。"[4]虽然只有短短几个字，但说明蒋介石已经对宋产生爱慕之心了。在当年日记最后的《姓名录》一栏，他特别写上："宋美龄：西摩路一三九"等字。

进入1927年，蒋介石日记中关于宋美龄的记载逐渐增多。如：

3月21日日记："今日思念美妹不已。"

5月4日日记："致梅林电。"

5月11日日记："赠梅弟相。""晚，致梅弟信。"

这里的"美妹"、"梅林"、"梅弟",指的都是宋美龄。又是思念,又是致电、致函,又是寄赠相片,说明蒋介石开始了对宋美龄的"苦苦追求"[5]。5月18日,蒋介石自南京到上海参加陈其美殉国纪念会。上午7时,车到上海,蒋介石所做的第一件事就是立即去看望宋美龄。这一天,蒋介石虽然照例在日记开端写了一行字:"叛逆未除,列强未平,何以家为?"意指在陈炯明和"列强"尚未平定之前,不该考虑个人"成家"一类问题。不过,接连几天,蒋介石都处于对宋美龄的思念中。5月28日日记云:"终日想念梅林不置也。"30日日记再云:"终日想念梅林。"这种情况说明,蒋介石已经进入对宋美龄的相思状态了。

6月5日上午,蒋介石在南京接到宋美龄的来信。日记云:"接三弟信"。"三弟",指宋美龄。宋写信给蒋,这大概是第一次,至少,这是蒋日记中有记载的第一次。蒋不称宋为"美妹"或"梅弟",而称之为"三弟"。在蒋看来,也许可以显得更亲密吧!接信后,蒋介石立即给他的"三弟"复电。7日早晨6时,蒋介石又起床给"三弟"回信。10日下午,登车赴沪,次日清晨3点到达,8点即转车赴杭州参加市民大会。在有限的空档中,蒋介石仍然挤出时间,"往访三弟"。12日,蒋介石从杭州回到上海,与"三弟"一直"谈至午夜"。7月3日,蒋介石为参加上海特别市市政府成立典礼,提前到沪,与宋子文、钱永铭、陈光甫等谈话,争取银行家的支持。当晚,蒋介石与宋美龄等在乡下小餐馆聚餐,在日记中留下了"别有风味"的记载。两天后,蒋介石设晚宴,款待上海商界头面人物。宴后和宋美龄乘车兜风,到深夜1时才尽兴而归。次日上午,蒋介石在上海新舞台召集党员大会,发表讲演。下午,探望"三弟",拜会友人,然后再次探望"三弟"。

这一段时期,蒋宋接触频繁,反映出二人关系的日渐亲密,已进入谈婚论嫁阶段。

宋美龄的父亲宋嘉树出身贫寒,后来逐渐发展为华侨富商。宋美龄本人自幼在美国接受教育，毕业于麻省韦尔斯利女子学院。大姐宋蔼龄嫁给孔祥熙，二姐宋庆龄嫁给孙中山。其家世、社会关系自不必说，加上相貌出众，自然成为蒋介石倾心追求的对象。和宋美龄的耀眼光芒相比，蒋介石原来的几房妻妾就黯然失色了。

二 蒋介石与毛福梅等妻妾"离异"

1927年4月，蒋介石在上海发动反共政变后，中国出现了两个国民政府对立的局面。一个在南京，一个在武汉。两个政府都反共，双方开始接洽"合流"。武汉国民政府的条件是蒋介石下野。8月13日，蒋介石发表辞职宣言。第二天，回到故乡奉化。大约即在此时，蒋介石向宋美龄发出求婚信，函称：

余今无意政治活动，惟念生平倾慕之人，厥惟女士。前在粤时，曾使人向令兄姊处示意，均未得要领。当时或因政治关系，顾余今退而为山野之人矣。据实所弃，万念灰绝。曩日之百对战疆，叱咤自喜，迄今思之，所谓功业宛如幻梦。独对于女士才华容德，恋恋终不能忘。但不知此举世所弃之下野武人，女士视之，谓如何耳！[6]

本函透露，1926年6月，蒋介石在广东曾向宋蔼龄、宋子文透露有与美龄结缡之意，但未得"要领"。现在，蒋介石直接要求宋美龄本人表态了。

中国古代男尊女卑，实行一夫多妻制，一直到民国时期，男人都可以拥有三妻四妾。但是，基督教主张一夫一妻。宋美龄全家都是基督教徒。蒋介石要和宋美龄结婚，就必须处理和原来的几房妻妾之间的关系。

蒋介石的原配夫人是毛福梅，奉化岩头村人，父亲是南货店老板。毛福梅出生于1882年，大蒋介石五岁。二人于1901年结婚。当时，毛20岁，蒋15岁（虚岁），还是未成年人。1903年，毛福梅进入奉化作新女校，读过不到半年书。至1910年，蒋经国出生。

由于是包办婚姻，毛氏文化水平又低，蒋、毛两人感情不好。1919年4月，蒋介石在上海，毛福梅携经国到沪探望，蒋介石日记即有"家庭之事，不能稍如我意，实所痛心"的记载。四天后，毛福梅即返回溪口。蒋介石自觉不安，但以"夫妇之道乖，其奈之何哉"自慰。1921年1月，蒋介石自奉化回溪口，居然不愿意与毛氏"同衾一夕"。从道理上，蒋介石觉得不应该，但情感上又扭不过来。自此，二人关系日渐恶劣，蒋介石见到毛福梅的人影，听到她的脚步声，就感到"刺激神经"。4月3日，两人居然"对打"起来。蒋介石认为"实属不成体统"，决计离婚。4月4日他给毛福梅的二哥毛秉礼（懋卿）写了一封千字长函，详细叙述与其妹的决裂情形及主张离婚的理由。函称：

吾今日所下离婚决心乃经十年之痛苦，受十年之刺激以成者，非发自今日临时之气愤，亦非出自轻浮的武断。须知我出此言，致此函，乃以至沉痛极悲哀的心情，作最不忍心之言也。英明如兄，诚能为我代谋幸福，免我终身之苦痛。[7]

毛氏与蒋母王采玉关系不错。蒋介石虽决计离婚，但蒋母反对。4月19日，蒋介石发现毛氏又回到家里，非常愤怒，决定发出"最后离婚书"。日记云："母亲老悖，一至于此。不仅害我一身痛苦，而且阻我一身事业。徒以爱子孙之心，强欲重圆破镜，适足激我决绝而已。"蒋介石是孝子，斥责母亲"老悖"，这是仅有的一次。同年4月25日，蒋母遍体虚肿，6月14日病故。

蒋母去世，毛福梅少了一个保护人。蒋介石思前想后，决定彻底解决婚姻束缚。11月15日日记云："家庭之难处置，婚姻习惯之恶，使人终身受罪。凡事都当从解放做去，不可以旧习惯害后生也。"当年11月28日，蒋介石之母王采玉像。照片上的"先慈遗影　中正"为蒋介石所题写。

蒋介石召集亲戚商量，参加者迟疑犹豫，久议不决，蒋介石气急，在舅父面前大发脾气，亲戚们才同意二人离婚，但是，"离婚不离家"。直到1927年8月，蒋介石下野回溪口，才补办了一纸《离婚协议书》[8]。

姚冶诚原是上海妓馆中的娘姨，苏州人，自幼父母双亡，靠开糖果店的小叔养大。丈夫从事殡葬、脚力为生，不久离异。1912年与蒋介石结合。初时，两人感情不错，但姚冶诚好赌，常与邻里吵架，又不懂得照顾人。1920年5月，蒋介石得了伤寒，姚冶诚沉迷赌博，不为蒋介石"侍疾"，出言、举动都很冷淡，气得蒋介石立即从寓所搬出，住进旅馆。23日，蒋介石由戴季陶夫人送入医院治疗。直到26日晚，姚冶诚才到院探视。蒋介石大怒，勒令姚立刻离开，叹息说："余凤世孽重，遇此冤家也宜哉！"[9]当时，蒋起意与姚断绝关系，但是，蒋纬国为蒋介石收养之后，即由姚冶诚抚养，认姚为母。蒋介石疼爱纬国，不愿让他有无母之感，其间，蒋母到上海探望儿子，与姚冶诚住在一起，蒋母也觉得姚氏"凶狠"，无法共处。蒋介石托人试探姚的离异条件，觉得姚"敲诈为事，唯利是图"，便决定与姚暂时分居。此后，蒋常年在外，而姚冶诚则

蒋介石与毛福梅、宋美龄

携纬国常住宁波或奉化。分居之后，二人关系有所好转。蒋介石给姚写信，也会出现"无时不想着你与纬儿"一类词句。1924年至1926年北伐前夕，姚冶诚三次带纬国去广州，和蒋介石相聚，但时间都较短。1926年元旦，姚及纬国到广州，与陈洁如不能相容，于2月19日返沪。1927年，蒋介石为与宋美龄结婚，与姚协议离异。由蒋负担生活费用，姚冶诚携蒋纬国移居苏州。

蒋介石难以处理的是和陈洁如的关系。陈洁如，原名潞，浙江镇海人。1906年生。父亲陈鹤峰，在上海当"栈师傅"（仓库保管员）。陈潞于1918年进入爱国女学读书，与后来与张静江续弦的朱逸民成为好友。蒋介石常去张府访问，因此与陈相识，为陈所吸引。《陈洁如回忆录》称，二人于1921年12月5日，在上海永安大楼大东旅馆结婚，但是，根据蒋介石日记，当日，蒋介石在溪口，不在上海。蒋母于当年6月14日去世，11月23日下葬。蒋介石不可能在母逝世不到半年，下葬不到半月之时就大办婚礼，而且《日记》中也全无与陈洁如结婚的相关记载。多年前，我曾著文证明，《陈洁如回忆录》中引用的许多文献、信函，均为执笔者伪作。

1925年的蒋介石

现在以《回忆录》与蒋《日记》相校，可以证明除有限的几件事外，许多生活情节也出于虚构和编造，不能相信。

蒋介石1921年12月13日日记称："投宿大东旅社，潞妹迎侍。"这一天，应该就是蒋、陈结合的日子。称"迎侍"，显然未办结婚手续。其后，自1922年1月至8月下旬，蒋介石一直在桂林，随从孙中山筹划北伐。其间，蒋介石又是写信，又是寄相片，表达对"潞妹"的思念。陈炯明兵变后，蒋介石于1922年8月陪孙中山到上海，和陈潞见面机会更多，日记中常有"宿于潞妹家"，"访潞妹三次"，"偕潞妹观剧"，"潞妹与纬儿玩耍"，"潞妹随侍"等记载，显见关系已经很不一般。同年12月15日、17日，蒋介石日记载："晚，洁如来陪"，"晚，偕潞妹回寓"，显示二人已经正式同居。这一时期，陈洁如真诚地爱着蒋介石，以致蒋曾用"孺慕"二字来形容[10]。但是，陈洁如容不下蒋和姚冶诚继续保持关系。1924年，蒋介石携姚及纬国到广州参加国民党第一次全国代表大会，将陈洁如惹恼，写信表示，永远不再与蒋介石相见。1月17日，蒋介石火急致函张静江打探"究竟"。同月24日，孙中山任命蒋介石为黄埔陆军军官学校筹备委员长，但有关方面拒发开办费用，蒋介石拂袖离粤。直到4月21日，在孙中山等催促下，蒋介石才回粤就职。1925年4月18日，陈洁如自沪来粤，蒋介石亲到码头迎接。同回黄埔司令部。自此，陈即以"校长夫人"身份在广州出现，风光一时。不过，好日子不长，此后，陈、蒋之间常常闹点别扭。两人时爱时憎，亦爱亦憎。蒋介石5月25日日记云："又与洁如赌气，不能安眠。"6月5日，陈洁如闹着要回上海，蒋介石担心陈此去"受骗受苦"，日记云："终不放心洁如在沪，恨之又爱之也，怜之又痛之也。"[11]然而，陈洁如刚刚离开广州，蒋介石就又要她回来。"思虑半日，望如云霓"，"想起洁如前事，痛恨不堪，几乎晕倒"。陈洁如本来答应月末可到，28日，仍未到，蒋介石为此大发脾气，自称"暴戾不堪，不能忍耐"。陈洁如到广州后，悉心侍奉，蒋介石有时觉得可以原谅其既往，但有时却又因家中"器物凌乱无次"，大声训斥。

1926年6月，蒋介石与宋美龄相见后，对陈洁如不满更多。如："治家无方，毫无教育"等。当年7月30日，蒋介石在北伐途中致函陈洁如，要她"读书治家"。同日，致函张静江称：

洁如之游心比年岁而增大，既不愿学习，又不知治家，家中事纷乱无状。此次行李应用者皆不检点，而无用者皆携来，徒增担夫之苦。请嘱其不管闲事，安心学习五年，或出洋留学，将来为我之助。如现在下去，必无结果也，乃害其一生耳！如何？[12]

同年11月12日，蒋介石得悉陈以每月72元的租金迁居大屋，大为不满，日记云："招摇败名，年少妇女，不得放纵也。"这个时候的陈洁如，在蒋介石的心目中，大概只留下不满和嫌憎了。1927年，蒋介石决定与宋美龄结婚，即向陈洁如提出，要求她出国留学，以五年为期，然后恢复婚姻关系[13]。8月15日，蒋介石在一天内，连续给宋美龄、宋子文、张静江夫人朱逸民及陈果夫四人写信。朱逸民是陈洁如的密友，蒋介石这时给朱逸民写信，内容必与陈洁如相关。同月19日，陈洁如偕张静江的两个女儿蕊英、倩英自上海启程，赴美留学。据亲见者记载：

蒋夫人穿一件淡灰色细纱长马甲，下面有白红色的间色，里面衬着半节式的背心，脚上穿白皮鞋和粉红色的长统丝袜，短发蓬松，态度自然。在小火轮汽笛吹第一次的时候，伊不觉得怎样。到了大轮船的汽笛吹，小火轮的汽笛再吹的时候，伊就哭泣起来了。[14]

陈洁如此去，蒋介石即借机斩断了和她的婚姻关系。

三 蒋介石与宋美龄的订婚与结婚

蒋介石用不同办法处理了和毛福梅、姚冶诚、陈洁如的婚姻关系，他和宋美龄结婚的障碍也就扫除了。根据蒋介石日记，9月8日上午，蒋介石收到宋子文及宋美龄的亲译来电。17日，蒋介石复宋美龄电。内容均不详，推断应与婚事及前程计划有关。9月22日，蒋介石决定出国考察。23日，船抵上海，照例首先探望宋美龄。日记云："与三弟叙谈，情绪绵绵，相怜相爱，惟此稍得人生之乐也。"第二天，蒋介石就忙着邀请王正廷"作伐"。午夜，又去拜访何香凝，大概也是为了请她出来当媒人。25日，蒋介石于探望宋美龄之外，又拜访张静江，会见张静江之后，又去见宋美龄，直至11时才回寓。当时，国民党内对蒋介石的家事多有质疑。26日，蒋介石修订早已写好的《启事》，交《申报》连登三天。该《启事》的主要目的在于说明自己与毛福梅、姚冶诚、陈洁如已无婚姻关系：

民国十年，原配毛氏，与中正正式离婚。其他二氏，本无婚约，现已与中正脱离关系。现在除家有二子外，并无妻女。惟传闻失实，易滋淆惑，专此奉复。[15]

当日，蒋介石与宋美龄订婚。日记云："晚与三弟谈往事，人生之乐，以定婚之时为最也。"

27日下午，二人同到孔祥熙寓合影，并一同拜访王正廷和冯玉祥夫人李德全，感谢他们充当介绍人。当日，蒋介石与宋美龄"密谈"至深夜1时。

9月28日，蒋介石东渡日本。当日晨6时，蒋介石就起床整装，向宋美龄告别。自然，二人都不忍分离。蒋介石日记云："情绪绵绵，何忍舍诸！不惟外人不知三弟之性情，即中正亦于此方知也。"7时前，蒋介石登上上海丸。

上船第一天，蒋介石就给宋美龄连发两封电报，"不知其今夜果能安倪桂珍（1869—1931），宋美龄之母。毕业于上海裨文中学，曾留校任教员。1887年与宋嘉树结婚，先后育有六个子女：宋蔼龄、宋庆龄、宋子文、宋美龄、宋子良、宋子安。

眠否？"30日，10月1日，连续发电。日记云："近日无论昼夜，心目中但有三妹。别无所思矣。不知近日三弟作如何状也？"

宋美龄的母亲倪桂珍当时住在神户有马温泉养病，因此，蒋介石到日本后的第一任务就是探望倪桂珍，请她同意婚事。10月3日，蒋介石到达神户，立即和宋子文同车，到有马温泉拜访宋太夫人。蒋介石日记记载说："其病已愈大半，婚事亦蒙其面允。惟其不欲三弟来此，恐留此结婚也。不胜怅望。"蒋介石原来打算在日本结婚，然后与宋美龄结伴赴美。现在老太太当面应允婚事，蒋介石很高兴，但是，老太太不赞成女儿来日结婚，蒋介石又很失望。他便立即致电在上海的宋美龄，详述自己一时不能归国的实情，要她"速来"。蒋介石在日记中惴惴地写了一句："彼当来乎？"下午，蒋介石第三次拜见倪桂珍，发现老太太很高兴，目不转睛地盯着自己瞧，看得他很不好意思，日记云："未免令新婿为难。"10月4日下午，蒋介石收到宋美龄"不来日"的回电，好梦难圆，心中不胜怅惘。

这以后的一段日子，蒋介石便留在日本，与宋美龄电报往来，互通音讯，同时看报读书，陪倪桂珍谈天，与宋子文谈国事，谈时局。1927年上半年，宋子文站在武汉政府方面，与蒋介石对立，后来又不赞成妹妹和蒋介石的婚事。显然，二人这时已经前嫌尽消，谈得很投机了。

10月8日，倪桂珍回国，蒋介石到神户送行。23日，蒋介石到东京，陆续会见日本友人和政要。11月5日，会见日本首相田中义一。这一时期，国民党内部派系纷争，无法调和，阎锡山、冯玉祥等人纷纷要求蒋介石回国，因此蒋便改变计划，于10日回到上海。他听说宋美龄有病，立即往访，发现宋"形容枯瘦"，想系"操心过度"，不胜怜惜。11月12日下午，蒋介石外出寻屋，准备婚房。14日，陪倪桂珍、宋蔼龄、宋美龄祭扫岳父宋耀如墓地。正当蒋介石加紧婚礼准备之际，蒋纬国突然向蒋介石报告，何应钦、白崇禧的夫人准备邀请姚冶诚来沪。姚氏生性泼辣，蒋介石担心她受政敌挑拨，到婚礼上闹场，一时很紧张，后来了解并无其事，才安下心来。当晚，蒋介石应孔祥熙之宴。晚，与"三妹"欢叙。接连几天，不是谈天，就是谈论人事。11月26日，二人一起到祈齐路看新房。27日，上海《申报》出现了一份别具一格的结婚《启事》，声明不收婚礼，凡有馈赠，请移作修建"废兵院"（伤兵院）费用。中云：

中正奔走革命，频年驰驱戎马，未遑家室之私，现拟辞职息肩，惟革命未成，责任犹在。袍泽饥寒转战，民众流离失所，讵能恝然忘怀。尤念百战伤残之健儿，弥愧忧乐与共之古训。兹定12月1日在上海与宋女士结婚，爰拟撙节婚礼费用及宴请朋友筵资，发起废兵院，以完中正昔日在军之私愿，宋女士亦同此意。如亲友同志厚爱不弃，欲为中正与宋女士结婚留一纪念，即请移节盛仪，玉成此举，无任铭感。凡赐珍仪，敬谨璧谢。婚仪简单，不再柬请。式布区区，惟希公鉴。[16]

28日下午，蒋宋一起乘车兜风之后，访问蔡元培，请他主持婚礼。婚礼选址在戈登路大华饭店礼堂，这是当时上海最豪华的结婚场所。29日，

1927年12月1日,蒋介石与宋美龄在上海举行婚礼。证婚人余日章,介绍人谭延闿、何香凝、王正廷、李德全,主婚人蒋锡侯夫妇、孔祥熙夫妇。图为蒋介石与宋美龄的结婚照。

蒋介石与宋美龄提前到礼堂"习礼",预演一番。接着又访问证婚人。忙来忙去,蒋介石一度"脑晕"。

11月30日上午,蒋介石忙里偷暇,撰写结婚感想,题为《我们的今日》。文中提到,当他第一次遇见宋美龄时,即认为宋是"理想中之佳偶",而宋美龄也曾矢言,"非得蒋某为夫,宁终身不嫁"。蒋介石宣称:"余今日得与余最敬最爱之宋美龄女士结婚,实为余有生以来最光荣之一日,自亦为余有生以来最愉快之一日。"他自述参加革命以后,冷热不定,常常在积极进行之际,忽然萌生消极退隐之念,引起"前辈领袖"和厚爱同志的关心。他表示:"自今日与宋女士结婚之后,余之革命工作必有进步。余能安心尽革命之责任,即自今日始也。"为了渲染他和宋美龄结婚的意义,蒋介石还在文章中讲了一通"大道理":"家庭为社会之基础,欲改造中国之社会,应先改造中国之家庭。余与宋女士讨论中国革命问题,对于此点实有同一之信心。"云云。文章写完后,二人又到宋宅预演了一番婚礼。当日,各方纷纷送礼、送红包。据《申报》报道,"礼物无不昂贵","收款员竟无片刻暇晷"。其中,张静江送400元,上海

宋氏三姐妹在20世纪30年代合影。左起：宋庆龄、宋蔼龄、宋美龄

万国储蓄会中方董事叶琢堂、四明银行总经理孙衡甫等各送200元，中央银行行长周佩箴等各送100元。报纸声称，可见众人对"废兵院"建议的支持云云。

12月1日上午，蒋介石写了一篇《勖爱妻》文。下午1时，先到孔宅换礼服，3时到宋宅，行"教会婚礼"。到者一千余人。婚礼由中华全国基督教协进会会长余日章为祝婚人，刘纪文任傧相。首由祝婚人致词，次新人宣誓，交换戒指，证婚人致词。4时，再到大华礼堂，行"正式婚礼"。蒋锡侯、宋子文代表男女两家主婚，蔡元培、谭延闿、王正廷、何香凝、李德全等证婚，邵力子司仪。宋美龄由宋子文挽着，在琴声中慢步走出。全体向国旗、党旗、总理遗像三鞠躬。由蔡元培宣读证书，新人彼此一鞠躬，仪式即行结束。谭延闿日记云："礼甚简单，鞠躬，读证书后盖印，即礼成矣，尚不如宗教式之严重也。"[17]当日，蒋介石感到幸福之至，日记云："见余爱姗姗而出，如云霞飘落。平生未有之爱情，于此一时间并现，不知余身置何处矣！"婚礼完成后，二人共同乘坐新买的汽车兜风。当晚，至宋宅宴会。9时，回新宅，入新房。次日，在家"与爱妻拥谈"，日记云："乃知新婚之蜜，非任何事所可比拟。"12月3日回门，拜访岳母。当日，倪桂珍设宴款待。晚10时回寓。不料蒋介石的头却又"作痛"起来。在宋美龄的"慰藉"之下，蒋介石才感到稍微好了一点。

蒋介石与宋美龄总算没有忘记所登"废兵院"启事。12月20日，二人一起到曹河泾察看院址。

四　新人笑，旧人哭

蒋介石与宋美龄结婚，美人在怀，如愿以偿，自然春风得意。12月19日日记云："九时起床，与三妹欢争。""欢争"这是个很少见的词语。"争"，当然就有"吵"的意思，然而，却又"欢"，吵得很愉快。这种"争"，自然是一种关系亲密、融洽的表现。不过，两人之间很快就都不愉快了。12月27日，蒋介石日记云："往跑马场接三妹。晚，以三妹烦恼，余亦不悦。十时劝慰后即睡。"从文字上推敲，这时还是宋美龄"烦恼"，蒋介石因之"不悦"，两人之间尚无矛盾。但是，矛盾很快就来。两天后，宋美龄外出，蒋介石一人独处，感到寂寞。日记云："复以其骄矜而余亦不自知其强梗失礼也。"这就是说，蒋觉得宋"骄矜"，宋认为蒋"强梗无理"，彼此都发觉了对方的缺点。当日下午，蒋病卧在床，但是，他很快得知，宋美龄在娘家也病了。于是"扶马连夜往访"。宋美龄坦率地陈述：结婚以后"不自由"，劝蒋介石"进德"，提高个人道德修养。蒋介石嘴上未表态，但内心赞成，"颇许之"[18]。第二天上午，两人一直耗到10时才起床。

宋美龄在美国受过高等教育，其气质、情趣不自觉间影响了蒋介石，使蒋觉得她既可爱，又可敬。蒋介石的妹妹蒋瑞莲住在上海，1928年新年，蒋介石夫妇前往探视，发现妹妹正在家里与客人打牌，蒋介石自觉惭

陈洁如（1905—1971），祖籍宁波，自幼居住上海。1921年与蒋介石结婚，1927年与蒋离婚。中华人民共和国成立后，任上海市卢湾区政协委员，1961年移居香港，1971年1月离世。

愧，深怕宋美龄看不起[19]。1月6日，蒋介石在南京，得知妻子在上海生病，非常担心。8日，蒋介石接到宋美龄来信，日记云："接三妹信，忧喜交集，勉我国事，劝我和蔼，心甚感愧。"[20]当时，宋不愿意到南京来，蒋介石自称："若有所失"，"抑郁不知所事"。14日，宋美龄自上海致电蒋介石，有所劝诫，蒋介石"惭愧几不成眠"。第二天，宋美龄到南京，蒋介石亲到下关迎接，得知妻子皮肤病很厉害，又患神经衰弱，自悔不该与其"顽梗"。他陪妻子到汤山泡温泉，谒中山陵，逛莫愁湖、鸡鸣寺、夫子庙，甚至"终日休息戏嬉"。其间，宋美龄继续对蒋有所规劝、勉励，使蒋"心甚自惭"。其日记云："三妹爱余之切，无微不至，彼之为余牺牲幸福，亦诚不少，而余不能以智慧、德业自勉，是诚愧为丈夫矣！"[21]又云："三妹待我之笃，而我不能改变凶暴之习，任性发露，使其难堪。"[22]3月30日，宋美龄读蒋介石日记，特别写了一段话，要蒋慎重落笔，小心保管，谨防失落：

此日记本为兄带往前方所用，当此军事磅午之际，最易失落，万祈留心保守为荷!

至每日所记之言语事实最为重要,因一言兴邦,一言丧邦,如一言一事记载其上,万一为他人所见,关系我兄前途非浅,千祈慎重为嘱!美龄十七、三、卅。

这是宋美龄在蒋介石日记中的唯一留言。

古语云:新婚燕尔。蒋介石与宋美龄结婚后,虽偶有小矛盾,但生活总体是甜蜜、和谐的,但是,远赴美国求学的陈洁如就苦了。

据陈立夫回忆,蒋在与宋美龄结婚之前,曾要求陈立夫代表自己去和陈洁如"讲离异",陈洁如"当时的态度很好,她说蒋介石做了中国的统帅,应该有一个像样子的女人做太太,我知道我的身份,我愿意退让,我愿意到美国去念书。"陈立夫此说,与陈洁如在回忆录中所言"同意让开",有相合之处[23]。12月下旬,陈洁如在纽约得知蒋宋结婚到消息。28日,她写信给好友朱逸民,询问她"是否去贺喜?闻说廖夫人做证婚人,未知有此事否?"朱逸民在回信中告诉陈洁如,自己曾与宋美龄交谈,要陈原谅。陈不以为意,回信表示:"这种地方亦是无法可想的。事到其间亦只能勉强做去,所以我很可原谅你,而感谢你的爱意,时刻记挂着我。"[24]这些地方,说明陈洁如的性格相当宽厚。

陈洁如赴美之前,蒋介石许诺,每月提供陈在美生活费175美元。陈洁如到美后,计算房租、伙食、学琴、学费、车费等,共月需182美元。1928年3月20日,陈洁如写信给朱逸民,请张静江转告"介石",要他每月汇付300美元。信称,自己到美后,只给"介石"写过一封信,原因是"恐怕他们爱好似鸳鸯般的夫妻发生冲突"。不过,蒋介石始终没有给陈洁如回信,这使陈很伤心,由悲而怨,而愤,而恨。以下各函,反映陈的这种感情变化过程:

10月24日函云:"这种东西是没有良心的,有了东就忘了西的,真是要气死人的。"

12月1日函云："介石是否要我到死的地步？要他每月增些月费，他也不理。死死活活亦要给我一个回音。自己不想写信亦可以的，只要通知我一听就完了。好姐姐，你想他可恶吗？"

1929年1月7日函云："如遇介石时，代我给他吃几个白果（白眼），拜托！拜托！"

同年2月17日函云："可恨介石，要他的钱，总是半吞半吐的，不来照你的意思的。你想可恶吗？"

同年8月28日函云："爱姐姐啊，为何世界上的男子这样黑良心，自我离祖国以来，一个字的音信介石亦没有给我过，尤其是朋友的交情亦没有，你想要气死人吗？"

同年10月13日函云："我时常想家中，想起之时身不由知〔己〕，思想和精神觉得非常痛苦，因此更觉介石之心如黑炭……我将来如自立，至死我不愿再嫁他人。"

不仅不愿再嫁，陈洁如甚至想到死。11月13日函云："（如）只有我个人，我实在不愿为人于世，只是希望早死一日，早有出头之日。"

蒋介石与陈洁如离异时，总付过一笔钱，到美留学则有月费、年费之分[25]。陈洁如要求将月费增至每月300美元，蒋介石没有答应。1929年2月，陈洁如提出，如不允增加月费，则请其汇寄1万美元船费，以便游历欧洲各国后回家。1930年5月，陈洁如趁张蕊英回国之便，再次致函蒋介石，要求准许她于明年回国，然而，蒋介石仍不答复。次年6月19日，蒋介石正在阅读陈洁如的来信，为宋美龄所见，蒋心情紧张，连忙撕碎。宋一气之下，于次日离宁赴沪。21日，蒋介石清晨5时就起床，写信向宋蔼龄和宋美龄解释[26]。陈洁如因长久等不到蒋介石的回信，于1932年5月30日致函朱逸民云："可恨的就是每日两眼望穿，音悉不见，真使人心身可恨万分。我实在有苦无处可告，只能私吞而已。"

杜甫《佳人》诗云："夫婿轻薄儿，新人美如玉。合婚尚知时，鸳鸯不独宿。但见新人笑，哪闻旧人哭！"这首诗宛如陈洁如对蒋介石的谴责。

五 蒋介石皈依基督教

蒋介石的父母均信佛教。蒋介石本人也曾几次想出家当和尚。和宋美龄订婚后，蒋介石有时参加基督教活动。1927年12月11日，蒋介石到景林堂听教。24日晚，在岳母家过圣诞。25日下午，在岳母家祝耶稣圣诞。这一天，蒋介石很高兴，称之为"十年来未曾有之欢乐得之于今日"。1929年，蒋介石开始阅读基督教著作《人生哲学》。日记有"到岳母家听道毕"，"到汤山，听岳母讲教义"等记载，不过这一时期，蒋介石还不是教徒。

1930年1月12日，蒋介石到孔宅与王宠惠、孔祥熙一起听讲教义，开始动心。日记云："总理亦教徒之一，且伦敦蒙难，以专心虔祷，得免祸害也。"2月17日，倪桂珍动员蒋介石入教，蒋答以"余以尚未研究彻底，不便冒昧信从"。当时，蒋介石的感觉是倪的要求很坚决。21日，倪桂珍和宋美龄邀请江长川牧师专程自上海到南京，劝蒋介石受洗礼，蒋仍答以"未明教义"，江长川牧师则劝蒋"先入教而后明教义"。蒋要求给与三个月的时间研究教义。当时，蒋的想法是："以救世之旨信耶稣"可，"以《旧约》中之礼教令人迷信则不可"。

2月28日，蒋介石听说倪桂珍要从南京回上海，想起岳母对自己的"处处爱惜"，不觉泪下。这以后，蒋介石继续参加宗教活动。5月4日晚，旁听牧师讲解使徒保罗的《与犹太人书》。8日上午祷告。8月2日，在车中默求上帝保佑。8月15日日记云："今日看完《新约全书》，尚未深加研究，特再看一遍。惟耶教乃教人救世，损己利人为本，当信奉之。"10月23日，蒋介石到上海，发现岳母病况严重，决心入教，"以

蒋介石在宋美龄的影响下成了基督教徒，图为晚年的蒋介石与宋美龄在共同研读《圣经》。

偿老人之愿，使其心安病痊"[27]。当日，蒋介石接受江长川牧师洗礼。正式成为教徒。24日日记云："主义为余政治行动之信仰，教义乃为余精神惟一之信仰。愿从此以后，以基督为余模范，救人救世，永矢勿怠。"[28]此后，蒋介石即将基督教视为救国良方，力图将儒学、三民主义和基督教教义结合起来。有时，他甚至表示，要将中国建设为一个基督国家。蒋之所以如此，一是欣赏基督的救世精神，一是用以反对马克思主义的阶级斗争学说。对于"主"，他也就越来越迷信，甚至以《圣经》占卜吉凶，寻求解决政治、军事危机的启示。

六 宋美龄逐渐介入蒋介石的政治活动

蒋宋结婚后，宋美龄逐渐介入蒋介石的政治活动。

国民革命的目标是打倒北洋军阀。经过艰难的整合，国民党内部蒋介石、李宗仁、冯玉祥、阎锡山四大派系逐渐达成一致。1928年2月，国民党召开二届四中全会，改组国民党中央和国民政府。谭延闿任国民政府主

1928年7月北伐胜利后，蒋介石在北京答新闻记者问。

席，蒋介石任军事委员会主席、国民革命军总司令。会议决定"两个月内会师北京，完成统一"。4月1日，蒋介石在徐州发表《告前方将士书》，号召国民革命军"直薄幽燕，长驱关外，使张作霖覆灭之后，更无继张作霖而起之人"。

出兵之前，蒋介石审察后方勤务、医疗等事，发觉准备不足。4月6日，蒋介石致电在上海的宋美龄称："前方伤兵药材必不够，请再多购一倍，派员专觯来前方直接补充，以免流弊。"[29]13日再电称："此次战斗胜利，但伤兵亦多，今日已到有千名。各病院病衣、褥套皆不照发，触目伤心，药品请速寄来，并请多聘好医来徐为盼！"[30]5月5日，宋美龄复电蒋介石，她正在"尽力罗致名医，请勿顾虑"。当时，蒋介石等将伤兵安排到南京治疗，宋美龄曾拟邀请何香凝赴宁慰劳，何以管理过繁，不愿担任，宋美龄即拟在宋子文赴宁时同行，亲自处理医院各事[31]。

这时，宋美龄开始帮助蒋介石接待外宾，处理外交。1928年5月，日本出兵山东，占领济南，蒋介石派兵保护英、美领事，要宋美龄联系两国驻沪领事，报告平安[32]。1930年5月，法国驻华公使自北京南下，蒋介石致电宋美龄,要她"优礼"接待[33]。

北伐成功之后,蒋、李、冯、阎之间的联合破裂,形成各派军阀相互混战的局面。宋美龄毫无保留地支持蒋介石对其他军阀的作战。1930年5月,蒋、阎、冯之间爆发中原大战,主战场在河南,支战场在山东,围绕平汉、陇海、津浦三条铁路线进行。6月3日,蒋介石在陇海路指挥作战,致电宋美龄云:"请另购肉类及笋类与糖类小罐头食品各十万个,毛巾十五万条,与避疫水一并专车送来前方,慰劳将士为盼。"[34] 8日,宋美龄回电云:"犒赏品经子良费尽方法,勉力办就。"要蒋立即派人前来取运,以免途中意外[35]。子良,宋美龄之弟,时任外交部总务司司长,此电显示,宋美龄几乎成为蒋介石德后勤总管了。

蒋宋联姻后,宋子文成为蒋介石的支持者。1928年1月,宋子文出任南京国民政府的财政部长。这样,蒋出征,宋子文就要为之多方筹募经费,甚至为之向国外订购武器[36]。蒋要钱要得多,要得急,宋子文供应为难。有时就发牢骚,甚至撂挑子。在这样的时刻,宋美龄常常扮演调解者的角色。1928年5月20日,宋子文、孔祥熙到前方探视蒋介石,见面后未多谈即回。21日,蒋介石从宋美龄来电中得知,宋子文准备辞职,立即回电,请宋美龄"代挽之,以舒兄后顾"[37]。从以下电文中不难看出宋美龄的这种作用:

(一)如闻子文兄忧劳致疾,无任系念。请代慰问,当此危难之时,只好宽怀达观也。

(二)财政困难,兄所深知。文兄为难,兄无不知,自当从事节省。

两电说明,宋子文筹款艰难,既忧且累,以致成病,全亏宋美龄从中慰解。然而,这种慰解很快就不起作用了。1930年7月,前方紧急,蒋介石向宋子文要军费,宋拒发,宋美龄苦苦哀求,宋仍然拒发。情急之下,宋美龄将自己名下的房产、积蓄全部交给兄长变卖，对宋说："若军费无着，战事失败，吾深知介石必殉难前方，决不肯愧立人世，负其素志。如此则我如不尽节同死，有何气节！"据说，宋子文为之感动，立即设法筹措将军饷发下[38]。

古语云：有钱能使鬼推磨。在军阀混战中，有钱、无钱常常是战争胜败的决定因素。宋子文将军饷发下，蒋介石的"讨逆军"即于8月15日攻克济南。但是，济南甫克，蒋介石新的需索却又开始了。8月16日，蒋介石致电宋美龄电云：

> 前途多艰，不能因此小胜而自矜也。现在最要者为四十万件之卫生衣与本月下旬之军米。枕琴老实，不敢与子文催促。请约枕琴与子文协商。此卫生衣与军米于此月一星期内必须办妥解来，前方不致以饥冻而崩溃也。[39]

枕琴，指周骏彦，蒋介石的奉化同乡，长期在蒋介石军中负责军需。不久前，宋美龄以"尽节同死"相激，宋子文才肯解囊。现在再次要宋子文掏钱，周骏彦自然胆怯。蒋介石没有办法，只能仍请宋美龄出面帮着说话。

反蒋联军与蒋介石的"讨逆军"在河南、山东鏖战，阎锡山、冯玉祥、汪精卫、邹鲁等反蒋头领则积极密谋，成立另一个国民党和另一个国民政府，以与蒋介石对抗。7月13日，反蒋各派在北平召开中国国民党中央党部扩大会议，成立北平国民政府。9月18日，张学良在东北通电，吁请各方息争罢兵，静候中央处置。同时，又派东北边防军两军入关助蒋。阎锡山、汪精卫等人发现后背被抄，匆忙间逃往山西，通电下野。自此，蒋介石和南京国民政府的正统地位确立。

两军对垒，张学良之所以肯于在关键时刻派兵入关，除了当时张将中国统一的希望寄托在蒋身上这一原因以外，也还有钱能通神的因素。蒋介石很早就和张学良谈妥，只要张学良出兵，所需之款可照办。8月28日，李石曾又在北戴河与张学良敲定，要蒋介石从速备款。9月17日，蒋介石致电宋美龄云：

> 张汉卿通电，大意主张息争和平，一切问题听候中央解决，并言中央对于国是，必有办法云。另电，已派人赴北京劝汪离平。请催子文兄速电汇出兵费五百万元，勿延，以免变卦也。[40]

19日，宋美龄复电蒋介石："来电已转文兄，彼昨汇张学良一百万，并每日陆续照数汇勿念。"[41]可见，没有宋美龄催促宋子文掏钱，中原大战鹿死谁手还是未定之数呢！

还在1929年，蒋介石就曾在日记中写道："结婚二年，北伐完成，西北叛将溃退潼关，吾妻内助之力实居其半也。"[42]话虽然夸大，但宋美龄在帮助蒋完成北伐，平定各反对派别，巩固蒋介石和南京国民政府的统治方面，显然有其作用。

蒋介石带兵在外，与宋美龄聚少离多，自然难免相思之苦。1928年3月31日，蒋介石赴徐州指挥北伐。车上，蒋介石研究作战地图后假眠，昏沉之间，似乎觉得"三妹"就在身侧，醒后倍感凄凉。4月3日，接到妻子手书，自称"增加我勇气逾倍"。同月，孔祥熙、宋子文到前方，带来宋美龄书信，要蒋"不矜才，不使气"，蒋介石即在日记中检讨自己"对下总不能温和厚爱，使人无亲近余地，对学生亦如之"，要求"切戒"[43]。6月2日，张作霖撤离北京。3日，蒋介石回到南京。由于北伐已经胜利，蒋介石曾想辞去国民革命军总司令一职，被宋美龄批评为"性质消极"。13日，蒋介石、宋美龄同游镇江焦山，住枕江楼，极目四望，江山壮丽，蒋介石自称有与妻子终老于斯乡之念。19日，宋美龄自南京登车返沪，已经上车了，因不忍分离，下车不走。下午二人到中山陵游览，宋美龄又向蒋提了许多意见，蒋都觉得有理，决心自明日起，按时办事，再不灰心堕气。宋批评蒋经常后悔，不是丈夫气概，蒋介石也觉得"有理"。

中原大战中，蒋介石在前线指挥作战。1930年7月4日，蒋介石正在河南归德，得到宋美龄的来信，非常高兴，自称"家书千金，足慰战地悬望"[44]。31日，蒋介石到徐州，住进一所绿树成荫的院落，心中突然涌起对妻子的强烈思念之情，但转念一想，"叛逆未灭，何以家为"，决定暂不考虑与妻子会面，以为全军表率[45]。过了一个月，蒋介石终于难捺相思之苦，命宋美龄到徐州相会。9月3日，宋乘飞机赶到徐州，夫妻相聚。才过了两夜，宋美龄就劝蒋介石"以国事为重"，尽快到前方指挥出击[46]。5日晚，蒋介石返回河南归德前线。

蒋介石曾在日记中夸赞宋美龄"以公忘私，诚挚精强，贤妻也"[47]。宋美龄的话，蒋介石能听得进。她是一个可以对丈夫的思想、性格、行为发生影响的妻子。蒋介石年轻时生活荒唐。宋美龄曾劝蒋介石"进德"，蒋在1928年9月间，检讨自己的"劣心"在恋爱，在骄矜，在浪漫，认为除去之后，"方能革命立业"，"为民之师法"，"我正则社会皆正，我邪则社会皆邪"[48]。这些，应该都与宋美龄有关。

注释

[1] 《蒋"总统"传》,〔台北〕中华文化事业出版社1960年版,第116页。
[2] 《大阪每日新闻》,1927年10月9日;《交通日报》,1927年10月14日。
[3] 《蒋介石日记》,手稿本,1922年10月19日、11月27日、12月15、18日。
[4] 《蒋介石日记》手稿本关于私人生活部分常被涂黑,本文所用,除特别注明者外,均据毛思诚:《蒋介石日记类钞·家庭》,《蒋介石个人全宗》,中国第二历史档案馆藏,不一一注明。
[5] 宋美龄语,参见顾执中:《报人生涯》,江苏古籍出版社版,第279页。
[6] 〔上海〕《益世报》,1927年10月19日。
[7] 〔上海〕《益世报》,1927年10月10日。
[8] 王舜祁:《蒋氏故里述闻》,上海书店出版社1998年版,第41页。
[9] 《蒋介石日记》(手稿本),1920年5月27日。
[10] 孺慕,语见《礼记》,原指儿童对父母去世的哀悼之情,蒋介石此处用词不当。
[11] 《蒋介石日记》(手稿本),1925年6月5日。
[12] 张静江个人全宗,中国第二历史档案馆藏。
[13] 参见《一个改写民国历史的女人》,北京师范大学出版社1992年版,第310～314页。
[14] 《申报》,1927年8月22日,第4张,第13版。
[15] 《申报》,1927年9月28日,第2张,第5版,又29日、30日。
[16] 《申报》,1927年11月27日第2张,第5版,又28日。
[17] 《谭延闿日记》(手稿本),1927年12月1日。
[18] 《蒋介石日记》(手稿本),1927年12月29日。
[19] 《蒋介石日记》(手稿本),1928年1月2日。
[20] 《蒋介石日记》(手稿本),1928年1月8日。
[21] 《蒋介石日记》(手稿本),1928年3月4日。
[22] 《蒋介石日记》(手稿本),1928年3月29日。
[23] 陈立夫:《拨云雾而见青天》,〔台北〕近代中国出版社2005年版,第630页;《一个改写民国史的女人》,第298页。
[24] 陈洁如:《致朱逸民函》,张静江个人全宗,中国第二历史档案馆藏,以下均同,不一一注明。
[25] 据陈立夫回忆,当时由周秋琴出面送了一笔钱给陈洁如,陈写了一份收据。见《拨云雾而见青天》,第630页。周秋琴,疑应为周枕琴 骏彦)。这笔钱,应该就是陈洁如致朱逸民函中所称"自己的钱"。
[26] 《蒋介石日记》(手稿本),1931年6月20、21日。
[27] 《蒋介石日记》(手稿本),1930年10月23日。
[28] 《蒋介石日记》(手稿本),1930年10月24日。
[29] 《致宋美龄》,《蒋"总统"家书》,手稿,第002号,〔台北〕"国史馆"藏。
[30] 《致宋美龄》,《蒋"总统"家书》,第003号。
[31] 《致宋美龄》,《蒋"总统"家书》,第005号。
[32] 《致宋美龄》,《蒋"总统"家书》,第023号。
[33] 《致宋美龄》,《蒋"总统"家书》,第035号。
[34] 《致宋美龄》,《蒋"总统"家书》,第052号。
[35] 宋美龄:《致蒋介石》,同上,第056号。
[36] 1930年4月25日,蒋介石致宋美龄第030号电云:"请转子文兄,唐克车已定之十二架何日可到,另有一种专为拖炮用之唐克车,亦请子文兄购定十二架为盼。"
[37] 《致宋美龄》,《蒋"总统"家书》,第012号。
[38] 《蒋介石日记》(手稿本),1930年7月19日,并见《事略稿本》第8册,第353～354页
[39] 《致宋美龄》,《蒋"总统"家书》,第057、058、091号。
[40] 《致宋美龄》,《蒋"总统"家书》,第101号。
[41] 宋美龄:《致蒋介石》,第104号。

[42]《蒋介石日记》(手稿本),1929年12月1日。
[43]《蒋介石日记》(手稿本),1928年4月23日。
[44]《蒋介石日记》(手稿本),并见《事略稿本》第8册,第305页。
[45]《蒋介石日记》(手稿本),并见《事略稿本》第8册,第386页。
[46]《蒋介石日记》(手稿本),并见《事略稿本》,第8册,第527页。
[47]《蒋介石日记》(手稿本),1929年5月29日,并见《事略稿本》第5册,第592页。
[48]《蒋介石日记》(手稿本),1928年9月15日、21日、23日,并见《事略稿本》第4册,第154、161、168页。

◎蒋纬国的身世之谜与蒋介石、宋美龄的感情危机

多年前,我在台北阅读根据蒋介石日记编辑的《困勉记》稿本时,曾经发现其1941年2月4日条云:

接妻不返渝之函,乃以夫妻各尽其道复之。淡泊静宁,毫无所动也。[1]

当时,宋美龄在香港养病,拒绝返回重庆,蒋介石对此颇为烦恼,但努力克制,回信仅称"夫妻各尽其道",要宋美龄自便,看着办。"淡泊宁静,毫无所动"云云,说明蒋介石尽管遇到了妻子不肯回家这样严重的事态,但仍处之泰然。

蒋介石自1927年与宋美龄结婚后,虽偶有矛盾,但这种情况,还从来不曾有过。蒋宋之间到底发生了什么?这一谜团,直到今年我在胡佛研究所阅读蒋介石日记手稿本时,经过反复参详,才最终解开。

一　宋美龄留港不归,蒋、宋之间发生冲突

事情要追溯到1940年9月21日,当日蒋介石日记云:

妻工作太猛,以致心神不安,脑痛目眩,继以背疼、牙病,数症并发,渝无良医,亦不愿远离重庆。以被敌机狂炸之中,如离渝他往,不能对人民,尤不愿余独居云。此三年来战争被炸之情形,其心身能持久不懈,实非其金枝玉叶之身所能受,不能不使余铭感更切也。[2]

1927年宋美龄与蒋介石结婚之后，开始走上了中国政治舞台，并逐步显露了她的政治才能。图为蒋介石与宋美龄婚后的合影。

这段话说的是，宋美龄身患数疾，重庆没有好医生，但宋仍不愿离渝治病。一是出于对战乱状况下重庆人民的感情，日本飞机不断狂炸，宋不能独自避难，二是不愿离开蒋介石，使其独居。

同年10月15日，蒋介石日记云："晚餐与布雷共食，以妻赴港养病未回也。"从这段日记看，为了养病，宋美龄最终还是去了香港。蒋介石很想念，也很寂寞，只能找陈布雷一起吃饭。

12天之后，蒋介石派蒋经国赴港，探望宋美龄的病况，同时迎接蒋纬国自国外留学归来[3]。蒋介石本意要宋美龄和经国、纬国一起回渝，但宋美龄表示，待蒋介石的阳历生日时即归。然而，届时宋美龄仍杳如黄鹤。10月31日，蒋介石日记云：

令纬儿来见，以今日为余阳历生辰，陪余晚餐，妻本约今日回来，尚未见到，亦无函电，不知其所以也。

不仅人不回来，连一封函电都没有。蒋介石着急了，"不知其所以"

一句，充分表现出蒋的焦躁与不安！

蒋纬国归来，两个儿子都在身边，蒋介石很高兴，但宋美龄留港未归，蒋介石觉得不足。11月9日日记云：

经、纬两儿在港得皆见其母，回渝父子团聚，此最足欣慰之一事。如西安事变殉国，则两儿皆未得今日重见矣，实感谢上帝恩惠不尽也。惟爱妻抱病在港，不能如期同回，是乃美中不足耳。

11月30日，蒋介石日记再云：

两儿亲爱，兄弟既翕，此为本月最大之乐事，亦为十五年来最苦之一事。今能完满团团，此非天父赐予至恩，决不能至此，能不感激上苍乎？
爱妻不能如期回渝，是乃美中不足耳！

1925年，蒋经国赴俄留学，和纬国分离。1936年，蒋纬国赴德留学。同年，蒋经国自俄归来，蒋纬国已不在国内。纬国此次归来，蒋介石得以与经国、纬国兄弟同时相聚，享受天伦之乐。至此，恰为十五年。不过，宋美龄留港，蒋介石总觉得遗憾，一言之不足而再言之，可见，蒋介石思念宋美龄之殷。

"圣诞"是西方人的团圆之日，但是，宋美龄仍无归讯，蒋介石开始感到"苦痛"了。12月24日，蒋介石日记云：

三年来圣诞前夜，以今日最为烦闷，家事不能团圆，是乃人生唯一之苦痛。幸纬儿得以回来陪伴，足慰孤寂，得闻家乡情形，聊以解愁。

蒋纬国从国外回到重庆后，曾回浙江溪口一行。蒋介石于百无聊赖

抗战期间蒋介石与蒋纬国合影

之中，只能以听纬国谈"家乡情形"略解愁闷。此后，蒋介石的这种"孤寂"感日渐强烈。12月28日日记云："惟妻留香港未回，以致家庭缺乏欣兴之感。"1941年1月12日、13日、14日，蒋介石连续三天在日记中写道："为家事心多抑郁，应以澹定处之。""昨夜为中共与家事，忧不成寐。""下午与纬儿游汪园，各种梅花盛放，绿萼尤为可爱，惜妻今年未得同游也！"值得注意的是14日这一天的日记，受蒋家委托的审读者在开放前涂去一行，显然认为不宜公开。这以后，蒋的"孤寂"感有增无减：

1月26日日记云："本夕为旧历除夕，孤单过年，世界如此孤居之大元帅，恐只此一人耳。"

同月30日日记云："近日寂寞异甚，时感孤苦自怜。惟祈上帝佑我，与我同在，使我不至久寂为祷也。"

同月31日日记云："妻滞港未归，子入团就学，故时以寂寞孤苦为憾耳！"

蒋介石为何有如此强烈的"孤寂"感？显然，和宋美龄滞港不归有关。宋为何滞港不归？则显然与蒋宋之间发生了某种冲突有关。从上引"心多忧郁"、"忧不成寐"等语推测，蒋与宋美龄之间的"冲突"不小。2月4日，蒋介石接到宋美龄"不返渝"的函件。蒋、宋"感情危机"终于爆发。

蒋一再要求宋美龄返渝而宋一直不理，至此正式发函通知。宋的函件今不可见，但无疑可以感知，蒋宋之间发生了重大矛盾。2月9日，蒋纬国回"党政训练班"学习，蒋介石手写《寂寞凄怆歌》相赠。

怎么办？蒋介石的态度是向宋美龄阐述"夫妻各尽其道"，不卑不亢，既不生气，也不告饶，将皮球踢给宋美龄。

二　蒋介石坚守家中"秘密",以"权变"之计化解矛盾

蒋的冷静、沉稳态度起了作用,宋美龄于1941年2月12日自港返渝。但是,蒋介石的家里并没有平静。同月23日,蒋介石日记云:

家事不宜过于勉强。只有勿助勿忘,以待其自然着落耳!

"勿助勿忘",语见《孟子·公孙丑》:"心勿忘,勿助长也。"意为(修养时)心里不要忘记,也不要人为地去助它增长。2月24日,蒋介石日记再云:

家事致曲,不宜太直、太急与太认真,应以澹然处之,导之以德,齐之以礼耳。

"致曲",语见《礼记·中庸》,旧解较多,其中一种解释为:将真诚推致到细微之处。2月25日,蒋介石日记又云:

家中之事,不能与家中之人直道,同家亲人不得晤面,是为余一生最大之遗憾,然亦惟有勿忘勿助,以待其自觉。家事切不可强勉而行,自信修身无亏,上帝必加眷顾,终能使我家母子亲爱,家庭团圆耳。令纬儿离重庆赴赣。[4]

家事以委屈求全为主,不能与普通交道并论,只求母子亲爱无阻,虽权变尚无损也。

"家中之事,不能与家中之人直道",说的是:蒋介石有些事情不愿告诉宋美龄。"同家亲人不能晤面",说的是蒋氏父子与宋美龄之间不

能同时相处。但是，蒋介石"自信修身无亏"，所以开始时采取听其自然的方针，但是，思考再三，为了使母子之间"亲爱无阻"，还是决定"委曲求全"，采取某种"权变"的办法。显然，这一时期，宋美龄与蒋纬国"母子"之间"亲爱有阻"了。

蒋介石自述的"权变尚无损"的内容，他没有说，其内容之一大概就是"命纬儿离渝赴赣"，避免和宋美龄见面。蒋要纬国到江西去看看哥哥、嫂嫂，"还有，你母亲也在那里。"[5] 蒋纬国听命，到赣州会见蒋经国夫妇，也拜见将自己一手带大、从苏州逃难到此的蒋介石的第二任夫人姚冶诚。就在蒋纬国"离渝赴赣"期间，蒋、宋之间的"感情危机"有了显著缓和。3月6日，蒋介石日记云：

本日在参政会讲演，自觉过于滞钝，词不达义，而妻则以为甚得体也。

显然，宋美龄不仅与蒋介石和解，而且政治上支持蒋介石。蒋在国民参政会的演讲，自己不甚满意，但宋美龄却认为"甚得体"。3月9日为夏历二月十二日，系宋美龄诞辰，蒋介石邀集亲友10人为之祝寿。当日气氛融洽。蒋介石为夫妻关系好转欣慰，日记云："夫妻谐和为人生唯一之乐事也。"但是，他同时也为经国、纬国不在身边遗憾。日记云："两儿未能参加耳！"。

3月27日，蒋纬国自江西归渝。大概此前蒋介石已经做好了宋美龄的工作，因此，蒋纬国"认母"顺利。当日，蒋介石命其向宋美龄行隆重的"叩拜"大礼。日记云：

纬儿已到，令叩拜其母，亲爱如古，不胜欣慰。使我家庭之得有今日之团圆，以偿我一生最大之宿愿，惟有感谢上帝大恩于无涯矣。

十四年来之家事，一朝团圆，完满解决，寸衷之快慰，殊有甚于当年之结婚时也。[6]

蒋介石与宋美龄结婚，至此约为14年，多年没有能解决的问题一朝解决，蒋介石有一种前所未有的"快乐感"。3月29日，蒋介石在《上星期反省录》中说："心神愉快之时较多，尤以母子亲爱、夫妻和睦为最！家有贤妇与孝子，人生之乐，无过于此。"31日，在《本月反省录》中又说："家庭间夫妇母子之和爱团团，此为一生幸福之开始，是亦修身、正心与祈祷之致也。"至此，蒋宋之间的"感情危机"结束。不过，问题似乎并未完全解决。

对家中的风波以及宋美龄和自己的隔阂，蒋纬国似乎有所觉察，但又不明究竟。1943年4月12日，蒋介石日记云：

近日纬儿心神颇觉不安，彼不愿诉衷，但其衷心自有无限感慨。昨晚乘车外行，彼称前夜梦寐大哭，及醒，枕褥已为泪浸，甚湿，不知其所以然云。彼复言哥哥待我如此亲爱，是我平生之大幸，亦为我蒋门之大福云。言下甚有所感。

第二天，蒋介石在晨祷时，想起家事，不禁泫然饮泣。他写道："余如何能使彼母子之亲爱亦如其兄弟哉？""惟祷上帝，能保佑我家庭，使彼母子能日加亲爱以补我平生之缺憾也。"[7]

此后，蒋介石见到宋美龄和蒋纬国之间关系良好时，就特别高兴。当年12月开罗会议之后，蒋介石、宋美龄与蒋纬国在蓝溪相会，同机返国。12月1日，蒋介石日记云：

登机视纬儿犹熟睡，颇安。以彼于下午忽发疟疾，热度竟至百零二度以上，见母子谈话与母询问儿病，亲爱之情，引为余平生第一之乐事。

由此可见，担心宋美龄与蒋纬国关系不好是蒋介石长期的心病。

三　蒋纬国的身世之谜是蒋、宋矛盾的原因

研究蒋介石上引日记可知，蒋宋在1940年末至1941年初的"感情危机"，既和宋美龄怀疑蒋介石的"私德"，又和怀疑蒋纬国的来历有关。

蒋纬国并不是蒋介石的亲生儿子，而是戴季陶和日本护士重松金子所生，时间为1916年10月6日。戴季陶因惧内，事先和蒋介石说好，由蒋出面认子。蒋纬国出生后，由日人山田纯三郎带到上海，交给蒋介石，蒋交给当时的夫人姚冶诚抚养，取名纬国。后来甚至有过一种说法：蒋介石也同时和重松金子相好，蒋纬国为蒋介石与重松金子所生。抗战期间，戴季陶在重庆的一次演讲中就曾公开这样宣布过[8]。

1920年，蒋纬国随姚冶诚到溪口。1922年随姚迁居奉化。不久，再迁宁波。10岁时到上海，入万竹小学就读。1927年，蒋介石和宋美龄结婚，姚冶诚携蒋纬国迁居苏州。1928年，蒋纬国考入东吴大学附属中学。1934年毕业，进入东吴大学理学院物理系，两年即修完相关课程。又奉蒋介石命，进入文学院，学习政治、经济、社会等课程。在此期间，蒋纬国从未和宋美龄见过面[9]。1936年10月，纬国奉父命远赴德国研习军事。这时候，宋美龄本应和纬国见面了，然而，仍然没有见，可能还因此闹了矛盾。蒋介石日记云："纬儿如期出国，不稍留恋，其壮志堪嘉，而私心实不忍也。"又云："家事难言，因爱生怨，因乐生悲，痛苦多而快乐少也。"[10]

蒋纬国到德后，先后加入德国山地兵团及慕尼黑军校，被授予陆军少尉衔。欧战前夕，奉命赴美，先后进入陆军航空队空战训练班和装甲兵训练中心受训。1940年10月，蒋纬国自美返国，途径香港，宋美龄当时正在香港养病，蒋纬国自然要前往拜见。但是，这是宋美龄和蒋纬国的第一次戴季陶，中国国民党的早期理论家，也是中国国民党创始人之一。

见面，所以，蒋介石很重视，特派蒋经国到香港。一是为了迎接纬国，也是为了让经国充当纬国和宋美龄之间的"中介"。关于蒋纬国和宋美龄的第一次见面，据蒋纬国回忆：

当时见面非常自然而且亲切。我喊她"Mother"，并且在她颊上吻了下，因为出国四年，一些礼节就很欧化了；她亲热地问我在国外好不好等等。我们谈话的气氛可以说一点都没有第一次见面的尴尬。她给我的印象，就好像是长辈看见自己的孩子回来一样。[11]

蒋介石很关心宋美龄与蒋纬国的这次见面，事后得知"母子相见，甚为亲爱"。蒋介石非常高兴，日记云："快慰无量，甚感上帝施恩之厚重也。"[12]但是，蒋介石没有想到，宋美龄和蒋纬国第一次见面时的"亲爱"只是当时的"表面文章"，事后宋感到不妥，于是就发生拒不返渝等情况。

蒋纬国的暧昧身世，今天人们已经很清楚，但是，当时的蒋纬国本人并不清楚。据他本人回忆，回到重庆后不久，在宋美龄的书房中发现约翰·根瑟所写Inside Asia一书，其中影射蒋纬国为戴季陶所生，为了某种原因过继给蒋介石了。蒋纬国为此询问戴季陶，戴拿出蒋介石送给他的十二寸带框相片以及一面镜子，对着蒋纬国坐下来，把镜子放中间，自己的头搁在一边，蒋介石的相片搁在另一边。他要蒋纬国照镜子，然后问蒋纬国："你是像这边的，还是像那边的？"当蒋纬国回答还是像蒋介石"多了些"时，戴季陶笑着说："那不就结了吗！"[13]可见，蒋纬国身世之谜当时还是"机密"，宋美龄显然并不清楚。蒋、宋结婚之后，蒋介石也没有向宋美龄谈过有关情况。宋美龄自然会想：纬国到底是哪个女人所生？为何蒋会相认？蒋介石是否"私德有亏"等等。过去，蒋纬国和宋美龄从未见过面，宋可以不想这些问题，但蒋纬国自海外回渝，宋美龄就面临是否承认并接纳这个"儿子"的严肃问题；上述问题不清楚，宋美龄如何坦然承认并接纳？在这一情况下，宋美龄必然对蒋有所质问，蒋又不愿坦率说明（"家事不能直道"），矛盾因此而生；及至蒋"委曲求全"，采取"权变"后，二人之间的矛盾也就化解了。

蒋介石在世的时候，始终不曾将身世之谜告诉过蒋纬国，很可能，也不曾告诉过宋美龄。

原载辽宁教育出版社《万象》杂志，2008年2月号。

注释

[1] 未刊稿,〔台北〕"国史馆"藏,《蒋介石日记》(手稿本)与此相同。
[2] 《蒋介石日记》(手稿本),1940年8月21日。
[3] 《蒋介石日记》(手稿本),1940年10月27日。
[4] 以上文字,开放前被涂去。此据蒋介石《二十九年、三十年要事杂记》(手稿本)补,〔美国〕胡佛档案院藏。又《困勉记》稿本亦有此段记载。
[5] 汪士淳:《千山独行——蒋纬国的人生之旅》,〔台北〕天下文化出版股份有限公司,1996,第87页。
[6] 以上两段引文,第一段见于《蒋介石日记》(手稿本),第二段见于《困勉记》。
[7] 《困勉记》,1943年4月12日。
[8] 纪云:《戴季陶解蒋纬国身世之谜》,原载《钟山风雨》。
[9] 《千山独行》,第48页。
[10] 《本周反省录》,《蒋介石日记》(手稿本),1936年10月31日。
[11] 《千山独行》,第83页。
[12] 《蒋介石日记》(手稿本),1941年11月3日。
[13] 《千山独行》,第86页。

◎关于宋美龄与美国总统特使威尔基的"绯闻"
——驳考尔斯，兼辨李敖之误

1985年，美国人迈可·考尔斯（Gardner Milk Cowles）出版了一本回忆录，题名《迈可回顾》（Milk Looks Back），其中写到，1942年10月，美国总统罗斯福的特使温德尔·威尔基（Wendell Lewis Willkie）访问重庆时，宋美龄曾与之有过"风流韵事"，蒋介石发觉后，气愤地率领手持自动步枪的士兵前往捉奸。由于考尔斯是威尔基当年访华时的随员，因此，上述情节很容易取信于人。1986年，香港《九十年代》杂志10月号译载了考尔斯的有关回忆。1995年，李敖等在其合著的《蒋介石评传》中加以引用，并作了详细的论证和分析。其后，李敖又单独署名，写作《宋美龄偷洋人养洋汉》、《蒋介石捉奸记》、《宋美龄和谁通奸》等文，陆续发表于《万岁评论丛书》、《真相丛书》、《乌鸦评论》、《李敖电子报》、《李敖大全集》等处。近年来，大陆出版的某些图书、刊物以及网站，也都乐于传播此说，竞相宣扬。某著名编剧甚至写到了电视剧剧本中。

如果是里巷儿女之间的偷情，并不值得重视，但是，事情发生在中美两国的三个重要历史人物之间，又经过上述出版物的渲染，就不得不认真加以考察了。

一 考尔斯细致、生动的回忆

为了考察方便，并利于读者思考、判断，笔者不得不首先引述考尔斯的有关回忆。《迈可回顾》一书写道：

> 我们旅程的下一站是中国。宋子文——蒋介石夫人的哥哥的那栋现代化的豪

1942年10月,蒋介石与美国特使威尔基合影。

华巨宅,是我们在重庆六天的总部。

六天的活动相当紧凑,有威尔基和蒋介石委员长——国民政府领导人之间的数次长谈;有政府官员的拜会活动;还有委员长和夫人每晚的酒宴。其中,夫人的仪态和风度,令我和温德尔两人都感到心神荡漾。

有一晚在重庆,委员长为我们设了一个盛大的招待会。在一些欢迎的致词之后,委员长、夫人和威尔基形成了一个接待组。大约一小时后,正当我与宾客打成一片时,一位中国副官告诉我,温德尔找我。

我找到威尔基,他小声告诉我,他和夫人将在几分钟后消失,我将代替他的地位,尽最大的努力为他们做掩护。当然,十分钟之后,他们离开了。

我像站岗似地钉在委员长旁边。每当我感到他的注意力开始游荡时,就立刻慌乱地提出一连串有关中国的问题。如此这般一小时后,他突然拍掌传唤副手,准备离开。我随后也由我的副手送返宋家。

我不知道温德尔和夫人去了那里,我开始担心。晚餐过后不久,中庭传来一阵巨大的嘈杂声,委员长盛怒狂奔而入。伴随他的三名随身侍卫,每人都带了把自动步枪。委员长压制住他的愤怒,冷漠地朝我一鞠躬,我回了礼。

"威尔基在哪？"礼仪结束后他问。

"我不知道，他不在家。"

"威尔基在哪？"他再次询问。

"我向你保证，委员长。他不在这里，我也不知道他可能在哪里。"

我和侍卫们尾随其后，委员长穿遍了整栋房子。他检查每个房间，探头床底，遍开橱柜。最后，他对两个人的确不在屋里感到满意后，一个道别的字都没扔下就走了。

我真的害怕了，我见到温德尔站在一排射击手前的幻影。由于无法入眠，我起身独饮，预想着可能发生的最坏的事。清晨四点，出现了一个快活的威尔基，自傲如刚与女友共度一夜美好之后的大学生。一幕幕地叙述完发生在他和夫人之间的事后，他愉快地表示已邀请夫人同返华盛顿。我怒不可遏地说："温德尔，你是个该死的大笨蛋。"

我列举一切的理由来反对他这个疯狂的念头。我完全同意蒋夫人是我们所见过的最美丽、聪明和性感的女人之一。我也了解他们彼此之间巨大的吸引力，但是在重庆的报业圈已经有足够多关于他们的流言蜚语了。我说："你在这里代表了美国总统；你还希望竞选下届总统。"我还表示届时他的太太和儿子可能会到机场接他，夫人的出现将造成相当尴尬的场面。威尔基听了气得跺脚离去。当时我已经非常疲倦，于是倒头便睡。

我8点醒来时，威尔基已在用早餐，我们各吃各的，半句话没说。9点钟他有一个演讲。正当他起身准备离开时，他转身对我说："迈可，我要你去见夫人，告诉她：她不能和我们一起回华盛顿。"

"哪里可以找到她？"我问。他腼腆地说："在市中心妇幼医院的顶层，她有一个公寓。那是她引以为傲的慈善机构。"

大约11点。我到医院要求见夫人。当我被引进她的客厅后，我愚钝地告诉她，她不能和威尔基先生一起回华盛顿。

"谁说不能？"她问。

"是我,"我说,"我告诉温德尔不能随你同行,因为从政治上说,这是非常不智的。"

在我还没有搞清楚怎么回事之前,她的长指甲已经朝我的面颊使劲地抓了下去。她是这么的用力,以致在我脸上整整留下了一个星期的疤痕。

考尔斯曾任美国明尼苏达州《明尼亚波里斯论坛报》(Minneapolis Tribune)和爱荷华州《狄盟市注册报》(Des Moines Register)记者,后来创办《展望》(Look)周刊,应该说,他的这段故事写得很细致、很生动,但是,这实在是一个破绽百出,编造得非常荒唐,非常拙劣的故事。

二 威尔基在重庆的日程足证考尔斯"回忆"之谬

威尔基于10月2日由成都到达重庆,7日下午离开重庆,飞赴西安,其间行程斑斑可考。为了以确凿的证据揭露考尔斯所编"绯闻"的荒唐,笔者现依据当时重庆《大公报》的报道及相关档案,将威尔基与考尔斯在重庆的活动排列于下:

10月2日下午3时46分,威尔基等一行由成都抵达重庆,旋即驱车入城参观市容,6时许至旅邸休息。

10月3日上午9时起,在美国大使高斯陪同下,威尔基偕其随员考尔斯(当时翻译为高而思)、白纳斯、鲍培,陆续拜会中国外交部副部长傅秉常、行政院副院长孔祥熙、军委会总参谋长何应钦。

10时40分,拜会时任军事委员会委员长的蒋介石及其夫人宋美龄,谈至11时15分。

11时3刻,威尔基、考尔斯、白纳斯、鲍培赴国民政府,拜会国民政府主席林森。12时,林森设宴招待威尔基。出席者有居正、于右任、孔祥熙、美国大使高斯、

威尔基，美国共和党国际派领袖之一，深得富兰克林·罗斯福总统的欣赏与器重。1942年10月，作为美国总统特使访问中国，得到了蒋介石与宋美龄夫妇的热情接待。图为交谈中的威尔基与宋美龄。

考尔斯、白纳斯、梅森少校、皮耳少校等。

下午3时半，威尔基参观中央训练团，发表演说，长达一小时余。

5时至6时，美国大使高斯假座重庆嘉陵宾馆举行茶会，招待威尔基，到场有孙科、于右任等中外来宾三百余人。6时许散会。

晚8时，蒋介石及宋美龄假军委会礼堂设宴欢迎威尔基。参加者有威尔基及其随员考尔斯、白纳斯、梅森少校、皮耳少校、美国大使高斯、史迪威将军、陈纳德司令、苏联大使潘友新、英国大使薛穆及澳、荷、捷克等国外交使节与夫人。中国方面参加者有宋庆龄、孔祥熙夫妇、孙科夫妇、居正、于右任、王宠惠、吴铁城、冯玉祥、何应钦等多人。

10月4日晨，威尔基由翁文灏陪同，参观重庆工厂。中午，翁在中央造纸厂设宴招待。下午，威尔基返城。

同日下午4时，宋美龄以美国联合援华委员会名誉会长名义假外交部举行茶会，欢迎美国总统代表、美国援华会名誉会长威尔基。出席（者有）宋庆龄、孔祥熙、孙科、史迪威及威尔基随员考尔斯、白纳斯、皮耳海军少校、梅森陆军少校及中外记者百余人。威尔基首先参观儿童保育院及抗属工厂作品展览，宋美龄为之

"一一加以说明"。参观后,茶会开始,由儿童保育院儿童表演歌舞及合唱。进茶点后,宋美龄致欢迎辞,威尔基作答。6时散会。

晚,蒋介石与威尔基长谈3小时半,宋美龄任翻译。

1月5日,上午9时,威尔基由顾毓琇陪同,参观中央大学、重庆大学、中央工业专科学校及南开中学。12时返城,参加教育部长陈立夫举行的宴会。下午至晚间,蒋介石、宋美龄继续与威尔基晤谈。同日,受到威尔基接见的还有史迪威、胡霖、张伯苓、周恩来等人。

10月6日上午9时,威尔基由俞大维陪同,参观兵工厂。

中午,何应钦在军委会设宴招待威尔基。午后4时,中美、中英、中苏、中法文化协会等18个团体在嘉陵宾馆举行联合茶会,欢迎威尔基一行。到场有美国大使高斯、苏联大使潘友新及王世杰、冯玉祥等三百余人,由吴铁城致欢迎辞。

5时50分,国防最高委员会秘书长王宠惠访问威尔基。

午后7时,孔祥熙以行政院副院长及中美文化协会主席的身份在重庆范庄私邸设宴招待威尔基,宋美龄、宋庆龄、孙科、周恩来、邓颖超、冯玉祥等及美国大使高斯、史迪威、陈纳德,威尔基的随员白纳斯、皮尔、梅森等一百余人参加。席设范庄草坪,所用为"新生活自助餐"。

10月7日晨,蒋介石、宋美龄共同接见威尔基,同进早餐。

9时,威尔基举行记者招待会,向新闻界发发表谈话,并回答提问。

10时,威尔基由董显光陪同,参观妇女指导委员会,宋美龄出面招待,导往各办公室参观。至11时结束。

下午4时半,由重庆飞抵西安。

综观上述日程,可见整个威尔基访渝期间,由蒋介石主持,宋美龄参加的欢迎宴会只有10月3日晚一次。这次,威尔基和考尔斯都参加了,但是,值得注意的是,这是一次宴会,而不是考尔斯回忆中所说的会后还需要回到宋宅补进"晚餐"的"招待会"。会后也不如考尔斯所述,客人们分散谈话,以致威尔基可以乘机和宋美龄相约,溜出去偷情。关于宴后情况,重庆《大公报》报道说:宴毕,由中央广播电台表演国乐。"音乐节目进行时,威氏倾耳细听,极为注意。每一节目奏毕时,威氏即向蒋夫人询问甚久,蒋夫人则详加解释。""全部音乐节目完毕,威氏即登台参观乐器。各大使亦继其后。威氏对每一种乐器均详加研究,蒋夫人以极愉快之情逐予解说。蒋夫人并亲抚古琴以示威氏,威氏叹为观止。""十时半许,一夕盛会尽欢而散。"这其间,有威尔基与宋美龄调情、相约、出溜的机会吗?

重要的是,威尔基来华前和宋美龄从未谋面,到重庆后,3日中午,和蒋氏夫妇仅有35分钟的谈话。晚宴时,威尔基和宋美龄之间的感情怎么可能迅速升温,达到互相默契、外出偷情的高热度呢?

人的记忆常常不很准确。是不是事情发生在其他日子,考尔斯的回忆发生部分误差了呢?也不是。

4日这一天,宋美龄为威尔基举行欢迎茶会,考尔斯是到会者之一。有无可能偷情发生在这一天晚上呢?然而,档案记载,当晚,蒋介石与威尔基谈话,宋美龄任翻译。双方长谈三小时半,不可能发生威尔基要考尔斯掩护,自己和宋美龄开溜的事。

5日,根据档案记载,蒋介石、宋美龄与威尔基之间的谈话自下午5时15分起至8时15分止,地点在重庆九龙坡蒋介石官邸。谈话后,同至曾家岩进晚餐,饭后继续谈话,宋美龄始终在场,也不可能发生和威尔基共同开溜之事。

6日,孔祥熙在私邸草坪设宴欢迎威尔基。此次宴会取"自助餐"形式,有点儿像考尔斯回忆所述的"招待会"了,然而,这次宴会,蒋介石并未参加,考尔斯也未出席,自然不可能产生威尔基要考尔斯打掩护,纠缠蒋介石以分散其注意力一类情节。据《大公报》报道,当日的情况是:孔祥熙致欢迎辞;8时15分,威尔基致答辞,其后即在范庄向中国全国发表演讲辞。辞毕，继续进餐。餐毕，放映电影。8时许，宴会结束。又据威尔基自述：晚饭吃过之后，他即受宋美龄之邀，一起入室，与宋蔼龄"大聊特聊"，一起谈到晚上11点，然后是孔祥熙进来，加入"龙门阵"。这是威尔基等在重庆度过的最后一个晚上。第二天下午，威尔基等就离开了。

可见，在威尔基停留在重庆的六天中，不可能发生考尔斯"回忆"所述的一类情节。

此外，现存的蒋介石和威尔基之间的谈话记录表明，他们之间的关系一直都很融洽。根据蒋介石本人的统计，他和威尔基的谈话时间长达十几个小时之多，分别之前，蒋并友好地向威尔基表示，将来旅顺、大连可由中美共同使用。这种情况也表明，他们之间不存在任何隔阂。

三 考尔斯"回忆"的其他明显破绽

考尔斯的"回忆"还有其他不少明显的破绽。

第一，蒋介石举行的"盛大招待会"，来宾众多，蒋介石要一一会见、寒暄的高贵来宾也很多，考尔斯只是威尔基的一介随员，怎么可能用"一连串有关中国的问题"缠住蒋介石达"一小时"之久？

第二，蒋介石仅仅在"招待会"上一时不见了威尔基与宋美龄，何以就轻率地断定二人出外偷情，以至于"盛怒狂奔"，率领持枪卫兵冲进威尔基住地，亲自搜查？蒋介石手下特务无数，要了解威、宋何在，何须亲自操劳？此类事情，越秘密越好，蒋介石带着卫兵，当着考尔斯的面搜查，一旦果有其事，当场捉出，一个是罗斯福的特使，一个是自己的夫人，蒋介石将何以善其后？

第三，蒋介石身为军事委员会委员长，是中国方面的最高军事统帅，又在盛怒中，怎么可能先向考尔斯"一鞠躬"？

1942年宋美龄作为中国"第一夫人"访问美国,美国《时代周刊》封面报道。

第四,威尔基是美国共和党的领袖,罗斯福的特使,考尔斯怎么可能谩骂他:"你是个该死的大笨蛋"?

第五,宋美龄作为蒋介石夫人,出访美国是件大事,中美双方都需要做很多准备,签证也需要时间,威尔基预定10月9日离华,怎么可能邀请宋美龄"同返华盛顿"?宋美龄作为蒋介石夫人,自然懂得她的出访并非小事,数日之内不可能仓促启程,怎么可能在听说不能与威尔基同行之后,就用"长指甲"朝考尔斯的面颊"使劲地抓下去"?

第六,考尔斯对威尔基说:"在重庆的报业圈已经有够多的关于他们的流言蜚语了。"威尔基在重庆停留的时日不过6天,即使威、宋之间有什么"风流韵事",报业何从知晓?传播何能如此之快?如此之"足够多"?

以上六条,条条足以证明,考尔斯的"回忆"是编造的,而且编造得极为拙劣、低下。

四 宋美龄访美并非肇因于威尔基

威尔基于1942年10月14日回到美国。同年11月26日，宋美龄相继抵达，开始了对美国的长达7个多月的访问。此事是否肇因于威尔基呢？答案是否定的。

根据档案记载，邀请宋美龄访美的是罗斯福总统夫妇。1942年8月22日，罗斯福致电蒋介石，表示他本人及夫人都非常盼望"蒋夫人能即来敝国"。9月16日，罗斯福夫妇再次致电蒋介石，重申这一邀请。这两次邀请都在威尔基访华之前，可见，宋美龄访美，既非肇因于威尔基，也不需要依赖威尔基的力量。

威尔基确曾积极推动宋美龄访美。根据威尔基的回忆《天下一家》（*One World*）等资料，可知10月5日，威尔基在和宋美龄的谈话中，曾建议宋美龄去美作亲善访问。10月6日晚，威尔基在和孔祥熙谈话时，又说明其理由是：美国人亟需了解亚洲与中国，中国方面有头脑以及有道德力量的人，应该帮助教育美国人。蒋夫人将是最完美的大使，她有极大的能力，会在美国产生极为有效的影响力。他说：凭借蒋夫人的"机智、魔力、一颗大度而体贴的心、高雅美丽的举止与外表以及炽烈的信念，她正是我们需要的访客"。威尔基回美后，还曾向罗斯福转达过宋美龄希望访美的口信。但是，威尔基的这些举动，都是在执行罗斯福总统的政策和指示。在很长时期内，美国采取孤立主义政策，漠视中国正在进行的艰苦卓绝的抗战。威尔基反对日本侵华，对中国友好，积极主张援助中国抗日。1940年，他在竞选美国总统时，就主张"应予中国以经济上之援助"。1942年，他多次发表演说，指责日本"以野蛮手段肆意侵略较弱之国家"，认为"日本为吾人之敌"，而"中国为吾人之友"。他高度评价中国抗战，认为"过去五年来，美国人民甚少能认识中国抗战对于吾人全部文明之重要意义者。"在这些方面，他和罗斯福是完全一致的。

出访美国的宋美龄与罗斯福夫人合影

至于宋美龄访美,则一是为了向美国人宣传中国抗战,争取美援,二是为了治病。

抗战爆发后,宋美龄即积极投身对外宣传,特别是对美宣传。她积极利用报纸、杂志、广播、接见外国记者等多种形式,宣传中国抗战。她的宣传受到美国舆论的重视和高度评价。1942年秋,中国抗战还处于艰难时期,自然有进一步争取美国支持的必要。

同时,这一时期,宋美龄的健康状况恶化也迫使她下决心赴美治疗,抗战初期,宋美龄到淞沪前线劳军,突遇日机空袭,宋美龄的座车在匆忙躲闪中倾覆,宋美龄不幸受伤。自此,宋美龄即长期多病。1942年10月下旬,宋美龄的身体状况日差,蒋介石担心宋患有癌症,决定命宋赴美治疗。同月27日,蒋介石日记云:"妻体弱时病,未能发现病因,甚忧。"29日日记云:"妻子体弱神衰,其胃恐有癌,甚可虑也。"30日日记云:"恐妻病癌,心甚不安,决令飞美就医,早为割治。"

可见,宋美龄访美也与她和威尔基之间的所谓"私情"完全无关。

五　宋美龄访美前，蒋介石、宋美龄之间并无感情危机

如果宋美龄和威尔基之间确有"风流韵事"，蒋介石又曾"发怒狂奔"，率兵搜查，那么，他们二人之间一定会发生感情危机，但是，现存蒋介石日记（未刊）却看不出任何蛛丝马迹。

宋美龄访美启程前，蒋介石依依不舍，愁肠百结。如：

11月2日日记云："为妻将赴美，此心甚抑郁，不知此生尚能有几年同住耶？惟默祷上帝保佑而已。"

11月17日日记云："下午与妻到听江亭廊前谈对美总统谈话要领十项后回寓。夫妻依依，甚以明日将别为忧也。"

11月18日日记云："五时醒后不能安眠，默祷妻此行平安成功……九时，送妻至九龙铺机场，同上机，送至新津大机场，换大机……十二时，送妻登机，见其机大……别时妻不忍正目仰视，别后黯然销魂，更感悲戚。并愿上帝赐予生育子女，默祷以补吾妻平生之不足也。"

宋美龄启程后，蒋介石倍感惆怅，11月19日日记云："'平时不觉夫妻乐，相别方知爱情长。'别后更觉吾妻爱夫之笃，世无其比也。"

宋美龄抵美后，蒋介石仍然思念不已。如：

11月28日日记云："妻于二十六日平安飞到美国，并据医者检查，决无癌症，此心甚慰。"

11月29日日记云："妻于十八日赴美，临别凄怆，儿女情长，今又获一次经验也。"

12月1日日记云："本日为余夫妇结婚十五周年纪念日，晨起，先谢上帝保佑与扶掖成全之恩德。接妻祝电。晚，往孔宅大姊处举葡萄酒恭祝余妻康健。"

蒋介石与宋美龄

12月31日日记云:"惟以妻在美不能共同团圆为念。"

1943年2月4日日记云:"今日为旧历除夕,孤身独影,萧条寂寞极矣。"

类似的记载还很多。如果宋美龄与威尔基有私情,蒋介石又确有所觉,他能写得出上述日记吗?

在蒋介石和宋美龄漫长的婚姻生活中,有过两三次感情危机。例如,1940年10月,宋美龄赴香港养病,曾长期拒绝回渝。次年2月4日,蒋介石日记云:"接妻不返渝之函,乃以夫妻各尽其道覆之。淡泊静宁,毫无所动也。"这段日记表明,蒋宋之间发生了某种矛盾(关于此,笔者有另文分析)。而蒋在宋美龄赴美前后的日记表明,二人之间当时不存在任何隔阂。

六 考尔斯"回忆"的由来与宋美龄在美国所打"诽谤官司"

考尔斯并非威、宋"绯闻"的始作俑者。早在1974年,美国人艾贝尔

（Tyler Abell）整理、出版的其父皮尔逊日记（Drew Pearson Diaries）的上册中就有记载。该书谈到，威尔基以罗斯福总统特使名义访问重庆时，与蒋夫人有染，蒋委员长盛怒之下，带宪兵到南岸官邸去捉奸，并无所获。威尔基临行去向蒋夫人辞行，闭门二十分钟才出来，等等。考尔斯所述正是皮尔逊日记有关说法的细致化。

皮尔逊是美国著名的专栏作家。其人文品不佳，专门挖人阴私，曾被罗斯福斥为"习惯造谣的人"。威尔基访华期间他并不在重庆，更与威尔基没有密切关系。其日记始于1949年，止于1959年，所述宋、威之间的风流韵事完全是事隔多年的道听途说，本无多大价值。然而，由于其事具有"商业价值"，所以日记出版后，迅速受到注意，被美国的每月书会列为重点推荐书目。该会当月的书讯在介绍该日记时不仅刊出威尔基与宋美龄的并列照片，而且下题"匆匆的结合"（A hasty liaison）数字。事为台湾驻纽约新闻处主任陆以正发现，上报台湾新闻局，新闻局不敢再继续上报，但宋美龄已读到了一位好事的美国老太太寄来的书讯，大为震怒，指令陆以正在美国《纽约时报》等十大报纸刊登全页广告辟谣。陆以正经过反复考虑，并经宋美龄同意，先向该书的出版公司交涉，要求更正，遭到拒绝。其后，陆以正即收集证据、证词，代表宋美龄向纽约州最高法院提出民事诉讼，要求出版公司与艾贝尔赔偿宋美龄的名誉损失三百万美元。经过一年多的谈判磋商，出版商最终接受三项条件：一、公开道歉；二、承诺在本书重版时，将诽谤的文字删除；三、律师费由双方各自负担，被告方赔偿起诉方诉状费、送达费、存证信函费等共七百多美元。此三项条件经宋美龄批准。

后来，《皮尔逊日记》上册再未重印，中、下两册则胎死腹中，永未出版。以上情况，俱见陆以正所著《微臣无力可回天》一书，台北天下文化书坊2002年4月出版，兹不赘述。

七　考尔斯反复无常

据说，按英美制度，提出诽谤诉讼，原告如为公众人物，有责任提出对方诽谤不能成立的证据。陆以正代表宋美龄控告皮尔逊日记的出版者及编者，就必须设法证明该书所述纯属子虚。

在找寻证据的过程中，陆以正找到了考尔斯（陆书译作柯尔斯）。其情况，陆书写道：

> 我去见柯尔斯，他没想到事隔三十年。还有人记得他曾在战时到过重庆，相谈甚欢。
>
> 我问他《皮尔逊日记》所提的故事是否正确，他大笑说："这是不可能的事，绝对没有！"我说可否请他给我一封信，以当年陪伴威尔基访华记者的身份，说明绝无此事。他马上唤女秘书进来，口授了一封信，签名交给我。这样豪爽的个性，至今令我难忘。

陆以正无论如何没有想到，大概也一直没有发现，当年这位保证"绝对没有"此事的"证人"十一年后又在"回忆"中，以当事人的身份，活灵活现地描述了本文一开始引录的那段"风流韵事"。

怎样理解考尔斯的反复无常呢？看来，只能用"商业价值"来解释了。为了吸引读者，考尔斯在写作自己的回忆录时，终于觉得那段"八卦新闻"还是很有用；而且，即使再为台湾方面发现，也没有什么了不起，《皮尔逊日记》的官司不是七百多美元就了结了吗？

原载台北《传记文学》2003年5月号及《百年潮》2003年第10期。

◎宋美龄的巴西之行与蒋介石的"婚外情"传说
——兼析其事与美国人要蒋交出军权之间的关系

1944年7月9日，中国抗日战争最艰难的时候，宋美龄突然离开重庆，去巴西休养。自此一去不归。直到一年后抗战胜利，宋美龄才翩然回国。关于此事，许多宋美龄的传记和相关著作都认为其原因是：蒋介石在重庆有了"婚外情"，宋美龄因此一怒而去。

事实是否如此呢？

一　可疑的送别茶会

蒋介石的《事略稿本》（未刊）1944年7月5日条云：

> 约集各院院长及各部会高级干部与欧美友好，计共六十人，举行茶会，为夫人饯行并坦白说明外间之流言蜚语与敌党阴谋之所在。继夫人亦起而说明对公人格之信仰，措辞均极有力也。而居正、戴季陶等各院长亦各先后发言，佥谓公之为人，厚重严谨，久为众所敬服也。[1]

这段记载很含糊。考察有关史籍可知，当年7月，宋美龄即将离开重庆去巴西养病。"为夫人饯行"云云，说明会议主题是为宋美龄送行。会上，蒋介石坦白说明了"外间之流言蜚语与敌党阴谋之所在"。接着，宋美龄起而发言，表示相信蒋的"人格"。又接着，居正、戴季陶以及国民政府各院院长纷纷帮腔，对蒋的"品格"大唱赞美歌。这就奇怪了，饯行会为何变成为蒋介石辨诬的"辟谣会"呢？所辟之"谣"为何？

查蒋介石日记当年7月4日条云：

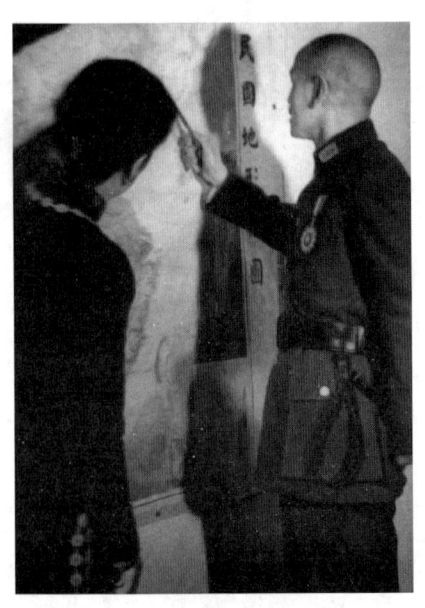

抗战期间，蒋介石与宋美龄对着地图分析全国抗战形势。

下午，回林园，与妻商谈，约干部与友好聚会，说明共产党谣诼，对余个人人格之毁誉无足惜，其如国家与军民心理之动摇何！乃决约会，公开说明，以免多家猜测。[2]

这则日记说明，会议是在7月4日与宋美龄商谈之后决定的，目的在于辟谣，谣言内容有关蒋的"人格"。至于谣诼来源，《事略稿本》仅模糊地说明出于"敌党阴谋"，而这则日记则点明是"共产党"。蒋介石长期敌视中共，所以并未调查，也未加论证，就武断地确定是"共产党谣诼"。

再查当年7月6日蒋介石的日记，中云：

妻近接匿名信甚多，其中皆言对余个人谣诼、诽谤之事，而惟有一函，察其语句文字，乃为英〔美〕国人之笔。此函不仅诋毁余个人，而乃涉及经、纬两儿之品格，尤以对经儿之谣诼为甚，亦以其在渝有外遇，且已生育孳生，已为其外遇之母留养为言。可知此次蜚语，不仅发动于共党，而且有英美人为之帮同，其用意非只毁灭我个人之信誉，且欲根本毁灭我全家。幸余妻自信甚笃，不为其阴谋所动，对余信仰益坚，使敌奸无所施其挑拨离间之技俩。可知身修而后家齐之道，乃为不变之至理，安可不自勉乎哉！

从这则日记看，谣言出于写给宋美龄的"匿名信"，内容不仅"诋毁"蒋个人，还涉及蒋的两个儿子，特别是蒋经国。"似为英〔美〕国人之笔"，据此，蒋介石认为，"不仅发动于共产党，而且有英、美人为之帮同"。蒋称，宋美龄充分相信自己，不受煽动。

再查蒋介石7月8日日记：

据妻近日所言，其所接中外人士之匿名信，各种捏造是非，无中生有之诬词，甚于其往日之已言者。反动者此次造谣作用，其第一目的在挑拨我夫妻情感，先使我家庭分裂，然后毁灭我人格，则其他目的皆可迎刃而达矣。惟妻对余笃信不疑，已在饯别时发表其笃信之演词，以粉碎反动共匪一切之阴谋。是此次茶会之功效在此，其他外人对之信与不信，皆所不顾也。

从这天的日记可知，"匿名信"的内容是挑拨蒋介石与宋美龄的"夫妻情感"，其目的在于使蒋"家庭分裂"，进而毁灭蒋的"人格"。

蒋介石到底蒙受了什么样的诽谤，要在宋美龄出国前隆重召开有"高级干部和欧美人士"参加的会议，郑重"辟谣"？

二　蒋介石、宋美龄同场表态

查王世杰1944年7月5日日记云：

蒋先生今日约党部、团部、干部同志三四十人暨中外基督徒若干人在山洞官邸茶会。在会中，蒋先生宣布两事：一、蒋夫人将赴巴西养疴，休养毕将访若干友邦；二、外间近有人散布谣言，诬蔑蒋先生私德，谓其有外遇等等情事者，有人欲藉此类造谣以摇动同志与军队对彼之信心。蒋夫人亦有演说，指述此类诬蔑之用意，与彼对蒋先生之敬信。[3]

蒋介石的日记吞吞吐吐，欲言又止，而王世杰的日记则写得比较坦率，"谓其有外遇"，原来，是一则有关蒋介石私德的"绯闻"。王世杰当时担任三民主义青年团中央监察会监察，第三届国民参政会主席团主席，显然，他是参加了"辟谣会"的。

至此，问题算是解决了，然而又没有完全解决。美国斯坦福大学胡佛档案馆收藏的《史迪威文件》中藏有一份"辟谣会"的会议记录，可以解决我们的大部分疑问。

记录为英文打字稿。其一为《委员长在75位客人参加的会议上的讲话》，现译为中文：

在我的妻子因神经衰弱出发去巴西之际，我决定为她举行送别会。你们都是我的朋友。我想坦率地说明某些事情的时刻已经到了。我觉得这样做很重要，它将成为维护革命的手段。可能在座的中国朋友会认为我不应该说得如此坦率，但是，这是必需的。

最近，在重庆社交圈里有不少谣言，有些牵涉我。你们已经听到，但是，除了我的妻子之外，只有一位朋友告诉我这件事。他是真正的朋友。所有我的朋友都在此，当他们听到此事时应该告诉我。这个谣言说我的个人行为不光明，说我和一个女人有不正当关系，说我和一位护士有非法关系并且生了一个儿子。

当我的朋友告诉我此事时，他建议我不要费心去说明任何事。我知道这些谣言已经一个月。它们已经传播开来，不仅在社交圈，而且也在党内同志中成为闲谈的话题。我想这是很大的耻辱。如果这些谣言在人群中得到限制，这是一回事；当这些谣言在同志中流传时,就是另一回事。这是一件很严重的事。有些同志已经嘲讽地谈论此事。在高级训练班里,说我不能树立一个好的榜样,说我已经请别人做我的工作,说我不到办公室。

记录稿称:"说到这里,委员长详陈他每周所做的固定工作,以及投入大量时间接听电话,阅读文件。"蒋接着说:

没有一个地方我既能工作,并且适合于大家。我没有一小时能轻松。我不能休息。除了横膈膜附近有伤,我只能坐在沙发里。当我坐在椅子上,我感到非常累,疲乏,这就是我为什么不去办公室并且不能在会议上长时间停留的原因。

显然,我的品格还没有足够伟大,使每个追随者都绝对相信我。

民国二十三年,我的妻子和我提倡新生活运动。由于这种道德力量,我们得以成功地反对共产主义并抵抗外国侵略。如果我像传说所称那样,我的真诚何在?我的将来和中国的将来相联系。作为领导者,任何对我的污辱就是对国家的污辱。我们必须询问自己,我们的道德标准是否足够高。如果我的道德标准被玷污了,我如何面对国家?我怎能成为中华民国国民政府的主席?

我为什么说这些事情?我恳请诸位了解我的人格。敌人找不到摧毁我们的办法,所以他要让我们丢脸。他不能摧毁我们,只能使我们丢脸。这些谣言并非指向我,而是指向国家。所有我的朋友长期和我患难与共,艰危与共。我必须让他们知道这些情况。我很惭愧。我自觉个人品格还没有高尚到使你们绝对相信我。在这样的时刻,我很遗憾,诸位不能培植对我的信任。

我国是弱国。如果我们企图引导战争走向最后胜利,就必须通过锻炼,使道德完善臻于正直。我们不应该逃避这些事。我们必须做每一件事情,才可能掌握真理。这是击败邪恶企图的唯一办法。

在上一个十年中,如果我曾经有过一些贡献,这就是道德上的贡献。我是一个基督徒。相信它的戒律并且绝对服从。假如我不遵从这些戒律,我就是异教徒。朋友们，你们的生活和命运完全和我相连。为了你们的缘故，我不敢做任何错事。我过去五年的记录是一本公开的书。假如你们不相信我，可以询问我的服务人员，并且调查我的举止。我做的每一件事都有记录。我和妻子的感情绝对纯洁。我们的关系中没有任何污点。我的生活里没有任何事情不能公开。如果谣言所传是事实，那就称呼我为伪君子就是了。我召开此次会议，是为了挫败敌人的有害目的。只有当所有人都已经达到道德的高标准，我们才能面对公众；只有于我们能引导战争走向胜利的时候，我们才能面对孙逸仙的在天之灵。

蒋介石的这份讲演稿说得很清楚：谣言的内容是他和一位护士有不正当的关系，并且生了一个儿子。蒋介石力辩绝无此事。他是基督徒，以教义自律；又是新生活运动的提倡者，对自己有很高的道德要求。他和妻子的感情绝对纯洁，没有任何污点。

蒋讲话后，宋美龄接着表态。她说：

委员长提到的谣言已经遍传重庆。我已经听到这些谣言，收到许多就这一问题写给我的信。不是作为妻子，而是作为真诚的爱国者，我觉得使委员长知道这些谣言是我的职责。

但是，我希望说明，永远不可能让我为这些谣言低首弯腰；我也不会向他询问，这些谣言是否真实。如果我怀疑委员长，将是对他的侮辱。我相信他是如此正直，相信他的品格和他的领导。我不能为任何事情侮辱他。我和他结婚已经17年。我和他共同经历了所有危险，严重者如西安，所以我了解委员长性格的每一面，他在世界上独一无二。了解他的性格，我完全相信他的正直。我希望，没有一个人会相信这些恶意的诽谤。

昨天，当委员长告诉我，他正在召集朋友们到一起，我的第一个反应是："不要麻烦，谣言会自行消亡。"他回答说，这不是对个人的诽谤，通过诽谤他，他们正在诽谤作为一种道德力量的中国。这些恶意的诽谤应该立即消除。中国对世界的

蒋介石与宋美龄

贡献不是经济，不是军事，不是工业。中国的贡献是道德力量。

委员长的领导正在朝向更高的目标。不断追随主的脚步，那时，他是中国的力量。

宋美龄的讲话强烈表达了他对蒋介石道德上的信任，并且将是否相信这些提升到是否爱国的高度。

国民参政会参政员、妇女月刊（《妇女争鸣》）编者陈逸云说：她第一次听到这些谣言在三个月以前，深受打扰。她觉得，任何相信这些谣言的人都是叛国者。

戴季陶说：应该信任委员长。多年以前，当我在东京和日本战争部长共餐时，我因认为中国可有能力以坚持，而被反复嘲笑，视为笑柄。但是现在，在委员长的领导下，中国已经战斗了7年。（戴先生的评论被随意弄乱，这里不是正确的引用。）

委员长最后说，本项活动不公布[4]。

据记录，本次茶会参加者包括政府高级官员、教士、妇女指导委员会委员，等等，共75人。地点在歌乐山总统官邸。

以蒋、宋二人谈话为主体的这份会议记录不仅有英文本，而且有中文本。吴稚晖就曾收到过国民政府国事委员会萧自诚的一份来函，内称："兹奉上委员长、蒋夫人七月五日林园茶话会讲演辞各一份，敬恳察收存阅，并恳勿向外发表为祷！"可见，有些没有到会的人也接到了记录稿[5]。

三 蒋介石"辟谣"之言可信吗？

蒋介石为个人生活"绯闻"召开如此隆重的"辟谣"会，这是罕见的。其原因，当然在于这一谣言在重庆，特别在国民党党内流传甚广，严重影响蒋介石的个人威信。其次，适当宋美龄即将赴巴西休养，也容易给人"谣言"属实的印象。当年，日本军队在河南发动一号作战，中国军队节节败退，正处于中国抗战的关键时期，作为抗战统帅的蒋介石的私人道德自然与抗战相关。蒋介石召开"辟谣"会的目的很容易理解。

那么，蒋介石的"辟谣"可信吗？这须要多方面严谨地加以分析。

（一）蒋介石不仅在公开会议上"辟谣"，而且在其日记上也早就否认此事。早在1944年5月8日，蒋介石日记中写道："共匪倒〔捣〕乱，造谣中伤诬蔑，甚至以败德乱行之污秽谣诼，想入非非之匪〔诽〕语加诸吾身，以图毁灭吾身家。此种诬蔑与横逆之来，自民国十五年以来，虽非一次，然至今更烈，所谓道高一尺，魔高一丈者，乃由今日经历所得，更觉其真切也。然余自信此种谣言，一经证明其诬妄，则增益余品性之时，故毁言之来，贤者实以为福也。"这是蒋介石日记中关于此项"绯闻"的第一次记载。一直到1945年末，蒋介石仍念念不忘去年他所经历的"私德"风波。其年终《杂录》云："共党破坏我个人之信誉，毁灭我个人革命之人格，造作我私生活不道德、各种各样不同之方式谣诼，使全国民众对我绝望而为之遗弃不齿，以达其倾陷领袖夺取抗战领导权的目的。"又云：

"离间我夫妻，污蔑我父子，伤害我家庭，夫妇、父子、骨肉之爱情，以期灭绝我血统，非使我国亡种灭而不止。"[6] 蒋介石的日记生前并未发表，也无发表打算。在公开的场合，蒋介石有意说谎，欺骗公众，可以理解；在自己不打算发表的私人日记里说谎，自我欺骗，似无必要。

（二）蒋介石"绯闻"的最大冲击者是宋美龄。 作为蒋的妻子，宋美龄不会容忍蒋在个人感情上对她的背叛与欺骗。即使她为了维护蒋作为抗战统帅的形象委曲求全，但不会轻易出席茶会，和蒋介石同步发表上述鲜明而坚决的声明。这一时期，她对于蒋介石必然怨愤有加，冲突势所难免。然而，宋美龄不仅出席茶会，而且坚决"辟谣"。可见宋美龄不相信所传属实。

（三）蒋介石早年的生活确实荒唐，但是，他努力以儒家的道德修养规范自己，致力于"存天理，去人欲"。 在经过漫长的自我反省和斗争后，渐见成绩。在他加入基督教和提倡新生活运动后，特别是他承担国民党和国民政府的要职之后，仍然继续履行儒学的修养工夫。这一方面，他的日记多有记载。如：

1939年2月4日日记云："妄念恶意与邪心时起，如何能扫除净尽，如何能为全民表率？应严制而立克之。"

同年2月23日日记云："污秽妄念，不能扫除净尽，何以入圣？何以治人？岂非自欺欺人之浊狗乎？"

同年5月28日日记云："妄想恶念，滋生不绝，何能作圣，应痛改之。"

1940年1月3日日记云："克念作圣，至今邪念妄想，尚不能克洗。何以对圣灵？何以成大业？戒之。"

同年2月11日日记云："邪念不除，何以为人？"又曰："年逾五十，尚不能不动心，其能有成乎？"

同年3月16日日记云："妄念、欲心虽渐减，而未能绝也，究不可以作圣。"

同年4月13日日记云："不能节欲，焉能救国，戒之。"

从这些日记中可见，蒋要求自己成为"全民表率"，以"入圣"自期。因此，他在思想中不断进行"天人交战"，狠斗自己的"妄念"、"邪心"和"欲心"，其自我修养有很严格的方面。例如，他要求自己早起，一旦过时，就一再反省，自我谴责。又如，他生活淡泊，不饮酒，不喝茶，一旦违反，也会反省、自谴。他不仅要求自己的行为符合儒学标准，而且，狠斗私字一闪念，"察毫微于一念之间"。上引1939年2月23日日记表明，蒋当日仅仅因为"污秽妄念，不能扫除净尽"，竟狠骂自己是"自欺欺人之浊狗"！

蒋的上述日记"邪念"、"妄念"，其具体内容是什么，我们不能任意猜测，但显然包括他青年时代的痼疾"好色"在内。在另外一些日记内，蒋把这一内容表达得很清楚，如：

1940年4月10日日记云："人欲、性欲，应节制自爱。"这些日记表明，抗战以来，蒋介石对自己的"私德"有相当严格的要求。在这种状态下，他与某一护士发生不正当的关系，并且育有私生子的谣言当然不可信。

（四）宋美龄患病是事实，医生要她迁地休养也是事实。宋美龄长期多病。1942年10月29日，蒋介石日记云："妻子体弱神衰，其胃恐有癌，甚可虑也。"30日日记云："恐妻病癌，心甚不安，决令飞美就医，早为割治。"到美国后，经检查，发现并无癌症，但是，身体仍然不好。蒋介石日记中关于宋美龄疾患的记载很多，如1943年：

8月13日日记云："妻病未痊，甚念也。"

12月5日日记云："妻近日心神不安，故目疾、痢疾交发，痛苦甚剧。"

12月7日日记云："妻病痢与目疾，恐难速愈，彼实为国为家，集中心力

开罗会议期间,蒋介石、宋美龄与罗斯福交谈。

于此一点,以期完成革命也。惟其心急忧甚,故为剧增,奈何。"

12月14日日记云:"妻痢疾已愈,而目疾未见进步,无任忧虑,此总由妻子幽愤之故,应使之心神宽裕为第一也。"

当月,蒋介石偕宋美龄飞赴埃及参加开罗会议,宋美龄一直在病中,特别是宋氏家族许多成员共有的皮肤病,严重地困扰着宋美龄。对此,早在1936年8月22日,蒋介石就记载:"妻病皮肤,甚苦痒,可怜也。"[7]进入1943年末,记载日渐增多。如:

12月18日日记云:"夫人皮肤病复发,其状甚苦,至深夜二时方熟睡。"

12月19日日记云:"本日夫人目疾略减,而皮肤病、湿气,为患更剧,以气候转热关系故也。"

12月20日日记云:"在机上,晚餐时,见夫人目疾与精神较昨为佳,不料夜间在机上,其皮肤病复发,且甚剧,面目浮肿,其状甚危,几乎终夜未能安眠。以左医生新来,不知其体质,误用其药乎?心甚忧虑。"

12月26日日记云:"今日吾妻自上午十一时往访罗斯福商谈经济回来,直至晚间霍浦金辞去,在此十小时之间,几乎无一息暇隙,所谈皆全精会神,未有一语松弛,故至晚十时,见其疲乏不堪,彼目疾未愈,皮肤病又痒痛,而能如此,诚非常人所能胜任也。"

开罗会议后,蒋氏夫妇回到重庆,但重庆气候潮湿,多雾多雨,进入1944年,宋美龄的病情日益加重,蒋介石不得不强制她去昆明休养。其情况,蒋介石当年2月29日日记云:

昨日妻湿气更重,手股发肿,痛痒难熬,终夜不得安息,乃决催其赴昆明休养,彼终依依不肯舍家,情笃不可言喻。余不忍其再受如此痛苦,乃准备飞机,强其赴昆,以重庆气候与水分只有增加其病症也。下午三时十五分,送至九龙铺〔坡〕机场起飞。六时前闻妻安全到昆,病亦稍愈为慰。

又,《本月反省录》云:"妻病湿气更剧,痛苦异甚。"

宋美龄到昆明休养后,病情不仅毫无好转,反而更重了。1944年3月10日,蒋介石日记云:"妻到昆明养病,已逾十日,其病情益剧,闻终夜不能安眠,恐成神经衰弱不能久支之象。近日忧虑以此为甚,奈何!"同月15日,宋自昆明回到重庆,病情一度略好[8],但没过几天,又进一步加剧。3月31日,蒋介石日记云:"近日妻病时剧,其痛痒之势,不可形状。夜间又不能安眠,乃至悲泣。"这里,蒋介石用"不可形状"来记述宋美龄的"痛痒",可见其严重程度。"乃至悲切",说明宋本人已无法忍受。

又,同年5月3日蒋介石日记云:"妻病'风疹瘰'已半年余,近更严重,每夜几乎不能睡眠,其能安睡二三小时之夜,已为难能可贵之事。此种痛痒,诚非身历者不能想象其万一。若上帝不速加怜悯,使之早痊,

开罗会议结束后,蒋介石夫妇于归国途中在印度视察中国远征军。

如此失眠痛苦,神经决难忍受,其病必深入神经矣。今日彼之心神萎顿沉闷,更为可虑也。天乎?"

此后,蒋介石日记常见他对于宋美龄的病况的忧虑。如:1944年3月25日日记云:"妻病亦未痊可,更觉沉闷。"3月27日日记云:"妻并沉滞,甚觉可虑。"5月中旬,宋美龄的病曾略有好转[9]。但因日军发动"一号攻势",河南战局紧张,宋美龄的病很快又变坏。5月21日,蒋介石日记云:"近时余妻及庸之皆因忧成疾矣。"蒋介石6月9日日记云:"惟妻病甚忧。"

6月13日日记云:"晚回林园,妻病日弱,诚家国两忧集于一身矣。"可见,宋美龄皮肤病确实很严重,易地治疗确有必要,并非无病呻吟。

至于为什么远赴巴西,笔者2007年在美访问期间曾询问宋氏家族的曹琍璇女士,琍璇女士向其夫、宋子安之子宋仲虎先生及宋蔼龄之女孔令仪作了调查,据称,当时听说巴西有个医生善治皮肤病,又因得到巴西总统邀请,所以就去了巴西。琍璇女士的这一说法在蒋介石日记中可以得到部分佐证。当年6月29日,蒋介石日记云:"预定:一、写巴西总统信。"7

月1日，蒋介石在《本星期工作课目》中列入"妻往巴西养病"。由此可以得知，宋美龄的巴西之行是蒋介石通过巴西总统安排的。

（五）蒋宋之间这时不存在严重冲突，甚至可以说二人之间的关系相当不错。

1944年2月29日，蒋介石日记云："上午，批阅军事公文，以妻病悬念不置。"

3月4日日记云："下午，写妻信及手抄《真美歌》，祝妻四十六岁诞辰。"

3月6日日记云："晚以夫人诞辰，独自饮食，感慨不置。"

3月11日《上星期反省录》云："本月六日，即二月二十二日（旧历），为妻四十六岁诞辰，其湿气与失眠症甚重，在滇休养，心甚不安，独居寡欢，寂寞萧条极矣。"

宋美龄自昆明回重庆后，蒋介石经常陪宋美龄散步、游览、散心。

3月16日日记云："晚傍，与妻往听江亭游览。"

3月19日日记云："下午，与妻游览林园后回寓。"

3月27日日记云："四时与妻游览林园，精神略舒。"

5月22日日记云："傍晚回林园，与妻游览白市驿。"

6月3日日记云："下午，与妻乘车郊游后回园。"

这一时期，蒋介石为宋美龄的疾病担忧，宋美龄则为蒋介石的劳累操心。当时，由于战况紧急，蒋介石从凌晨3时起就以电话指挥河南军事，宋美龄很为蒋忧虑。5月5日，蒋介石日记云："妻甚以余上午三时起而通电话为虑，然此无其他方法可代也。"7月2日，宋美龄决定去巴西养病，当日深夜，二人话别，颇有前途难测，依依不舍之概，据蒋介石日记云：

1944年宋美龄赴巴西疗养,抗战胜利后才回国。图为宋美龄正在读英文报纸上日本投降的消息。

今日子刻与寅刻,余妻以即欲飞往巴西养病为念,发生悲戚心情。彼甚以最近国家形势甚危殆,而其精神与梦寐之间,皆多各种不利之征兆,甚以此去恐不能复见为虑。彼云:须君牢记世界上有如我爱汝时刻不忘之一人乃可自慰。又云:君上有天父之依托,而下有汝妻为汝竭诚之爱护,惟此乃可自慰也。余心神悲戚更重,不能发一言以慰之。惟祝祷上帝保佑我夫妻能完成上帝所赋予吾人之使命,使余妻早日痊愈,荣归与团聚而已。[10]

宋美龄去巴西之后,蒋介石不断给宋美龄打电报。根据现有资料,自当年8月4日起,至同年9月11日宋美龄转往美国,入纽约长老会就医前夕止,蒋约致宋电九通。这些电报尚未全部公布,但已有部分可以见到,举例如下:

1944年8月10日,第403号。巴西中国大使馆蒋夫人:"国内战事与物价较前已佳。"

7月20日,405号。"共党所提条件另报。"

1944年8月26日，第410号。"罗（总统）私人代表哈雷等本月内可以到重庆，甚望吾爱能早日痊愈，回国襄助也。"

1944年9月2日，第411号。"现在美国召开和平组织会议。中美英会议未闭幕以前，似暂缓赴美为宜。"

1944年9月，第412号。"何日飞美？甚念。加拿大仍应如约访问，不宜令其失望。如何盼复。今日已见哈雷与史迪威，情形较预想者为佳。"[11]

从上述电报看，蒋介石如常向宋美龄通报国内情况，甚至向她提供有关中共的机密情报，并且关心宋美龄的身体状况，对她的外交活动提出建议，并无任何芥蒂。

综合以上五点，笔者认为，蒋介石的"辟谣"之言可信。

四　无风不起浪

谣言有多种形式。一种是毫无根据，一种是有某些影子，在流传中逐渐变形、扭曲，在不同程度上背离事实，甚至面目全非，所谓"无风不起浪"是也。

上引蒋介石所记，当时重庆流传的关于蒋经国的"绯闻"："在渝有外遇，且已生育孽生，已为其外遇之母留养"云云，显指其与章亚若的恋情及生育孝严、孝慈一事，只不过将发生在赣州的事移到重庆了。同样，蒋介石在重庆时期的"婚外情"也有某些"影子"。

一是戴季陶在重庆时曾公开声言，他和蒋介石在日本时共同喜爱一位日本女子，蒋纬国即为蒋介石与该日女所生。据纪云所写《戴季陶解蒋纬国身世之谜》一文，1943年11月12日，戴在重庆中央政治学校的孙中山诞辰纪念会上曾痛自忏悔称：

到了东京离开中山先生的监护，我和校长（指蒋介石——笔者）共居一室，雇一日本下女服侍生活。那日本下女供奉得我们非常体贴，于是我们两个青年人竟然遏制不住自己，就和她同居了。我因为过去在沪长期纵欲，已经染上恶疾，丧失了生育能力，所以翌年下女生一男孩，就是校长的二公子纬国。我看到校长连得经国、纬国，而我犹是伯道无儿，常自恨自悲。几十年来每想到"不孝有三，无后为大"，就痛恨自身青年时期的荒唐。[12]

作者当时担任会议记录，会后曾将记录稿发表于该校的内部刊物《南泉新闻》上。事隔多年，作者的回忆有若干混乱、谬误之处，例如，戴季陶并非没有生育能力，另有一子名安国，不会有"无后"之叹，等等。但是，蒋纬国的身世长期不明，戴季陶关于纬国为蒋介石早年与日本下女所生的说法自然会在重庆流传开来，并逐渐演变为蒋介石在重庆时与某护士生子的"绯闻"。

蒋介石"婚外情"另一"影子"是陈洁如自上海来到重庆，蒋介石与之重修旧好的传言。

对此，陈洁如的女婿陆久之曾函告著者的同事严如平教授说："当年轰动山城传说纷纭的'陈小姐'，原来就是陈洁如。"据事后严所撰文章称：

1937年七七事变后，抗日战争全面爆发。经过激烈的淞沪会战，上海于11月13日沦于日本之手，租界成为孤岛。隐居于法租界巴黎新村（今重庆南路169弄8号）的陈洁如，是一个民族意识相当强烈的爱国女性，她居安思危，犹如临渊履薄，更是深居简出。1941年12月中旬的一天，她与弟妇庞定贞同去南京路惠罗公司购物，不料竟与陈璧君、褚民谊在电梯中邂逅。陈洁如1924—1925年与蒋介石在广州居住时，与这位"国民主席"夫人是相识的，但如今的陈璧君，已是卖国投敌的大汉奸了，在日伪统治下的上海炙手可热；褚民谊也是汪伪政府行政院副院长兼外交部长。陈洁如惴惴不安之余强作镇静,虚与委蛇;陈璧君则犹如捕获到一个猎物,当即邀陈洁如同去对面的汇中饭店叙旧共餐,饭后并以车送其归寓。陈璧君从此得悉了陈洁如的地址,常来巴黎新村串门,最后还提出了要陈洁如也跟着她一道"曲线救国",出任汪伪政府的侨务委员会副主任。以民族大义为重的陈洁如婉言相拒,她为逃脱魔掌,当即毅然只身秘密离开上海,潜去抗战的大后方。

陈洁如抵达重庆后,被秘密安置在山洞(地名)离陆军大学蒋介石官邸不远的吴忠信公馆里。吴忠信是蒋介石二十多年前的拜把兄弟,互相知根知底,如今受此重托,遂将陈藏于密室而重礼厚待。蒋旧情复炽,经常去吴忠信公馆与陈幽会。虽然行踪秘密,但终究逃不过宋美龄的耳目,一时醋海兴波,闹得不可开交。传说蒋被宋打了一个耳光,又一说蒋的脸都被宋抓破了,致使蒋无法接见外国来宾。素来对宋美龄依顺有余的蒋介石,这次居然我行我素。宋美龄十分气恼,竟于1942年11月出走美国云云。这一来蒋介石和陈洁如之间的活动也就方便自在多了。据传有一段日子陆军大学的游泳池常有陈洁如的身影,而蒋则坐在池边观看。当时蒋演出的这桩风流故事不胫而走,人言啧啧,盛传"委员长另有新欢",人皆称之为"陈小姐",在山城成了人们茶余饭后的热门话题。然而人言言殊,以讹传讹。有的又说是蒋宠爱的这位"陈小姐"是陈布雷的女儿,有的又说是陈立夫的侄女,多少年来神秘莫测,殊不知乃是当年的校长夫人鸳梦重温而已。[13]

陆久之在抗战胜利后与陈洁如的养女陈瑶光结婚,与陈洁如关系密切,所言当出于陈洁如口述,自有相当的可靠性[14]。不过正像所有回忆都不可避免地存在年代模糊等局限一样,陆久之将宋美龄负气离开重庆的时间定为1942年11月是错误的,因为那年宋美龄访美,源于怀疑自身患有"癌症",需要检查和治疗,当时,蒋、宋关系良好[15]。

这样,有了蒋介石与"下女"生子的情节,有了在游泳池边常常出现的蒋介石与"陈小姐"的身影,有关传说在重庆不胫而走就不难理解了。

宋美龄对蒋陈关系很敏感。1931年6月19日,蒋介石收到陈洁如自美国的一封来信，为宋美龄所见，蒋于慌乱中将陈函撕毁，宋美龄一气之下，于第二天晚上回沪[16]。6月21日，蒋介石赶忙给宋美龄与宋蔼龄写信解释，事情才得以缓解。抗战期间，蒋介石与陈洁如再度相晤，宋美龄有较强烈的反应是必然的。

陈洁如到达重庆的时间说法不一。王舜祁《蒋氏故里述闻》称：陈洁如第一次到重庆时，曾参加军需署署长周骏彦的悼念活动。当时在侍从室为蒋收发电报的周坤和回忆，他在贵宾室发现蒋的身边有一位"中年妇女"，不是宋美龄，而是陈洁如。周骏彦逝世于1940年7月30日，故陈此前必已到达重庆。陈的到来激起了蒋的感情波澜：

1940年10月5日日记云："最近每夜失眠，回忆青年时代往时，更自惭愧悔恨，而今于性欲旧情，亦时发现不忘，可知此心恶根未尽，何能望其与圣灵交感相通耶！戒之。"[17]

同年10月《反省录》云："心神较安，对于交感上帝之修养，似有进步，但杂念与性欲时有发现，以旧日孽缘太多，不易涤荡尽净耳！"[18]

同年11月14日日记云："性欲渐起，旧念重生，应以灵性制之，不可使其放纵。"

上述日记中，"性欲旧情"、"旧日孽缘"、"旧念重生"云云，应该指的就是他和陈洁如的一段老关系。陈洁如在重庆住到什么时候，已不可考。但是，根据周坤和的回忆，1943年，陈洁如第二次到渝，周曾目睹她出席"中美之友社"的成立大会，陈先来，蒋后到。

没有可靠的资料能够说明蒋、陈的"老"关系发展到了什么样的"新"程度，但是，却有蛛丝马迹可以说明，蒋、宋关系因之发生裂痕。

宋美龄1942年11月开始的访美之行获得巨大成功。1943年7月，宋美龄回到重庆。初时，蒋、宋感情不错。当年7月5日蒋介石日记云："昨日下午四时回寓，见妻已到寓，病卧榻上，颈头疼痛，不能摇动矣。孙、孔二夫人与经、纬两儿皆聚集一堂，甚觉难得。亲戚辞去后，夫妻二人晤谈别后经过。妻又报告留美经过要务，殊感欣慰。晚餐后再谈，睡前静坐、祷告如常也。"7月11日《上周反省录》云："本周夫人平安回国，结果胜利，其病体归来第三日几乎痊愈无恙。夫妻精神疗治，非任何药石所能比较也。"可见二人久别重逢后的亲密状况。但是，到了8月12日，蒋介石日记中就出现了蒋独住重庆黄山官邸，而宋住到新开寺孔祥熙宅"留医"的记载。8月16日，宋美龄病愈，夫妻二人同住黄山，但是，不知什么时候，宋美龄又单独住回孔宅。9月14日，蒋日记自称："心绪郁结。"15日，蒋的日记起首部分被蒋本人罕见地涂去了五行。这被涂去的部分，应是蒋有不愿告人的秘密[19]。日记末段云：

祷告毕，默然就寝。自觉今日之忍痛、抑悲、制愤、茹苦，可谓极矣。

这一则日记显示出，蒋当日精神上受到很大冲击而又不能发作。有谁能拥有如此巨大的本领呢？除了宋美龄，恐怕没有第二人。次日，蒋日记又云："观月独坐，意兴萧然。"9月19日，蒋又将日记起首部分涂去三行。这以后，蒋的日记中连续可见"独到黄山休息"、"独自静观自然"的记载，足证蒋、宋之间发生矛盾，处于分居状态。联系上文陆久之所述相关情节考察，这应是宋察觉蒋、陈之间"新"关系的结果。9月27日，蒋介石日记云："正午到新开寺孔寓，与妻谈话后即回。"这一段记载颇可玩味。夫妻之间的一般谈话，没有记载的必要；特别记载而又不记述内容，说明其中有秘密。至10月3日，蒋介石日记又云："本晚静坐后，与妻同往新开寺孔宅叙谈，即宿于此。"这则日记说明，蒋宋之间达成和解，蒋介石的独居生活结束了。

陈洁如毕竟是蒋介石的前任夫人，因不愿当汉奸而投奔大后方，蒋介

宋美龄在华盛顿美国国会发表演讲

石自然要加以接待并妥善安置。蒋介石此举，名正言顺，理由正当。至于是否"鸳梦重温"，这是无从确证之事。所以宋美龄对蒋、陈的重会虽然不高兴，但也不能过加指责。"醋意"不能没有，但毕竟不能成"海"。经蒋"谈话"解释之后，也就烟消云散了。不久以后，蒋介石成为国民政府主席，宋美龄荣膺主席夫人，自然更不能揪住蒋、陈旧情不放了。

1944年5月至7月流传于重庆的蒋介石的"绯闻"，所谓与某护士的"不正当关系"，所谓"私生子"云云，对于局外人也许新鲜，对于宋美龄来说，自然不屑一听。她之所以能在"辟谣会"上慷慨陈词，为蒋介石的"私德"背书，其原因在此。

五　美国人企图借蒋介石"婚外情"事件要蒋交出军权

7月9日，蒋介石送宋美龄上飞机。7月13日，中央社自巴西里约热内卢发电报道：宋美龄于13日到达当地，同行者有孔夫人宋蔼龄等。宋等一行受到美国驻巴西大使及巴西高级官员的欢迎。宋将下榻关纳巴拉湾内的波罗柯伊奥岛的旅馆，预计将在此休息数周。14日，中国驻美大使馆在华盛顿正式宣布：

蒋夫人已抵里约热内卢。夫人自美国返国后。即感违和。若干时日以前，即拟离渝，但因华莱士副统访华之行而暂缓启程。其离渝前数日，曾在私邸宣布决赴巴西休养。蒋主席亲自机场送行。

16日，《中央日报》发布消息："屏除工作，易地养病，蒋夫人抵巴西。"该社称："蒋夫人于本月9日离渝赴国外养病，业于13日下午到达巴西首都里约热内卢。本社有关方面探悉：蒋夫人从自去年访美加归来以后，以工作关系，迄无休息机会，致健康未能全复。据诊治之医生言，渝地气候不宜，必须易地疗养，且屏除工作完全休息，则最近期内即可全〔痊〕愈云。"

尽管中央社和驻美使馆陆续发布上述新闻，但是，传言并未止息。8月19日，蒋介石披阅有关情报，日记云：

最可忧者，美国朝野对我个人生活之谣诼层出不穷，尤关于我夫妇家庭间之猜测亦未已。此次吾妻出国养病，为于公于私，皆有损失，然虚实是非，终有水落石出之时。无稽荒谬之谈，必不能尽掩天下耳目，而且美国内亦有主持公道者，故余并不以此自馁也。[20]

可见，"谣诼"的最大市场在美国。不仅美国民间社会（野），连美国政府（朝）都关注此事。

文献证明，首先向美国传播"谣诼"的就是美国驻重庆大使馆的工作人员。当年5月10日，使馆秘书谢伟思（Jack Service）曾以《蒋家庭内的纠葛》为题向美国国务院报告，中称："关于蒋家庭发生内部纠葛的消息在重庆真是传说纷纷。几乎每个人都能为已普遍为人接受的消息提供一些新的细节和说法，即委员长找到一个情妇。"报告绘声绘影地描写宋美龄对蒋介石的怨恨：

夫人现在谈到蒋委员长时只是用"那个人"。

有一天，夫人走进委员长的房卧室间，发现床下有一双高跟皮鞋，就从窗口丢了出去，并打中卫士的头。

委员长一度有四天没有会客，因为在同夫人的一次争吵中，他的头的一侧被一只花瓶击伤了。[21]

自此，美国的媒体、舆论就大炒特炒蒋委员长的"绯闻"，使蒋觉得脸面无光。1945年初，英美社会甚至流传蒋氏夫妇已经离婚的说法，使得蒋多次慨叹"对余夫妻之谣诼如故也"[22]。

美国人为何要这样做？这和当时美国方面企图让蒋介石将军权交给史迪威的图谋紧密相关。

美国军政两方早就对蒋介石及其政府不满。1944年日军发动"一号作战"以后，国民党军兵败如山倒。当年7月，马歇尔向罗斯福提出，中国局势颓落，必须让蒋介石将其对中国军队的指挥权交给美国将军史迪威。同月，罗斯福晋升史迪威为上将，并于7日致电蒋介石，提出这一要求。15日，再次电蒋催促。中国的抗日战争有赖于美国的援助，蒋介石不敢得罪罗斯福，企图以拖延时日的方式软磨。罗斯福于8月10日、23日，两电蒋介石，要他立即采取必要措施，让史迪威及早指挥中国军队，并且威胁他：稽延拖拉，"容有严重之后果"。随后，美国特使赫尔利、纳尔逊及美国驻华大使高斯先后出面，对蒋介石施加压力。罗斯福再次警告蒋介石，"务希立采行动，方能保存阁下数年来英勇抗战所得之果实，及吾人援助中国之计划"[23]。话说得很清楚，你要是不

1944年9月6日，受罗斯福之命来中国协调蒋介石与史迪威之间矛盾的赫尔利抵达重庆时，宋子文、何应钦前往机场迎接。

听话，就别想再得到美援了。然而，蒋介石就是不为所动。在这种情况下，美国人自然乐于传播并扩展蒋介石的"绯闻"，把他搞臭，促其下台。谢伟思的报告写得很清楚："批评委员长的人认为，这一切都证明他的基督徒信仰和新生活运动不过是口头上的道德，而另一方面的迹象表明，不要太久，他终会成为一个旧式的'军阀'。"报告还有一段话值得注意："如果性格傲慢而又拘守宗教戒律的夫人与她的丈夫公开决裂，蒋氏王朝就会崩溃。"[24]了解此点，就可以理解为什么宋美龄会收到"许多"人，包括一些美国人的来信。

进入1945年，蒋介石终于恍然悟到美国人在其中的作用。他在《民国三十四年大事表》中写道："去年一年间，中共与美国驻华大使馆协以谋我之阴狠，实有非人想象所能及者，今春美国大使馆之失火，其内容乃为灭绝其对我各种阴谋文书，故而故意纵火也。思之寒心。"同年来，他感慨地写道：

以如此毒辣、卑狠、阴险之行动，以常理论之，决无幸免之理，而且已见其大效。美国且已断绝我接济,各地国民亦已信谣诼以为真,几乎街谈巷语皆以为资料,尤以五、六月间美副总统华莱士来华时为极点,而美国自其大使高斯拜辞(十月间)回去后,直至十二月方派哈雷接任,但其政府仍不令其提国书,竟至卅四年一月方提国书,中美国交至此方得初步恢复。言念及此,诚不寒而栗矣。[25]

  蒋介石以上两段话,有许多不正确的部分。一是毫无根据地将中共牵扯在内,一是过于夸大了此事对于中美关系的影响。不过,美国人确实不能完全脱开干系。其证据:一是如上述给美国国务院写报告的美国使馆秘书谢伟思,一是那些积极给宋美龄写信的美国人,一是热衷于炒作"绯闻"的美国部分舆论界。这些人为何如此?很简单。其中固然有对"婚外情"的道德义愤和对那时国民党政权已经充分表现出来的腐朽的憎恶,也和美国方面企图逼迫蒋介石交出军权的图谋有关。当然,他们当时没有可能准确地调查出事情的真伪,而是以讹传讹。在政治斗争中,要打击对手,常常并不需要准确的事实。这种情况,历史上实在太多了。

注释

[1] 《事略稿本》,〔台北〕"国史馆"藏。
[2] 《蒋介石日记》(手稿本)。
[3] 《王世杰日记》,〔台北〕"中研院"近史所影印本。
[4] Stilwell, 53—9,〔美国〕胡佛研究院藏。
[5] 吴稚晖档案微卷, Roll, 28,〔美国〕胡佛研究院藏。
[6] 《1945年杂录》,《蒋介石日记》(手稿本),1945年。
[7] 《蒋介石日记》(手稿本),1936年8月22日。
[8] 《蒋介石日记》(手稿本),1944年3月15、18日。
[9] 蒋介石1944年5月26日日记云:"本日心神略安,妻病亦较前减轻。"
[10] 《蒋介石日记》(手稿本),1944年7月2日。
[11] 《蒋"总统"家书》,〔台北〕台北"国史馆"藏。
[12] 原载《钟山风云》,此处引自 http://ckb.hebntws.cn/2000516/ca484340.htm
[13] 原载南京《民国春秋》杂志,后收入《陈洁如回忆录》附录,团结出版社,2002。
[14] 有关蒋介石与陈洁如在抗战期间在重庆重修旧好的说法也见于奉化王舜祈先生的《蒋氏故里述闻》一书,该书称:"1943年。一天,周坤和接到第四战区司令长官张发奎发到侍从室的一份电报,内云夫人陈洁如已与太虚法师一起从南洋经香港到达广东。电报用密码拍发,陈洁如、太虚之名都用了代号,有关文字也用了暗语。侍从室的回电是'令四战区派人护送'。太虚回到了重庆(当时太虚在重庆北碚缙云山主持佛事,外出讲经仍回原处),陈洁如则去了上海。那时,宋美龄正在美国治病,同时向美国各界宣传中国抗战形势,要求增加援助。不久,蒋介石趁此良机,决定与陈洁如重叙旧情。"见上海书店,1998。不过,王书也没有将有关史事的年月考证清楚。这是传说类著作的通病。
[15] 参见本书《关于宋美龄与美国总统特使威尔基的"绯闻"》。
[16] 蒋介石1931年6月20日日记云:"美妻今晚回沪。昨日这函,不应撕碎,应交其阅,则不致疑,而我之心地亦大白,但见信即恨,故一时心忙,不问是非,立即撕碎,是处于真心,并无他意。"
[17] 《蒋介石日记》(手稿本)。
[18] 《二十九年、三十年要事杂记》,《蒋介石日记》(手稿本)。
[19] 蒋日记被涂的情况有两种,一种是胡佛研究院开放前审读者所涂,盖有2006或2007印记,30年后将开放;一种是蒋本人所涂,无印记。
[20] 《蒋介石日记》(手稿复印本)。1944年8月19日。
[21] 约瑟夫·W·埃谢里克:《在中国失掉的机会》,国际文化出版公司,1989,第94页;参见 Sterling Seagrave:The Soong Dynasty, Happer & Row Publishing, New york, 1985, p.379.
[22] 蒋介石1945年1月5日日记云:"毕范宇来谈,英、美谣传余夫妻离婚之说,余一笑置之。此为英人所造也。"又,1月31日日记云:"共匪对吾妻又发动谣诼,以期丧失吾夫妻之信誉,并期离间吾家庭至感情。"《上星期反省录》1945年2月3日:"俄国对我态度渐有好转之象,故中共交涉亦已接近,然而对余夫妻之谣诼如故也。"
[23] 《战时外交》(三),〔台北〕中国国民党中央党史委员会,1981,第658~659页。
[24] 《在中国失掉的机会》,第93~94页。
[25] 《杂录》,《蒋介石日记》(手稿本),1945年。1《事略稿本》,〔台北〕"国史馆"藏。

◎陈洁如回忆录何以尘封近30年
——蒋介石日记解读

陈洁如曾与蒋介石同居七年。1964年，由香港人李时敏代笔，以英文写成回忆录。当年，纽约出版界宣称这本回忆录不久就可以出版，但很快悄无声息。直到1990年，才有人从美国胡佛档案馆里发现了这部回忆录的英文打字稿。1992年1月，台北《传记文学》和《新新闻周刊》分别连续译载该回忆录。此后，各种中文版本遂相继问世。总计从成稿到出版，经历了近三十年光阴。中间何以出版受阻？牵涉到蒋介石、蒋经国、陈立夫、沈昌焕、俞国华、孔令侃、孔令伟、江易生、游建文等一批历史人物，故事相当复杂。

一　纽约出版界透露，陈洁如将出版与蒋介石同居的故事

约在1964年3月，美国纽约出版界透露，陈洁如即将出版450页的英文稿，叙述自1920年至1927年与蒋介石同居故事，内附数十张照片及《纽约时报》当年报道一篇。陈洁如称：她与蒋介石的婚姻纠葛向未解决，此件公案总要说个明白，使天下人知道此中真相，做个公平判断。纽约出版界称："此书不久可以出现，当为一有趣读物。"

3月17日，吴商鹰在美国旧金山《世界日报》的《每日专栏》发表文章，内称：

关于蒋介石的家属，人所共知者他的原配发妻是姓毛的，有一妾称为姚夫人，又一妾为陈洁如女士。毛氏夫人抚育其子经国成人，姚氏夫人则为抚育纬国者。姚氏夫人原上海某商人外室，跟蒋作妾，陈洁如女士为上海堂子出身，与张静

蒋介石与陈洁如

江之妾为姐妹行。蒋介石于1927年与宋美龄女士结婚之前，曾呈请奉化县长准许与原配毛氏离婚。据蒋氏当时公开谈话则谓，其他二氏并无婚约。盖指姚夫人与陈洁如女士与他仅属同居关系。陈洁如女士与蒋氏脱离后即于1927年赴美国居住。据报，伊习英文颇有成就。究竟伊的生活如何，世人亦不甚注意了。今由纽约出版界传出消息，伊写出450页之英文稿，叙述与蒋介石之多年同居故事。人们有注意蒋氏生平者，均期待不久可读此册有兴趣之新著述。

这本著述内容如何，在出版前无从揣测。这种男女私情原极寻常，有如饮食一般可以日常琐屑视之。不过蒋介石自命为中国领袖，显赫将四十年，最后所娶的宋美龄女士名闻国际。其中趣事笑话说之不尽。蒋氏的人格如何？待人接物如何？真伪如何？陈女士既与同居有七年多，必能说出多少真实情形，留作历史家参考。蒋氏的左右亲信有不少人为他写传记，全为恭维歌颂之词，不足为参考资料。陈洁如的写作总比专事诣媚之徒有所不同，对于研究蒋介石为人者有所贡献。据我所闻，陈女士人甚聪慧，赴美国后即专事研究英文。此次英文稿可能为伊本人手笔，自然更说得透彻呢。

陈洁如像

这大概是介绍《陈洁如回忆录》的第一篇文章，通过此文，陈洁如在写作并即将出版回忆录之事遂广为世人所知。

二 台湾"外交部长"沈昌焕得报，命江易生调查

吴尚鹰的文章刊出后，台湾当局的"外交部部长"沈昌焕迅速得知此事。4月7日，致函"驻美公使"江易生，内称：

> 据报：上月间，金山《世界日报》吴尚鹰《每日专栏》内载，谓有陈洁如女士（Jennie Chen）拟以英文著书，叙述其早年与蒋公之关系。此事游建文兄获知内情，希即与建文兄密取联系，研拟对策，查明陈女士是否确已撰著此书？内容如何？已否洽得出版商？何时出版？有无打消该书出版之方法？如该书势在必出，有无请美政府取缔之可能？以上各节，统希在不打草惊蛇之情况下密商建文兄办理，并希将发展情形随时密告为盼。[1]

从本函可知，沈昌焕得知消息后的第一个反应就是，不能让《陈洁如回忆录》出版。原函"如该书势在必出"之下，原有"有无洽购全部版权俾免流传之可能？对邻邦元首作人身攻击，是否可予取缔"等字，后涂去。可见，沈昌焕考虑过的"打消该书出版"的方法有一文一武两种。"文"的方法是收买"全部版权"，使之不能在社会流通；"武"的方法是以"攻击邻邦元首"为理由，请美国政府"取缔"。函中所称游建文，福建闽侯人，1907年生，曾任中华民国总统府秘书，1949年随国民政府迁台，任宋美龄秘书，后任驻纽约"总领事馆领事"。函中称："此事游建文兄获知内情"，可能沈昌焕的消息，即来自游建文。

4月16日，台湾当局"驻美公使"江易生复函沈昌焕云：

关于陈女士著书事。本年4月7日手谕奉悉，当即与游亦铮兄密洽。据告：月前陈曾经由一美国人手，持书稿之一部分（全书似已完稿）请其校阅。内容虽无恶意中伤领袖之处，惟是非不明，淆乱视听，仍堪注意。亦铮兄认为，目前似不宜采取任何步骤为妥。盖此时如与著者或其代表周旋，不啻默认书中事实，反易受其利用，驯至演成巨额勒索交易，宜审慎将事。云云。[2]

"游亦铮"，当即上文提到的游建文。沈昌焕与游建文商量，游认为，尽管该书并无"恶意中伤领袖"之处，但是，"是非不明，淆乱视听"，仍然值得注意。

为了避免造成"默认"书中事实，或被借端"巨额勒索"，游建文建议"不宜采取任何步骤"，这样就会形成无所作为，听其出版的局面，江易生觉得不妥，他找了一位美国法律专家商量。自然，不好直说蒋介石、陈洁如之名，而是编了一段大体相似的故事。同函向沈昌焕回报说：

职嗣就本案法律观点，设词（即不涉本题，另编假定故事）与多年好友艾希莱

（Paul Ashley）律师（渠为毁谤法专家）相机研讨。据称：当事人如认其名誉因毁谤而遭受损害，自可以受害人名义向美国法院提起诉讼。惟法院审判此类案件，极为现实，且程序繁复，计算受害人名誉损失之赔偿亦甚轻微，结果往往得不偿失。至美国政府对此类书刊，均无依法取缔或防止出版之权利。即能接受友邦政府之请求，劝告出版公司不予发行，公司往往可以愿负文责，听由当事人控诉为答复，故于事亦属无补。云云。专此密陈。[3]

这位美国专研"毁谤法"的专家分析的结果是，打官司，往往"得不偿失"；要求美国政府"取缔"，但美国政府的政策是"出版自由"，只能"劝告"出版商，如果出版商"愿负文责"，美国政府也无可奈何。

在沈昌焕、江易生函件往返之际，《NANA》继续发表相关消息，4月20日，沈昌焕致电江易生：

据报，此事已由NANA发表新闻，该书有无出版消息？查书中语言多毁谤元首，希商建文兄，即与律师研究从美国法律上可采取之对策，并电复。

《NANA》，不详，可能是一种报纸。《NANA》发表了陈洁如回忆录的信息，引起沈昌焕注意，致电催促江易生和美国律师商量，找寻法律解决的途径。

同日，江易生致电沈昌焕，报告纽约《中文联合日报》4月16日、17日的有关专文，声称该文系译自4月12的英文报纸《金山纪事报》，文章的作者是北美新闻联盟的记者John Donovan，其内容为：陈洁如自称"系政治力量迫其远走，但曾获保证五年后即恢复正常关系，至今三十七年而无交代"，并附蒋陈合照及陈洁如单人照各一帧。江电称，已与游建文"密商"，游表示将"与国华兄洽办"。

国华兄，指俞国华，浙江奉化人，曾任蒋介石的侍从秘书。1955年后历任台湾"中央信托局"局长、"中国银行"董事长兼"中国产物保险公司"董事长、"财政部长"等职,后并曾任"行政院长"。派俞国华到美国处理,可见台湾方面对此事的重视。

上电到达台北后,由"外交部"部长、政务次长、常务次长等依次圈阅后,决定送交"蒋副秘书长亲启",特别以括弧说明"送寓所"。蒋副秘书长,指时任"国防"会议副秘书长的蒋经国。

4月20日,台湾驻纽约"总领事馆"收到了一封转俞国华先生的电报,内称:

前电谅达。顷奉谕,请转商易生、建文二兄,希彼等与令侃兄联系,共商妥当(处理某案之)办法。弟建敬叩。[4]

这封电报的特殊之处就在于末尾所署发电人"建"。根据有关资料,特别是下引署名"建"的几封同类电报判断,应是蒋经国的化名。电称,"顷奉谕",自然所奉是蒋介石之"谕"了。本电说明,蒋介石、蒋经国都介入了陈洁如出书问题的处理。

4月22日,江易生再次致电台北"外交部",认为借助美政府与法院程序两种办法都不理想,建议"运用私人途径"劝阻出版。电称:

职连夜苦思并参考律例,颇觉处理本案允宜特别谨慎。盖此间幸灾乐祸之潜敌甚多,即美政府包括国务院在内,亦系敌友参半,一旦涉讼,人证物证问题即随之而起,牵连必多,仇我者更必蜂拥而来,推波助澜,肆意渲染。美政府如同情于我,在友谊立场上最多亦只能向出版商善意劝告,终难期收实效。法院程序迂缓繁细,未必能予有效救济。即使终获胜诉,得失如何,亦难衡量。目前全书内容如何?不得而知。中枢对本案现阶段之反应与看法如何?我是否尚有运用私人途径在港或在美及时劝阻出版可能?否则恐只有待书出版后视其内容诽谤及牵涉程度如何,届时若情势难堪,被迫涉讼,似宜由其他被涉及之人物出面起诉,较为便利。谨电密陈,以供钧座个人参考。俞董事长抵此后商谈情形容续陈。[5]

在专制社会,此类事很好解决,直接下令,禁止出版就可以了,但是,美国标榜"出版自由"和"法治",这可让江易生犯了难,无可奈何之下,只好建议"私人途径"解决。

俞董事长,即俞国华。俞国华奉命来美,江易生在华盛顿等待其到达后会商。

三 蒋介石、蒋经国早就得悉,一直在筹谋对策

据有关资料,陈洁如开始写作回忆录在1963年。1964年1月10日,陈洁如在香港和美国商人劳伦斯·爱普·希尔(Lawrence Eppe Hill)签署了一份委托书,授权希尔在4个月内出版她的回忆录,题为《我作为蒋介石夫人的七年》,或《蒋介石的崛起》,保证"内容全部属实"。《委托书》说明打字稿共425页,可见,当时已基本完成。

蒋介石、蒋经国早就得悉有关情况。当年2月17,蒋介石日记云:

有某女要在美国出书,对我家谤毁之所为,此又一不测之隐痛,惟其事在卅五年以前。虽捏造诬谤,亦不致遭受重大影响,此乃共匪屡年来无所(不)用的卑劣阴谋之一小插(曲),只有置之不理而已。下午,与令侃谈陈某在美出书案之对策,认为此案可了则了,否则亦无关大局也。[6]

蒋介石与陈洁如同居,时在1920年至1927年。1927年12月1日,蒋介石与宋美龄在上海结婚。事前,蒋介石要陈洁如赴美留学,提高文化,应允5年后恢复婚姻关系。8月19日,陈洁如离沪赴美。此后的一段时期内,

蒋介石赠张静江夫人的照片。蒋介石在张静江家与陈洁如相识,并曾因追求陈洁如而请求张夫人代为美言。

蒋介石每月向陈洁如提供经济资助。其日记称"其事在卅十五以前",大体相当。由于是多年以前的事情,虽然蒋介石估计书中会有"捏造诬谤"情节,但认为"不致遭受重大影响",所以并不十分重视。令侃,指孔令侃,孔祥熙的大儿子,和蒋家(特别是宋美龄)关系密切。"可了则了",这是蒋介石对此事的处理原则和方针。

陈洁如虽然在美国学过几年英文,但是她原本只是个初中生,文化不高,历史知识更缺,其叙述和蒋同居故事的书出自于时居香港的李时敏之手。李时敏的英文名字为James Zee-Min Lee,父亲李博,是澳洲悉尼的华侨富商。李家热心公益,也很爱国,曾资助孙中山革命,在当地侨界很有影响,后全家迁居香港。大约在1921年前后,李时敏结识蒋介石和陈洁如,据说还当过蒋介石的英文教师。那一段时候,正是蒋介石放浪形骸,并因此得了"风流病"的阶段。其日记云:"欲立志,先戒色,欲除病,先戒欲。色欲不戒,未有能立德、立智、立体者也。避之犹恐不及,奈何有意寻访也。"[7]这就说明,蒋当时既有改过迁善之心,但又积习难除。

1964年2月上月，蒋介石在《反省录》中说："李时敏有关之某事消息突殊其来，又增加我重重忧患中之不测痛苦也。"可见，蒋介石其时已经得知，李时敏参与了陈洁如故事的写作，李是蒋、陈的旧识，熟知蒋早年风流、放浪的故事，因此蒋介石的心事一度加重。3月5日，蒋经国到台北，谈起"某有出书勒索之消息"，而且蒋经国"早已知悉，但其不愿使我分心，故未敢以告，今闻其详报始末，乃已释然矣。"大概估计陈洁如要钱不多，也可能书中并无多少"诽谤"性的消息，所以，蒋介石一颗悬着的心又放了下来。

　　不过，蒋介石当初热烈追求陈洁如，后来为与宋美龄结婚，又设词将其支到美国。从西方婚姻自由的角度考察，自然无所谓，但从中国传统道德的角度考察，总不是一件光彩之事，因此，他的"释然"心境并没有维持几天，3月9日日记云："某事烦扰，以上各项，皆使心神不佳。"蒋介石是个情感易于冲动的人物，他不会也不善于排遣或按捺自己的感情。

　　自旧金山《世界日报》报道陈洁如回忆录即将出版的消息后，部分媒体陆续跟进。4月16日、17日，纽约中文《联合日报》连续译载北美报业组合记者的特讯，声称："蒋介石有妻子，在港教书糊口，自撰回忆录吐露辛酸"。又称："年已58岁之陈洁如女士，刻在香港亦代人补习英文为糊口。""其回忆录刻在美国纽约出版家之手中。"该文不仅谈生活，而且进一步谈政治，如叙述蒋介石的发迹过程：

　　当年蒋介石之政治地位在国民党内动摇，渠当时需要上海财团势力之支撑。经过孔祥熙之计划，由宋蔼龄负责，对蒋保证，如蒋与其幼妹宋美龄结合，则上海财团支持蒋介石。此事后来实现。当时蒋介石请陈洁如暂时下堂，言明以五年为期。蒋介石以国民革命及国家利益向陈洁如说项，估计五年可获政治权力，她为蒋所动，接受其请求，乃离沪出国，于8月19日乘日昃总统号轮至三藩市。在出国前陈母获蒋介石指天誓日，谓永不遗弃陈洁如。蒋当时对天发誓，谓五年之内必与洁如

1927年12月1日，蒋介石与宋美龄在上海结婚，此为二人结婚照。

恢复夫妻名分，如有违背，则渠个人与国民政府均将遭天谴。陈洁如抵美后，被当时三藩市中国领事馆冷遇。陈氏其后返港，从此缄默三十七年之久。在此时期内，蒋介石据称背弃过去诺言，实行对陈氏遗弃，亦从未供应其生活。此外蒋介石亦从未与陈洁如离婚。陈洁如现有大量文件证实此事。其在美国之代表希尔（文证公司董事长）曾与当年与此事有关之人物接触，均证实陈氏之故事真实性。其中文件包括孔祥熙甚至宋美龄之书信等文件。

这些报道，涉及孔祥熙、宋蔼龄二人在蒋介石与宋美龄婚姻中的作用，蒋与宋结婚的动机以及蒋介石遗弃陈洁如的经过，大都为人们前所未知，对于蒋介石的声望，自然有打击作用，堪称"猛料"了。

由于纽约方面一直找不到阻止陈洁如出书的办法，蒋介石的心情本已相当烦乱。4月26日日记云："某事之烦扰，尚无具体对付办法，且情形更趋复杂。"4月30日，他在《上月反省录》中写道："李时敏恩将仇报，殊为心痛，但事先大意，未能从早处理安置，演成不测变化，但亦惟有依法处理而已。"现在，蒋介石得知纽约报界爆出的这些"猛料"后，自然更加烦闷了。

四 陈立夫、俞国华等提出"双管齐下"的办法

4月27日，台湾驻纽约"总领事馆"得到来自台湾的电报，要求转交"俞国华先生"，电称：

奉谕：1、请面告易生兄，此案决由关系人立夫、令侃二兄出面交涉，使馆可暂不出面。2、立夫、令侃二兄所需费用，请先照付。3、送俞部长一万元。[8]

该电首署"原办机关，蒋副秘书长"，末署"建叩。卯感"。说明"建"就是蒋经国，该电仍为蒋经国所发。它透露的信息是，蒋介石认为，阻止陈洁如出书一事不能由具有官方身份的"领事馆"出面，而只能由陈立夫、孔令侃以私人身份办理，并且可以使用金钱手段。俞"部长"，仍指俞国华。

4月28日，江易生致电台北"外交部"报告：

国华兄昨抵此，渠已就本案先与陈、孔、游在纽商谈。（一）决定由陈、孔以当事人地位委托律师去函出版公司警告。如有任何虚构事实，公司应负法律责任。该公司告陈，该书尚有二百余页待整理，其中事实矛盾之处颇多，不易一一证实。经律师去函警告后，或有阻其出版之可能。（二）陈、孔均主派员赴港径商作者，以作根本解决之计。（三）国华兄已将详细情形径电台北，此电谨供钧座参考。[9]

陈、孔、游，指陈立夫、孔令侃与游建文。陈立夫是蒋陈关系的知情人，孔令侃是蒋介石处理此事的被授权人，游建文是最早得知相关信息的外交官员。俞国华抵美后，首先到纽约和他们商量，然后再到华盛顿，和

陈立夫（1900年8月21日－2001年2月8日），浙江省吴兴人。陈立夫是20世纪中国的重要人物之一，曾任蒋介石机要秘书、国民党秘书长、国民政府教育部部长、立法院副院长等职。1951年移居美国，1969年回台湾定居。

江易生商量。江易生致"外交部"电所报，即系俞国华到华盛顿后所谈。

美国虽然是"出版自由"的国家，但是，并不可以听由作者任意胡说，出版者要对书的内容、特别是有无诽谤和人身攻击一类情节负责。从江函可以看出，接受《陈洁如回忆录》的出版公司还是很谨慎的，正在逐一"证实"书中所述情节。因此，陈立夫等就企图利用此点，警告出版公司，提醒其法律上应负的责任。但是，陈立夫、孔令侃等都认为，"根本解决之计"，还是派人去香港，找回忆录的主人陈洁如本人商量。

这前后，希尔的办公室和希尔本人先后碰到不少麻烦。如：有人两次企图破门，进入希尔的办公室。5月1日晚10点，希尔被打得不省人事，躺倒在办公室门后。1965年1月，有人破坏其办公室的重金属网眼纱窗。不久以后，希尔在纽约第45街被人从后面打晕过去，房间被盗，等等[10]。

5月4日，俞国华致电台北"机要室陈主任转呈建兄"，内称：

密。1.侃兄告称，律师信去后，薛尔尚无表示。陈前曾会晤薛尔，彼首谓只负编辑之责。其后又自称，系副代表。彼公司类似一地下印刷工厂，现正设法调查薛尔背景中。2.倘派员赴港，似可向对方透露，如该书出版，我方必在美国循法律途径解决之决心与其所耗费用之浩大，期彼能知难而退。3.弟明日赴南美访问，在离美期间，请径电洽侃兄为祷。[11]

薛尔，即前文与陈洁如签订委托书的纽约商人希尔。陈，指陈立夫。从本电可知，陈立夫本人和希尔面谈过。也委托律师向希尔发出过警告信，但尚无表示，于是，俞国华开始调查希尔的"背景"，同时，建议派人赴港，警告陈洁如，让她"知难而退"。

阻止陈洁如出书之事迟无进展，蒋介石越来越烦躁不安。其5月5日日记云：

令伟转来消息，电文阅之烦闷，可以说近年来各种苦痛刺激之深，而以此时为最甚。今后对某事决不再过问，迅令其依照计划由法律途径解决的方针代为负责进行可也。

令伟，即孔二小姐。5月7日，蒋介石日记再云：

昨（6日）令伟来谈某事及其中文反动报登载此事剪报呈阅，余置之不阅，而交还于彼，令其以后不要再将此事见告，更使余刺激不能受。乃嘱令侃，此事决以法律根本解决，特授权于彼，负责处理之方针。至于今后进行情形，再不必来问我，以免我贻误他事也。

这两则日记充分反映出蒋介石在阅读上述"猛料"之后的烦躁心情，企图摆脱而又难以摆脱，决定听任孔令侃等去处理，不必再来汇报请示。

539

五　陈立夫出面调解，陈洁如具结保证，不再出书

1927年，蒋介石与宋美龄结婚之前，蒋介石要陈立夫代表自己去和陈洁如谈判，"讲离异"，陈洁如同意"让开"，陈立夫圆满完成任务[12]。现在，阻止陈洁如出书一事陷入僵局，自然还需要陈立夫出面。

陈洁如1931年离美回国，长住上海。中华人民共和国成立后，陈因其养女患病，打算撰写回忆录赚钱，支付医药费。陈立夫当时正准备自台返美，行前托友人自香港致函陈洁如，加以劝阻。后陈洁如被聘任上海卢湾区政协委员。1961年经周恩来批准，迁居香港，其后，再次萌生出版回忆录的念头。陈立夫得知，再次写信加以劝阻，声称此事"有百害而无一利"，"希望君一如往昔，保持个人伟大人格，重友谊而轻物质，不为歹人所利用"[13]。此信仅署11月4日，年代不明。

1964年10月27日，蒋经国自台北发往时居美国杰克逊城的陈立夫一电，中云：

手书敬悉。弟以兄所提处理本案之三项意见，极为妥当，望兄相机进行。江于今赴港，详情续报，并已另电令侃。弟建敬叩。[14]

"建"，仍为蒋经国。此电表明，为阻止陈洁如出书，陈立夫提出"三项意见"，得到蒋经国的肯定。江，不知何人，疑为律师江一平，曾任东吴大学法学院教授，上海律师公会常委。当年蒋、陈结合的"证婚人"。1949年去台。处理蒋、陈分离的善后事宜，自然他出马很合适。

11月5日，"建"再致陈立夫一电，中云：

江去港已一周。经考虑后，此时请勿与司贝楼书局接触，究以如何为妥，望洽

令侃兄。弟建叩。[15]

此电表明,除派"江"去香港和陈洁如直接磋商外,蒋经国建议,不和纽约的出版商联系。

香港谈判情况如何,有无曲折,不得而知。2012年,我在台北会见陈立夫先生的儿媳林颖曾女士,承她出示保存的陈洁如的亲笔收据,其内容为:

兹由立夫先生交下洋15万元正。该款业已如数收讫。此后洁与介石双方恢复自由,一切行动与对方无涉,特立此据为凭。

陈洁如具

12月卅日

这就很清楚了,蒋家拿出15万美金,陈洁如保证不再出书,从此双方关系了结。这就是陈洁如回忆录被尘封近三十年的原因。

多年后。陈立夫回忆此事经过,与人有一段问答,节录如下:

陈:"她回到香港,又写信给我,要我替蒋公想法子接济她,蒋公要我另外寄了一些钱给她。又隔了多少年,她左右的朋友遍对她说,你为什么不写一本回忆录呢?印出来可以有用的,所以,她写了,给纽约的一个书局拿了去,后来蒋经国知道了要我与孔令恺(侃)去要回来。"

问:"那花了一些钱吧?"

陈:"这个钱也是孔令恺(侃)出的。拿了回来,可是陈留了一份copy,拿回来以后,我们又给陈洁如一些钱,有人要利用陈洁如敲竹杠。"[16]

陈洁如的上述收据被陈立夫收藏在一个信封里,封套书"有历史性文件"，为陈立夫亲笔。封套内除陈洁如的照片外，还保存着一首标题为《无题》的新诗，下署"30、11、29、重庆"等字，应系1941年重庆时期的作品。蒋介石偶尔写几首旧诗，但从来不写新诗，因此，此诗应为抗战爆发后，陈洁如自上海与蒋再见后的赠蒋之作。

林颖曾女士告诉笔者，陈洁如交回的除回忆录外，还有蒋介石写给陈洁如的情书多通，可惜都被陈立夫先生烧毁了。

不知道是谁，在美国胡佛档案馆保存了全套陈洁如的英文打字稿，在哥伦比亚大学珍本和手稿图书馆保存了一份英文摘要本。笔者1990年访问美国时，读到了英文摘要本，在胡佛档案馆得知藏有英文全本，但第二天要离美访日，行程已定，无法更改，只好怏怏离去，所幸1990年终于被人发现，最终得以面世。

六　陈洁如回忆录大量作伪，价值不大

1990年，在近三十年尘封之后，陈洁如回忆录终于公之于世。然而，检阅该书，作伪太多。其回忆政治部分，几乎全假，所引当时公私文件，均是赝品。例如1926年12月由汪精卫和鲍罗廷联署的《致国民党全体党员之命令》，且不说其内容和时事多有不合，汪精卫当时并不在国内，即以汪、鲍联署这一点而论，也是对后来中共军事布告的一种拙劣的模仿，北伐时期并没有这种布告样式。作伪者凭借自己一点可怜的历史知识大胆杜撰，结果弄巧成拙，反而露出了作伪的马脚。

陈洁如和蒋介石同居的时候，还只是个女孩子，不懂政治，也对政治不感兴趣。她在和蒋介石分手的时候，不会保留大量政治文件。现在书中所引，显系捉刀者李时敏所编。其目的是增加回忆录的分量和卖点。出版之后，一时被鼓吹为民国史的"黑匣子"，将导致重写民国史云云。然而，这些貌似近真而破绽百出的假货自然逃不过行家的眼睛。台湾的蒋永

敬教授曾撰文，指出该书的四五十条失真之处，《传记文学》主编刘绍唐先生不登，坦率地向蒋永敬教授说明："我总不能搬起石头砸自己的脚。"笔者闻讯，遂将自己的文章《果真要改写民国史吗——陈洁如回忆录的产生、遭遇及作伪举证》投寄香港《明报月刊》，在该刊1993年4月号刊出了。

笔者原来在文章中说过，《陈洁如回忆录》其中"回忆个人生活部分可能真实性较大，而回忆政治大事部分可能真实性较小"。现在看来，其"回忆个人生活部分"问题也很多。最明显的错误是，陈洁如回忆和蒋介石结婚的日子是1921年12月5日，地点在上海永安大楼大东旅馆的大宴客厅，然而，蒋母于当年6月14日去世，11月23日下葬，蒋介石自10月8日至12月11日，一都在溪口忙着安葬母亲，没有离开。12月5日这一天，蒋日记所记为"往访萧王庙孙氏母舅"。萧王庙，在奉化西北，溪口镇之东，蒋介石何能在一天之内既到萧王庙探视母舅，又在上海结婚？据蒋日记，12月12日，蒋介石离开宁波，13日到上海，日记云："投宿大东旅社，璐妹迎侍。"陈洁如早年名"陈璐"，看来，这一天才是蒋、陈结合的日子。称"迎侍"，而不称结婚，可见，蒋介石没有当成一件大事或喜事来办。

如果陈洁如对自己和蒋介石结合的日子、地点都记错，其他的生活情节的真实性和准确性恐怕也要多打几个问号。关于这一方面的情况，谢起章写过一本书《陈洁如是蒋介石的夫人吗》，1997年由北京中国文史出版社出版，可以参看。

写回忆录，最根本的要求是真实、准确，最忌加油添醋，尤忌虚构想象，更忌胡编乱造。一有虚构，立即失去其回忆录的价值。

注释

[1] 《陈洁如女士拟著书》，台北"中央研究院"近代史研究所档案馆藏，819/0024。
[2] 同[1]。
[3] 同[1]。
[4] 台北"国史馆"档案，002-080200-00644-094，1964年4月20日。
[5] 《陈洁如女士拟著书》，819/0024。
[6] 《蒋介石日记》，美国胡佛档案馆藏，以下同，不一一注明。
[7] 《蒋介石日记》，1921年9月24日。
[8] 台北"国史馆"档案，002-090200-00644-097，1964年4月27日。
[9] 《陈洁如女士拟著书》，819/0024。
[10] 参见杨天石《果真要改写民国史吗——陈洁如回忆录的产生、遭遇及作为举证》，香港《明报月刊》，1993年4月号，收入《哲人与文士》，《杨天石近代史文存》，中国人民大学出版社2007年版，第654~664页。
[11] 台北"国史馆"档案，002-080200-00666-013，1964年5月4日。
[12] 《拨云雾而见青天》，近代中国出版社2005年版，第630页。
[13] 参见杨天石《果真要改写民国史吗——陈洁如回忆录的产生、遭遇及作为举证》，香港《明报月刊》，1993年4月号，收入《哲人与文士》，《杨天石近代史文存》，中国人民大学出版社2007年版，第654~664页。
[14] 台北"国史馆"档案，002-08020 0-00645-007，1964年10月27日。
[15] 台北"国史馆"档案，002-080200-00645-010，1964年11月5日。
[16] 《拨云雾而见青天》，第631页。

图书在版编目（CIP）数据

找寻真实的蒋介石：蒋介石日记解读1 / 杨天石著. -- 重庆：重庆出版社，2015.9

ISBN 978-7-229-09765-3

Ⅰ.①找… Ⅱ.①杨… Ⅲ.①蒋介石（1887-1975）—人物研究 Ⅳ.①K827=7

中国版本图书馆CIP数据核字（2015）第086575号

找寻真实的蒋介石：蒋介石日记解读1
ZHAOXUN ZHENSHIDE JIANGJIESHI: JIANGJIESHI RIJIJIEDU 1

杨天石　著

策　　划：华章同人
出版监制：徐宪江　伍　志
特约策划：范国平
责任编辑：徐宪江
营销编辑：张　宁　胡　刚
责任印制：杨　宁
封面设计：视觉共振设计工作室

重庆出版集团
重庆出版社　出版

（重庆市南岸区南滨路162号1幢）

北京毅峰迅捷印刷有限公司　印刷
重庆出版集团图书发行有限公司　发行
邮购电话：010-85869375
全国新华书店经销

开本：787mm×1092mm　1/16　印张：35.5　字数：500千
2015年9月第1版　2025年1月第9次印刷
定价：68.00元

如有印装质量问题，请致电023-61520678

版权所有，侵权必究